外国经济学说与中国研究报告（2021）
RESEARCH REPORT ON FOREING ECONOMICS AND CHINA

中华外国经济学说研究会◎编

程恩富　王来喜◎主编

中国经济出版社
CHINA ECONOMIC PUBLISHING HOUSE

·北京·

图书在版编目（CIP）数据

外国经济学说与中国研究报告.2021/程恩富，王来喜主编．--北京：中国经济出版社，2021.7
ISBN 978-7-5136-6524-7

Ⅰ.①外… Ⅱ.①程… ②王… Ⅲ.①经济学-文集 Ⅳ.①F0-53

中国版本图书馆 CIP 数据核字（2021）第 133093 号

责任编辑　严　莉
责任印制　巢新强
封面设计　任燕飞

出版发行	中国经济出版社
印　刷　者	北京九州迅驰传媒文化有限公司
经　销　者	各地新华书店
开　　　本	787mm×1092mm　1/16
印　　　张	22.25
字　　　数	416 千字
版　　　次	2021 年 7 月第 1 版
印　　　次	2021 年 7 月第 1 次
定　　　价	128.00 元

广告经营许可证　京西工商广字第 8179 号

中国经济出版社 网址 www.economyph.com 社址 北京市东城区安定门外大街 58 号 邮编 100011
本版图书如存在印装质量问题，请与本社销售中心联系调换（联系电话：010-57512564）

版权所有　盗版必究（举报电话：010-57512600）
国家版权局反盗版举报中心（举报电话：12390）　　服务热线：010-57512564

编委会名单

名誉主编 吴易风　丁　冰

主　　编 程恩富　王来喜

副 主 编 徐则荣　杨　静

目 录

第一部分 马克思主义经济学理论研究

马克思主义与西方学者关于资本主义贫困成因的理论比较——确立"四元贫困主因论"
　　……………………………………………………………………… 程恩富　张　杨（3）
马克思资本理论及其中国化实践 …………………………………………… 高淑桂（15）
马克思主义国际价值规律的经典解读与当代价值 ………………………… 宋数理（22）
恩格斯与西方经济思想史上的大分流——基于《政治经济学批判大纲》的考察
　　……………………………………………………………………………… 丁　涛（27）
恩格斯人与自然关系思想及其当代价值——基于恩格斯经典文本的研究 … 李旭娇（32）
恩格斯的农村经济制度思想与中国特色社会主义农村基本经济制度建设 … 刘　刚（38）
恩格斯对妇女解放的经济学分析——以恩格斯的《家庭、私有制和国家的起源》
　　为例 ………………………………………………………………………… 王志林（44）
关于列宁帝国主义理论的创新性研究 ……………………………… 颜鹏飞　陈　蓉（49）
有对外贸易的社会再生产增长、条件与优化 ……………………………… 陶为群（55）
略论中国特色社会主义政治经济学范畴体系的创新 ……………………… 李炳炎（64）
中国特色社会主义经济发展的理论分析与经验总结 ……………………… 罗玉辉（70）

第二部分 外国经济理论研究

基于历史唯物主义评价新结构经济学 ……………………………………… 方兴起（79）
新结构经济学批判 …………………………………………………………… 余　斌（85）

马克思主义经济学引领西方经济学的关系研究 ………………………… 魏松峰　尹喻军（91）
以古典传统为界标的政治经济学：兼论两次术语革命 … 杜曙光　刘　刚　李亚男（96）
论现代经济学方法论中的逻辑缺陷——以现代经济学的论文范式为例 …… 武　志（101）
拍卖市场设计的理论发展与新拍卖形式的创新——2020年度诺贝尔经济学奖得主主要经济
　　理论贡献述评 ……………………………………………………… 李宝良　郭其友（106）
现代货币理论为什么会遭到主流的围攻——兼论现代货币理论对新自由主义"别无选择"
　　的颠覆 ……………………………………………………………………… 王　娜（112）
加尔布雷思论"富裕社会"的贫困问题 …………………………………………… 李武装（118）
福利国家、劳资关系与技能的演化——马克思主义经济学与资本主义多样性理论的比较
　　 ……………………………………………………………………… 夏鑫雨　石高宏（123）
关于奥菲福利国家结构性矛盾理论的评述和发展 ……………………… 季　雷　王生升（131）
程恩富学术思想述要 ……………………………………………………………… 徐则荣（140）
改革开放以来外国经济思想史学科在中国的发展——基于中华外国经济学说研究会的考察
　　 ……………………………………………………………………… 李黎力　高家擎（145）

/第三部分　中国经济问题研究/

国内大循环的起源与"十四五"政策建议 ………………………………………… 贾根良（157）
镜鉴大国历史经验，助力双循环新发展 ………………………………… 伍山林　李宗圆（162）
论大变局下强化科学意识引领新时代全面深化改革开放 ………………………… 傅尔基（166）
以人民为中心和以资本为中心的发展道路比较——基于劳动价值论的若干思考 ………
　　 ………………………………………………………………………………… 冯金华（173）
从生产方式看高质量发展阶段的历史必然性 ……………… 刘　刚　高桂爱　杜曙光（182）
社会再生产理论下后疫情时代中国经济维稳发展探析 ………………………… 高梦冉（188）
精准脱贫、农业农村现代化与乡村振兴：内在逻辑、有效衔接与精准施策 ……………
　　 ………………………………………………………………………………… 陈　燕（194）
坚定以新乡贤推动乡村振兴的政治经济学分析 ………………………………… 孙世强（200）
新时代农民市民化过程中农地财产权的"还权赋能"与实现问题 ……………………
　　 ……………………………………………………………………… 韩文龙　马文武（207）
中国对外开放制度性平台的发展与变迁：从特区到自贸试验区 ……………… 黄启才（213）
海外关于中国国企改革研究的文献计量分析与评介 …………………… 洪　阳　洪功翔（220）
马克思人口理论视域下的"新人口策论"研究 ………………………………… 张嘉昕（229）

产业政策与中国数字经济产业技术创新 ………………… 余长林　杨国歌　杜明月（236）

第四部分　国际经济问题研究

美国金融资本的寄生性积累、结构性危机及其对中国经济的启示 …………………………
……………………………………………………………………… 宋朝龙　张习康（255）
贸易与要素价格均等化：基于劳动价值论的再考察 …………… 王智强　丁堡骏（261）
主权国际货币的新职能：国际制裁手段 …………………………………… 陶士贵（273）
建设更高水平开放型经济新体制的国际环境与中国选择 ……… 王春丽　宣　凯（282）
全球新冠肺炎疫情下代际公平问题研究 ………… 白瑞雪　胡佳燦　邢菀祯（288）
货币政策与汇率传递中的滞后超调 ……………………………… 方　兴　邵雯雯（293）
中美贸易战影响探析 …………………………………………………………… 申米玲（305）
区域金融高质量发展研究——以江苏"强富美高"建设为例 ……………………………
………………………………………………………… 成春林　陶　珊　李　琼（310）
数字经济及其相关福利问题 …………………………… 王艳萍　李沭东　卢　冰（317）

杰出马克思主义经济学家吴易风、丁冰学术思想研讨会综述 ……………………………
……… 程恩富　颜鹏飞　王振中　刘凤良　张　衔　余　斌　车卉淳　徐则荣（323）
中华外国经济学说研究会第28届年会学术观点综述 …………………… 徐则荣（335）

/第一部分/
马克思主义经济学理论研究

第一編

中国古代文学研究

马克思主义与西方学者关于资本主义贫困成因的理论比较
——确立"四元贫困主因论"

程恩富 张 杨[①]

（中国社会科学院；北京大学）

马克思主义关于资本主义社会贫困成因的研究是本质与现象相结合、全面系统的，而以"瑞典中央银行纪念阿尔弗雷德·诺贝尔经济学奖"（以下简称"银行诺奖"[②]）得主班纳吉和迪弗洛对贫穷成因的认识，只是分析贫困的表象和细节问题而非本质问题，因而在此进行比较研究，并依据中外反贫困的实践及其效果，提出新马克思经济学综合学派"科技、制度、法策、个体"的"四元贫困主因论"。

一、马克思主义关于资本主义贫困成因的理论分析

马克思主义关于资本主义社会贫困成因的研究，最本质的分析维度是资本主义经济制度层面的贫困，而其他维度的研究也不是孤立的，大都是紧紧围绕对资本主义经济关系的批判所展开。撇开自然条件、发展水平等因素以外，马克思主义形成了"一主多辅"分析体系，即"产权因素为主体，分配、法策、教育、战争、疾病五因素为辅体"这一贫困成因理论体系。

（一）产权因素

资本主义贫困的根源在于资本主义的产权制度，即因生产资料资产阶级私人占有所引

[①] 本文系国家社科基金重大项目《改革开放以来中国发展道路的政治经济学理论创新与历史经验研究》（20&ZD052）阶段性成果；北京高校中国特色社会主义理论研究协同创新中心（中国政法大学）阶段性成果。作者简介：程恩富，中国社会科学院大学学术委员会副主任、首席教授，中国社会科学院学部委员、学部主席团成员，世界政治经济学学会会长；张杨，北京大学马克思主义学院马克思主义理论学科博雅博士后、副教授，中国政治经济学学会副秘书长，研究方向为马克思主义政治经济学。

[②] 诺贝尔经济学奖正式名称为"瑞典中央银行纪念阿尔弗雷德·诺贝尔经济学奖"，设立于1969年的该奖项并不属于1895年诺贝尔遗嘱中所提到的5个奖项，而是瑞典的右翼经济学家为了反对凯恩斯主义和左翼经济学而鼓动设立的，以后该奖授予了一大批搞出经济危机、金融危机和贫富分化的新自由主义经济学家，故本文简称"银行诺奖"。

发的贫困。资本主义的基本矛盾导致劳动阶级贫困。马克思认为，资本主义的基本矛盾是生产社会化和生产资料资本家私人占有之间的对立。随着劳动过程中集约生产与协作生产的需求不断增加以及科学技术的广泛运用，生产资料的使用和整个国民经济也越来越社会化，但是，生产资料所有权仍被极少数资本家占有，从而造成资产阶级与工人阶级之间的贫富分化和对立。马克思在《资本论》中认为，在资本主义生产条件下，资本家和工人之间的对立就是"一方是价值或货币的占有者，另一方是创造价值的实体的占有者；一方是生产资料和生活资料的占有者，另一方是除了劳动力以外一无所有的占有者"①。工人的劳动由此同其自身相异化并被资本家无偿占有，因而绝不是资本家所断言的是他们维持和养活了工人，而实际上工人不仅养活了资本家，还使自身陷入贫困。

（二）分配因素

一定社会的生产和交换方式决定了社会的分配方式。生产关系中的所有制决定分配关系，资本主义私有制决定分配方式必然是按资分配，雇佣劳动者只能凭借法律上的劳动力所有权获得劳动力的价值或作为其转化形式的广义工资。列宁曾深刻地批判了资本主义私有制及其分配关系所形成的工人绝对贫困化和相对贫困化问题，并对资产阶级改良主义者所持有的"资本主义社会的贫困化在逐渐缓解、群众的物质福利在逐渐增长"等观点反驳道，工人的"生活费用在不断飞涨"，"工人工资的增加还是比劳动力必要费用的增加慢得多"，而"资本家的财富却在飞速地增长着"。② 在列宁看来，一方面，工人的贫困化是绝对的；另一方面，工人在社会收入中所得的份额是相对日益减少的，所以工人的相对贫困化又是现代资本主义特有隐蔽性质的特征。③

（三）法策因素

资本主义国家所制定的法律法规政策，不仅所涉及的范围有限、所保障的力度不足，而且具有很强的虚假性，根本不足以消灭贫富对立。马克思和恩格斯对于资本主义国家所制定的财富和收入分配、财税、就业、住宅以及反贫困等法策进行了彻底的揭露与批判。例如，在马克思看来，资本主义国家的就业政策也会给劳动者尤其是青年劳动者提供新的就业岗位和就业机会，但其根本目的不是使失业者可以再就业，而是在劳动密集型的产业或商业部门填补劳动力的亏空来为资本家增殖资本；况且，工人在现代产业部门里不仅被

---

① 马克思：《资本论》第1卷，北京：人民出版社，2004年，第658页。
② 列宁：《列宁专题文集》（论资本主义），北京：人民出版社，2009年，第77页。
③ 当下不宜轻易批判西方国家大众"消费主义"，而要重点批判过度消费信贷是资本主义剥削和消费的重要新现象和新特点。

机器的发展与应用排挤到更简单的和更低级的工作中，而且在这种新的工作中工人只能获得更低廉、更微薄的收入。又如，资本主义国家强制性颁布的工厂法虽然对于劳动条件的改善、劳动时间的缩短、劳动报酬的提高具有一定限度和范围内的作用，但是一旦超出这个限度和范围，资本主义的法律与政策就不会再起到任何有效的作用。这里所指的一定限度和范围，就是要确保资产阶级获得基本的利润。马克思强调，资本主义的工厂立法可以清楚地表明"资本主义生产方式按其本质来说，只要超过一定的限度就拒绝任何合理的改良"①，甚至大资产阶级正是希望通过符合资本巨头利益较为严苛的工厂立法来达到其侵占较小资本家所有权的目的，并以此来确保自身的垄断权。

（四）教育因素

在资本主义条件下，对于劳动者的教育本身就是严重匮乏的。这是因为，劳动力的价值是由再生产这种独特商品所需要的必要劳动时间决定的，其实际上就是补偿劳动力所必要的生活资料的价值。虽然这部分必要的生活资料中也含有劳动力教育或训练的费用，但是马克思强调，"这种教育费用——对于普通劳动力来说是微乎其微的——包括在生产劳动力所耗费的价值总和中"②。这种教育结果的不公平又是由教育权利和教育机会的不公平所决定的。马克思曾以19世纪60年代在英国兴起的"草辫学校"③来说明资本主义教育的严重弊端。"草辫学校"就是工人阶级的子女从4岁一直到12岁或14岁以前，要在这里学编草辫，并以这种形式来辅助家长的劳动，而这些孩子受不到其他任何教育。其中，马克思所描述的一种现象是已经饿得半死的母亲不得不指定他们完成一定量的劳动，有时孩子们回家还要再劳动到夜里12点。而资本主义的这种"草辫学校"完全成了资本家奴役劳动者子女的工具，即根本无法实现青少年应有的教育和自由发展。④

（五）战争因素

马克思恩格斯对于资本主义国家战争所导致的贫困问题的研究，并不仅仅局限于战争本身对于国家的浩劫、资源的浪费、环境的破坏以及对人民所带来的灾难，而更多地依然是从生产关系的视角出发，来研究战争期间资本的运行与贫困之间的关系。在战争对资本需求增加的过程中，马克思认为，"一方面资本加速增长，另一方面需要救济的赤贫也加

---

① 马克思：《资本论》第1卷，北京：人民出版社，2004年，第554页。
② 马克思：《资本论》第1卷，北京：人民出版社，2004年，第200页。
③ 马克思：《资本论》第1卷，北京：人民出版社，2004年，第539页。
④ 当今资本主义国家，对大多数劳动阶级的子女实行国家教育投入较少和贷款上学的公立学校教育，以宽松的教育内容培养雇佣劳动者，而对少数富人阶级的子女实行收费很高的私立学校教育，以严格紧张的教育制度和内容培养本阶级的接班人。

速增长"①。在马克思看来,在战争期间劳动者的劳动强度会提高,劳动时间的强制性也会随之延长,由此剩余价值也会绝对地和相对地增加。马克思对"战争贫困"的原因进行阶级分析也是吸收了乔治·罗伯逊关于战争导致工人阶级贫困的观点。乔治·罗伯逊曾在其《政治经济学论文集》的《论当前国家贫困的主要原因》一文中指出:"战争期间资本增加的主要原因,在于每个社会中人数最多的劳动阶级的更加努力,也许还在于这个阶级的更加贫困。更多的妇女和儿童为环境所迫,不得不从事劳动;原来的工人,由于同样的原因不得不拿出更多的时间去增加生产。"②

(六) 疾病因素

在《资本论》第 1 卷的第 7 篇"资本的积累过程"中,马克思引用时任英国伯明翰市长的约·张伯伦于 1875 年 1 月在伯明翰市卫生会议上的开幕词中的一段话,其中写道:"曼彻斯特保健医官利医生证实,该市富裕阶级的平均寿命是 38 岁,而工人阶级的平均寿命只有 17 岁。在利物浦,前者是 35 岁,后者是 15 岁。可见,特权阶级的寿命比他们的不那么幸运的同胞的寿命要长一倍以上。"③这充分说明了恶劣的劳动环境和劳动条件、繁重的劳动任务、超长的劳动时间、最低的劳动报酬、无钱治病等因素,必然造成当时工人阶级短暂的平均寿命。马克思曾列举了英国的《工厂视察员报告(1865 年 10 月 31 日)》中所记录的英国陶器业 200 多个工厂中的状况。报告显示,截至 1864 年,20 年间这些工厂从根本上节制了粉刷和清扫的工作,只在 1864 年工厂法的强制下才被迫进行些许改善,而在这 20 年间日间和夜间过度呼吸着的极端有害的空气,也必然成为疾病和死亡的温床。可见,资本主义生产方式中所谓资本的节欲是工人阶级疾病频发的主要诱因,从而对工人阶级的健康也构成了极大的威胁。马克思对此深刻地指出:"为了迫使资本主义生产方式建立最起码的清洁卫生设施,必须由国家颁布强制性的法律。还有什么比这一点能更好地说明资本主义生产方式的特点呢?"④

二、评析班纳吉和迪弗洛对贫穷成因的认识

在"银行诺奖"评委会对 2019 年奖得主阿比吉特·班纳吉、埃斯特·迪弗洛和迈克尔·克雷默学术贡献的评论中写道:"在不到 20 年的时间里,班纳吉、迪弗洛与克雷默开创的实证微观经济学研究方法改变了发展经济学家的工作方式。借助他们的实验方法开展

---

① 马克思:《资本论》第 1 卷,北京:人民出版社,2004 年,第 604 页。
② 马克思:《资本论》第 1 卷,北京:人民出版社,2004 年,第 604 页。
③ 马克思:《资本论》第 1 卷,北京:人民出版社,2004 年,第 739 页。
④ 马克思:《资本论》第 1 卷,北京:人民出版社,2004 年,第 554 页。

的研究得出了大量重要的新发现,并让人类解决全球贫困问题的能力得以持续提升。"①班纳吉和迪弗洛的确把实验研究方法拓展到该领域的分支并实现了发展经济学的某种转型,并尝试从贫困阶层的视角去观察问题,正如他们所说,"要想真正理解制度究竟会对人民的生活产生多大影响,我们必须要从思想认识上做一个转变,从底层人民的角度来看待制度"。②但是,他们的理论成果却局限于利用随机的实验手段、现有的分配关系以及自由化的市场职能等方面,而没有从资本主义的基本经济制度以及资本主义的基本矛盾中得出贫困的本质问题。因此,他们不可能从根本上认知造成贫困的真因,也不可能提出科学的贫困理论。两位学者在《贫穷的本质》一书中对于以下贫困成因进行了分析。

(一)认为贫困成因仅仅在于具体操作层面的问题

阿比吉特·班纳吉和埃斯特·迪弗洛的《贫穷的本质》一书,从题目来看似乎是在讨论贫穷的本质问题,但是实际的内容却恰恰相反,他们仅仅停留在一些具体的操作层面。而考究贫穷的本质或真因等"辩证求因"的方式却被两位作者看作是一种空洞的"大问题"。如他们说:"很多侃侃而谈的专家并没有讨论怎样抗击痢疾和登革热最有效,而是专注于那些'大问题':贫穷的最终原因是什么?我们应该在多大程度上信任自由市场?穷人能够受益于民主制吗?外来援助可以发挥什么样的作用?等等。"③他们寄希望于"从一系列具体问题出发,重新审视这一挑战"④。这里所说的"挑战",就是在具体分析每一个贫困群体或贫困个体致贫原因的基础上要给予对应的翔实的可行性方案。《贫穷的本质》一书在反复讨论几个类似性问题,如"通过什么办法可以让穷人改善他们的生活,在这方面他们遇到了哪些障碍?是起步的花费较大,还是起步容易维持难?为什么花费会这么大?穷人意识到福利的重要性了吗?如果没有,原因又是什么呢?"⑤ 按照班纳吉和迪弗洛的理解与逻辑,"贫穷的本质"完全可以理解为若干可操作性的具体方案,对此他们解释道,"道理很简单,只谈世界上存在什么问题,而不去谈可行的解决方案,这样只能导致社会瘫痪,而非进步。因此,真正有用的方式是从实际问题的角度去思考,这样就可以有针对性地找出解决具体问题的办法,而不是空谈外来援助"⑥。两位学者在书中列举了大量解决具体问题的案例,并期望以这些对照实验的案例来指导穷人在遇到具体问题时应采取的对策。

---

① 诺贝尔经济学家评委会:《理解发展和减贫》,《比较》,2019年第6辑。
② [印度]阿比吉特·班纳吉,[法]埃斯特·迪弗洛:《贫穷的本质》,景芳译,北京:中信出版社,2018年,第268页。
③ [印度]阿比吉特·班纳吉,[法]埃斯特·迪弗洛:《贫穷的本质》,景芳译,北京:中信出版社,2018年,第3页。
④ [印度]阿比吉特·班纳吉,[法]埃斯特·迪弗洛:《贫穷的本质》,景芳译,北京:中信出版社,2018年,第3页。
⑤ [印度]阿比吉特·班纳吉,[法]埃斯特·迪弗洛:《贫穷的本质》,景芳译,北京:中信出版社,2018年,前言。
⑥ [印度]阿比吉特·班纳吉,[法]埃斯特·迪弗洛:《贫穷的本质》,景芳译,北京:中信出版社,2018年,第8页。

首先，蚊帐究竟是为贫困人群免费赠送还是有价销售的问题。在应对非洲儿童因疟疾而丧生的对策中，班纳吉和迪弗洛提出经过杀虫剂处理的蚊帐可以有效挽救因疟疾而失去的生命。实际上，一个蚊帐能否降低一家人感染疟疾的概率并不是两位作者所关心的重点。他们真正想做的工作是从泛泛而谈蚊帐对于治理贫困的效用转向具体分析蚊帐应通过援助方式提供还是应自行购买。于是，他们把问题划分为如下三个："第一，如果人们必须全价（或者至少是全价的一大半）购买蚊帐，他们是否会放弃购买？第二，如果蚊帐是免费赠送的，或者是以优惠价卖给人们的，他们是会使用这些蚊帐，还是将其浪费掉？第三，如果人们以优惠价购买了蚊帐，那么一旦以后价格不再优惠，他们是否还愿意去购买呢？"① 针对究竟蚊帐是免费赠送还是有价销售更能有效治理疟疾的问题，两位学者所给予的答案是可以引入模仿医学中为评估新药效力而采用的随机对照实验（RCTs）。洛杉矶加利福尼亚大学的帕斯卡利娜·迪帕曾经在乌干达和马达加斯加进行过类似的实验。这种实验无非就是通过随机选定上述三个问题的不同代表小组，然后对接受不同蚊帐价格的行为进行比较，以此再得出发放蚊帐的具体方式。

其次，化肥的获取究竟是靠援助还是靠购买的问题。《贫穷的本质》一书中列举了肯尼亚索里村的年轻农民肯尼迪依靠免费领取的化肥攒下了一辈子的积蓄。也就是说，如果肯尼迪不通过免费领取化肥的方式就将无法逃离贫困的陷阱。但是另一种质疑的观点就认为，如果化肥的使用对于解决肯尼迪的贫穷问题如此有效，那么他为何不想办法在此前就购买一点点化肥来提高土地的产量，并利用挣来的钱再去购买更多的生产资料呢？对于这两种不同的解决方案，两位学者的建议是要对两种策略特别是后一种策略进行具体的可行性分析。他们认为，通过渐进式积累的方式可能过于理想化，比如说"化肥或许只能批量购买，或许在使用过几次之后才有成效，抑或将收益再次投入并不如想象的那般顺利"②。

再次，补贴是否对反贫困具有效用的问题。班纳吉和迪弗洛认为，即使是自由市场经济学家也会在健康领域支持扶贫补贴，因为大多数廉价的成果都会低于市场价。从中可以看出两位发展经济学家也承认治理贫困离不开政府必要的补贴。他们通过杰茜卡·科恩和帕斯卡利娜·迪帕所进行的 TAMTAM 实验得出，并非购买蚊帐的补贴越高就一定意味着对于蚊帐的浪费程度也就越大。科恩和迪帕的实验发现"60%~70%曾买过蚊帐的妇女确实都在使用。在另一次实验中，随着时间的推移，蚊帐的使用率上升至90%左右"③。通过这组数据，班纳吉和迪弗洛得出补贴不会直接降低蚊帐使用率的结论。

最后，小额贷款是使穷人跃升为企业家的重要手段。班纳吉和迪弗洛说："小额信贷

---

① ［印度］阿比吉特·班纳吉，［法］埃斯特·迪弗洛：《贫穷的本质》，景芳译，北京：中信出版社，2018年，第9页。
② ［印度］阿比吉特·班纳吉，［法］埃斯特·迪弗洛：《贫穷的本质》，景芳译，北京：中信出版社，2018年，第13页。
③ ［印度］阿比吉特·班纳吉，［法］埃斯特·迪弗洛：《贫穷的本质》，景芳译，北京：中信出版社，2018年，第68页。

运动中的很多人都同意尤努斯的世界观,认为每个人都有成为成功企业家的潜质。"① 他们紧接着就对无产者如何成为企业家进行了观察。他们根据穷人通过借贷成为企业家的案例来说明在穷困的国度中有很多低收入人群同样具有企业家精神。在他们看来,这些贫困出身的企业家虽然具有很高的创业风险和返贫可能,但是小额贷款这样的"最初的馈赠及支持"开启了一个良性的循环,即"只要能够得到机会,即使遭受过重创的人,也能够对自己的生活负起责任,并摆脱极度贫困"②。当然,两位学者也承认小额贷款帮助穷人在创业中扮演重要角色的同时,实际上也不可能为穷人找到一条逃脱贫穷的道路,并把其中的原因仅仅归结为"他们借不到足够的钱跨越驼峰"③。

(二) 认为贫困成因在于过度依靠援助或过度依靠自由市场的问题

在班纳吉和迪弗洛看来,当今世界真正贫穷的国家都具有一些共性特征,比如"气候炎热、土地贫瘠、疟疾肆虐、四周被陆地所包围"④ 等自然原因,而这些极度贫困的国家如果没有得到长期、持久且有效的投资,就很难提高当地的生产力并进而改善当地贫困的面貌。对因为极度贫穷而无法支付任何投资回报的国家进行投资被西方经济学家们称为"贫穷陷阱"。班纳吉和迪弗洛就对此列举了对于"贫穷陷阱"的两种不同声音,并认为依靠过度援助或自由市场都可能成为贫困越发严重的原因。

一种观点以纽约大学的萨克斯为代表,认为应积极开展对穷国的援助并辅助其在关键的产业领域投资来提升自身的生产力水平。杰弗里·萨克斯在《贫穷的终结》一书中指出,如果富国在 2005—2025 年每年拿出 1950 亿美元的资金来援助穷国,那么贫穷问题到 2025 年便可以完全得到解决,但是如果不对穷国进行援助那么他们就将因恶劣的自然原因以及缺乏资本的原始积累而陷入越来越穷的陷阱。所谓的"贫困陷阱"也是两位学者展开论述的起点。在事关解决穷国贫困问题是应该依靠外部援助还是内生动力的抉择中,两位学者认为问题的关键不在于两种抉择的泛泛比较,而在于继续延伸两种抉择即在具体的事例中给予解决贫困问题具体的措施。他们认为,这些措施"要告诉你的不是援助的好与坏,而是援助在一些特定的事例中是否带来了好处"⑤。他们还认为,对于"贫困陷阱"存在与否的判断是制定正确扶贫政策的关键,而且错误政策的制定"并非来自动机不良或腐败,而仅仅是因为某些政策制定者头脑中的世界模式是错误的"⑥。针对萨克斯所提出

---

① [印度]阿比吉特·班纳吉,[法]埃斯特·迪弗洛:《贫穷的本质》,景芳译,北京:中信出版社,2018 年,第 230 页。
② [印度]阿比吉特·班纳吉,[法]埃斯特·迪弗洛:《贫穷的本质》,景芳译,北京:中信出版社,2018 年,第 235 页。
③ [印度]阿比吉特·班纳吉,[法]埃斯特·迪弗洛:《贫穷的本质》,景芳译,北京:中信出版社,2018 年,第 247 页。
④ [印度]阿比吉特·班纳吉,[法]埃斯特·迪弗洛:《贫穷的本质》,景芳译,北京:中信出版社,2018 年,第 3 页。
⑤ [印度]阿比吉特·班纳吉,[法]埃斯特·迪弗洛:《贫穷的本质》,景芳译,北京:中信出版社,2018 年,第 5 页。
⑥ [印度]阿比吉特·班纳吉,[法]埃斯特·迪弗洛:《贫穷的本质》,景芳译,北京:中信出版社,2018 年,第 19 页。

的"贫困陷阱"以及各种必要的援助措施,班纳吉和迪弗洛通过列举一些随机性的实验对其进行了质疑与反证。比如,他们通过杰茜卡·科恩和帕斯卡利娜·迪帕在肯尼亚所进行的实验得出,贫困人口对于蚊帐的价格非常敏感而且也习惯于免费领取蚊帐或是以接近于零的超低价格来购买。这就造成了贫困人口容易陷入即便自己的收入价格有所增长也几乎不会为下一代购买蚊帐的恶性循环。这一恶性循环与班纳吉和迪弗洛所期望的"S形曲线的右半部分"① 即通过收入增长来改善健康状态的良性循环形成了反差。

另一种观点以曼哈顿的威廉·伊斯特利为代表,认为对穷国的援助因为无法解决内生的发展动力所以是弊大于利的。除了伊斯特利在《在增长的迷雾中求索》《白人的负担》中阐明上述观点外,曾在高盛投资公司及世界银行任职的丹比萨·莫约也在《援助的死亡》一书中支持了这种观点。后一种观点认为,对穷国的援助无法从根本上解决其内生发展问题,反而会削弱穷国按照自身特点来解决贫穷问题的能力,最好的准则就是"只要有自由市场和恰当的奖励机制,人们就能自己找到解决问题的方法,避免接受外国人或自己政府的施舍"②。也就是说,在他们看来,"贫困陷阱"根本就不存在,而且这是"一个残酷地诱骗穷国的伪概念"③,其原因在于贫穷并不是永恒的,而是可以改变的。伊斯特利还强调,"自由意味着政治自由和经济自由,而在人类的种种发明中,自由市场的能量被大大低估"④。而在班纳吉和迪弗洛看来,一些服务于穷人的市场正在消失,或是在这些市场中穷人总是处于不利的地位。

综上所述,萨克斯和伊斯特利两位经济学家认为,无论是依靠援助还是依靠自由市场都没有深刻地理解贫困的本质,而贫困的本质就在于迄今为止没有通过具体的实验方法来具体解决每一个地区或民族具体贫困问题的案例。此外,对于治理贫困问题之所以产生两种截然不同的方法,他们认为这是因为两位经济学家所持有的世界观不同。其中,萨克斯在积极参与联合国、世界卫生组织的过程中重视为贫困人口提供生活、学习等用品并激励孩子们上学接受教育;而伊斯特利和莫约等代表美国垄断资产阶级利益的学者就反对援助,并认为援助会使对方政府变得腐败,特别是如果对方不想接受援助或孩子们不想上学而强迫对方接受,这就是不尊重人们的自由。

(三)认为贫困成因在于信息的不对称性以及过度模型化的问题

与西方经济学过度模型化、数学化不同,班纳吉和迪弗洛更为注重通过一些经济学

---

① [印度]阿比吉特·班纳吉,[法]埃斯特·迪弗洛:《贫穷的本质》,景芳译,北京:中信出版社,2018年,第59页。
② [印度]阿比吉特·班纳吉,[法]埃斯特·迪弗洛:《贫穷的本质》,景芳译,北京:中信出版社,2018年,第4页。
③ [印度]阿比吉特·班纳吉,[法]埃斯特·迪弗洛:《贫穷的本质》,景芳译,北京:中信出版社,2018年,第12页。
④ [印度]阿比吉特·班纳吉,[法]埃斯特·迪弗洛:《贫穷的本质》,景芳译,北京:中信出版社,2018年,第266页。

家、社会学家的对照实验结果来分析哪种具体的经济行为更有利于摆脱贫困。在这个过程中可以发现，两位学者对于信息不对称问题所造成的贫困格外注重。他们认为，穷人通常会缺少信息来源，并且容易被一些虚假的信息误导。他们指出："穷人所陷入的困境与我们其他人的困扰似乎是一样的——缺乏信息、信念不坚定、拖延。"① 在他们看来，这种信息的不对称性对于富人的影响要比穷人小很多，因为在富裕国家生活的人们周围充满了许多无形的助推力，比如不用想着早晨在水里加消毒剂、不用担心孩子何时接种疫苗的问题、不用担心是否有下一顿饭吃，等等。也就是说，富人"几乎用不着自己有限的自控及决断能力，而穷人则需要不断运用这种能力"②。

可见，班纳吉和迪弗洛之所以能够获得"银行诺奖"的重要原因之一，在于提供了一个发展经济学的新视角，其中主要在于他们对主流经济学的过度数学化、模型化提出了质疑。班纳吉和迪弗洛说："经济学家都喜欢简单（有人称之为单纯化）的理论，他们习惯用图表来表现这种理论。"③ 从中可见，在他们看来仅仅通过单纯的数理化来阐释经济问题这样的经济学是一种简单且浅显的理论。在《贫穷的本质》一书中，两位学者仅仅绘制了两幅重要的曲线图（S形曲线和反向L型曲线）分别来表示"贫穷陷阱"存在与不存在的模型。通过这两个简单的图表，他们明确写道："这两个简单的图表所包含的理论传达了一条最重要的信息，即仅靠理论是不够的，要想真正回答'贫穷陷阱'是否存在这一问题，我们需要了解的是，现实世界能否由图表来表现。"④ 班纳吉和迪弗洛所绘制的这两幅图表一方面旨在用直观的方式来展现是否存在"贫困陷阱"，另一方面旨在说明仅仅使用模型无法再现现实的世界。对此，他们进一步说："我们需要通过一个个事例做出判断：如果我们的故事与化肥有关，那么我们就需要了解关于化肥市场的一些现实情况；如果是关于营养和健康的问题，那么我们就需要了解穷人是怎样存钱的；如果是关于营养和健康的问题，那么我们就需要研究与此相关的领域。"⑤ 总之，他们得出可行性方案的前提是进行一系列不同的实验，并在时间和空间上考虑到不同的调研对象和干扰因素，力争得到可靠的证据与理论。

（四）认为贫困成因在于供应教育失败的问题

在班纳吉和迪弗洛看来，治理贫困除了援助政策具有争议性外，教育政策也是长期争

---

① ［印度］阿比吉特·班纳吉，［法］埃斯特·迪弗洛：《贫穷的本质》，景芳译，北京：中信出版社，2018年，第16页。
② ［印度］阿比吉特·班纳吉，［法］埃斯特·迪弗洛：《贫穷的本质》，景芳译，北京：中信出版社，2018年，第80页。
③ ［印度］阿比吉特·班纳吉，［法］埃斯特·迪弗洛：《贫穷的本质》，景芳译，北京：中信出版社，2018年，第13页。
④ ［印度］阿比吉特·班纳吉，［法］埃斯特·迪弗洛：《贫穷的本质》，景芳译，北京：中信出版社，2018年，第16页。
⑤ ［印度］阿比吉特·班纳吉，［法］埃斯特·迪弗洛：《贫穷的本质》，景芳译，北京：中信出版社，2018年，第16页。

议的主题。他们指出:"争论的焦点并不在于教育本身是好是坏,而在于政府是否应该干预以及如何进行干预。"① 他们把政府对教育的政策制定、内容要求、过程管理等看作是"供应学校教育",将其讽刺为"供应达人"或"供应商",并强调这要与反对任何形式政府干预的西方供给学派相区别。从中可以看出,两位学者认为教育领域不存在"贫困陷阱",从总体上更倾向于自由市场化变革。班纳吉和迪弗洛用数据证明了"供应达人"为撒哈拉沙漠以南的非洲、东亚及南亚所带来的小学入学率提升、辍学率下降等变化,却把重点放在说明在这种变化的背后是公立学校教育质量的低下、教师的懒惰、孩子的厌学情绪高涨。面对他们所质疑的公立学校,两位学者又搬出了他们常用来印证的包括伊斯特利在内的批判家,并把其赞美为"需求达人"。这些"需求达人"所给出的建议就是"除非有明确需求,否则根本没有必要提供教育"②。在他们看来,"需求达人的核心观点是,教育不过是另一种形式的投资:人民投资于教育就像投资于任何其他领域一样,目的是挣到更多的钱,增加未来的收入"③。他们虽然认为如义务教育等自上而下的教育政策对降低儿童死亡率有很大的益处,但却认为公立学校的教育质量并不乐观,并引用了伊斯特利在《在增长的迷雾中求索》一书中所提出的"非洲国家的教育投资对这些国家的发展毫无助益"④。他们认为,私立学校总体上较公立学校教学质量更高,而私立学校的不足之处在于市场还没有充分发挥其应有的作用。当然,他们认为"需求达人"不仅存在于教育领域,保险业在治理贫困过程中也存在市场无法发挥作用的情况。而当他们注意到市场所能提供的险种只覆盖有限的灾难性情况时,又提出"一个真正的市场出现,政府必须挺身而出"⑤,政府应为穷人购买天气险等提供必要的补贴,而当人们看到保险的好处以及市场再次繁荣时就可以取消补贴了。他们把这种方式看作是"一个利用公共资源促进共同富裕的好方式"⑥。

  当然,班纳吉和迪弗洛在论述公立学校和私立学校在教育贫困中的差异性的同时,还关注了在更深层次的社会层面的教育体系问题,并强调了这一体系中所出现的有失公平和浪费资源等问题。在教育结果不公平的背后,他们意识到这种结果不公平是由教育机会和教育过程不公平所决定的,并造成了巨大的人才浪费。他们指出:"有钱人家的孩子不仅可以去教学质量更高的学校,还可以在学校里享受很好的待遇,从而使他们的潜力得到真正的挖掘。穷人家的孩子只能去教学质量较差的学校,这样的学校一开始就会表明……孩

---

① [印度]阿比吉特·班纳吉,[法]埃斯特·迪弗洛:《贫穷的本质》,景芳译,北京:中信出版社,2018年,第80页。
② [印度]阿比吉特·班纳吉,[法]埃斯特·迪弗洛:《贫穷的本质》,景芳译,北京:中信出版社,2018年,第89页。
③ [印度]阿比吉特·班纳吉,[法]埃斯特·迪弗洛:《贫穷的本质》,景芳译,北京:中信出版社,2018年,第90页。
④ [印度]阿比吉特·班纳吉,[法]埃斯特·迪弗洛:《贫穷的本质》,景芳译,北京:中信出版社,2018年,第95页。
⑤ [印度]阿比吉特·班纳吉,[法]埃斯特·迪弗洛:《贫穷的本质》,景芳译,北京:中信出版社,2018年,第175页。
⑥ [印度]阿比吉特·班纳吉,[法]埃斯特·迪弗洛:《贫穷的本质》,景芳译,北京:中信出版社,2018年,第176页。

子们只能默默忍受,直至退学。"① 在此基础上,他们又把发展中国家教育体系不完善的原因仅仅归结为"不现实的目标、不必要的悲观预期,以及不恰当的教室鼓励机制"②。而他们所给予的解决教育两极化问题的建议是建立"一种双重教育体系"③,并在建立过程中注重核心能力的开发、技术辅助的研发、家长预期的降低。这种教育体系无非就是设置适应阶层特点的教育环境,无法从根本上解决教育贫困的问题。而且仅仅寄希望于从"科技手段"的层面来改善人们的生活条件以及教育环境,而不从生产关系的视角着手,最终只能陷入机械的唯生产力决定论中。

三、结语:确立四元贫困成因论

在上述比较研究的基础上,依据中外反贫困的实践及其效果,我们撇开自然灾害和战争等一般具有暂时性的各种灾难,便可以确立新马克思经济学综合学派"科技、制度、法策、个体"的"四元贫困主因论"。各主因之间既是独立的,也是相互联系或密切相关的。

一是科技缺少的贫困主因。这是指科技总体不发达或缺少某种科技而导致的贫困。从生产力层面分析,由科技水平形成的某国家或某地区的经济状况和自然生态环境,必定会对贫富格局产生重要的经济影响。科技和生产力相对不发达,以及由此制约保护和改善自然生态环境的能力提升,往往造成反贫困进展缓慢,而科技和经济发达的资本主义国家或社会主义国家发达地区的贫困则相对较少。

二是制度缺陷的贫困主因。这是指社会基本制度的缺陷而导致的贫困。从制度层面分析,资本主义私有制、按资分配和唯市场化的基本经济制度,资产阶级多党轮流执政的基本政治制度,资产阶级意识形态主导的基本文化教育制度,必定会对贫富格局产生重要的制度影响。这就是为何发达资本主义国家也很难消灭绝对贫困,更谈不上缩小相对贫困的主要缘由。而共产党领导的社会主义中国就始终不存在消灭绝对贫困的基本制度障碍,而能不能缩小相对贫困则取决于非公经济所占的比重。

三是法策缺位的贫困主因。这是指法律法规政策的缺位而导致的贫困。从法策层面分析,由于资本主义基本经济政治文化制度的痼疾,其国家所实行的有关反贫困的法律法规政策往往不及时、不到位,且资产阶级各政党意见分歧、互相扯皮、言行不一,从而对贫富格局产生重要的法策影响。而共产党领导的社会主义中国,只要经济发展实力具备和执政党有决心,就可以及时制定和高效实行到位的法策体系,用举国体制机制在较短的时期

---

① [印度]阿比吉特·班纳吉,[法]埃斯特·迪弗洛:《贫穷的本质》,景芳译,北京:中信出版社,2018年,第111页。
② [印度]阿比吉特·班纳吉,[法]埃斯特·迪弗洛:《贫穷的本质》,景芳译,北京:中信出版社,2018年,第113页。
③ [印度]阿比吉特·班纳吉,[法]埃斯特·迪弗洛:《贫穷的本质》,景芳译,北京:中信出版社,2018年,第117页。

内攻坚解决贫困难题。

　　四是个体缺点的贫困主因。这是指个人及其家庭的素质缺点而导致的贫困。从个体层面分析出发，资本主义基本经济政治文化教育制度的痼弊，加上个体世界观、人生观和价值观的扭曲，反映在个人及其家庭的问题和缺点很多，从而必定会对贫富格局产生重要的个体影响。有舆论一味片面指责贫困的个体，殊不知倘若一个社会长期普遍存在诸如贫困（或腐败或犯罪或信仰）等问题，那肯定主要是涉及这类社会问题的解决框架体系有问题；假如解决问题的基本框架体系没有大问题，那才能主要归结为个体问题。这属于马克思主义观察和分析问题症结的重要方法之一。中国反贫困的基本框架体系及其成功经验，以及美国和印度反贫困的基本框架体系及其失败的教训，均印证了这一点。

马克思资本理论及其中国化实践

高淑桂[①]

（上海青浦区委党校）

一、理解马克思资本理论

在马克思的思想史中，资本的含义是有变化的，经历了从生产要素到生产关系的认识过程。马克思对资本概念的最初阐释集中在《1844年经济学哲学手稿》中，马克思认为，资本是生产过程中的一种生产要素。在《雇佣劳动与资本》中，马克思首次将资本定义为一种生产关系，这种观点在《资本论》中得到了充分的阐释，揭示了资本支配劳动的内在机制。在《资本论》中，马克思认为，资本是一个历史范畴，它和货币有着根本的不同，当货币用于生活消费的时候，仅充当一般等价物，作为流通中介而存在，这个时候不能叫作资本；只有当货币进入生产领域，能够产生价值增值的时候，才叫作资本。"商品生产和发达的商品流通，即贸易，是资本产生的历史前提"[②]。可以说，资本是一种由货币转化而来的、依托于一定的社会关系赢取价值增殖的经济形式。在《资本论》中，马克思对资本的解读，是从生产关系的视角展开的，他明确指出，"资本不是物，而是一定的、社会的、属于一定历史社会形态的生产关系，后者体现在一个物上，并赋予这个物以独特的社会性质"[③]。在其理论体系中，马克思从资本对劳动的雇佣剥削角度揭示了资本的产生源泉、内在构成及特有的运动规律。

（一）资本的产生源泉

资本的产生源泉是劳动力成为商品，它需要满足两个条件：一是劳动力具有人身自

[①] 高淑桂，复旦大学博士，上海青浦区委党校副教授，主要研究领域为社会主义经济理论、马克思资本理论及其中国化实践。
[②]《马克思恩格斯文集》第5卷，北京：人民出版社，2009年，第171页。
[③]《马克思恩格斯文集》第5卷，北京：人民出版社，2009年，第922页。

由；二是劳动力不占有任何生产资料，一无所有。劳动力作为一种商品，也具有自身的价值，劳动力的价值不仅包括维持他自己衣食住行的费用、养育后代的费用，还包括劳动力商品的历史的、道德的因素。劳动力通过劳动所创造的价值，远远大于劳动力本身的价值。这多出来的价值就是剩余价值，即雇佣工人所创造的，并被资本家无偿占有的超过劳动力价值的那部分价值，是一种价值增殖。剩余价值的生产方法，有两种形式：一种是绝对剩余价值生产，就是绝对延长工人的劳动时间；二是相对剩余价值生产，工人一天工作时间的长度不变，资本家通过提高劳动生产率和劳动强度来获取剩余价值。

此外，资本的产生还离不开一个必要条件，就是资本家拥有能够转化为资本的货币量的最低需求，即刚好能够满足购买生产正常运转所需的生产资料和劳动力的货币量。

（二）资本的内在构成

按不同的划分标准，资本构成有所不同，从资本在剩余价值生产中所带来的价值增殖的角度，可分为不变资本和可变资本；按资本的价值周转方式不同，可分为固定资本和流动资本；按资本所处的领域不同，可分为产业资本、商业资本、借贷资本和银行资本等。无论以哪种标准对资本进行划分，都有一个共性，即劳动力所属那部分资本产生新增价值，劳动者的劳动创造是剩余价值的唯一源泉。

（三）资本的运动规律

1. 价值增殖规律

价值增殖规律是指资本经过一段时间的运转，会通过产业工人的创造实现价值增殖。从形式上来看，资本的最初表现形式是货币。但是，当货币所购买的商品进入生产领域，"劳动必须是雇佣劳动"时，① 由于产业工人创造了剩余价值，凝结在商品中的价值就发生了增殖，这种运动形式可用 $G-W-G'$ 表示，其中，$G'=G+\Delta G$，这个 ΔG 就是价值的增殖。资本是如何增殖的？在资本家仅仅购买生产资料和劳动力，尚未进入生产阶段时，货币依然发挥一般等价物的中介作用，没有现实地转化为资本（即 $G-W-G$）。货币要转化为资本，需要进入商品的生产过程，在这里，劳动力才会生产价值和剩余价值，从而实现货币的增殖。马克思揭示资本的增殖性，不但说明资本可以作为一种能带来剩余价值的价值，而且体现了资本对劳动的剥削关系以及资本支配劳动的生产关系。通过对雇佣劳动的支配，资本实现了自身价值的保存和增殖。

---

① 《马克思恩格斯全集》第 30 卷，北京：人民出版社，1995 年，第 176 页。

2. 资本积累规律

这种规律是资本在分配领域的差距过大导致的。所谓资本积累，就是把已经取得的剩余价值转化为追加资本从而取得更多剩余价值的动态过程。资本家之所以要把剩余价值再次投入生产，是由资本在无限追求价值增殖过程中的竞争决定的。资本积累的途径有两个：资本积聚和资本集中。资本积累的过程会伴随资本有机构成的提高。生产技术的进步带来社会劳动生产率的提高，劳动生产率提高，会产生两个结果：一是一个工人所能驱动的生产资料的数量越来越多，在同样多的生产资料的情况下，需要的工人就越来越少，也就是机器代替了工人。二是劳动力价值在工人所创造的价值总量中占比越来越小。随着对工人需求量的减少，社会上会出现大量相对过剩人口，过剩的工人形成一支绝对从属于资本、可供资本支配的产业后备军，它的存在最终导致两极分化。对资本的两极分化规律，马克思总结为"社会的财富即执行职能的资本越大，它的增长的规模和能力越大，从而无产阶级的绝对数量和他们的劳动生产力越大，产业后备军也就越大。可供支配的劳动力同资本的膨胀力一样，是由同一些原因发展起来的。因此，产业后备军的相对量和财富的力量一同增长。但是同现役劳动军相比，这种后备军越大，常备的过剩人口也就越多，他们的贫困同他们所受的劳动折磨成正比。最后，工人阶级中贫苦阶层和产业后备军越大，官方认为需要救济的贫民也就越多"。①

3. 生产过剩规律

社会化大生产的形成，为资本的生产过剩创造了前提条件。如果生产仅仅用于满足人们的消费需要，那么生产过剩是不会发生的；但是，资本家对利润的追逐是无限的，这必然会生产比消费所需商品多得多的价值出来，而这种价值的实现，受到"群众的贫困和他们的有限的消费"②的制约，必然会产生生产过剩。

为了获取更多的剩余价值，资本家会竞相提高劳动生产率，在这个过程中，会发生两个方面的变化：一是社会总体消费能力的减弱，二是越来越多商品的积压。生产和消费之间的平衡被打破，当这种矛盾发展到一定程度时，生产过剩就表现为经济危机。产品生产的速度越快，社会商品过剩越多，经济危机爆发就越频繁。事实证明，自1825年英国爆发第一次经济危机以来，危机爆发的次数越来越多，从开始的十年一次增加到后来的五六年一次，见表1。

---

① 《马克思恩格斯文集》第5卷，北京：人民出版社，2009年，第742页。
② 《资本论》第3卷，北京：人民出版社，1975年，第548页。

表1 "二战"后主要资本主义国家经济危机发生次数

经济危机	美国7次	日本7次	德国7次	英国7次
第一次	1948—1949	1954	1952	1952
第二次	1953—1954	1957—1958	1958	1957—1958
第三次	1957—1958	1962	1961	1961—1962
第四次	1960—1961	1965	1966—1967	1966
第五次	1969—1970	1970—1971	1971	1971—1972
第六次	1973—1975	1973—1975	1974—1975	1973—1975
第七次	1980—1982	1981	1980—1982	1979—1982

资料来源：邢涛、纪江红：《世界上下五千年（近现代卷）》，北京：北京出版社，2004年1月。

资本主义的生产过剩是一种相对过剩，而不是绝对过剩，是一种相对广大劳动者有支付能力的需求而言的过剩，而不是从满足人的需要出发的过剩。

总之，资本的生产过剩的规律决定了危机是规律的自然形式。虽然当代资本主义经济危机已从"实体经济"向"虚拟经济"快速发展，但本质而言，资本的获利来源仍然是实体的产业资本，当金融资本积压了产业资本导致虚拟资本过剩的时候，就会导致金融资本的流动性获利，从而出现经济脱实向虚并且无节制膨胀。

资本的产生及运动规律，彰显了市场经济和资本并非中性。我国是社会主义国家，社会主义的根本目的是消灭剥削，消除两极分化，最终实现共同富裕。无论是从资本的本质来看还是从运动规律来看，其和社会主义的根本目的都是相矛盾的。

二、社会主义市场经济的资本逻辑

（一）认识资本"伟大的文明作用"

马克思指出，资本的作用，除了体现资本对劳动的剥削，也促进了生产力的极大进步。资本作为生产力的极大推动者，作为社会财富的追逐者，对社会文明进步和个人的全面发展是有促进作用的。人要实现自由全面地发展，必须"创造自己的社会生活条件"[1]，而这种社会生活条件的创造过程，就是人类直面资本发展的过程，在社会主义条件下，是人类合规律、合目的地调动人的生产积极性的过程。从生产领域溢出到社会、文化和政治领域，人类文明程度不断提高，资本"伟大的文明作用"[2]充分体现。

---

[1] 《马克思恩格斯全集》第30卷，北京：人民出版社，1995年，第112页。
[2] 《马克思恩格斯文集》第8卷，北京：人民出版社，2009年，第90页。

（二）我国社会主义资本观的历史考察

马克思经典论述中的社会主义是一种生产力高度发达的社会形态。但脱胎于封建社会的我国社会主义尚处于初级阶段，生产力相对落后，尚不具备马克思所说的那种充分发展了的生产力，要使社会主义的优势充分发挥，首要条件是发展生产力，而资本驱动"更有利于生产力的发展，有利于社会关系的发展，有利于更高级的新形态的各种要素的创造"。[①] 与此同时，社会主义的基本经济制度是和资本本性相矛盾的公有制，那么，在中国特色社会主义的我国，究竟需不需要"资本"？对这个问题的认识和实践，在我国大致经历了五个时期：

第一个时期，即从 1949 年新中国成立到 1978 年党的十一届三中全会召开，是社会主义在中国的建立和探索时期。

第二个时期，即从 1978 年党的十一届三中全会召开到 1992 年邓小平南方谈话，是如何运用资本发展社会主义的探索时期。

第三个时期，即从 1992 年党的十四大到 2002 年党的十六大，是用资本发展社会主义生产力的实践时期。

第四个时期，即从 2002 年中共十六大到 2012 年党的十七届六中全会，是资本在社会主义发展进程中得以深化拓展的时期。

第五个时期，即从党的十八届三中全会至今，是驾驭资本全方位建设现代化经济体系的时期。

（三）把握社会主义公有制与市场经济的对立统一

我国目前正处于社会主义初级阶段，大力解放生产力、发展生产力，对社会主义现代化经济体系的建设尤为重要，因此，需要鼓励商品经济发展，运用资本的增殖性来推动社会生产力的快速提高。在这里，我们需要辩证把握社会主义公有制与市场经济的对立统一。

第一，社会主义公有制与市场经济有机联系、辩证统一。基于社会化大生产与生产资料资本主义私人占有之间矛盾的不可避免性，随着资本有机构成的不断提高，不可避免地会出现社会的两极分化。在社会主义公有制条件下的市场经济，资本同样会发生增殖，会促进生产力的极大发展，但是因为公有制是其制度基础，这就从根源上决定了资本增殖的根本目的是全体人民共同受益，政府是公有制经济的市场主体，在生产与再生产过程中，

[①] 《马克思恩格斯文集》第 7 卷,北京：人民出版社,2009 年,第 927－928 页。

除了保证经济发展为全体人民谋利益，在建立合理经济结构、消除市场失灵方面，也发挥了重要作用。当然，公有制发挥作用不能忽视生产力发展水平，不能忽视我国仍然是发展中大国这一现实。因此，在公有制占主导地位的同时，鼓励并扶持中小企业发展，创新并实施混合所有制改革，在"摸着石头过河"的社会主义市场经济实践中，以多种形式探索释放资本对生产力的极大促进作用。

第二，社会主义公有制与市场经济的根本区别，是两者在经济发展中的作用不同，公有制是主导，市场经济是主体。一方面，我们必须大力发展市场经济，充分释放资本能量，创造更多社会财富；另一方面，不同所有制形式下的市场经济在发展导向、发展方式和价值分配上都有所差异，必须把公有制与市场经济相结合，使社会主义形式下的资本成为服务于人民更高质量生产生活的必要方式。

当前，我国正处于"全面建成小康社会"的关键阶段和实现中华民族"强起来"的新时代，中国特色社会主义对资本的驾驭正迈向顶层设计与基层实践协同发力阶段。以习近平同志为核心的党中央"不仅在激发资本活力上，通过《中共中央关于全面深化改革若干重大问题的决定》，全面地推动了资本元素对社会主义经济建设全部领域的深度参与，而且在党领导下的国家治理体系和治理能力现代化布局上，通过包括党和国家机构、意识形态、法治建设等整个社会环境的全方位、深层次变革，根本地提升了中国特色社会主义对驾驭资本实践的全面、精准把握"。[①] 在中国特色社会主义新时代，如何更好实现由"管企业"向"管资本"转变，已经成为我国下一步发展的改革重心。

三、中国特色社会主义资本市场探索

在我国经济进入科技创新驱动经济增长的新时代，全要素生产率亟待提升，超级公司的行业结构需要转换。要进一步落实创新驱动发展战略，增强资本市场对提高我国关键核心技术创新能力的服务水平，促进高新技术产业和战略性新兴产业发展，必须完善资本市场制度。

（一）我国资本市场现状

经过十几年的改革和发展，我国资本市场规模不断壮大，交易品种不断丰富，市场运行的机制、制度不断完善，资源配置功能不断增强。我国资本市场的体系是多层次的，既包括股票（股权）市场、交易所债券市场，也包括涵盖股票、债券、商品在内的期货市场，更包括主板、中小板、创业板、新三板以及区域性股权市场在内的金字塔形结构。

---

① 陈广亮、王娟娟：《再论中国特色社会主义资本观》，《学术界》，2018年第5期。

其中，科创板是我国资本市场的增量改革。科创板的定位就是坚持面向世界科技前沿、面向经济主战场、面向国家重大需求，主要服务于符合国家战略、突破关键核心技术、市场认可度高的科技创新企业。主要聚焦新一代信息技术、高端装备、新材料、新能源、节能环保以及生物医药等高新技术产业和战略性新兴产业。科创板作为金融服务科技的重要抓手，能够提升金融供给的质量和效率：一方面，改善了融资结构；另一方面，强化了企业在营收及估值上的未来成长性，提升了金融供给的质量和效率，为科技创新提供了更高质量、更有效率的金融服务。

（二）开辟中国特色社会主义资本市场改革的新途径

当前，我国资本市场存在市场规模小、开放水平低、发展不均衡、结构不合理的现象，各市场之间相互分割、缺乏必要的联动机制，从而降低了资本市场资源配置的有效性和效率。要坚持问题导向，探索我国资本市场改革的新路径。

第一，大力推进多层次资本市场体系建设，完善市场交易机制，满足多元化的投融资需求，扩大直接融资规模和比重。同时，重视货币市场、外汇市场、黄金市场以及农村金融市场等的协调发展，建立完善各市场之间资金流动的渠道，使各市场之间联通互动，提高资本市场整体效率，最大限度地发挥资本市场有效配置资源的作用。

第二，大力发展主板市场，加快健全科创板。结合实践，可从三个方面着手：

一是优先保障土地供给，建立地块置换绿色通道。同时，在出让和置换时设立回购等约束性条件，企业因经营无法持续从科创板退市后，保障政府享有以约定价格予以优先回购的选择权，以提高土地资源的利用效率。

二是大力支持人才引进，做到加大人才公寓供给力度，对高级技术人才予以个人奖励，完善对人才落户的配套支持。

三是加强对科创板的其他支持力度，包括落实企业税收优惠、支持申报专利项目、采取一事一议制度以及定期举办专题培训。

马克思主义国际价值规律的经典解读与当代价值

宋数理[①]

(浙江外国语学院)

一、国际价值规律的比较优势

不可否认的是,古典政治经济学和西方主流经济学对揭示资本主义国际经济运行规律做出过努力。自16世纪"地理大发现"之后,资本主义生产方式开始在西欧萌芽、兴起时,"对外贸易"和"世界市场"作为富国裕民的一种途径,就已经受到西欧谋求工业化和现代化国家的普遍重视,这也引起了古典政治经济学家的理论兴趣。其中,以托马斯·孟、弗里德里希·李斯特为代表的古典重商主义把对外贸易提升到国家发展战略的高度。亚当·斯密则把工场手工业中的劳动分工和生产专业化原则应用到国际经济领域,提出了绝对利益学说,鼓励自由贸易。大卫·李嘉图进一步发展了斯密的劳动价值论,并提出了比较利益说,支持扩大自由贸易。之后,随着对市场这只"无形的手"的进一步研究,西方主流经济学在价格理论基础上构建的逻辑日益严密的国际经济理论体系对于完全和不完全竞争条件下的市场如何最优化配置各国的资本、劳动、土地等生产要素,从而实现世界经济的一般均衡发展,提出了诸多有益的讨论。尤其是自20世纪七八十年代在欧美资本主义发达国家开始流行的新自由主义思潮,逐渐影响了融入经济全球化的大多数国家。到了90年代,该思潮在我国社会主义市场经济体制改革中也开始发挥作用,并引起我国学界关于西方主流经济学与马克思主义经济学的科学范式之争。

但是,事实证明,这种基于比较优势而不是劳动价值的国际分工理论只会不断强化资本原始积累较早的国家的比较优势,而使资本原始积累较晚的国家可能产生难以跨越的路径依赖,也就是所谓的"比较优势陷阱"。而且,随着国际分工的深化和国际产业结构的

[①] 宋树理,浙江外国语学院国际经贸系,经济学博士,副教授,兼职研究员,系主任,浙江科技专家,浙江省之江青年社科学者,主要从事马克思主义政治经济学研究。

调整，大多数工业制成品，尤其像飞机、汽车和电脑等资本密集型商品基本上实现了零部件采购、生产和营销的国际化。国际生产中的劳资关系既有本国劳动和本国资本的关系，也有本国劳动和国际资本的关系，同时包含本国资本和国际资本的关系，这种复杂化的演变趋势进一步掩盖了资本剥削劳动的本质。更重要的是，国际垄断资本利用垄断优势采用控股、参股和合作合资等多种形式占有发展中国家廉价劳动力的剩余价值。而国际交换的不平等也随着经济全球化进一步加剧。国际交换不平等也进一步恶化了发展中国家和欠发达国家的贸易条件，导致这些国家长期难以摆脱贫困化的发展路径。理论模型越来越"漂亮"的西方主流经济学对于资本主义世界经济运行中出现的这些严重问题，并不能给出令人满意的解释以及应对之策。

比较而言，受此次国际金融危机的影响，马克思主义经济学对资本主义社会经济的深刻剖析在欧美国家再次受到重视。但是，作为马克思主义国际经济学理论根基的国际价值理论并未得到应有的重视。自马克思提出国际价值思想之后，从19世纪末至20世纪40年代资本主义和社会主义两大阵营形成之前，关于国际价值基本理论问题的论战并不激烈。到了20世纪50年代至90年代的资本主义和社会主义两大阵营对立时期，法国、西德、日本和中国等马克思主义学者才集中讨论国际价值的基本理论问题，但是，分歧较大，流派较多，而且还存在对马克思国际价值思想的误解或误读。遗憾的是，20世纪90年代之后，西方马克思主义学者对国际价值的研究几乎停滞不前了。而我国学界则一直重视马克思主义中国化研究，并积极探索不同经济发展阶段的对外开放发展战略，所以，从20世纪50年代开始，关于国际价值理论的讨论就未曾中断。20世纪90年代受新自由主义思潮的影响，我国学界关于国际价值研究的分歧进一步深化，甚至很多学者直接转向西方主流经济学的研究路径。直到21世纪，随着经济全球化的扩展和深化，新经济条件下关于国际价值的形成和变化，以及基于国际价值理论的社会主义市场经济对外开放等问题再次成为研究热点。

二、国际价值规律的《资本论》解读

国际价值规律主要有两个构件：一是国际不平等交换；二是劳动决定价值。先来讨论国际不平等交换。马克思指出，"比较发达的国家高于商品的价值出售自己的商品，虽然比它的竞争国卖得便宜。在这里，只要比较发达的国家的劳动作为比重较高的劳动来使用，利润率就会提高，因为这种劳动没有被作为质量较高的劳动来支付报酬，却被作为质量较高的劳动来出售"。这里包含两个方面，一方面是发达国家与欠发达国家的不平等交换。生产要素不会在市场自由竞争的调整下流向生产效率最高国家的相应行业或者部门，以至于不同国家的平均劳动生产率很难趋向于平均化，而国别间的生产率差异将持续存在，两极分化现象可能会进一步加剧。于是在自由贸易过程中，超额利润从发达国家逐渐流向欠发达国家，而所谓的国际等价交换，实际上掩盖了不同国家劳动量的不平等交换。所以，马克思从工人阶级的立场上批判资本主义发达国家倡导推行的自由贸易模式，因为交换过程虽然是平等的，但是生产过程却是不平等的，这就决定了交换过程不可能实现真正的平等。进一步来看，马克思对于市场这只看不见的手也有深刻的理解。马克思并不否认市场竞争机制对经济运行的影响，而是强调市场竞争机制并不决定经济运行，因为发达国家出售的商品价值只要高于本国生产的价值而低于世界范围内的平均价值，就可以实现超额利润，至于在本国价值和平均价值间的哪个位置实现交易，则由市场竞争机制决定。此外，马克思在《关于自由贸易的演说》中明确表明，他是支持自由贸易的，但是并不是因为自由贸易可以实现互赢互利，而是它可以推动欠发达国家生产方式的变革，加快淘汰落后的生产方式，从而使社会向更高级阶段进化发展。另一方面是发达国家的资本家与雇佣工人间的不平等交换。发达国家的资本家在国际交换中占有的其他国家的剩余价值，并没有与本国雇佣工人实现共享，没有进一步减少对本国雇佣工人的剥削，故国际交换中资本剥削具有双重性，追求利润最大化则是唯一属性。正如马克思揭示的资本主义生产的秘密就在于资本家在流通领域等价地买到劳动力这种特殊商品，才能无偿占有这种劳动力在超出自身价值的劳动时间内所创造的剩余价值，即"资本自行增殖的秘密归结为资本对别人的一定数量的无酬劳动的支配权"。所以，即使在完全竞争市场上，劳动生产力可以实现平均化，但是只要存在生产资料私有制和雇佣劳动关系，就存在劳动力这种特殊商品，就能持续地生产出不平等交换关系。于是，国际不平等交换实质上是国内不平等交换的进一步展开和发展，而且，在资本主义经济体系中这种不平等交换只会在等价交换的表象下存在。

再来讨论劳动决定价值。无论是在封闭经济条件下，还是在开放经济条件下，马克思都一以贯之地坚持劳动决定价值，弥补了李嘉图在国际交换中放弃劳动价值论的不足。马克思继承和发展了古典政治经济学的劳动价值论，从生产领域探求社会财富形成的根源，提出了剩余价值理论。但是，西方主流经济学对马克思的批评更多地集中在劳动对价值的决定领域，认为这种劳动还原的方法对于发现资本主义经济运行的规律没有多大价值，所以为供求决定的价格理论进一步创造了发展的空间。换言之，是劳动决定价值还是供求决定价格才使资本主义经济发展的内在规律成为不同经济理论范式争论的基础。

劳动决定价值可以从三个方面说明：

一是价值决定价格，但抽象的价值分析必须借助具体的价格分析。马克思的价格主要有两种，分别是交换价格和生产价格。其中，交换价格是交换价值，是价值形式；而生产价格是利润平均化条件下的价值，也就是说，它们本质上是价值形式与价值实体的关系。

二是劳动决定价值，但是决定价值的是两种含义的社会必要劳动。马克思认为，价值是"不仅在每个商品上只使用必要的劳动时间，而且在社会总劳动时间中，也只把必要的比例量使用在不同类的商品上"。其中，社会总劳动时间按照必要的比例量使用在不同类商品上，形成的就是任意种类商品的行业国际价值量，也就是第二含义必要劳动时间的作用，即马克思说的另一种意义的劳动时间，"社会劳动时间可分别用在各个特殊生产领域的份额的这个数量界限，不过是价值规律本身进一步展开的表现，虽然必要劳动时间在这里包含着另一种意义"。容易发现，第二含义必要劳动时间的作用是发生在不同行业之间或者不同部门之间，是社会必要劳动时间总量按照行业之间或者不同部门之间的供求均衡要求，分配相应的比例和份额，从而才形成各行业或者各部门同种商品的行业国际价值量，正如马克思强调的"事实上价值规律所影响的不是个别商品或物品，而总是各个特殊的因分工而互相独立的社会生产领域的总产品"，即这个各个特殊生产领域的总产品所内含价值总量。进一步来看，所谓第二含义必要劳动时间与第一含义必要劳动时间一样，是对象化在商品中的世界劳动量，是凝结在商品体中的一般人类劳动，所以，第二含义必要劳动时间是国际价值的内在尺度，决定的是行业国际价值量。那么，这个行业国际价值量的大小，必须满足劳动总量按照均衡要求确定的不同行业之间的比例份额，而这个劳动份额的比例系数是由社会必需总量来实现的。第二含义必要劳动时间是为了满足社会需要，故社会可以按照社会必需总量提供相等的商品产量，即均衡产量，进而确定均衡价格。

三是市场供求不能决定价值，但是价值的实现由市场供求来调节。在市场供求均衡条件下，社会需求满足社会必需总量的要求，可以确定劳动总量按照社会必需总量的要求直接确定分配的比例系数，然后再通过这个比例系数，间接影响劳动总量分配在各个行业的劳动份额，即第二含义必要劳动时间。在价值决定过程中，社会需求和第二含义必要劳动时间的作用不同，两种含义必要劳动时间的作用也不同，而且，供求关系的均衡变化只能影响劳动总量的分配份额的比例系数，间接影响劳动总量的分配份额，但是，不能替代社会必要劳动时间来决定劳动总量的分配份额。

三、国际价值规律的当代价值

综上分析，国际价值规律在当代依然具有重要的应用价值，有助于增进我们对资本主义制度演化的理解和对中国特色社会主义市场经济体制深化改革的政策分析。

从国际不平等交换来看，在国际交换过程中遵循的是市场经济的自愿和利益两大原则，这在表象上体现了自由市场经济的机会平等主义，但是，结果表明利益分配是绝对不平等的，其根源在于生产过程的资本积累起点不平等，所以，当代资本主义经济体系内的贫富两极分化现象不断加剧。对于发达资本主义国家，具有资本积累的先发优势，进而形成资本的垄断优势，从而可以在国际交换中获得超额利润。对于欠发达国家，其失去了资本积累的先发优势，导致在世界市场上处于竞争的绝对劣势地位，并由此产生恶性循环积累，即使具有了一定的比较竞争优势，也是处于国际产业链的中低端环节，且因为路径依赖而进入比较优势陷阱。

进一步来看，在国际不平等交换中，发达国家的资本获得了相对较多的超额利润，但是工人阶级并没有出现日益贫困化的发展趋势，表明工人阶级与资本共享了这些超额利润，从而工人阶级的福利水平不断提高。这并不是说明马克思预言的工人阶级绝对贫困化失效了，而是表明资本主义制度为了应对劳资矛盾冲突激化带来的消极影响而进行了福利保障体系的改革，直到今天，资本主义的福利制度改革仍然不断在深化创新。这正是受到马克思对资本主义经济危机深刻剖析的影响，通过资本主义社会的福利制度改革来约束资本的过度扩张，缓解劳资冲突，以稳定资本主义制度。所以，发达国家的工人阶级相对收入水平更高，消费能力也更强。与之相比，欠发达国家的工人阶级不仅受到本国资本的剥削，而且也受到国际资本的剥削，所以，在资本的双重剥削压力下，收入水平相对更低，消费能力也更弱。这说明国际不平等交换对于国内贫富收入差距的调节具有重要的影响，贸易利益的国际分配对国内社会福利制度的改革也能产生显著的经济效应。

从劳动决定价值来看，价值的决定与两种含义社会必要劳动时间和市场有效需求都密切相关。其中，第一含义社会必要劳动时间强调的是社会平均生产条件，主要作用于同一行业内的不同企业，决定商品的单位价值；第二含义社会必要劳动时间强调的是社会必需总量条件，主要作用于不同行业，决定商品的行业价值。而市场有效需求与两种含义社会必要劳动时间对价值的决定作用不同，它只能影响社会必要劳动时间凝结为商品价值的比例变化，进一步来讲，当市场的均衡条件发生变化时，在新均衡条件下，社会必要劳动时间决定形成新的商品价值。按照社会劳动按比例有计划分配的思想，社会总劳动按照市场有效需求决定的比例先分配一定的劳动份额形成行业价值，再按照行业的生产总量分配给每个商品一定的劳动份额形成单位价值。

恩格斯与西方经济思想史上的大分流
——基于《政治经济学批判大纲》的考察

丁 涛

（东北财经大学）

《政治经济学批判大纲》（以下简称《大纲》）是恩格斯最早的经济学代表作，也是马克思主义政治经济学的第一篇论著。它"已经表述了科学社会主义的某些一般原则"，被马克思誉为"批判经济学范畴的天才大纲"，对马克思开展政治经济学研究产生了重要影响。从《大纲》的具体内容可以看出恩格斯对政治经济学发展状况的整体把握，体现了深邃的思想境界和宏大的理论视野。

一、《大纲》中政治经济学的两大流派

《大纲》开篇就指出："政治经济学的产生是商业扩展的自然结果……一门完整的发财致富的科学……"。这句话揭示了政治经济学的起源。在古希腊，经济学是一门以家庭或个体为单位的理财学问，即家庭的理财术。"Economy"一词的原始含义就是家庭的经营和管理。中世纪后期，随着商业的发展和民族国家的产生，经济学超出了家庭经营的范畴，并具有了国家治理的意义。马克思和恩格斯在《德意志意识形态》中指出："随着工场手工业的出现，各国之间……展开了商业斗争，这种斗争是通过战争、保护关税和各种禁令来进行的……自此以后商业便具有了政治意义。"这实际上揭示了重商主义的产生。也就是说，重商主义是第一个政治经济学的流派。这个流派关心的问题是民族国家如何致富，因而自然具备国家治理的政治意义。所以，政治经济学也被称为国民经济学。

重商主义或国民经济学是西方经济思想史中最早的政治经济学流派。在新的政治经济学流派产生之前，政治经济学就是国民经济学。在马克思恩格斯经典著作的中文版本中，我们发现"政治经济学"和"国民经济学"这两个术语经常被相互替换使用。1956年版《马克思恩格斯全集》第1卷中的"政治经济学批判大纲"，在1979年版《马克思恩格斯全集》第42卷和2009年版《马克思恩格斯文集》第1卷中则被改译为"国民经济学批判大纲"。从经济思想史的角度看，国民经济学主要是指重商主义，即第一个政治经济学流

派或学说。就一般意义而言，本文倾向于采用"政治经济学"，既包括重商主义，也包括18世纪产生的古典政治经济学。

《大纲》指出："18世纪这个革命的世纪使政治经济学也发生了革命。"显然，这里的"革命"首先是指18世纪中叶以后的工业革命，而政治经济学的革命则是指古典政治经济学的产生，只不过被恩格斯称为"新的政治经济学""最新的政治经济学"或"自由主义的政治经济学"，即"以亚当·斯密'原富'为基础的自由贸易学说"。古典政治经济学对重商主义开展了尖锐的批判，可以认为，贸易自由主义就是建立在对保护主义批判的基础上的。

至此，《大纲》中已经出现了政治经济学的两个流派，也被恩格斯称为"两种学说"。不仅如此，《大纲》中也大体描述了这两种学说的发展脉络。首先，古典政治经济学形成和发展的脉络在《大纲》中清晰可见：始于亚当·斯密的自由贸易学说，被李嘉图、穆勒等继承和发展。古典政治经济学在恩格斯所处的时代显然处于主流地位，但重商主义也没有销声匿迹。《大纲》中也专门提及了李斯特复兴重商主义学派的努力。因此，从《大纲》中，我们可以看到政治经济学两大流派的分流。一个是重商主义学派，被李斯特继承和发展；另一个是由亚当·斯密和李嘉图等建立并发展的古典政治经济学。

二、恩格斯对两大流派的分析与批判

恩格斯首先对重商主义进行了批判。《大纲》中指出："人们还有一种幼稚的想法，以为金银就是财富。"正是在这种幼稚的想法的基础上形成了重商主义的贸易差额论，因为贸易顺差会带来金银的增加。因此，重商主义并非一味采取保护主义，只要能带来贸易顺差或金银的增长，重商主义也会大力支持贸易自由，甚至以暴力手段逼迫对方签订自由贸易条约。由此，恩格斯也揭示了商业的贪婪和自私性。正是贪婪和自私的本性，使商业和贸易都具有了掠夺性。"贸易和掠夺一样，是以拳头为后盾的"。

可见，贸易保护并非重商主义的实质。因此，古典政治经济学对重商主义的批判不得要领，正如《大纲》中指出："最新的政治经济学甚至不能对重商主义的学说做出正确的评价"。古典政治经济学宣传的贸易自由，实质没有脱离重商主义的衣钵，只是以伪善的技巧取代了原来的暴力手段。"贸易自由的捍卫者原来是一些比旧时的重商主义者更为恶劣的垄断者。……在新经济学家的虚伪的人道背后，原来隐藏着旧经济学家闻所未闻的野蛮。"在恩格斯看来，就道德层面而言，古典政治经济学实际上更为恶劣。"重商主义的学说在某种程度上还具有一种纯朴的旧教的坦率精神，它丝毫不隐瞒商业的不道德的本质"。古典政治经济学则"不得不求助于诡辩和伪善……以便得出那些不是由它自己的前提而是由这个世纪的人道主义精神出来的结论"。

在揭示了古典政治经济学的伪善面目后，恩格斯开展了科学的政治经济学批判。"我们在批判政治经济学时就要研究它的基本范畴，揭露自由贸易制度产生的矛盾，并从这个矛盾的两方面作出结论。"

《大纲》中讨论的第一个范畴是价值，并从抽象（或实际）价值和交换价值之间的关系入手揭示了古典政治经济学价值理论的致命缺陷。古典政治经济学在价值是由生产费用还是由效用决定的争论中陷入无法摆脱的理论困境，并导致了实际价值的丢失。最终，古典政治经济学只能讨论价格了，并想当然地把价格视为价值。《大纲》中指出："整个政治经济学从此就被弄得本末倒置了：作为基本东西和价格泉源的价值倒要从属于它自己的产品——价格了。"价格本是价值的表现形式，应该由价值来决定，但古典政治经济学却将价格视为一切问题的核心。现实生活中的价格，都是可以直接观察到的现象，本无须求解。本应该通过价格这种现象来揭示事物本质，但古典政治经济学却把精力浪费在求解价格本身上了。这种做法回避了对价值根本来源的讨论，有助于掩盖资本主义剥削本质，但也导致了政治经济学的庸俗化，看似复杂的供求分析，实际上是"在表明的联系内兜圈子"。

众所周知，供求分析并不考虑实际价格，而通过数理逻辑求解出一个均衡价格，而这个均衡价格得以实现的前提条件是自由竞争。恩格斯分析古典政治经济学的第二个主要范畴是竞争。如果说价值范畴暴露了古典政治经济学的伪科学一面，那么竞争范畴就暴露了古典政治经济学的伪善和内在矛盾一面。

从古典政治经济学提供的理论设想来看，自由竞争将产生一幅美好的图景，看似人道主义精神得出的结论，但事实恰恰相反。对于自由竞争的实际后果，《大纲》指出："在普通情况下，按照弱肉强食的道理，大资本和大土地并吞小资本和小土地，就是说，产生了财产的集中。"自由竞争实质上是强者剥夺弱者的自由，或者如马克思所言，是资本的自由。"竞争是一部强大的机器……它每紧张一次，同时就吞噬掉一部分日益衰弱的力量"。根据恩格斯的这一判断，马克思在《1844年经济学哲学手稿》（以下简称《手稿》）中做了更清晰的表述："竞争的必然结果是资本在少数人手中积累起来，也就是垄断的更可怕的恢复。"

可见，均衡分析和自由竞争的说辞实际上服务于资本积累和资本家的利益。由此，恩格斯揭示了古典政治经济学的阶级本质，并第一次站在了无产阶级的立场上思考政治经济学，《大纲》也因此成为马克思主义政治经济学的第一部重要著作。

综上所述，价值范畴和竞争范畴已经彻底暴露了古典政治经济学的荒谬，因而不得不开创真实的和科学的政治经济学。总体而言，在《大纲》中恩格斯把道德问题摆在了重要位置，但又不乏科学和严谨的分析。可以看出，恩格斯在整个理论分析和批判过程中，强调了"前提"的重要性,并善于运用唯物辩证法。实事求是,从实际出发,这是科学的政治经济学前提。古典政治经济学普遍忽视理论成立的"前提",且往往采用二元对立的方法,不能在对立中看到统一。这对于认识恩格斯与马克思最初的合作极为重要。

三、与马克思会面并继续推进政治经济学研究

《大纲》受到了马克思的高度评价,无疑对马克思深入开展政治经济学研究产生了重要影响。不难发现,在《手稿》中,马克思吸收了恩格斯的很多观点,并做了更深层次的探究。恩格斯在《大纲》中所特别注重的"前提"和"辩证法"这两个方面在马克思的《手稿》中得到了进一步的发挥。首先,马克思同样注重"前提"的讨论。例如,《手稿》中明确指出,古典政治经济学"把应当加以论证的东西当作前提"。这正是恩格斯在《大纲》中所指出的"私有制的合理性的问题"。正是回避了这个前提,古典政治经济学掩盖了自身的矛盾,得出了虚伪的人道主义结论。马克思在《手稿》中进一步揭示了古典政治经济学这种伪善:"既然按照斯密的意见,大多数人遭受痛苦的社会是不幸福的,既然社会的最富裕的状态会造成大多数人的这种痛苦,而国民经济学又会导致这种最富裕的状态,那么国民经济学的目的也就在于社会的不幸。"

其次,对于恩格斯在《大纲》中运用的辩证法,马克思更是赞赏有加,因为他本人在加入青年黑格尔哲学俱乐部以后就掌握了辩证法,并在他的博士论文中熟练运用了这种方法。在《手稿》中,马克思也明确指出了古典政治经济学二元对立思维的错误:"正因为国民经济学不理解运动的相互联系,所以才会把例如竞争的学说同垄断的学说,营业自由的学说同同业公会的学说,地产分割的学说同大地产的学说对立起来。"《手稿》中对竞争与垄断、资本与劳动,以及人与自然等诸多二元关系的剖析,都采用了辩证法。

上述两个方面决定了恩格斯与马克思之间能够结为紧密的合作关系。进一步来说,恩格斯和马克思在这两个方面的共鸣为他们合作开创辩证唯物主义或唯物史观铺平了道路。恩格斯与马克思正式会面后,合作完成了《神圣家族》和《德意志意识形态》两部伟大的光辉著作。这两部著作虽然不是政治经济学专著,但是继承和发展了他们在探究政治经济学过程中的共同发现。

首先,两部著作解决了政治经济学的"前提"。《神圣家族》中指出:"对任何科学的最初的批判都必然要拘泥于这个批判所反对的科学本身的种种前提。"这体现了马克思和恩格斯之间的强烈共鸣。揭示了古典政治经济学在"前提"上犯的错误,要为建立科学的政治经济学寻找正确的前提。马克思在《手稿》中指出:"我们从当前的经济事实出发吧。"政治经济学的前提应该来自生产生活实践,而非基于宗教神学的假设。《德意志意识形态》对此做了明确的阐述:"我们开始要谈的前提不是任意提出的,不是教条,而是一

些只有在臆想中才能撇开的现实前提。这是一个现实的个人，是他们的活动和他们的物质生活条件，包括他们已有的和由他们自己的活动创造出来的物质生活条件。"这一前提不仅是建立科学的政治经济学的前提，也自然成为辩证法的首要研究对象，从而开启了唯物辩证法和历史唯物主义的创作历程。

其次，马克思在研究政治经济学过程中遇到的每一个重要问题都会与恩格斯开展深入讨论，《资本论》这本光辉著作不仅是马克思的巨大成就，也倾注了恩格斯的大量心血。此外，为了让马克思专注于《资本论》的写作，恩格斯不仅向马克思提供了大量经济援助，而且还分担了马克思的很多工作，用恩格斯自己的话说就是"第二提琴手"。

四、结语

《大纲》是一部极其重要的政治经济学论著，它概览了政治经济学的产生和发展，深刻揭示了其理论缺陷，并为创立科学的政治经济学指明了方向。不难发现，《大纲》高度概括描述了政治经济学两大流派的大分流和各自的发展脉络，即以古典政治经济学为代表的正统经济学和以重商主义和李斯特经济学为代表的非正统经济学。同时，《大纲》也深刻揭示了两大流派的缺陷，尤其通过"价值"和"竞争"范畴的剖析对古典政治经济学开展了彻底的批判。《大纲》在对两大流派的深入批判中也预示了创立科学的政治经济学的需要。就此而论，《大纲》是马克思主义政治经济学的先驱性著作。恩格斯虽然没有像马克思那样集中精力进行政治经济学研究，但他与马克思合作完成的"前提"论证和唯物史观的创立为马克思主义政治经济学的建立奠定了坚实的基础。

《资本论》的发表标志着马克思主义政治经济学理论体系的建立，也意味着马克思主义政治经济学与西方经济学的大分流。可以认为，这一过程是从恩格斯的《大纲》开始的。《大纲》体现了恩格斯深邃的思想境界和宏大的理论视野，讲清了政治经济学的过去和现在，也为其未来发展指明了方向。本文采用经济思想史大分流的概念就是为了表明恩格斯这种宏大的理论视野和大历史格局。《大纲》在理论方面的贡献足以奠定恩格斯在经济思想史上的重要地位。它不仅是深刻把握马克思主义政治经济学不可或缺的宝贵文献，也是深入开展经济思想史研究的重要资料。

恩格斯人与自然关系思想及其当代价值
——基于恩格斯经典文本的研究

李旭娇①

（厦门大学 马克思主义学院）

一、恩格斯人与自然关系思想建构的理论溯源和现实基础

（一）恩格斯人与自然关系思想构建的理论溯源

1. 恩格斯人与自然关系思想随着自然发展史和人类社会演进史不断发展

古希腊朴素唯物主义自然观停留于对世界本原的哲学思考，人与自然的关系借助媒介质完成，突破了神化自然的客观唯心主义认知。

近代机械唯物主义自然观论者认为"自然界绝对不变"。人与自然关系局限于形而上学的机械思维。

现代辩证唯物主义自然观代表了对人与自然关系的进一步的科学认知。人们对于自然界的认识转化为"自然界不是存在着，而是生成着和消逝着"。

2. 恩格斯人与自然关系思想批判吸收了自然哲学主流观点的合理成分，是对马克思人与自然关系思想合理内核的肯定与继承，也是对过往自然哲学论者的批判过程

主要有黑格尔、费尔巴哈以及杜林。

恩格斯批判吸收了黑格尔的合理成分即辩证法部分，但对于黑格尔自然研究中唯心主义的出发点和罔顾事实任意编造体系的部分坚决摒弃。

第一，恩格斯驳斥了黑格尔的错误观点。①黑格尔将世界的本原归结为精神、思维、观念，而恩格斯将世界的本原归结为物质。②黑格尔的形式中有明显的缺陷，即"它不承认自然界有时间上的发展，不承认'先后'，只承认'并列'"。第二，恩格斯对黑格尔的

---

① 李旭娇,厦门大学马克思主义学院2018级硕士研究生,研究方向:政治经济学方向。

思想进行批判借鉴。首先，恩格斯肯定并沿用了黑格尔关于18世纪法国唯物主义是"机械的"这一认知，但对于黑格尔开启了将"'唯物主义的'和'机械论'混为一谈"之先河，及"想用'机械的'这个附加语来贬低唯物主义"的做法进行批驳。其次，恩格斯吸收了黑格尔辩证法的部分，认为只有在自然中才能找到人与自然之间的辩证关系。

恩格斯批判吸收了费尔巴哈的唯物主义成分，但在其视野中，费尔巴哈亦从未真正摆脱唯心主义，集中体现在他关于唯物主义的认识和坚持唯物主义的彻底性方面。

第一，费尔巴哈坚持自然观上的唯物主义，但在历史观中仍带有唯心主义的色彩。他提出感性世界、自然界不依附于任何观念、意识而存在，是客观存在的。但他未曾以历史的思维看待自然界，亦没有从现实出发去考量自然界。第二，费尔巴哈实质上割裂了人与自然的联系。费尔巴哈在关于人的理解方面认识尚浅，并未认识到人不只是"人"，而是"现实的历史的人"，导致他用感觉、直观勾勒出的人与自然关系与现实严重不符。恩格斯在关于费尔巴哈的批判与借鉴问题上，与马克思认知大致一致，着重体现在他们合著的《德意志意识形态》中。

至于杜林，恩格斯以《反杜林论》大篇幅对其进行批判，直击杜林论点错误，抄袭黑格尔、康德的论断，玩弄自然哲学方面的人口论以及卖弄陈旧观点的系列弊病。

第一，恩格斯批驳了杜林将"形式的原则"适用于一切领域的唯心主义观点。恩格斯指出原则与自然界、人类社会不是被应用的关系，而是前者抽象产生于后者、研究后者的产物，后者是前者的验金石。第二，恩格斯对杜林在自然哲学领域中混乱拼凑的逻辑进行批判。直击杜林的"存在的逻辑特性""存在被赋予无限性""定数律"等剽窃和套用黑格尔、康德体系的做法和言论。第三，恩格斯对杜林自然哲学中的具体错误进行回击，包括时空是否有界限、物质和运动的关系以及对于有机界的认识等。

（二）恩格斯人与自然关系思想构建的现实基础

1. 资本主义私有制是导致人与自然关系急剧恶化的制度根源

资本主义生产方式、生产资料的私人占有必然决定了人与自然相对立，即劳动者与劳动对象中的自然资源相对立，资本家与所有自然资源相对立。

2. 资产阶级与无产阶级的对立是人与自然关系异化的阶级基础

资本家追求剩余价值最大化带来的生态环境破坏和人与自然关系对立的苦果往往不是由自己承担，而是由被剥削阶级承担。无产阶级承担自然报复的苦果和生态危机的爆发作为人与自然异化的直接现实表现，为恩格斯深刻理解人与自然的辩证统一关系提供了强有力的鲜活素材，亦成为恩格斯找到人与自然和解方式的有益铺垫。

二、恩格斯人与自然关系思想的理论内核

（一）人与自然辩证统一理论

1. 在人与自然关系上坚持了辩证唯物主义的立场

就唯物主义自然观方面，恩格斯在《反杜林论》和《自然辩证法》中批判否定了杜林、黑格尔在自然哲学上的唯心主义立场，坚持了唯物主义方向。通过对自然发展史的梳理，以及对与自然密切相关的天文学、生物学等的认知，恩格斯明确指出"这些原则不是被应用于自然界和人类历史，而是从它们中抽象出来的；不是自然界和人类去适应原则，而是原则只有在符合自然界和历史的情况下才是正确的"。

此外，恩格斯在唯物主义自然观上融入了辩证法，在辩证自然观上坚持了唯物主义。其一，恩格斯提出辩证法在自然历史发展中始终发挥作用，"自然界的一切归根到底是辩证地而不是形而上学地发生的"。其二，恩格斯强调自然本质及规律应从客观自然中总结和归纳，在自然观上坚持了唯物主义，"事情不在于把辩证法规律硬塞进自然界，而在于从自然界中找出这些规律并从自然界出发加以阐发"。

2. 在人与自然关系上坚持辩证统一的整体观

其一，人与自然是辩证统一的。在《论权威》中，恩格斯便已诠释了人与自然的辩证关系，指出人在利用科学和创造改造自然的过程中，自然也会加之于人同等的报复。人与自然的关系并非仅仅是征服与被征服、改造与被改造，追根溯源，二者是潜在的共生关系，"人本身是自然界的产物，是在自己所处的环境中并且和这个环境一起发展起来的"。

其二，自然与人的实践活动相统一。一方面，人类开采自然应受自然规律的制约，需在符合自然规律的前提下改造自然而非任意开采自然资源和开发自然条件。另一方面，人在自然面前可以发挥自身的主动性，在符合自然条件的基础上能动地利用、改造自然。

（二）人与自然关系异化理论

在《国民经济学批判大纲》中，恩格斯对人与自然关系异化理论做了政治经济学分析，揭示了私有制是人与自然关系异化的制度根源，资本逻辑主导下的生产方式构成人与自然关系走向异化的决定性因素。资本主义私有制"最直接的结果是生产分裂为两个对立的方面：自然的方面和人的方面"，导致生产三要素土地、资本、劳动互相对立，为人与自然关系异化滋生条件。资本主义社会中，商品出现、货币产生、贸易体系建立无一不构成人与自然关系恶化的助推器。另外，科学在无形之中也成为人与自然关系异化的重要载

体,贝托莱、李比希、戴维、瓦特等人通过自己的科学发现把生产提到前所未有的高度,成为人与自然关系异化的催化剂。

在《英国工人阶级现状》《论住宅问题》中,恩格斯通过描述工人阶级的生活环境、居住环境,深刻揭示了工人阶级被资本家剥削以及工人阶级与自然的关系由之前的对象化活动转变为异化状态之现实。随着劳动力成为商品,人与人之间的关系异化为无产阶级与资产阶级的对立关系,成为控制与被控制的关系。

在《反杜林论》中,恩格斯分析暴力产生的源头在一定程度上也是对人与自然关系、人与人关系异化源头的揭示。暴力的源头之一是国家强权的出现,那么人与自然异化的源头之一便是随资本主义社会而来的人与人关系的异化,即人与人的关系异化为资产阶级与工人阶级的对立。

在《自然辩证法》中,恩格斯从唯物史观视阈分析了人与自然关系异化的节点。在原始社会、奴隶社会、封建社会人与自然的关系均为对象化活动。自15世纪以来,随着封建王朝的覆灭和资本主义国家的产生,人与人的关系逐渐物化,人与自然的关系也逐步走向异化状态。

(三) 人与自然和解理论

恩格斯在《国民经济学批判大纲》中首次明确提到"人与自然和解"这一提法,"经济学家自己也不知道他在为什么服务……他不知道,他瓦解一切私人利益只不过替我们这个世纪面临的大转变,即人类与自然的和解以及人类本身的和解开辟道路"。人与自然和解的前提是瓦解私人利益,在将私人利益、资本主义生产方式推向极致之时便是人与自然实现和解之际。

人与自然和解的社会基础是共产主义社会,所有制基础是消灭私有制,阶级基础是消除资产阶级对无产阶级的剥削。在恩格斯看来,共产主义社会下人对自然的索取是有限度的,而这一限度以人的需要为标准,不是毫无尽头的压榨和破坏。人的实践不再受资本主义社会下资本家的操纵,转而变为自由自觉地对自然进行改造,人与自然的关系不是利用关系,而是回归到对象性活动。此外,共产主义社会下随着人们素质极大提高、资本主义社会下的竞争也变得不复存在和生产力显著增强,自然资源的浪费相较于资本主义社会大幅减少,人与自然达到和谐的条件更为成熟。

人与自然的和解本质上是人与人的和解,前者服务于后者。第一,人与自然的关系不是对立的,应该辩证看待。人处于自然之中,是自然的一部分。人的行为受自然规律的约束,但人可以对自然进行合理改造以便换取更多生产生活资料。此外,恩格斯注重自然界的内部矛盾运动,提出自然界是不断运动、变化、发展的。第二,人与自然的关系实质是人与人的关系。人与自然的关系随着人与人、人与劳动、人与劳动产品、人与人的类本质相异化逐步加剧。

三、习近平生态文明思想对恩格斯人与自然关系思想的继承与发展

（一）"两山论"：唯物辩证自然观的现实之用

习近平总书记在讲话中多次强调处理好人与自然关系的重要性，提出的"绿水青山就是金山银山"的"两山论"在塞罕坝林场建设中体现得淋漓尽致。

从哲学层面来看，唯物辩证自然观要求在处理人与自然关系时，必须既坚持唯物主义又能将辩证法一以贯之。认识到人与自然之间的矛盾对立的同时，又能实现矛盾双方的辩证转化。绿水青山代表了和谐自然观，人只有尊重自然、敬畏自然，遵循自然发展规律进行生产活动才能走得更远。同时，二者也富含浓厚的辩证法思想，绿水青山和金山银山之间互为条件和前提，在一定条件下，绿水青山可以转换为金山银山。

从政治经济学的角度来看，唯物辩证自然观要求在处理人与自然关系时需透过生态问题抓"经济问题"这一主要矛盾。其一，生态问题的根本解决之道在于把"绿水青山"转化为"金山银山"，在于转变生产方式，将"高生产、高消费、高污染的工业化生产方式"转变为以生态技术为基础的新型生产方式。其二，生态资源有使用价值，"保护自然就是增值自然价值和自然资本的过程"。平衡好人口、资源、经济、环境的关系，在环境承载范围内，适度扩大人口规模、调整产业结构、控制增长速度方能让原有的绿水青山发挥出更大的价值。习近平总书记的"两山论"和"生态环境生产力"理论是对恩格斯唯物辩证自然观的具体化和时代化，是适应当代中国国情的具体表现。

（二）"绿色发展"理念：人与自然关系异化的应对之举

第一，转变经济发展模式，推进产业优化升级。将创新驱动发展战略落到实处，充分发展集约型经济，调整优化产业布局，减少不必要的能源资源浪费。习近平总书记在讲话中指出："推动形成绿色发展方式和生活方式，是发展观的一场深刻革命。"

第二，坚持贯彻新发展理念，推动再生资源利用产业化。秉持绿色发展、创新发展、共享发展的理念，转变经济发展方式、加大环境污染综合治理、推进生态保护修复、促进资源节约集约、推广绿色消费，真正做到经济方式、发展理念、改革方向绿色化，树立正确的经济发展与环境保护关系。

第三，将生态文明建设与经济建设有机结合。绿色发展作为连接生态文明建设和经济、政治、社会、文化建设的纽带，要求我们在经济方面，要加快构建科学的国土空间布

局和循环发展的产业体系，将创新发展摆在资源型发展前面；在政治方面，以有力政策支持绿色和谐发展理念的贯彻落实；在文化方面，树立绿色发展、和谐发展观；在社会方面，倡导正确的生产、消费理念，形成集约、节约的绿色环保风尚；在生态文明方面，发挥政府的引导作用，加快建设公众共治的绿色行动体系。

（三）"人与自然和谐共生"：人与自然和解的时代表征

首先，人与自然和谐共生包含自然界内部的和谐平衡、人与自然的共生关系两方面。其一，人与自然和谐共生表现为"山水林田湖草是一个生命共同体"。其二，人与自然和谐共生体现在"人因自然而生，人与自然是一种共生关系，对自然的伤害最终会伤及人类自身"。

其次，必须深刻理解人与自然和谐共生关系中最为重要的仍然是人与人的关系。我国应继续发挥社会主义制度的最大优势，在经济和生态文明建设中突出社会主义的本质，实现人与人的和谐共生。习近平总书记"人与自然和谐共生"理念为中国特色社会主义制度下构建人与自然的和解提供了可能和先决条件，成为唯物史观视阈下实现人与自然和解的重要一环。

恩格斯的农村经济制度思想与中国特色社会主义农村基本经济制度建设

刘 刚①

(河北师范大学 商学院)

农村土地和主要生产资料的所有制与主导的生产经营制度,是农业生产关系及农村经济制度的基本方面,恩格斯对资本主义农业生产方式下的农村经济制度进行了较为系统的考察,进而对社会主义社会经济条件下的农村经济制度建设进行构想。中国特色社会主义农村基本经济制度是马克思主义农村经济制度思想与中国实际相结合创造的产物,实践证明其是适合我国国情的最佳制度。一方面,我们必须将其稳定下来;另一方面,也要看到随着我国农业现代化的进程持续加快、城乡融合发展持续推进,我国需要进一步创新和完善农村基本经济制度。恩格斯的农村经济制度重要思想对新时代历史方位下我国坚持和完善中国特色社会主义农村基本经济制度具有重要作用,需要我们在中国特色社会主义农村基本经济制度的建设中去不断地继承和发展。

一、恩格斯对当时社会的农村经济制度认识

(一) 对欧洲普遍兴起的资本主义农村经济制度的认识

伴随着欧洲资本主义经济制度的确立,恩格斯指出在资本主义土地私有制下,必然是大土地占有者吞并小土地占有者,最终在资本主义乡村形成大土地占有者与雇佣劳动者之间的对立关系,这种对立关系将日益加深,成为对立的两级。

在资本主义制度下的英国,农村的土地主要被贵族大地主和乡绅占有,他们将土地出租给租佃者。同时在乡村形成一个个土地经营规模较大的大庄园。原有公地制度逐步被瓦解,公地被改成耕地。出现这种情况,背后的原因是现代经济条件下农业科学技术进步、

---

① 刘刚,河北师范大学商学院,副教授,硕士研究生导师,主要研究方向为马克思主义经济思想史。

农业生产力发展、现代农业生产方式的推广应用、人口增加导致对农产品需求数量的增加以及对农用地价格的抬升。而在竞争中，竞争使大租佃者将小租佃者和自耕农从市场中排挤出去，使他们成为雇佣劳动者。伴随着欧洲城市工业经济的兴起，资本主义土地财产的私有关系和雇佣劳动关系在农业生产中必然逐步确立起来。在典型资本主义农村经济制度下，大土地所有者将自己土地成片地租给农业资本家，农业资本家利用自己的资本优势雇佣农业工人从事农业生产。农业资本家向农业工人支付工资，向土地所有者支付地租。贫困的农民在资本主义农村经济制度下，受到多重剥削，他们最终的命运就是在资本主义确立和发展进程中破产，被资本主义大地产、大农业取代。

在资本主义农村经济制度下，要处理好不同生产关系下的利益关系。对于典型的资本主义农村经济制度，凡是有大地产的地方，我们就应该维护农业工人利益；凡是地产不大的地方，我们就应当维护他们的利益。①

（二）对沙皇俄国农民公社所有制下的农村经济制度的认识

恩格斯指出，当时在沙皇俄国虽然农民保留着部分对土地公社的所有权，但是仍然存在对土地占有严重不公的现象。大量土地尤其优质土地被大土地所有者占有，这些所有者相对于农民负担着更轻的税费，农民们则被加上了很多新的捐税，过着极为贫苦的生活。此外，投机家利用土地租赁从事农耕来谋取巨额利益，他们从政府手中低价获得优质土地，当地力被耗竭之后则将其分割成小块再租给农民，从而获取高额的地租收益。伴随着俄国资本主义经济的发展，很多农民丧失或放弃了在土地公社中的所有权，从而成为雇佣劳动者，土地公社所有制因此渐渐瓦解，造成农村土地所有制关系根本变革，旧有经济制度两方被摧毁，不仅农民破产，封建地主也被新的阶级代替。

二、恩格斯农村经济制度过渡思想

（一）典型资本主义国家农村经济制度向社会主义过渡思想

恩格斯用辩证唯物主义的方法，论证了由资本主义农村土地私有制向社会主义农村土地公有制过渡的历史必然性。恩格斯指出，在历史上土地私有制推动了农业生产力的发展，带动了农业生产方式日益现代化。但是目前土地私有制反过来成为现代农业生产方式持续推进的桎梏。为此，必须打破资本主义土地私有制关系，建立起劳动者对农村土地共同占有的社会主义公有制。该制度内嵌了现代产权制度和现代化农业经营方式，是凭借现

---

① 《马克思恩格斯文集》第 10 卷，北京：人民出版社，2009 年，第 365 页。

代产权制度、现代化农业经营方式保障社会主义农村土地公有制有效运行。最终，只有社会主义土地公有制才能和现代化农业生产方式有效结合起来，推动农业生产力持续快速发展。

恩格斯认为，发展农业合作经济来引导农村土地私有制向社会主义公有制转型是根本路径。通过发展农业合作经济，组建农业合作社，借助股份制等资产组合方式，将农村中私有土地变为合作社共同占有，从保留农户私有土地所有权前提下对土地经营使用权的共同占有，进而可以过渡到对土地所有权共同占有，从而通过农业合作经济来实现由资本主义农村经济制度向社会主义农村经济制度的过渡。这种过渡不是一蹴而就的，而是要随着整个社会尤其农业生产力的发展，以及整个社会生产关系的变革，去稳妥推进农村基本经济制度调整。而大地产占有者则可以采用直接剥夺的方式，将土地变成社会主义国家全民所有土地，并交给农业合作社来经营管理。

（二）落后国家农村经济制度向社会主义过渡的思想

恩格斯指出，像沙皇俄国这样实行落后的公社所有制的国家，在特定的条件下也可能实现向高级形式的过渡。恩格斯认为，其所需的必要条件是在这种落后的公社所有制还没有瓦解前，无产阶级革命能首先在西欧取得胜利，同时俄国也要为这种过渡提供必要的条件，包括物质条件。恩格斯认为，在西欧取得无产阶级革命胜利和建立起生产资料公有制之后，俄国在取得无产阶级革命胜利后可以基于农村公社所有制和传统的农业生产经营习惯，建立起与西欧相近的农村经济制度，即社会主义社会的农村经济制度。也可以使本国农民减少经历资本主义农村经济制度所带来的苦难。但由于整个社会制度包括农村经济制度没有充分发展资本主义制度，其变革进程中将面临更大苦难和更为艰巨的变迁。

三、恩格斯对未来社会农村经济制度的构想

恩格斯在对当时资本主义社会农村经济制度下农民贫苦生活现状分析的基础上，对未来社会的农村经济制度进行了探索。

（一）对未来社会农村土地所有制关系的构想

在未来社会，要在农村实行土地公有制。要把农地从封建主和农业资本家的占有中夺取过来，转变成公有财产。而至于农村土地公有制则要结合实际，采取适当的形式。可以建立土地公有制，在农业领域建立农村土地公有制有利于维护整个社会利益，有利于处理好整个社会的公共利益与农民合作社利益之间的关系。与此同时，恩格斯也指出，无法建构农村土地公有制的国家也可以探索实施适宜的形式。

(二) 对未来社会农业经营方式的构想

随着工业化的到来，对现代农业生产工具和农业生产技术的应用将是必然，同时为了适应日益现代化的农业生产方式，农业适度规模化经营成为必然趋势。因此，未来社会农业生产方式也必须适应这一趋势。与此同时，小农户独立经营的农业生产方式未来必然消亡，但这种消亡将是一个自然历史过程，不能人为地去强制铲除这种小农经营的生产方式，而是要通过合理的方式促使其融入现代农业生产中。要推进农业产业化，培育现代农业工人，由其来进行适度规模经营。要发展农业合作经济，组建农业工人合作社，以合作社为组织单位来负责大片土地的生产经营。

(三) 恩格斯对未来社会农业生产组织形式的设想

农村和城镇一样、农业和工业一样，都普遍实行义务劳动制，都无偿地向社会提供劳动、贡献自己的力量。在农业生产领域，要像工业生产领域一样拥有一批精通现代农业生产的劳动者。恩格斯认为，农业合作社存续的一个基本条件就是合作社的社员财富差别小，要积极推动农民的共同富裕，缩小农户之间的贫富差距。

四、恩格斯的农村经济制度思想对当代中国坚持和完善农村基本制度的启示

(一) 在农业现代化的进程中要毫不动摇地坚持农村土地集体所有制

在社会主义经济条件下，要巩固好工农联盟，在现代化进程中，充分保障和实现二者的经济权益。因此，面对现代化进程，我们必须要破解封建土地私有制和资本主义土地私有制下对广大农民共同所有土地权益的剥夺的魔咒。通过建立起土地公有制，建立起农民集体土地所有制，保障广大农民共同的土地权益。农户土地私有制的推行，在市场机制作用下，通过土地产权交易，最终由于农户家庭多种因素的作用使得很多农户被迫丧失土地财产权。农村土地私有制和农村土地财产权持续向少数人手中集聚，将会变成社会中少数人谋取租金的财产工具，背离了中国特色社会主义农村基本经济制度关于生产资料所有制的基本要求，因此要毫不动摇地坚持农村土地集体所有制。

(二) 要积极稳妥地推进多样化适度规模经营方式

随着农业现代化，农业生产力将持续发展，现代化农业机械、农业生产资料及农业生产技术也将得到更普遍的应用，单纯依靠狭小规模的农户开展相对封闭的农业生产经营已

无法适应这一历史进程。因此要构建起与现代农业生产力相适应的农业生产方式，积极稳妥地推进适度规模经营。

目前，我国农业地域广博、区域特征差异明显，农业生产力发展具有多层次性，因此要允许各个地方结合自身实际、制度传承来积极稳妥地推进多样化适度规模经营方式。从整体来看，既可以推动直接的适度规模经营，也可以采纳间接的适度规模经营。所谓直接的适度规模经营是指土地经营权通过土地流转向新型农业经营主体（主要是种植大户、家庭农场、农民专业合作社、农业经营企业）集聚，由他们直接采用适度规模经营，融入农产品供给的产业链条中去。而间接的适度规模经营则是要在我国广大农村地区长期允许小农户的兼业经营。无论是从国家宏观经济发展层面，还是从中观农业产业发展层面，抑或从微观层面农户自己的农业生产经营收益来看，都需要融入适度规模经营。当前条件下，要通过激活农村集体经济发挥组织统一经营与服务职能。

（三）以农民土地权益为中心稳妥推进农村土地"三权"分置

深入推进农村土地"三权"分置是发展现代农业、实现乡村振兴、推动新型城镇化的客观需要，促使土地经营权整体或部分向新型农业经营主体或者向农民集体经济组织集聚是必然的选择。但是，前提是要充分保障农民各层面的土地权益得到充分实现，充分体现农民对土地产权的主体地位。农村基本经济制度安排要保障和增进广大农民经济利益和福祉。在农村土地"三权"分置的过程中，要通过明晰农民在集体中的成员权，建立健全农民集体经济组织，完善农民集体对集体土地的治理机制，提升农民集体经济组织对集体土地所有权治理的能力，保障农民集体和个体对土地所有权的实现。实现农户土地承包权长久不变，积极稳妥地推动农户土地承包权资产化、资本化，建立健全与小农户经营对接的现代经营对接机制，稳定农户土地承包经营权流转收益。探索新型农业经营主体通过流转土地取得的土地经营权集聚经营方式和有效融资方式，为新型农业经营主体的现代农业经营注入活力。在土地经营权向新型经营主体集聚过程中，要有效保障农户在合同到期能有效收回土地经营权，土地经营权出让收益能按合同约定足额支付给农户。积极发展农民专业合作社，通过建立健全农民专业合作社内部的股份合作制、法人治理机制，平等保障入社农户的合理权益，尤其要保障相对贫困的农户的合理权益，防止合作社内部富裕农户、出资多的投资者对一般社员权益的侵占。

（四）稳妥推进农村基本经营制度现代化进程

以家庭承包经营为基础的统分结合的双层经营方式是被实践证明的适应我国国情的有效的农业生产方式，必须长期坚持并长久不变。但随着我国农业现代化进程的持续推进，传统的小农业生产将日益与其相脱节，从长期来看，中国传统小农户自我封闭的生产方式必然走向消亡。但是，家庭经营又有其内在的优势，因此要积极探索家庭经营与现代农业生产方式对接的多样化方式。

　　第一类是在延续小农户以家庭为单位开展农业生产经营为主的模式下，在农村集体经济实力较强、集体产权制度基本完备的地方，大力发展新型农村集体经济组织，引导小农户让渡部分环节的自主经营权，更加充分发挥集体统一经营的职能；或培育多种所有制经济的农业社会化服务组织，让农业社会化服务组织来有效承担适宜承担的农业生产职能。第二类则是在农村土地"三权"分置持续推进的历史进程中，通过促使小农户让渡土地经营权，培育和发展新型农业经营主体，逐步使他们成为农业生产经营的主力军。但这个过程相对漫长，我们要适应这一历史进程，在坚持和完善农村基本经营制度的基础上不断创新和完善适度规模的社会化农业生产经营。

恩格斯对妇女解放的经济学分析
——以恩格斯的《家庭、私有制和国家的起源》为例

王志林[①]

（中南民族大学 马克思主义学院）

一、妇女地位的历史性变化

伴随着家庭形式及其与之相适应的家庭关系的这一发展的历史演进过程，妇女的社会地位也在发生着悄然的且与之相适应的但却具有历史性意义的变化。对于这一变化，恩格斯是如何分析和说明的呢？

恩格斯指出，在"对偶制家庭"之前的各种家庭形式都是发生在人类史前文明发展的"野蛮时代"的中高级阶段之前。也就是说，从在原始的群婚制基础上产生的"血缘家庭"到"普那路亚家庭"再到"对偶制家庭"，是发生在人类史前文明阶段的从"蒙昧时代"到"野蛮时代"的中高级阶段这一历史过程中。正是在这一发展过程中，人的生产在社会发展的巨大的、决定性的作用，也决定了在人类史前文明发展的"野蛮时代"的中高级阶段之前的各种家庭形式中，妇女不仅在家庭中，进而在社会上都享有崇高的地位和权利，是家庭和社会的真正的"主人"（当然，也是自己生活的主人）。

随着家畜的驯养和畜群的繁殖，不仅开发出前所未有的财富的来源，而且创造了全新的社会关系。随着个体婚制的确立和"文明社会"的到来，特别伴随着生产力的发展和变化以及生产方式的变化，原本妇女在以家庭为社会基础单位的早期人类社会中形成和确立的地位在这一变化中不断地失去，妇女不断地从社会中心位置被赶了出去。正是在这个意义上，恩格斯说："母权制的被推翻，乃是女性的具有世界历史意义的失败。丈夫在家中也掌握了权柄，而妻子则被贬低，被奴役，变成丈夫淫欲的奴隶，变成单纯的生孩子的工具了。"

不仅如此，恩格斯还对奴隶社会、封建社会和资本主义社会时代的妇女地位的发展状

[①] 王志林，中南民族大学马克思主义学院教授，研究方向为马克思主义基本原理、马克思主义发展史、科学社会主义。

况进行了说明。恩格斯分析说，在奴隶社会，对于这种新的家庭形式的全部严酷性，我们在希腊人那里可以看到。由此恩格斯得出结论，在奴隶社会"个体婚制在历史上绝不是作为男女之间的和好而出现的，更不是作为这种和好的最高形式而出现的。恰好相反。它是作为女性被男性奴役，作为整个史前时代所未有的两性冲突的宣告而出现的。在马克思和我于1846年合写的一个旧的、未发表的手稿中，我发现了如下一句话：'最初的分工是男女之间为了生育子女而发生的分工。'现在我可以补充几句：在历史上出现的最初的阶级对立，是同个体婚制下的夫妻间的对抗的发展同时发生的，而最初的阶级压迫是同男性对女性的压迫同时发生的。个体婚制是一个伟大的历史的进步，但同时它同奴隶制和私有制一起开辟了一个一直继续到今天的时代，在这个时代中，任何进步同时也是相对的退步，因为在这种进步中一些人的幸福和发展是通过另一些人的痛苦和受压抑而实现的。个体婚制是文明社会的细胞形态，根据这种形态，我们就可以研究文明社会内部充分发展着的对立和矛盾的本质。"

恩格斯对妇女在资本主义家庭中的地位也进行了深刻的分析。恩格斯首先将资产阶级的家庭和无产阶级的家庭区分开来。恩格斯指出，在资产阶级的家庭中，从法律上来看，妇女是有结婚的自由，并且在家庭中，也享有与丈夫平等的法律地位，但是，这种平等和自由只是法律形式上的平等和自由，而非实际生活中的平等和自由。恩格斯说："现代各文明国家的法律体系越来越承认，第一，为了使婚姻有效，它必须是一种双方自愿缔结的契约；第二，在结婚同居期间，双方在相互关系上必须具有平等的权利和义务。"

与资产阶级的家庭相反，在无产阶级的家庭里，恩格斯说："只有在被压迫阶级中间，而在今天就是在无产阶级中间，性爱才成为而且也才可能成为对妇女的关系的常规，不管这种关系是否为官方所认可。"

由此可见，在恩格斯看来，在无产阶级的家庭和资产阶级的家庭中，妇女是具有完全不同的地位的。也正是这种不同的地位，预示着未来社会的家庭形式及其家庭发展的方向，因此也就逻辑地预示着，未来社会中的妇女地位及其发展的方向。

二、造成妇女地位下降的经济原因

原先在家中以"次于妇女而占第二位为满足"的"'粗野的'战士和猎人"是如何变为"'比较温和的'牧人"，并且"依恃自己的财富挤上了首位，把妇女挤到了第二位，而妇女是不能抱怨"的呢？

第一，自然的"性别的分工"是导致妇女地位下降的一个重要因素。

第二，生产方式的发展与变化是造成妇女地位丧失的根本原因。

第三，从人类社会生产本身的发展来看，"人的生产"让位于"物的生产"也是造成妇女地位下降的重要因素。

第四,"父权制社会"代替"母权制社会"以及由此形成的新的"继承制度",不仅摧毁了妇女的"统治地位",而且强化了"妇女地位下降"的进程和促使了更进一步的妇女堕落的进程。

"父权制社会"的确立,不仅造成了"母权制的被推翻"和"女性的具有世界历史意义的失败",而且造成了与"父权制社会"相适应的继承制度。在这一新的继承制度下,为了保障所谓的继承的"纯正性",妇女的地位也就不可避免地被毫无情意地被剥夺。不仅如此,随着阶级社会的形成和发展,特别是在资本主义制度下,妇女所处的被奴役地位不仅被强化,而且发展到了极端。恩格斯说:"最初的阶级压迫是同男性对女性的压迫同时发生的","一直继续到今天的时代","现代的个体家庭建立在公开的或隐蔽的妇女的家务奴隶制上","现在在大多数情形下,丈夫都必须是挣钱的人、赡养家庭的人,至少在有产阶级中间是如此,这就使丈夫占据一种无须有任何特别的法律特权的统治地位。在家庭中,丈夫是资产者,妻子则相当于无产阶级"。

总之,恩格斯在《起源》中从历史唯物主义的立场出发探索家庭的演变时,发现家庭的形式是随着生产力的发展改变的。他指出,在人类历史发展的早期阶段,家庭血缘关系对社会制度起过重要的作用。随着生产力的发展,这种作用逐渐减弱;随着私有制和阶级的产生,以血族关系为基础的社会就被受所有制支配的社会代替。他细致地考察了家庭从最早的群婚制发展到一夫一妻制的过程,揭示了这些变化取决于生产方式的变化。他说明了妇女在封建制度和资本主义制度下不平等地位的原因,并证明妇女的真正平等只有在社会主义取得胜利后才能实现。

三、实现妇女解放的经济条件

正如恩格斯分析的那样,既然妇女地位的丧失主要是社会生产力发展的不足引起的,那么妇女的解放应该如何实现呢?依据恩格斯在《起源》中的分析,妇女的解放应该具备以下条件或基础:

(1)在社会生产力的巨大发展的基础上消灭私有制,重新确立"共产制家户经济"是实现妇女最终解放的首要条件。

(2)使"家务劳动"失去其个别的独立性质,而重新获得其社会的性质,并成为社会劳动的一部分,是实现妇女解放的先决条件。

(3)确保妇女大规模地走向社会,实现在新的历史条件下的男女平等,是实现妇女解放的最根本途径和保障。

(4)在上述基础上,使"爱情"成为婚姻中的主导性的要素,并起到决定性作用。也就是说，婚姻将不再以经济或其他的因素作为考察的标准，而仅以爱情为基础。

四、对未来的家庭与妇女的地位的展望

值得特别提及的是，恩格斯在《起源》中，不仅以唯物史观的两种生产理论为基础，对于家庭形式及其发展进行了历史的考察，具体地分析和探讨了妇女地位的变迁历史以及缘由并进行了详尽的研究，有趣的是，还对未来的人类家庭及其形式和妇女的地位进行了原则性的展望。

（1）未来的家庭是以"文明时代"的高度发达为基础。

（2）无产阶级的家庭形式将是未来社会的家庭形式，是实现"妇女解放"的现实形式。

（3）婚姻不再是以经济或其他因素为基础，男女之间的爱情成为婚姻制度中唯一的纽带。恩格斯指出，随着生产资料转归公有，个体家庭不再拥有社会的经济地位。少女"对于'后果'的担心也就消除了，这种担心在今天成了妨碍少女毫无顾虑地委身于所爱的男子的最重要的社会因素——既是道德的也是经济的因素"。在未来的家庭中，"一个在专偶制发展的时候最多只处于萌芽状态的新的因素——个人的性爱，开始发生作用了"。

（4）"随着生产资料转归公有，个体家庭就不再是社会的经济单位了。私人的家务变为社会的事业。孩子的抚养和教育成为公共的事情；社会同等地关怀一切儿童，无论是婚生的还是非婚生的"。"这样一来，男子的地位无论如何都要发生很大的变化。而妇女的地位，一切妇女的地位也要发生很大的转变"。"男子在婚姻上的统治是他的经济统治的简单的后果，它将自然地随着后者的消失而消失"。

（5）通奸和卖淫将消失。"随着生产资料转归社会所有，雇佣劳动、无产阶级从而一定数量的——用统计方法可以计算出来的——妇女为金钱而献身的必要性，也要消失了。卖淫将要消失，而专偶制不仅不会灭亡，而且最后对于男子也将成为现实"。

（6）婚姻的不可解除性将消失。恩格斯说："专偶制完全肯定地将要失掉的东西就是，它因起源于财产关系而被烙上的全部特征，这些特征就是：第一，男子的统治；第二，婚姻的不可解除性。男子在婚姻上的统治是他的经济统治的简单的后果，它将自然地随着后者的消失而消失。婚姻的不可解除性，部分地是专偶制所赖以产生的经济状况的结果，部分地是这种经济状况和专偶制之间的联系还没有被正确地理解并且被宗教加以夸大的那个时代留下的传统。这种不可解除性现在就已经遭到千万次的破坏了。如果说只有以爱情为基础的婚姻才是合乎道德的，那么也只有继续保持爱情的婚姻才合乎道德。不过，个人性爱的持久性在不同的个人中间，尤其在男子中间，是很不相同的，如果感情确实已经消失或已经被新的热烈的爱情排挤，那就会使离婚无论是对于双方还是对于社会都成为幸事。"

五、结论

恩格斯在以《起源》为代表的著作中,从历史唯物主义的立场出发,对"妇女解放"的问题进行了深刻的分析。首先,恩格斯通过对家庭形式的历史演变的考察,指出随着生产力的发展,人类社会经历了从"蒙昧时代"走向"野蛮时代"再到"文明时代"的历史发展进程。伴随着这一历史进程的发展,人类社会的基本组织形式——家庭,发生了巨大的变迁,经历了血缘家庭→普那路亚家庭→对偶制家庭→专偶制家庭的发展过程。正是伴随着家庭形式的这一变化,妇女的地位也发生了巨大的变化,妇女从母权制社会下的统治地位过渡到父权制社会被压迫和奴役的地位。其次,恩格斯对妇女解放的可能性和现实性及其条件进行了研究,认为"妇女的解放,只有在妇女可以大量地、社会规模地参加生产,而家务劳动只占她们极少的工夫的时候,才有可能。而这只有依靠现代大工业才能办到,现代大工业不仅容许大量的妇女劳动,而且是真正要求这样的劳动,并且它还力求把私人的家务劳动逐渐融化在公共的事业中"。有趣的是,对于恩格斯的这一结论,很多西方经济学者非常重视。他们认为,恩格斯的这一观念已经为现代女权运动所接受,成为支持现代女权运动的信念之一。例如,弗朗辛·D. 布劳在为约翰·伊特韦尔等主编的《新帕尔格雷大经济学大辞典》所撰写的"性别 Gender"词条中,指出:"在马克思学派中,恩格斯(1884)将妇女的从属地位和资本主义的发展联系起来,并且认为,妇女走出家庭、参加工资劳动以及社会主义的到来,是她们获取自由所必需的。相信走出家庭更充分地参加就业就能产生解放效应,这不但是穆勒和恩格斯的共同信念,也是像吉尔曼(1898)这样的现代争取女权运动作家的信念。"不仅如此,更为有趣的是,西方经济学者还在此基础上指出恩格斯关于妇女解放的思想为发展着的历史事实所证明。"时光的流逝证明这些论点过于简单化了。正像恩格斯和吉尔曼正确预见到的那样,在绝大多数先进的工业化国家里,妇女特别是已婚妇女参加到劳动力中去的业已增加了,这无疑在许多方面,既改变了男女性别之间的关系,又改变了这个社会的结构。但是,尽管在许多事例中,妇女加入劳动力中的数量戏剧性地增加了,但毕竟仍然保持着男女之间担任的工作种类以及所得报酬之间的显著差异。"即便如此,"重要的一点是,正是那些从事更有兴趣和薪金较高的工作的受过高等教育的妇女,才能雇佣家庭助手和获得高质量的幼儿照料,只有她们,才感到工作最丰富多彩。对妇女来说,正如对男子一样,她们的一个目标是获得更有兴趣的工作,现在更多争论存在的问题是,从男女必要劳动时间的分配上来说,如何实现家庭责任的更平等分担这个目标"。

关于列宁帝国主义理论的创新性研究

颜鹏飞 陈 蓉[①]

(武汉大学;湖北大学)

一、帝国主义论研究的时代意义

列宁帝国主义论是20世纪初马克思主义发展的重要理论成果之一,它对推动俄国十月革命,乃至国际共产主义运动的发展都发挥了积极的作用。正如马克思所说:"具有划时代意义的重要思想和体系都是那个它所处的特定时期和时代所迫切需要并在这种需求的土壤上成长起来的。"[②] 列宁从资本和生产的经济逻辑分析入手,强调帝国主义是垄断的资本主义,并认为"垄断代替自由竞争,是帝国主义的根本经济特征,是帝国主义的实质"[③]。垄断造成了垄断资本和掠夺意志下的新世界体系的生成,"极少数富国……把垄断扩展到无比广阔的范围,攫取着数亿以至数十亿超额利润,让别国数亿人民'驮着走',为瓜分极丰富、极肥美、极稳当的赃物而互相搏斗着"[④]。垄断资本便逐渐形成国际性垄断同盟,在经济政治上瓜分世界,由此形成了帝国主义主导下的新的世界体系。在新的世界体系里,帝国主义进行殖民掠夺有三种方式:资本输出、争夺原料产地和争夺势力范围。列宁站在新的时代平台上,以新的理论模式突破并丰富了马克思的思想视野,所构建的新的垄断帝国主义世界史观,成为我们理解当今世界的经济、政治的历史起点。

列宁在马克思《资本论》对资本主义所做的科学研究的基础上,运用了德国、美国、英国等发达资本主义国家的大量资料,深刻分析了帝国主义的五个基本特征:①生产和资本的集中发展到这样高的程度,以致造成了在经济生活中起决定作用的垄断组织;②银行

[①] 颜鹏飞,武汉大学经济与管理学院教授,中华外国经济学说研究会顾问;陈蓉,湖北大学商学院理论经济学博士后流动站博士后。
[②] 《马克思恩格斯全集》,北京:人民出版社,1960年,第544页。
[③] 《列宁选集》第2卷,北京:人民出版社,2012年,第704页。
[④] 《列宁选集》第2卷,北京:人民出版社,2012年,第714页。

资本和工业资本已经融合起来,在这个"金融资本"的基础上形成了金融寡头;③和商品输出不同的资本输出具有特别重要的意义;④瓜分世界的资本家国际垄断同盟已经形成;⑤最大资本主义大国已把世界上的领土瓜分完毕。帝国主义是发展到垄断组织和金融资本的统治已经确立、资本输出具有突出意义、国际托拉斯开始瓜分世界、一些最大的资本主义国家已把世界全部领土瓜分完毕这一阶段的资本主义。①无论时代发生了怎样的变化,资本主义的本质在整个资本主义的发展进程中都不会改变,以美国为代表的资本主义的国家机器仍然是在列宁阐述的逻辑框架下运行的,我们从帝国主义论的视角出发观察世界,以美国为代表的西方国家仍然是在列宁阐述的逻辑框架下运行的,中美贸易战、与新冠肺炎疫情相配合的西方对华舆论战,等等,皆是列宁指出的帝国主义基本特性的具体体现。

帝国主义理论对资本主义和社会主义两种社会体系的冲突与融合关系的阐述,为掌握当代世界社会主义全貌提供了分析工具。列宁认为,世界将会在一个时期里存在两大世界体系,即资本主义体系和社会主义体系。"社会主义共和国不同世界发生联系是不能生存下去的,在目前情况下应当把自己的生存同资本主义的关系联系起来②"。由此,列宁反对简单地把资本主义和社会主义对立起来的思想,认为"只有那些懂得不向托拉斯的组织者学习就不能建立或实施社会主义的人,才配称为共产主义者③"。列宁向我们揭示了一个基本原理,即在新的资本主义和社会主义两大体系共存的时代,资本主义体系不会迅速消亡,社会主义发展必须建立在这两大社会体系矛盾运动的历史逻辑上才能获得进步,正如马克思所说的,"社会主义革命所必备的准备性机制和条件都是在资本主义的内部逐渐生成起来的④"。资本主义被社会主义取代最终不是在理论上,而是在客观现实上,并且要通过人民的历史实践而完成。

二、当前帝国主义论研究的三个热点

(一) 解释全球化

20 世纪 80 年代以后,"全球化"概念出现,对全球化进行的理论研究也全面展开。克里斯蒂安·福赫斯(Christian Fuchs)认为,列宁有关帝国主义的研究结论依然正确并且适用于当前对全球资本主义的考察和理论分析⑤。张晓忠认为:"全球化已经历了三次

---

① 《列宁选集》第 27 卷,北京:人民出版社,2012 年,第 401 页。
② 《列宁专题文集·论社会主义》,北京:人民出版社,2009 年,第 387 页。
③ 《列宁专题文集·论社会主义》,北京:人民出版社,2009 年,第 133 页。
④ 《马克思恩格斯全集》第 34 卷,北京:人民出版社,1972 年,第 358 页。
⑤ Christian Fuchs. Critical Globalization Studies:An Empirical andTheoretical Analysis of the New Imperialism. in Science & Society,2010,74(2):215 – 247.

发展浪潮：第一次浪潮是从15世纪末到19世纪中期，第二次浪潮起始于19世纪下半叶，到20世纪初达到高潮，20世纪70年代开始掀起第三次浪潮，到90年代以来达到高潮，列宁独特的世界历史理论即全球化思想则主要是对垄断资本主义阶段即第二次全球化浪潮的理论回应①"。

列宁对于"时代"概念恰恰做出过较为详细的定义、解说和分析，并把20世纪初开始的时代作为帝国主义时代进行了系统研究，这种概念、方法是列宁研究中的重要方面，丰子义认为："列宁不仅对时代做过一般概括和描述，而且对帝国主义新时代有着非常深入细致的考察和分析。这正是列宁时代观和世界历史观的重点和核心所在。可以说，不了解列宁的帝国主义论，就很难理解列宁的时代理论和世界历史理论。"②

威廉姆斯·罗宾逊（William I. Robinson）认为："当今时代已经进入了一个由跨国资本、跨国资本家阶级和国家兴起、全球社会的不平等和权力关系等方面的新特点构成的新的跨国家阶段，列宁和希法亭以民族国家为基础的分析框架已经不适用于跨国资本主义发展的新形势了。"③

（二）解释国际金融危机

张晖明、邓霆主编的《金融危机的马克思主义解读》一书认为，"金融危机是资本主义固有的内在矛盾在新的发展阶段集中爆发的一种新形式，并没有超出经典作家对资本主义经济危机分析的总体框架。危机的爆发再一次证明了资本主义帝国主义阶段的寄生性和腐朽性，也宣告了形形色色为帝国主义辩护的历史终结论的破产。同样，金融危机也并不意味着资本主义的发展空间已经结束。西方经济学在解释这场危机发生的原因时，多把它归咎于金融的过度创新、政府的监管不力、投资信心过度膨胀等。"舒展也认为，"中外马克思者认为当前国际金融危机，其实质和根源并没有超越马克思的逻辑，根源仍是资本主义基本矛盾的激化，认为国际金融危机的实质，是以金融危机为突出表现的资本主义生产过剩的经济危机，是实体经济严重过剩、资本的逐利本性引起虚拟经济过度膨胀，实体经济与虚拟经济越来越脱离，造成投机过度从而失控，爆发危机。当代资本主义基本矛盾的激化进一步演绎出五花八门的金融危机和社会动荡，这无不向我们表明，当代资本主义的基本矛盾的尖锐化势必发展到在资本主义框架内难以调节和缓解的地步。我们既要从体制层面和操作层面探索防范与规避经济危机的措施，更要从制度层面采取全面的防范与规避

---

① 张晓忠：《列宁全球化思想形成的全球化时代背景》，《理论学刊》，2009年第7期。
② 丰子义：《世界历史与时代》，《江海学刊》，2008年第2期。
③ William I. Robinson. Global Capitalism: The NewTransnationalism and the Folly of Conventional Thinking. in Science & Society, 2005, 69(3): 316 – 328.

措施。只注意体制层面而不注重制度层面的防范是无法扼制世界经济衰退的,只有坚持马克思主义、坚持社会主义制度,才能从根本上全面防范和规避资本主义经济危机对我们的冲击。"①

(三) 新帝国主义论

20 世纪 90 年代初,"新帝国主义论"出现,罗伯特·库珀所著的《我们为什么仍需要帝国》《什么是新自由帝国主义》《世界秩序重组》等论著,可以看作"新帝国主义论"的代表之一。"新帝国主义论"的出现引起了学者的广泛研究和讨论,朱迪·考克斯认为"列宁的帝国主义理论的基本思想仍是解释新帝国主义的基础②"。李玉峰认为"与旧帝国主义相比,'新帝国主义'的理论更系统、手段更完备,并且有强烈的种族倾向"③。毋庸置疑,新帝国主义论是以列宁帝国主义论为基点,借鉴吸收其他相关研究成果,创造性地提出了有关帝国主义论域的新理论和新视角。迈克尔·哈特 (Michael Hardt) 和安东尼奥·奈格里 (Antonio Negri) 指出,"伴随着全球市场和生产全球流水线的形成,列宁时代的民族——国家主权已经衰落,一种新的全球的主权形式——帝国随之出现,它由一系列国家的和超国家的机体构成,这些机体在统治的单一逻辑下整合。与帝国主义相比,帝国是一个无中心、无疆界的统治机器,整个世界正在从帝国主义到帝国的转变过程当中……列宁的分析中最引人注目的方面是他对帝国主义作为政治概念的批判。④"大卫·哈维 (David Harvey) 则否定了列宁有关帝国主义是资本主义的最高阶段的论点,不过他也充分肯定了列宁有关资产阶级民族主义和帝国主义之间的冲突和对抗不断深入的论断。⑤新帝国主义论从一个侧面肯定了列宁主义,也必然引起对列宁帝国主义理论的重新审视。

三、新马克思经济学综合学派关于帝国主义论研究的新见解

(一) 当代垄断资本主义经济金融化论

程恩富教授将列宁帝国主义论放置于当前复杂多变的国际形势下来重新加以阐释,提出当代垄断资本主义的经济金融化的理论,并且深度剖析了它的特征及影响,有利于我们

---

① 舒展:《国际金融危机与"新帝国主义"的腐朽表现——兼评列宁的〈帝国论〉》,《马克思主义研究》,2009 年第 2 期。
② 王占宇:《朱迪·考克斯. 帝国主义:我们正在经历的一个阶段?—英学者评〈新帝国主义〉等四本书》,《国外理论动态》,2004 年第 11 期。
③ 李玉峰:《"新帝国主义论"研究综述》,《毛泽东邓小平理论研究》,2005 年第 5 期。
④ 迈克尔·哈特、安东尼奥·奈格里:《帝国—全球化的政治秩序》,南京:江苏人民出版社,2003 年,第 216 页。
⑤ 大卫·哈维:《新帝国主义》,北京:社会科学文献出版社,2009 年,第 36 – 71 页。

剥离和反思对列宁帝国主义论的传统教条主义式的理解。

程恩富教授一针见血地指出：当代垄断资本主义经济金融化的根源在于资本追逐剩余价值和利润的本性，其结果铸造和导致金融部门成为调节和控制市场经济的核心；发达国家操控国际金融、输出知识产权，与发展中国家形成特殊的"二元经济结构"；金融危机成为资本主义危机的主要形态；金融资本可以利用高科技手段发动掠夺财富的金融战争，以及少数金融寡头和金融家族及其组织控制本国乃至世界经济命脉。这就表明，列宁有关帝国主义是垄断的、寄生的和腐朽的论断没有过时，当代资本主义的垄断性、寄生性和腐朽性远远超过列宁所处的年代，其垂死性或过渡性仍然客观存在。[①]

程恩富教授也提出中国的应对之策，即必须在坚定不移地走中国特色社会主义道路的基础上，确立发展与金融有关的正确思维和措施：其一，应深刻反思欧美推行的新自由主义金融改革和创新；其二，应高度重视已对我国经济和金融主权产生重要影响的西方金融资本，加强对其监控，确保我国金融领域免受西方金融资本渗透和控制，尤其是防止美国加息对我国经济的影响，做好充分的评估和应对措施；其三，金融发展要确立服务实体经济和强国富民的原则；其四，加快金融市场的事先、事中和事后全过程和全方位监管，特别是加强以有效治理股灾为目的的股市监管法制和能力建设；其五，要充分利用我国货币增发红利的巨大财源和巨额外汇储备；其六，要谨慎对待并充分论证资本项目开放的问题[②]。

（二）金融寡头制造金融危机论

程恩富教授认为：当代国际垄断资本主义具有许多特征，其中，发动大规模掠夺财富的金融战争是关键性新特征。他以美国为例，分析当前美国金融和经济危机不再简单是无政府的市场自发力量作用的结果，而是美国金融寡头通过有意识地操控政府和中央银行，影响财政、货币、市场规则、舆论导向等政策杠杆，获得了一定程度上人为操控危机进程的能力，并且已将危机作为获得巨大利益的金融战争武器，大规模掠夺社会各个阶层财富，并打击国际竞争对手，这就意味着金融财团及其在政府和中央银行的代理人，其实并不想通过制定有效的政策彻底克服经济危机，而是以治理危机为借口，推行维护金融等领域垄断寡头狭隘利益的政策，向世界各国民众转嫁危机损失，并掠夺更多的全球财富和资源。所以说，金融危机变成华尔街垄断财团大规模掠夺财富的手段，并通过全球化将掠夺

---

① 程恩富、谢长安：《当代垄断资本主义经济金融化的本质、特征、影响及中国对策——纪念列宁〈帝国主义是资本主义的最高阶段〉100周年》，《社会科学辑刊》，2016年第6期。

② 程恩富、谢长安：《当代垄断资本主义经济金融化的本质、特征、影响及中国对策——纪念列宁〈帝国主义是资本主义的最高阶段〉100周年》，《社会科学辑刊》，2016年第6期。

触角伸向了世界所有角落①。

(三) 新帝国主义的五大特征论

程恩富教授以列宁的帝国主义理论为基础,首次强调指出,新帝国主义是垄断资本主义在当代经济全球化、金融化条件下的特殊历史发展阶段,其特征和性质可以概括为五个方面。①生产和流通的新垄断:生产和流通的国际化和资本集中的强化,形成富可敌国的巨型跨国垄断公司。②金融资本的新垄断:金融垄断资本在全球经济活动中起决定性作用,形成畸形发展的经济金融化。③美元和知识产权的垄断:形成不平等的国际分工和两极分化的全球经济和财富分配。④国际寡头同盟的新垄断:"一霸数强"结成的国际资本主义寡头垄断同盟,形成全球垄断剥削和压迫的金钱政治、庸俗文化和军事威胁的经济基础。⑤经济本质和大趋势:全球化资本主义矛盾和各种危机时常激化,形成当代资本主义垄断性和掠夺性、腐朽性和寄生性、过渡性和垂危性的新态势②。

五大特征论的归纳是对新帝国主义论的构建,极大地拓展了新帝国主义论的研究深度。依据对新帝国主义特征和特性的分析,程恩富教授进一步提出:"新帝国主义既是资本主义从自由竞争、一般私人垄断、国家垄断发展到国际垄断的新阶段,是国际垄断资产阶级的新扩张,也是极少数发达国家主导世界的新体系,是经济、政治、文化、军事霸权主义的新政策。"紧接着,他以此为基础来分析世界经济与政治发展的新情况和新特征,并指出:"从现阶段国际正义力量和国际阶级斗争的曲折发展来判断,21世纪是世界劳动阶级和广大人民进行伟大革命和维护世界和平的新时代,是社会主义国家进行伟大建设和快速发展的新时代,是进步的文明国家共同构建人类命运共同体的新时代,是新帝国主义和全球资本主义逐渐向全球社会主义过渡的大时代。"③

---

① 程恩富、杨斌:《当前美国金融垄断资本主义的若干新变化》,《当代世界与社会主义》,2014年第2期。
② 程恩富、鲁保林、俞使超:《论新帝国主义的五大特征和特性——以列宁的帝国主义理论为基础》,《马克思主义研究》,2019年第5期。
③ 程恩富、鲁保林、俞使超:《论新帝国主义的五大特征和特性——以列宁的帝国主义理论为基础》,《马克思主义研究》,2019年第5期。

有对外贸易的社会再生产增长、条件与优化[①]

陶为群[②]

（中国人民银行 南京分行）

一、从经典的马克思社会再生产到有对外贸易的社会再生产

经典的马克思再生产公式是针对封闭经济的。为了揭示国外因素对一国社会再生产的影响，需要对经典的马克思再生产公式加以拓展，建立有对外贸易的社会再生产公式并研究社会再生产的实现问题，进而研究有对外贸易的社会再生产增长、充要条件与优化。

学者对于有对外贸易的社会再生产做了研究。有的研究建立了开放经济下的马克思两大部类扩大再生产模型，提出生产资料的净出（进）口对于两个部类的资本积累产生作用，是影响内部平衡的外部因素。有的研究将国际贸易引入马克思两大部类再生产公式，指出国际贸易使社会再生产突破原来的条件限制，同时它本身也成为社会再生产的条件。有的研究阐述了有对外贸易的社会再生产公式与国民经济核算的总供需平衡契合。这些研究涉及对外贸易的社会主导出口、消费品主导出口、大宗资源性产品出口国家，研究了小国开放经济的扩大再生产求解问题。这些探索研究，对于深入研究有对外贸易的社会再生产提供了重要启示。

二、有对外贸易的马克思社会再生产公式与总供需平衡

建立有对外贸易的马克思社会再生产公式，是研究有对外贸易的社会再生产增长及其条件的基础。

如同经典的马克思再生产公式，在有对外贸易的社会再生产公式中将社会生产部门划分成生产生产资料、消费资料的两个部类，分别记为第Ⅰ部类、第Ⅱ部类。第 j 部类（$j=$

[①] 国家社会科学基金后期资助项目：马克思社会再生产理论深化与拓展的数理分析（15FJL008）。
[②] 陶为群，中国人民银行南京分行研究员。

Ⅰ、Ⅱ。下同）在 t 年初时点的总资本分解成用于购买生产资料的不变资本和购买劳动力的可变资本两个部分，分别记为 $C_j^{(t)}$、$V_j^{(t)}$。按照经典的马克思再生产公式中的假定，设 $C_j^{(t)}$ 和 $V_j^{(t)}$ 都是每年周转一次，那么，当年 $C_j^{(t)}$ 作为中间消耗转移到产品中，$V_j^{(t)}$ 在产品中新创造出来，并带来它的剩余价值 $M_j^{(t)}$。社会产品的价值包含由生产资料消耗转移的价值、重新生产出的劳动力的价值，分别与不变资本的转移、可变资本的再生产对应，这两者之间的对比关系由生产力的技术构成所决定的价值，第 j 部类的不变资本对于可变资本的固定不变倍数 h_j 是该部类的资本有机构成。剩余价值 $M_j^{(t)}$ 与可变资本 $V_j^{(t)}$ 之间保持固定不变的比率，以 e_j 表示，是第 j 部类的剩余价值率。以 $Y_j^{(t)}$、$X_j^{(t)}$ 分别表示第 j 部类新创造价值、总产值，那么按照经典的马克思再生产公式，在每个部类内部，不变资本、可变资本、剩余产品、新创造价值（产品）、总产值（产品）之间的关系被方程（1）确定。

$$\begin{cases} V_j^{(t)} = C_j^{(t)}/h_j \\ M_j^{(t)} = e_j V_j^{(t)} \\ Y_j^{(t)} = V_j^{(t)} + M_j^{(t)} \\ X_j^{(t)} = C_j^{(t)} + Y_j^{(t)} \end{cases} \quad j = \text{Ⅰ}, \text{Ⅱ} \tag{1}$$

剩余价值 $M_j^{(t)}$ 是形成本部类的新增资本和投资者的剩余价值消费的唯一来源。对确定了含义的字母前面加符号 Δ 表示增量，并用 $M_{xj}^{(t)}$ 表示第 j 部类投资者把本部类的剩余价值中用于个人消费的部分。对于剩余价值的使用有下面的行为方程。①

$$\Delta C_j^{(t)} + \Delta V_j^{(t)} + M_{xj}^{(t)} = M_j^{(t)} \quad j = \text{Ⅰ}, \text{Ⅱ} \tag{2}$$

将对外贸易引入社会再生产，就增添了生产资料、消费资料出口与进口。以 $EX_j^{(t)}$ 表示第 j 部类的产品出口，以 $IM_\text{Ⅰ}^{(t)}$、$IM_\text{Ⅱ}^{(t)}$ 分别表示生产资料、进口消费资料进口，则 $EX_j^{(t)}$ 和 $IM_\text{Ⅰ}^{(t)}$、$IM_\text{Ⅱ}^{(t)}$ 都是非负数。于是，在经典的马克思社会再生产公式中的生产资料平衡条件、消费资料平衡条件中分别增添生产资料出口与进口、消费资料出口与进口，而形成有对外贸易的生产资料平衡条件式（3）、消费资料平衡条件式（4）。

$$\sum_{j=\text{Ⅰ}}^{\text{Ⅱ}} \left[C_j^{(t)} + \Delta C_j^{(t)} \right] + EX_\text{Ⅰ}^{(t)} = X_\text{Ⅰ}^{(t)} + IM_\text{Ⅰ}^{(t)} \tag{3}$$

$$\sum_{j=\text{Ⅰ}}^{\text{Ⅱ}} \left[V_j^{(t)} + \Delta V_j^{(t)} \right] + \sum_{j=\text{Ⅰ}}^{\text{Ⅱ}} M_{xj}^{(t)} + EX_\text{Ⅱ}^{(t)} = X_\text{Ⅱ}^{(t)} + IM_\text{Ⅱ}^{(t)} \tag{4}$$

式（3）的左、右两边分别表示国内使用和出口对于全部生产资料的需求和全部生产资料的供给。式（4）的左、右两边分别表示国内使用和出口对于全部消费资料的需求和全部消费资料的供给。式（3）和式（4）是社会再生产的实现条件。式（1）至式（4）合

---

① 陶为群：《小国开放经济的进出口与经济增长——基于马克思再生产公式的分析》，《当代经济研究》，2019年。

在一起，构成有对外贸易的马克思社会再生产公式。

在国民经济核算中，进口和出口是总供需的构成部分。因为总供给与总需求都不包含中间消耗，将式（3）的左右两边扣除两个部类的中间消耗 $C_I^{(t)}$ 和 C_{II}，得到生产资料总供需平衡条件式（5）：

$$\sum_{j=I}^{II} \Delta C_j^{(t)} + EX_I^{(t)} = V_I^{(t)} + M_I^{(t)} - C_{II}^{(t)} + IM_I^{(t)} \tag{5}$$

因为社会再生产公式没有单独反映固定资本折旧，而是把固定资本折旧与中间消耗一样处理，所以 $[V_j^{(t)} + M_j^{(t)}]$ 表示第 j 部类的净产值。因为假定劳动者工资不发生储蓄，工资 $V_j^{(t)}$ 和新增工资 $\Delta V_j^{(t)}$ 以及投资者剩余价值消费 $M_{xj}^{(t)}$ 都计入了消费；只有新增不变资本 $\Delta C_I^{(t)}$ 和 $\Delta C_{II}^{(t)}$ 在实物形态上对应着不能在当年消费的生产资料，形成下一年新增的生产资料即成为投资。所以，表示生产资料总供给总需求平衡的式（5）的经济含义是净投资加上生产资料出口等于净生产资料产品加上生产资料进口。

如果实现社会再生产，在价值形态上可以将生产资料总供需平衡条件式（5）与消费资料总供需平衡条件式（4）相加，得到有对外贸易的总供需平衡式。再将定义方程式（1）和剩余价值使用行为方程式（2）代入，得到：

$$\sum_{j=I}^{II} \Delta C_j^{(t)} + \sum_{j=I}^{II} [V_j^{(t)} + \Delta V_j^{(t)} + M_{xj}^{(t)}] + \sum_{j=I}^{II} EX_j^{(t)} = \sum_{j=I}^{II} Y_j^{(t)} + \sum_{j=I}^{II} IM_j^{(t)} \tag{6}$$

式（6）的左边三项在国民经济核算中分别表示净投资、消费、出口三大需求；右边两项分别表示国内生产净值和进口。所以式（6）经济含义是：净投资＋消费＋出口＝国内生产净值＋进口。这正是有对外贸易的净额口径国民经济核算恒等式。所以，有对外贸易的社会再生产公式中的总供需平衡与有对外贸易的净额国民经济核算吻合。

三、有对外贸易的社会再生产的内外平衡

有对外贸易的社会再生产公式中含有一个特定的结果：遵循经典的马克思的再生产理论，对外贸易处于绝对平衡状态。如果实现有对外贸易的社会再生产，生产资料平衡条件式（3）和消费资料平衡条件式（4）都成立。在价值形态上将这两个等式相加，就得到式（7）。

$$\sum_{j=I}^{II} [C_j^{(t)} + V_j^{(t)} + \Delta C_j^{(t)} + \Delta V_j^{(t)} + M_{xj}^{(t)}] + \sum_{j=I}^{II} EX_j^{(t)} = \sum_{j=I}^{II} X_j^{(t)} + \sum_{j=I}^{II} IM_j^{(t)} \tag{7}$$

将社会再生产公式中的定义式（1）和行为方程式（2）代入式（7），得到对外贸易平衡关系式。

$$EX_I^{(t)} + EX_{II}^{(t)} = IM_I^{(t)} + IM_{II}^{(t)} \tag{8}$$

因为只有两种产品，一种产品总供需平衡则必然伴随另一种产品也总供需平衡，所

以，总供需平衡条件式（5）和式（4）只有一个是独立的条件，从而社会再生产的实现条件式（3）和式（4）只有一个是独立条件，或者说有对外贸易的社会再生产的实现条件具有单一性。对此很容易证明：如果实现社会再生产则有式（9）成立，将剩余价值使用行为方程式（2）代入式（7），根据式（3）成立就可以通过简化推导得出式（4）；根据式（4）成立也可以通过简化推导得出式（3）。如此社会再生产的实现条件具有单一性之特点，和已经有研究证明了的经典的马克思社会再生产公式的实现条件具有同一性（单一性）是一致的。①

影响生产资料、消费资料总供需平衡的是出口与进口之间的差额净出口。因而，影响生产资料总供需平衡式（5）的外部条件是生产资料净出口；影响消费资料总供需式（4）的外部条件是消费资料净出口。分别以 $NEX_{\mathrm{I}}^{(t)}$ 表示生产资料净出口、$NEX_{\mathrm{II}}^{(t)}$ 表示消费资料净出口，那么 $NEX_{\mathrm{I}}^{(t)} = EX_{\mathrm{I}}^{(t)} - IM_{\mathrm{I}}^{(t)}$，$NEX_{\mathrm{II}}^{(t)} = EX_{\mathrm{II}}^{(t)} - IM_{\mathrm{II}}^{(t)}$。根据对外贸易平衡关系式（8），可以确定生产资料净出口、消费资料净出口互为相反数。

$$NEX_{\mathrm{II}}^{(t)} = - NEX_{\mathrm{I}}^{(t)} \tag{9}$$

因此，影响社会再生产的实现条件的外部条件，也只有生产资料净出口 $NEX_{\mathrm{I}}^{(t)}$ 或消费资料净出口 $NEX_{\mathrm{II}}^{(t)}$ 一个独立条件。作为外部条件的生产资料净出口或消费资料净出口，通过影响资本积累而影响社会再生产。

四、有对外贸易的社会扩大再生产实现与充分必要条件

在国民经济核算中用进出口依存度总体上表示一国出口与经济总量之间的关系，一国进出口依存度是进出口对于增加值的比率。生产资料净出口依存度、消费资料净出口依存度也分别就是第Ⅰ部类、第Ⅱ部类产品的净出口依存度。以 $NEX_j^{(t)}/Y_j^{(t)}$ 表示第 j 部类产品的净出口依存度，则生产资料净出口、消费资料净出口与各部类产品的净出口依存度之间有明确对应关系。

$$NEX_j^{(t)} = Y_j^{(t)} \times \frac{NEX_j^{(t)}}{Y_j^{(t)}} \qquad j = \mathrm{I}, \mathrm{II} \tag{10}$$

资本积累是社会再生产中的控制变量。以 $\mu_j^{(t)}$ 表示第 j 部类的剩余价值积累率，根据式（1）和剩余价值使用的行为方程式（2），第 j 部类的剩余价值积累率 $\mu_j^{(t)}$ 与新增不变资本之间有变量替换关系式。

$$\Delta C_j^{(t)} = \frac{h_j}{1+h_j} M_j^{(t)} \mu_j^{(t)} \qquad j = \mathrm{I}, \mathrm{II} \tag{11}$$

---

① 陶为群：《用按比例规律推导社会扩大再生产的必要条件——揭示社会扩大再生产的生产可能性边界》，《创新》，2017年第2期。

对于有对外贸易的马克思社会再生产公式，因为每个部类内部各构成部分之间保持固定不变关系，可以使用两大部类新创造价值之间的比例：

$$\varphi^{(t)} = Y_{II}^{(t)}/Y_{I}^{(t)} \tag{12}$$

式（12）总体表示两大部类之间的结构。将变量替换关系式（11）代入生产资料总供需平衡条件式（5），得到下面含有待定积累率的资本积累平衡方程。

$$\frac{h_I e_I}{(1+h_I)(1+e_I)}\mu_I^{(t)} + \varphi^{(t)}\frac{h_{II} e_{II}}{(1+h_{II})(1+e_{II})}\mu_{II}^{(t)} = 1 - \varphi^{(t)}\frac{h_{II}}{1+e_{II}} - \frac{NEX_I^{(t)}}{Y_I^{(t)}} \tag{13}$$

在社会扩大再生产情形下，资本积累平衡方程式（13）左边的积累率 $\mu_I^{(t)}$ 和 $\mu_{II}^{(t)}$ 至少有一个是正数，所以式（13）右边大于0。于是，得到社会扩大再生产的一个必要条件：

$$\frac{NEX_I^{(t)}}{Y_I^{(t)}} < 1 - \varphi^{(t)}\frac{h_{II}}{1+e_{II}} \tag{14}$$

根据资本积累平衡方程式（13）把第 I 部类积累率 $\mu_I^{(t)}$ 作为自变量，获得第 II 部类积累率函数 $\mu_{II}^{(t)}$。

$$\mu_{II}^{(t)} = \frac{(1+h_{II})(1+e_{II})}{\varphi^{(t)} h_{II} e_{II}}\left[1 - \frac{h_I e_I}{(1+h_I)(1+e_I)}\mu_I^{(t)} - \frac{NEX_I^{(t)}}{Y_I^{(t)}}\right] - \frac{1+h_{II}}{e_{II}} \tag{15}$$

因为对于积累率 $\mu_j^{(t)}$ 有约束条件：

$$0 \leq \mu_j^{(t)} \leq 1 \quad j = I, II \tag{16}$$

将第 II 部类积累率函数式（15）代入约束条件式（16）得到：

$$\frac{(1+h_I)(1+e_I)}{h_I e_I}\left[1 - \frac{\varphi^{(t)} h_{II}}{1+e_{II}}\left(1 + \frac{e_{II}}{1+h_{II}}\right) - \frac{NEX_I^{(t)}}{Y_I^{(t)}}\right] \leq$$

$$\mu_I^{(t)} \leq \frac{(1+h_I)(1+e_I)}{h_I e_I}\left[1 - \frac{\varphi^{(t)} h_{II}}{1+e_{II}} - \frac{NEX_I^{(t)}}{Y_I^{(t)}}\right] \tag{17}$$

式（17）表明作为外部条件（参数）的生产资料净出口依存度，通过对资本积累的约束影响社会扩大再生产。

因为式（16）也是对于第 I 部类积累率 $\mu_I^{(t)}$ 的约束条件，当且仅当它和约束条件式（17）各项的下限不高于另一式中的上限，积累率 $\mu_I^{(t)}$ 才能存在。所以通过式（16）和式（17）两不等式中变量 $\mu_I^{(t)}$ 的交互传递，确定有：

$$\frac{1+h_I+e_I}{(1+h_I)(1+e_I)} - \frac{\varphi^{(t)} h_{II}}{1+e_{II}}\left(1 + \frac{e_{II}}{1+h_{II}}\right) \leq \frac{NEX_I^{(t)}}{Y_I^{(t)}} \leq 1 - \frac{\varphi^{(t)} h_{II}}{1+e_{II}} \tag{18}$$

式（18）社会扩大再生产的另一个必要条件。

把社会扩大再生产的两个必要条件式（14）、式（18）重叠，它们的重合部分（交集）是将式（18）中的后一个不大于号改成小于号，即：

$$\frac{1+h_{\mathrm{I}}+e_{\mathrm{I}}}{(1+h_{\mathrm{I}})(1+e_{\mathrm{I}})} - \frac{\varphi^{(t)}h_{\mathrm{II}}}{1+e_{\mathrm{II}}}(1+\frac{e_{\mathrm{II}}}{1+h_{\mathrm{II}}}) \leqslant \frac{NEX_{\mathrm{I}}^{(t)}}{Y_{\mathrm{I}}^{(t)}} < 1 - \frac{\varphi^{(t)}h_{\mathrm{II}}}{1+e_{\mathrm{II}}} \qquad (19)$$

式（19）是社会扩大再生产的全部必要条件，反映作为外部条件（参数）的生产资料净出口依存度对社会扩大再生产有影响和制约作用。

因为推导社会扩大再生产的必要条件的过程是可逆的，所以社会扩大再生产的必要条件式（19）也是充分条件，从而是充分必要条件。而式（17）和 $0 \leqslant \mu_{\mathrm{I}}^{(t)} \leqslant 1$ 共同组成第 II 部类积累率函数的定义域。当且仅当具备扩大再生产的充分必要条件式（19），将第 I 部类积累率 $\mu_{\mathrm{I}}^{(t)}$ 按照式（17）和 $0 \leqslant \mu_{\mathrm{I}}^{(t)} \leqslant 1$ 的限定取值，就可以根据式（15）相应安排第 II 部类积累率，从而达成扩大再生产的一种具体安排。所以，第 II 部类积累率函数式（15）连同其定义域，是有对外贸易的社会扩大再生产的解。

五、有对外贸易的社会扩大再生产增长与优化

两大部类新创造价值的增长率 $\Delta Y^{(t)}/Y^{(t)}$ 对应着国民经济核算中的国内生产净值增长率，可以一般地代表经济增长率。

$$\frac{\Delta Y^{(t)}}{Y^{(t)}} = \frac{\Delta Y_{\mathrm{I}}^{(t)} + \Delta Y_{\mathrm{II}}^{(t)}}{Y_{\mathrm{I}}^{(t)} + Y_{\mathrm{II}}^{(t)}} \qquad (20)$$

根据定义方程式（1）和变量替换式（11）得到每个部类新创造价值的增长率。

$$\frac{\Delta Y_j^{(t)}}{Y_j^{(t)}} = \frac{e_j}{1+h_j}\mu_j^{(t)} \qquad j = \mathrm{I}, \mathrm{II} \qquad (21)$$

根据式（20）、式（21）以及两大部类比例 $\varphi^{(t)}$ 表达式（12），得到经济增长率 $\Delta Y^{(t)}/Y^{(t)}$ 是两个部类新创造价值增长率的加权平均数。

$$\frac{\Delta Y^{(t)}}{Y^{(t)}} = \frac{\mu_{\mathrm{I}}^{(t)}e_{\mathrm{I}}/(1+h_{\mathrm{I}}) + \varphi^{(t)}\mu_{\mathrm{II}}^{(t)}e_{\mathrm{II}}/(1+h_{\mathrm{II}})}{1+\varphi^{(t)}} \qquad (22)$$

将第 II 部类式（15）代入式（22），获得以第 I 部类积累率 $\mu_{\mathrm{I}}^{(t)}$ 和生产资料净出口依存度 $NEX_{\mathrm{I}}^{(t)}/Y_{\mathrm{I}}^{(t)}$ 表示的全社会经济增长率。

$$\frac{\Delta Y^{(t)}}{Y^{(t)}} = \frac{1}{1+\varphi^{(t)}}\{1 + \frac{1+e_{\mathrm{II}}}{h_{\mathrm{II}}}[1 - \frac{NEX_{\mathrm{I}}^{(t)}}{Y_{\mathrm{I}}^{(t)}}] + [1 - \frac{h_{\mathrm{I}}(1+e_{\mathrm{II}})}{h_{\mathrm{II}}(1+e_{\mathrm{I}})}]\frac{e_{\mathrm{I}}}{1+h_{\mathrm{I}}}\mu_{\mathrm{I}}^{(t)}\} - 1 \qquad (23)$$

根据式（23）和定义方程式（1），在第 I 部类不变资本产出率不低于第 II 部类即 $(1+e_{\mathrm{I}})/h_{\mathrm{I}} \geqslant (1+e_{\mathrm{II}})/h_{\mathrm{II}}$ 的条件下，经济增长率是积累率 $\mu_{\mathrm{I}}^{(t)}$ 的单调增函数，因此当 $\mu_{\mathrm{I}}^{(t)}$ 按照式（17）和 $0 \leqslant \mu_{\mathrm{I}}^{(t)} \leqslant 1$ 取得最高值 $\max[\mu_{\mathrm{I}}^{(t)}]$ 时，获得最高经济增长率 $\max[\Delta Y^{(t)}/Y^{(t)}]$。反之，在第 I 部类不变资本产出率低于第 II 部类即 $(1+e_{\mathrm{I}})/h_{\mathrm{I}} < (1+e_{\mathrm{II}})/h_{\mathrm{II}}$ 的条件下，当 $\mu_{\mathrm{I}}^{(t)}$ 按照式（17）和 $0 \leqslant \mu_{\mathrm{I}}^{(t)} \leqslant 1$ 取得最低值 $\min[\mu_{\mathrm{I}}^{(t)}]$ 时，获得最

高经济增长率 $\max[\Delta Y^{(t)}/Y^{(t)}]$。区别两种不同条件，根据经济增长率式（23）计算出最高经济增长率 $\max[\Delta Y^{(t)}/Y^{(t)}]$ 表达式，如表1所示。

表1 在第Ⅰ部类不变资本产出率不低于、低于第Ⅱ部类条件下的最高经济增长率

项目	生产资料净出口依存度所处区间	最高经济增长率
$\dfrac{1+e_{\mathrm{I}}}{h_{\mathrm{I}}} \geq \dfrac{1+e_{\mathrm{II}}}{h_{\mathrm{II}}}$	$\dfrac{1}{1+e_{\mathrm{I}}}(1+\dfrac{e_{\mathrm{I}}}{1+h_{\mathrm{I}}}) - \dfrac{\varphi^{(t)} h_{\mathrm{II}}}{1+e_{\mathrm{II}}}(1+\dfrac{e_{\mathrm{II}}}{1+h_{\mathrm{II}}}) \leq \dfrac{NEX_{\mathrm{I}}^{(t)}}{Y_{\mathrm{I}}^{(t)}} \leq \dfrac{1}{1+e_{\mathrm{I}}}(1+\dfrac{e_{\mathrm{I}}}{1+h_{\mathrm{I}}}) - \dfrac{\varphi^{(t)} h_{\mathrm{II}}}{1+e_{\mathrm{II}}}$	$\dfrac{1}{1+\varphi^{(t)}}\{(1+\dfrac{e_{\mathrm{I}}}{1+h_{\mathrm{I}}})[1+\dfrac{1+e_{\mathrm{II}}}{h_{\mathrm{II}}(1+e_{\mathrm{I}})}] - \dfrac{1+e_{\mathrm{II}}}{h_{\mathrm{II}}}[\dfrac{NEX_{\mathrm{I}}^{(t)}}{Y_{\mathrm{I}}^{(t)}}]\} - 1$
	$\dfrac{1}{1+e_{\mathrm{I}}}(1+\dfrac{e_{\mathrm{I}}}{1+h_{\mathrm{I}}}) - \dfrac{\varphi^{(t)} h_{\mathrm{II}}}{1+e_{\mathrm{II}}} \leq \dfrac{NEX_{\mathrm{I}}^{(t)}}{Y_{\mathrm{I}}^{(t)}} < 1 - \dfrac{\varphi^{(t)} h_{\mathrm{II}}}{1+e_{\mathrm{II}}}$	$\dfrac{1+e_{\mathrm{I}}}{h_{\mathrm{I}}(1+e_{\mathrm{II}})} \{\dfrac{1+h_{\mathrm{II}}+e_{\mathrm{II}} - (1+e_{\mathrm{II}})[NEX_{\mathrm{I}}^{(t)}/Y_{\mathrm{I}}^{(t)}]}{1+\varphi^{(t)}} - h_{\mathrm{II}}\}$
$\dfrac{1+e_{\mathrm{I}}}{h_{\mathrm{I}}} < \dfrac{1+e_{\mathrm{II}}}{h_{\mathrm{II}}}$	$\dfrac{1}{1+e_{\mathrm{I}}}(1+\dfrac{e_{\mathrm{I}}}{1+h_{\mathrm{I}}}) - \dfrac{\varphi^{(t)} h_{\mathrm{II}}}{1+e_{\mathrm{II}}}(1+\dfrac{e_{\mathrm{II}}}{1+h_{\mathrm{II}}}) \leq \dfrac{NEX_{\mathrm{I}}^{(t)}}{Y_{\mathrm{I}}^{(t)}} \leq 1 - \dfrac{\varphi^{(t)} h_{\mathrm{II}}}{1+e_{\mathrm{II}}}(1+\dfrac{e_{\mathrm{II}}}{1+h_{\mathrm{II}}})$	$\dfrac{e_{\mathrm{II}}}{1+h_{\mathrm{II}}} + \dfrac{(1+e_{\mathrm{I}})(1+h_{\mathrm{II}}+e_{\mathrm{II}})}{h_{\mathrm{I}}(1+e_{\mathrm{II}})}[\dfrac{1}{1+\varphi^{(t)}} - \dfrac{h_{\mathrm{II}}}{1+h_{\mathrm{II}}}] - \dfrac{[h_{\mathrm{I}}(1+e_{\mathrm{II}}) - h_{\mathrm{II}}(1+e_{\mathrm{I}})]e_{\mathrm{I}}/(1+h_{\mathrm{I}}) + h_{\mathrm{I}}(1+e_{\mathrm{II}})[1+\varphi^{(t)}]}{h_{\mathrm{I}}(1+e_{\mathrm{II}})[1+\varphi^{(t)}]} - \dfrac{(1+e_{\mathrm{I}})[NEX_{\mathrm{I}}^{(t)}/Y_{\mathrm{I}}^{(t)}]}{h_{\mathrm{I}}(1+e_{\mathrm{II}})[1+\varphi^{(t)}]}$
	$1 - \dfrac{\varphi^{(t)} h_{\mathrm{II}}}{1+e_{\mathrm{II}}}(1+\dfrac{e_{\mathrm{II}}}{1+h_{\mathrm{II}}}) \leq \dfrac{NEX_{\mathrm{I}}^{(t)}}{Y_{\mathrm{I}}^{(t)}} < 1 - \dfrac{\varphi^{(t)} h_{\mathrm{II}}}{1+e_{\mathrm{II}}}$	$\dfrac{1+h_{\mathrm{II}}+e_{\mathrm{II}} - (1+e_{\mathrm{II}})[NEX_{\mathrm{I}}^{(t)}/Y_{\mathrm{I}}^{(t)}]}{h_{\mathrm{II}}[1+\varphi^{(t)}]} - 1$

六、有对外贸易的社会扩大再生产的平衡增长与充分必要条件

根据每个部类新创造价值的增长率式（21），如果两大部类平衡增长，则有：

$$\frac{e_{\mathrm{I}}}{1+h_{\mathrm{I}}}\mu_{\mathrm{I}}^{(t)} = \frac{e_{\mathrm{II}}}{1+h_{\mathrm{II}}}\mu_{\mathrm{II}}^{(t)} \tag{24}$$

将第Ⅱ部类积累率函数式（15）代入两个部类形成平衡增长积累率的公式，即式（24），解得积累率 $\mu_{\mathrm{I}}^{(t)}$ 与生产资料净出口依存度 $NEX_{\mathrm{I}}^{(t)}/Y_{\mathrm{I}}^{(t)}$ 之间的一个函数关系；再将此函数关系代入式（15）或式（24），得到平衡增长的积累率 $\overline{\mu_j^{(t)}}$ 的表达式，即式（25）。

$$\overline{\mu_j^{(t)}} = \frac{1+h_j}{e_j} g\left[\frac{NEX_{\mathrm{I}}^{(t)}}{Y_{\mathrm{I}}^{(t)}}\right] \quad j = \mathrm{I}, \mathrm{II} \tag{25}$$

在式（25）中：

$$g\left[\frac{NEX_{\mathrm{I}}^{(t)}}{Y_{\mathrm{I}}^{(t)}}\right] = (1+e_{\mathrm{II}})\frac{1+h_{\mathrm{I}}+e_{\mathrm{I}}-(1+e_{\mathrm{I}})[NEX_{\mathrm{I}}^{(t)}/Y_{\mathrm{I}}^{(t)}]}{h_{\mathrm{I}}(1+e_{\mathrm{II}})+\varphi^{(t)}h_{\mathrm{II}}(1+e_{\mathrm{I}})} - 1 \quad (26)$$

式（26）的经济意义是平衡增长率。将式（26）代入 $0 \leq \mu_j^{(t)} \leq 1$，得到形成平衡增长积累率的生产资料净出口依存度 $NEX_{\mathrm{I}}^{(t)}/Y_{\mathrm{I}}^{(t)}$ 限定区间为：

$$1 - \frac{h_{\mathrm{I}}e_{\mathrm{I}}}{(1+h_{\mathrm{I}})(1+e_{\mathrm{I}})}\min(1,\mu_{\mathrm{I}}^*) - \frac{\varphi^{(t)}h_{\mathrm{II}}}{1+e_{\mathrm{II}}}\left[1+\frac{e_{\mathrm{I}}}{1+h_{\mathrm{I}}}\min(1,\mu_{\mathrm{I}}^*)\right] \leq \frac{NEX_{\mathrm{I}}^{(t)}}{Y_{\mathrm{I}}^{(t)}} < 1 - \frac{\varphi^{(t)}h_{\mathrm{II}}}{1+e_{\mathrm{II}}}$$
(27)

式（27）中，$\mu_{\mathrm{I}}^* = \frac{e_{\mathrm{II}}(1+h_{\mathrm{I}})}{e_{\mathrm{I}}(1+h_{\mathrm{II}})}$，经济含义是第Ⅱ部类利润率对于第Ⅰ部类利润率比率。式（27）是形成平衡增长积累率的必要条件。因为推导式（27）的过程是可逆的，所以式（27）也是有对外贸易的社会再生产形成平衡增长积累率的充分条件，因而是充分必要条件。

将形成平衡增长积累率的充分必要条件式（27）与扩大再生产的充分必要条件式（19）加以对比，两式的右端相同。而无论第Ⅰ部类的资本利润率不高于或高于第Ⅱ部类即 $\mu_{\mathrm{I}}^* \geq 1$ 或 $\mu_{\mathrm{I}}^* < 1$，式（27）的左端都不小于式（19）的左端。这个对比结果是合理的。因为形成平衡增长积累率是以实现社会扩大再生产为前提的，所以有对外贸易的社会再生产形成平衡增长积累率的充分必要条件应当比社会扩大再生产的充分必要条件严格。

七、经典的和有对外贸易的社会再生产增长、充要条件与优化比较

如果生产资料净出口依存度 $NEX_{\mathrm{I}}^{(t)}/Y_{\mathrm{I}}^{(t)} = 0$，那么根据净出口依存度与净出口之间关系式，即式（10）就有生产资料净出口 $NEX_{\mathrm{I}}^{(t)} = 0$，进而根据式（9）也有消费资料净出口 $NEX_{\mathrm{II}}^{(t)} = 0$。

于是，有对外贸易的生产资料平衡条件式（3）、消费资料平衡条件式（4）分别简化成为经典的马克思社会再生产的生产资料平衡条件、消费资料平衡条件。社会扩大再生产和经济增长的充分必要条件式（19）简化成为有研究提出和证明的经典的马克思社会扩大再生产的充分必要条件；第Ⅱ部类积累率函数式（15）及其定义域简化成为经典的马克思社会扩大再生产的第Ⅱ部类积累率函数及其定义域。经济增长率式（23）简化成为有研究给出的经典的马克思社会再生产[1]经济增长率[2]；表1中列出的两种相反条件下的最高经

---

[1] 陶为群：《两大部类扩大再生产的充分必要条件与求解》，《经济数学》，2014年第3期。
[2] 陶为群：《社会再生产的动态最大投资效果与最高增长率》，《政治经济学报》第9卷，北京：社会科学文献出版社，2017年。

济增长率简化成为有研究给出的经典的马克思社会再生产最高经济增长率[①]。经济增长平衡率式（26）简化成为有研究给出的经典的马克思社会再生产经济平衡增长率；形成平衡增长积累率的充分必要条件式（27）简化成为有研究给出的经典的马克思社会再生产形成平衡增长积累率的充分必要条件[②]。

综合以上分析，经典的马克思社会再生产增长、充要条件与优化，可以视同为在生产资料净出口依存度为零或者消费资料净出口依存度为零时的情形下，有对外贸易的社会再生产增长、充要条件与优化的特别结果。所以，有对外贸易的社会再生产增长、充要条件与优化，包含了经典的马克思社会再生产增长、充要条件与优化。

[①] 陶为群，陶川：《马克思经济增长模型中的静态最高与最低增长率》，《外国经济学说与中国研究报告》（2012），北京：社会科学文献出版社，2012年，第32-37页。

[②] 陶为群：《两大部类平衡增长的充要条件及其应用》，《政治经济学报》第5卷，北京：社会科学文献出版社，2015年。

略论中国特色社会主义政治经济学范畴体系的创新

李炳炎[①]

（中共江苏省委党校）

一、中国特色社会主义政治经济学的始点范畴：从"需要一般"出发

中国传统的政治经济学长期以来把社会主义公有制当作研究的出发点，当作其始点范畴。认为社会主义商品经济是由全民所有制和集体所有制两种公有制决定的。所谓社会主义基本经济规律和有计划按比例发展规律都是由社会主义公有制演绎出来的。其实，这是一种误解。因为这个出发点存在倒因为果的逻辑错误。原因在于，社会主义生产资料公有制这个范畴，是一个具有复杂的规定性的综合体，即社会主义生产关系的总和。从它出发，等于从生产关系总和出发。很显然，这是违背由抽象到具体、由简单到复杂的科学方法的，并且可能导致将社会主义公有制变成空洞无物的概念。

有鉴于此，有些人套用"资本论"的始点范畴，改从社会主义商品出发，将社会主义商品作为理论体系的始点范畴，这也是一种误解。因为马克思从商品出发分析资本主义生产方式，是从现象入手的。商品是用于交换的劳动产品，商品的特征是具有使用价值和价值，使用价值是由具体有用劳动创造的，而价值是由抽象劳动创造的。因此，马克思的理论体系是从劳动和劳动的两重性出发的。中国特色社会主义市场经济中的劳动，是自主联合劳动。自主联合劳动是劳动的社会主义社会形式。社会主义商品是一个业已包含社会分工、交换、劳动一般、自主联合劳动等多重规定的综合，而不是最简单的规定。因此可见，社会主义商品不是新理论体系的出发点，不能成为中国特色社会主义政治经济学的始点范畴。

[①] 李炳炎，经济学博士，中共江苏省委党校特岗教授，中央财经大学博士生导师，江苏省有突出贡献的中青年专家，享受国务院特殊津贴的专家，中国经济规律研究会副会长，世界政治经济学学会常务理事，中国社会科学院世界社会主义研究中心常务理事，中国"资本论"研究会常务理事。主要研究方向为政治经济学、分享经济理论和共享经济理论、社会主义市场经济理论。

有鉴于此，有些同志主张从劳动范畴出发来建立新的理论体系。劳动一般固然是一个最普遍的规定，但是劳动一般并不是最简单的抽象。因为劳动并不是目的本身，而只是人类满足自身需要的一种手段。只有目的本身才能成为起点。如果抽掉了手段，目的照样存在；而如果抽掉了目的本身，手段就不存在。劳动只是满足人的需要的一种手段。如果人没有需要或者需要可以通过别的手段得到满足，劳动就会成为多余的。可见，劳动是由人的需要引起的，只有人的需要才是最本源的东西。人的需要表现为一种最初始的自然必然性。人一生下来就需要吃，需要穿，从而需要生活资料，进而需要生产资料。可见劳动范畴也不是新理论体系的出发点，不能成为中国特色社会主义政治经济学的始点范畴。综上所述，可以确定只有"需要一般"才是中国特色社会主义政治经济学的始点范畴。

中国特色社会主义政治经济学的新范畴体系形成一种循环。这就是以"需要一般"作为起点，从需要出发，必然引出人民大众日益增长的追求美好生活的物质与文化需要与现实社会生产力不够发达、经济发展不平衡的矛盾。解决这个矛盾的途径是实施创新驱动战略、均衡发展战略，大力推进发展先进科学技术和科学管理，稳中求进，逐步化解矛盾。通过大力发展社会生产力，更好地实现社会主义生产目的，使人民大众的需要日益得到满足，同时又创造出新的需要，推动社会生产力的进一步发展。从需要出发，又回到需要。这种矛盾运动永无止境，不断推动社会进步，从而这一创新理论的发展达到历史与逻辑的统一。

二、中国特色社会主义政治经济学的本质范畴："自主联合劳动"

社会主义商品的特性，是由劳动的社会主义社会形式即"自主劳动"决定的。"自主劳动"是一个新的经济范畴，它是指社会主义经济中作为人的自主活动的劳动，即劳动的社会主义的社会形式。自主劳动是雇佣劳动的对立物，是劳动的解放。本来，作为人类最基本的社会实践活动的劳动，是人类社会围绕转动的"太阳"，劳动者是社会的主人。然而，在私有制社会里，劳动发生了异化，异化为雇佣劳动，劳动者成为被奴役的奴隶。经过对剥夺者的剥夺而建立的社会主义公有制社会，使劳动者重新成为社会的主人。使劳动者"获得自己的充分的、不受限制的自主活动，这种自主活动就是对生产力总和的占有以及由此而来的才能总和的发挥"[①]。社会主义制度的建立，消灭了劳动者受生产资料奴役的反常现象，生产劳动不再是奴役人的手段，而成为解放人的手段。劳动普遍化，劳动者成为社会生产的主体，劳动成为人的平等权利，成为人全面发展的需要。这就是自主劳动的本质特征。社会主义社会在本质上就是自主劳动的社会。只有使劳动成为自主劳动，才

---

① 《马克思恩格斯全集》第3卷,北京:人民出版社,1979年。

能建设真正的社会主义。自主劳动是贯穿社会主义经济体系的最本质的联系。

自主劳动就是确认生产劳动中劳动者的主体地位,就是人支配物,而雇佣劳动是物支配人。自主劳动与雇佣劳动的根本区别就在这里。马克思强调指出:"如果工人居于统治地位,如果他们能够为自己而生产,他们就会很快地,并且不费很大力量地把资本提到(用庸俗经济学家的话来说)他们自己需要的水平。重大的差别在于:是现有的生产资料作为资本同工人相对立,从而它们只有在工人必须为他们的雇主增加剩余价值和剩余产品的情况下才能被工人使用,是这些生产资料使用他们工人,还是工人作为主体使用生产资料这个客体为自己生产财富。"① 资本主义劳动就是雇佣劳动,即生产资料变成资本,作为生产的主体来统治工人,工人则沦落为生产的客体。工人处于被自己的手创造的产物统治的地位。资本家不过是资本的人格化,资本家统治雇佣工人,强迫工人进行雇佣劳动。社会主义经济制度的建立,使劳动者成为生产的主体,使用生产资料这个客体,为劳动者自己生产财富。社会主义经济制度的建立和生产资料公有制的确立,使生产资料变成劳动者公共所有的财产,成为自主劳动的物质条件。与此同时,劳动者成为自主联合劳动者,他们使用自己已经积累起来的劳动来追加新的劳动,为自己谋求福利。资本的统治,可以归结为死劳动对活劳动的统治,即劳动异化;劳动者的统治,可以归结为活劳动对死劳动的统治,即劳动解放。

资本主义劳动是雇佣联合劳动,社会主义劳动是自主联合劳动。在这里,联合劳动是共性,区别在于雇佣劳动与自主劳动。雇佣劳动和自主劳动是两种对立的劳动的社会形式。联合劳动就是社会化劳动,它是由分工的发展造成的,并随着分工的发展而发展。中国特色社会主义劳动的特征是自主联合劳动。

社会主义市场经济中的商品,正是自主联合劳动的产品。由于社会主义社会存在普遍的社会分工,决定了这种自主联合劳动的产品要转化为商品。这种社会主义商品的特性,正是由劳动的社会主义的社会形式即自主联合劳动决定的。因此,社会分工决定社会主义商品的商品性质,社会主义生产关系决定商品的社会主义性质。资本主义商品是资本的产品即雇佣劳动的产品,社会主义商品则是自主联合劳动的产品。可见,自主联合劳动范畴是中国特色社会主义政治经济学的本质范畴。

三、中国特色社会主义政治经济学的中心范畴:"需要价值"

"需要价值"是一个新的经济范畴,它是中国特色社会主义政治经济学的中心范畴,是中国特色社会主义经济运行的轴心。"需要价值"的含义,是指社会主义市场经济中商

---

① 《马克思恩格斯全集》第 26 卷第 2 册,北京:人民出版社,1979 年。

品生产创造的新价值与社会主义生产目的两者的结合所形成一个新的范畴。社会主义生产目的就是满足人民群众对美好生活的需要,即日益增长的物质和文化需要。要满足这种需要,必须通过发展生产创造更多的物质财富。只有生产出越来越多的财富,包括物质财富、文化财富、精神财富,才能满足这种日益增长的需要。

"需要价值"范畴是笔者在1986年率先提出的。① 笔者是在分析社会主义商品的特殊价值构成的过程中发现这个范畴的。笔者在1982年提出了社会主义商品价值构成公式:$w = c + (v + m)$。② 认为社会主义商品的成本价格是生产商品所耗费的生产资料价值,商品价值超过这部分成本价格的部分就是新创造的价值。换言之,社会主义商品价值等于生产资料成本价格加新创造的价值。在这个公式中,前一部分价值是用于补偿生产耗费的,后一部分价值即新创造的价值是用于满足需要的,称为"需要价值"。

"需要价值"范畴是体现社会主义经济本质联系的基本范畴,它贯穿于社会主义经济运行的全部过程。它的运动是社会主义经济运行的主线。社会主义再生产总过程,本质上就是"需要价值"的生产—实现—分配—消费的过程。这个过程寄寓于社会主义商品生产过程和流通过程的统一中。社会主义再生产总过程,是扩大商品再生产和"需要价值"扩大再生产的统一,同时又是"需要价值"扩大再生产与社会主义生产关系扩大再生产的统一。社会主义扩大再生产又是社本和需要价值的扩大再生产。需要价值划分为个人需要价值和公共需要价值两部分。公共需要价值的生产和积累,是社本不断增值从而商品生产规模不断扩大的源泉。可见,"需要价值"是社会主义经济体系运行的轴心,因此也是新的理论体系的中心范畴。

四、中国特色社会主义政治经济学的基础范畴:"社本"

第一,社本具有生产需要价值以实现社会主义生产目的的职能。需要价值是社会主义生产目的与新创造价值的结合与统一,是社会主义生产目的的物化。然而,只有社本才能生产需要价值。社本是生产需要价值的物质条件,社会主义生产目的寓于需要价值中。只有大力增加和积累社本,才能生产越来越多的需要价值,使社会主义生产目的即人民大众对美好生活的需求,得到最大限度的满足。

第二,社本具有社会再生产的联结职能。社本最初是以货币形式进入流通,使企业获得各种具有特殊使用价值的生产资料。社本的数量决定了未来生产的规模,企业取得的生产资料的数量与社本的数量成正比。当社本转化为物质资料进入生产过程后,生产的效益

---

① 李炳炎:《需要价值理论是社会主义经济的理论基石》,《中州学刊》,1986年第6期。
② 李炳炎:《劳动报酬不构成产品成本的内容》,《经济研究》,1982年第2期。

决定于社本的质量。当社本退出生产过程，以产品形式进入流通后，标志着前一个生产过程的完结和后一个生产过程的继起。社本在流通中停留时间的长短，是决定再生产总效率的重要因素。社本职能的实现，是通过垫支、计量、集聚、游离、回流等形式，作用于生产要素，使一切可能的、潜在的生产要素转化为现实的、能动的生产要素，从而成为人们推进经济建设的巨大物质力量。

第三，社本具有平衡社会再生产的职能。社会主义市场经济的各个过程、各个环节，始终处于连续不断的运动状态中，构成一个循环的系统。在这个庞大的系统中，普遍地经常地存在着各种矛盾，集中表现为若干经济量的比例关系失衡。为了协调好各个比例关系，必须依靠社本来发挥平衡手段的职能。这种平衡手段的职能，是从社本的联结手段职能中发展起来的，是由于社本的联结条件和联结强度的变化，能够制约和调整某些经济量的构成比例。由此可见，社本的平衡手段的职能，是保持社会再生产过程的连续性、并存性、比例性的基本条件。

第四，社本具有自主联合劳动积累的职能。在中国特色社会主义市场经济中，社会劳动生产力表现为社本的生产力。社本有其独立的价值形态，自主联合劳动过程都要以社本为载体。社本的特殊职能是保存原有的劳动量，吸收和凝聚活劳动，并使之转化为扩大了的价值。社本在流通过程中推动劳动产品向货币转化，最后实现劳动量的积累。劳动量的积累以某种形式转化为社本，都是自主联合劳动者以主人翁的地位通过各种劳动联合组织实行的经济行为，其目的是谋取自身的最大利益。财富的积累，是一切社会企业所共有的经济职能。在中国特色社会主义市场经济中，社本历史地继承了劳动积累的职能。这种职能的存在，是社本发挥实现社会主义生产目的手段的职能、社会再生产的联结手段的职能、社会再生产的平衡手段的职能的共同的基础。没有劳动积累的职能，便不可能存在这三种职能。

五、中国特色社会主义政治经济学的理论核心

中国特色社会主义政治经济学的理论核心，是社会主义商品价值的内部结构即特殊的价值构成。社会主义市场经济的商品，是商品一般与商品特殊的统一。商品一般是由社会分工决定的，社会分工的存在使劳动产品转化为商品。用于交换的劳动产品，就是一般的商品。马克思指出了这种商品一般的性质："作为商品流通的产品，不论是在什么生产方式的基础上生产出来的——不论是在原始共同体的基础上，还是在奴隶生产的基础上，还是在小农民和小市民的基础上，还是在资本主义生产的基础上生产出来的——都不会改变

自己作为商品的性质。作为商品，它们都要经历交换过程和随之发生的形态变化。"[①] 在这种商品的一般性即商品的共性的基础上的商品特殊性质的区别，在于资本主义商品是雇佣劳动的产品，社会主义商品是自主联合劳动的产品。

社会主义商品的特性，是由劳动的社会主义性质即自主联合劳动决定的。自主联合劳动制度下的生产劳动，已经不再是奴役人的手段，而成了解放人的手段。社会主义社会本质上是自主联合劳动的社会。自主联合劳动是贯穿社会主义经济体系的最本质的联系。只有实行自主联合劳动制度，才能建设真正的中国特色社会主义经济体制。

作为自主联合劳动产品的商品，它的社会主义性质体现在商品价值构成的特点上。这种社会主义商品价值的特殊构成，就是社会主义经济体系的细胞的基因。正如自然界中的生物细胞的基因决定着生物的发育完善、生动丰富、庞大的有机体特性一样，社会主义商品价值的特殊构成决定着社会主义经济体系及反映这个体系的运动的理论体系的特点。

社会主义商品价值的特殊构成，可以表达为这样一个公式：$w = c + (v + m)$，$v + m = n$，$n = n1 + n2 + n3$，因而 $W = c + n = c + (n1 + n2 + n3)$。在这里，$w$ 表示社会主义商品价值，c 表示所费社本价值，v 表示个人需要价值，m 表示公共需要价值，n 表示新价值即需要价值，$n1$ 表示社会收入，$n2$ 表示集体收入，$n3$ 表示个人收入，因而 n 也表示社会主义收入的总体。在社会主义市场经济的自主联合劳动中，所费社本价值加需要价值构成社会主义商品价值。

从这个社会主义商品价值构成公式来分析，可以看出它包含着社会主义经济体系的三个基本范畴，即自主联合劳动、社本和需要价值。因为社会主义商品价值是自主联合劳动产品的价值，所以自主联合劳动是这个公式的前提和基础。在自主联合劳动下，生产资料转化为社本，新创造价值转化为需要价值。中国特色社会主义政治经济学的三个基本范畴，即自主联合劳动、社本和需要价值，正是从这个社会主义商品价值结构中衍生出来的。所以，社会主义商品价值构成公式就是中国特色社会主义政治经济学的理论核心。

[①] 《马克思恩格斯全集》第 25 卷,北京:人民出版社,1979 年。

中国特色社会主义经济发展的理论分析与经验总结

罗玉辉[①]

（中国农业大学）

一、改革开放以来的历史回顾

改革开放以来，我国国民经济蓬勃发展、经济总量持续快速增长，综合国力和国际竞争力由弱变强，成功实现从低收入国家向中上等收入国家跨越。我国国内生产总值由1978年的3678.7亿元迅速跃升至2018年的90万亿元，增长了225倍（图1）。从国际比较来看，我国当之无愧成为世界第二大经济体。2018年中国GDP总量为13.6万亿美元，与排名第一的美国相差6.89亿美元，是排名第三的日本的3倍多（表1）。[②] 此外，我国国家财政收入也取得较快增长，从1978年的1132.26亿元增长至2018年的183359.84亿元，40年间增长了162倍，为中国政府履行国家管理职能、实施公共政策和提供公共物品与服务夯实了财力基础（图2）。

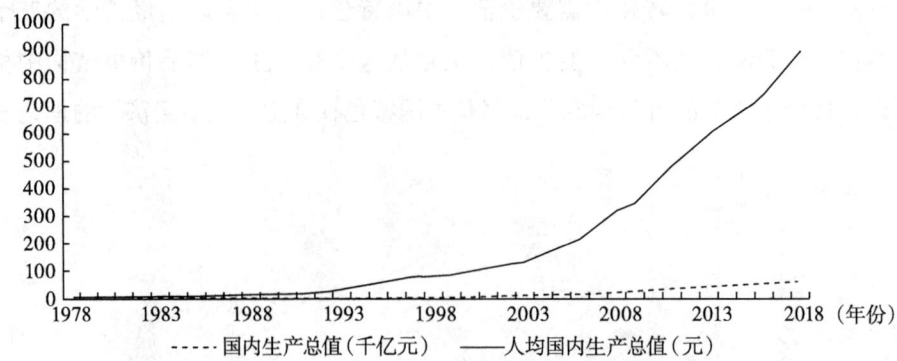

图1　1978—2018年中国GDP及人均GDP增长情况

数据来源：国家统计局年度数据库，http://data.stats.gov.cn/easyquery.htm?cn=C01。

[①] 罗玉辉，政治经济学博士。现供职于中国农业大学马克思主义学院、"习近平三农思想研究中心"。研究方向为政治经济学、农村土地制度、三农问题。

[②] 国家统计局网站：《中国统计年鉴1978—2018》，http://www.stats.gov.cn/tjsj/ndsj/。

表1　2018年世界各国GDP排名

排名	国家	GDP总量（亿美元）	GDP总量（亿元）①	地区
1	美国	204941.00	1356709.0	美洲
2	中国	136081.51	900859.6	亚洲
3	日本	49709.15	329074.6	亚洲
4	德国	39967.59	264585.4	欧洲
5	英国	28252.08	187028.8	欧洲
6	法国	27775.35	183872.8	欧洲
7	印度	27263.23	180482.6	亚洲
8	意大利	20730.02	137232.7	欧洲
9	巴西	18686.26	123703.0	美洲
10	加拿大	17125.10	113368.2	美洲

资料来源：世界银行公开数据库，https：//data.worldbank.org.cn/.

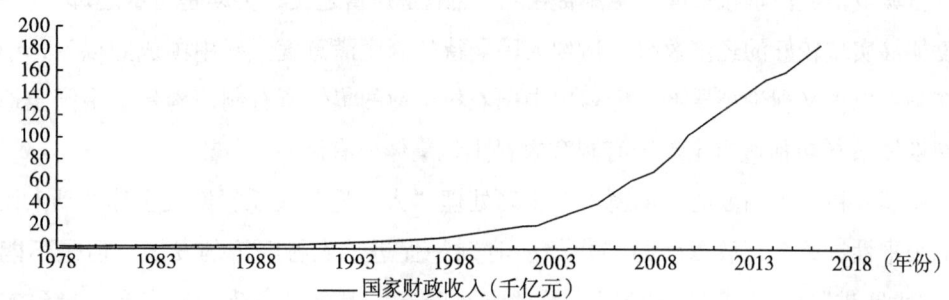

图2　1978—2018年我国国家财政收入增长情况

数据来源：国家统计局年度数据库，http：//data.stats.gov.cn/easyquery.htm？cn=C01.

中国经济总量居世界位次稳步提升，对世界经济增长的贡献也在不断提高。2010年超过日本，位居世界第二，成为仅次于美国的世界第二大经济体。尤为瞩目的是，中国的外汇储备大幅增长（图3），实现从外汇短缺国到世界第一外汇储备大国的巨大转变。

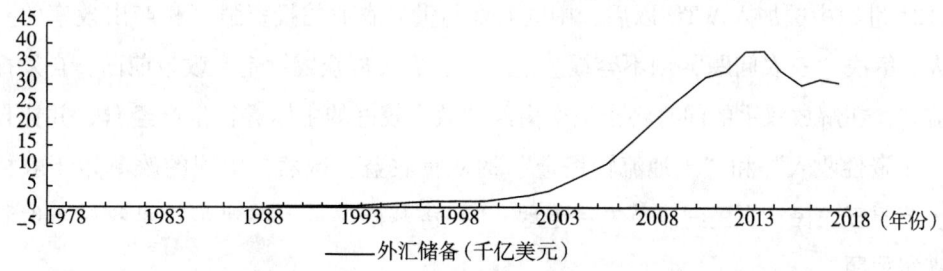

图3　1978—2018年中国外汇储备增长情况

数据来源：国家统计局年度数据库，http：//data.stats.gov.cn/easyquery.htm？cn=C01.

---

① 世界银行没有以人民币为单位统计GDP总量，笔者以GDP总量（美元）乘以汇率6.62得出。

改革开放以来，中国已在多个细分领域取得了世界瞩目的成绩，如中国高速公路、高铁、地铁、水运、港口、隧道、水电建设、电网建设，皆世界领先；中国北煤南运、南水北调、西电东送工程，均是世界超级大工程。2015年12月1日，国际货币基金组织宣布，将人民币纳入"特别提款权（SDR）"篮子，2016年10月1日正式生效。人民币正式成为继美元、欧元、英镑和日元之后，加入 SDR 货币篮子的第五种货币。

二、中国 40 周年改革开放取得经济成就的理论分析

改革开放以来，中国经济取得如此辉煌的成绩，本文围绕四大生产要素对我国的政治、经济体制机制改革进行理论分析，总结出其基本逻辑如下：

（一）土地：以构建和谐"人—地"关系为宗旨

古典政治经济学家威廉·配第提出："土地是财富之父，劳动是财富之母。"好的土地制度能够实现较好的经济效率，达到人民期待的制度满意度。新中国成立以后，中国共产党在马克思主义理论指导下，探索出中国农村土地的集体所有制，构建了中国土地公有制的制度体系（包括城市土地国有制和农村土地集体所有制）。

中国农村土地制度的改革逻辑是正确处理"人—地"关系，实现全体劳动人民人人有地的公平性。改革开放以前的"集体所有制"促进了农村经济的发展，但是不能否认的是，"大跃进"时期的"浮夸风"，及地方政府盲目追求自身政绩的误导，导致农村土地集体所有制在发展中出现偏离。历史是由人民群众创造发展的，人民群众的智慧是推动人类社会发展的动力和源泉，一场春雷率先在安徽凤阳县小岗村响起，18 位村民泣血摁下"包干到户"的红手印，为农村集体所有制的调整发展提供了新的思路，由此"家庭承包经营制"盘活了农村土地资源，使中国家庭小农的经营效率达到历史顶峰，为中国改革开放提供了巨大的物质财富和安全边际。

21 世纪中国加入 WTO 以后，中国农业与世界农业的投资强度和产出效率的差距越来越大，解决"三农问题"刻不容缓。这一次，农民群众继续走在政策前面，自发探索了土地流转，在解放双手的同时将土地交由经营效率较好的主体进行生产经营，并让自己获得了"工资性收入"和"土地流转租金"的双重收益。诚然，中国的改革始于农村，农村的改革源于农民，农民的改革根系土地。"经济基础决定上层建筑"是农村土地制度改革的真实写照。

（二）劳动：实现全体劳动人民自由而全面的发展

马克思认为，决定生产力高低的因素有三个：劳动者、生产资料与劳动对象。其中，

劳动者是最重要的因素，在要素劳动者中，劳动者的劳动积极性要比劳动者的劳动技能更为重要。新中国成立以后，我国建立社会主义经济制度的一个重要目的就是调动全体劳动人民的生产积极性，让每一位劳动人民成为社会主义经济建设的参与者、亲历者、共享者。

新中国成立以后，我国建立了门类齐全的工业体系，这些企业的产权性质是公有制形式，劳动者是为全体人民的共同利益而劳动，没有资本家的剥削和压榨。改革开放以后，中国农民工经历两代人：第一代农民工进城务工，他们在城市里白手起家，改变了家庭贫困的命运。第二代农民工受过教育，可以选择性地做一些自己喜欢的职业。当前在就业福利方面，我国推行的重大改革就是全力构建城乡户口统一登记制度，逐步取消农业户口、非农业户口的二元性重大户口体系，实现城乡公民的身份平等。

（三）资本：科学有序地解决经济发展中的资本短板问题

改革开放以后，中国大力发展中国特色社会主义市场经济，重视资本在经济生产中的重要作用，改变以往通过自身资本积累和城乡"剪刀差"的资本积累方式，中国内地通过引进港澳台、国际资本来发展市场经济。改革开放初期，中国内地出现了一批港资企业、台资企业、外资企业及合资企业，这些企业的引进是为了补齐中国经济发展中的资本短板，并引导中国经济从劳动密集型向资本密集型转变，不断提高中国两大部类产品的经济附加值。21世纪以来，我国对外资进入进行质量把关，完全取缔此前给予外资的超国民待遇，为中国本土企业创造更加合理的公平竞争环境；建立、健全、完善与实施跨国并购的法律保障，坚决杜绝外资对于中国优势产业的恶性并购，维护我们本土企业的正当利益。以上政策的调整，反映出随着我国经济的发展，我国资本短缺问题逐步得到改善，我国引资的门槛也逐步提高。改革开放以来，为了鼓励这类企业在我国经济发展中发挥更大的作用，我国政府在混合所有制改革、公私合营（PPP）及一些重要领域对社会资本放开，让它们成为社会主义经济建设的重要参与者，为我国经济发展提供更多源、更充足的资本保障。随着改革开放的深入推进，我国将国民经济的血液（金融资源）也逐渐对外放开，将中国资本市场的改革推向最高潮。

（四）技术：让科技成为推动中国经济高质量发展的重要力量

世界近代历史上发生过三次重大的科技革命。第三次科技革命无论是在规模、深度还是影响上都远远超过前两次。1988年6月，邓小平同志根据当代科学技术发展的趋势和现状，在全国科学大会上提出了"科学技术是第一生产力"的论断。改革开放以后，我国科技进入快速发展时期，从我国全面推进九年义务教育到高等教育体系的发展壮大，我国在科学教育方面的大量投入也获得了丰厚的回报。当前我国成为世界排名靠前的科技大国，并在航天领域、高铁技术、深海潜艇、生物医药、电子通信等领域为人类社会发展做出巨大贡献。

综合以上，中国特色社会主义经济发展模式的本质是改变土地、劳动、资本、技术在生产发展中的地位及其作用，让不同的生产要素发挥着更大的作用；从资本有机构成的角度来说，就是不断优化我国经济各部门的生产要素配比，提高各产业各部门的资本有机构成，这是我国经济高质量发展的力量之源。

三、改革开放以来我国经济发展的实践经验

除以上马克思主义政治经济学理论的指导外，在改革开放的实践中，我们党和政府还摸索出以下宝贵经验，在推动我国改革发展中提供了有利的制度保障和牢靠的安全边际，也是未来我国经济发展行稳致远的根本和基石。

（一）始终坚持中国共产党核心领导地位，让党引领先进生产力发展要求

办好中国的事情，关键取决于中国共产党。在改革开放的40多年中，中国共产党的正确领导是我们取得胜利的根本保证。改革开放后取得的伟大成就证明：什么时候坚持党的领导核心地位，党和人民的事业就顺利发展；什么时候削弱了党的核心领导地位，党和人民的事业就会遭受挫折。只有坚持中国共产党的核心领导，才能保证改革开放沿着现代化建设的社会主义方向发展；才能维护国家的统一、民族的团结，为社会主义现代化建设创造稳定、和谐的社会环境；才能最广泛、最充分地调动一切积极因素，实现全面建设小康社会的奋斗目标。

（二）发挥人民群众智慧和创造力，让诱致性制度变迁成为改革的原动力

改革开放发轫于安徽小岗村的"包干到户"，至此，农村的改革在各地农民的摸索中展开，一场从下到上的诱致性制度变革吹遍农村大地。农村"家庭联产承包责任制"在短短几年内取得了明显效果。之后，在集体经济发展理念的引导下，农民创办的"乡镇企业"在改革开放的春风沐浴下如雨后春笋般生根发芽，这一经济现象被国内学者称为"乡镇企业异军突起"，这些所谓农村"草根"的摸索经验为中国城市经济体制改革奠定了坚实的基础。1992年，邓小平南方谈话为中国城市经济的改革开放打开了第一道闸门，深圳、珠海、厦门、汕头等经济特区的成功发展，证实了市场经济的力量，最终将改革的春风吹遍了中华大地。

（三）改革方法的科学推进，采取由简单到复杂、稳扎稳打的改革方法

中国的改革开放取得了无比辉煌的成就，这得益于改革方法的科学性。1978年，在粉碎"四人帮"以后，就如何发展中国经济，我国开展了"大讨论"。由于我国是一个新生的社会主义国家，没有成功的国际模板可以借鉴。但是，我们没有停滞不前，在"实践是检验真理的唯一标准"指导下，我国政府先行试点，再向全国范围内铺开。正是这种摸着石头过河的无畏精神，使得我们改革的步伐勇往直前，没有停滞。同时，在改革中中国共产党领导的中央政府结合基层农民的意愿，开展了农村土地制度"包产到户"的机制创新，极大地调动了农民的生产积极性。而后在城市中也进行全面改革，鼓励发展外资企业、民营经济、混合经济，金融领域等有序对外开放，以活跃我国市场经济的发展活力。实践证明，中国改革的方法是科学的，书写了中国改革开放40多年的华丽篇章。

（四）保持开放包容的国际视角，在国际舞台上逐渐发挥着重要作用

中国改革开放的辉煌成就既来自国内市场经济的实践，又来自对国际市场经济的开放，两者并驾齐驱，成为中国40多年来高速增长的重要引擎。2001年，中国成功加入WTO，从此，出口成为中国经济的重要增长源，被誉为中国经济增长的"三驾马车"之一。中国在开放的经济中逐渐优化产业结构，从低端的劳动力密集型产业逐渐发展到技术密集型产业，中国外汇储备直线增长，在对外开放中获得巨大的红利。不仅如此，中国积极在国际舞台中发挥着重要作用，从2008年北京奥运会的成功举办，到2010年上海世博会的圆满落幕，中国给世界一个崭新的形象。这些都体现了中国政府和中国人民以开放包容的心态参与全球经济发展，为世界人民谋发展。

（五）保持国内政治经济体制高度稳定、和谐与统一

中国改革开放取得如此辉煌的成就，是多方面因素的综合结果，重要的因素就是中国始终保持国内政治经济的和谐稳定。东欧和拉美一些国家也采取了改革开放的政策，但是他们大多收效甚微，失败的原因在于采取了激进式的改革。相比而言，我国的改革开放"稳"字当头，在保持国内政治、经济、社会等和谐稳定的基础上走渐进式改革，避免出现大波大折。正是这种思路，决定了我国改革开放能够取得如此巨大的成就。虽然，我国在改革开放中遇到了挫折、弯路、障碍，但我们始终将保持国内、国际和平稳定的大局放在第一位，为我们追赶西方发达国家营造一个和谐稳定的环境。40多年的韬光养晦让中国人民富起来、强起来，中国始终坚持和平发展的战略定位，"不称霸、不挑事"赢得国际社会的广泛好评，这种和平稳定的国内外环境成为中国经济增长的重要保障。

四、结语

事实证明,中国 40 多年的改革开放是成功的,为我国积累了巨大的物质财富,改善了人民生活水平。改革只有进行时,没有完成时,未来我们仍应沿着改革开放的道路实现中华民族的伟大复兴。同时,改革开放的道路并不是一帆风顺的,面对复杂多变的国际形势,我们全国各族人民应团结一致,在党和政府的领导下继续深化改革,从之前追求速度转变为追求质量,从追求经济发展总量转变为注重经济发展内涵,金山银山、绿水青山都要有,在注重解决国内政治、经济、社会等一系列问题的基础上,积极发挥中国的国际作用,努力打造人类命运共同体,实现人类社会的和平、可持续性发展。

/第二部分/
外国经济理论研究

基于历史唯物主义评价新结构经济学

方兴起[①]

(广东财经大学 中国特色社会主义政治经济学研究中心)

一、历史唯物主义与唯物辩证法不可分离

研究发展中国家的经济发展或经济结构离不开马克思的唯物辩证法。形象地说,如果以三个等面积的圆分别代表经济理论、数学方法和统计数据,将它们以品字形摆放并让三者的一部分相互重叠,那么,三者相互重叠的部分就可以代表实证分析方法。在构成实证分析的三个部分中,经济理论起着决定性作用。自现代工业产生以来,经济活动日趋复杂,从而使得各种经济变量之间的关系呈现多边、双向的"团团转"或网状联系。也就是说,经济变量客观上呈现复杂性、无序性和非独立性。而西方学者利用实证分析方法研究这种经济活动时,其经济理论"都是几个很简单的变量之间的因果逻辑体系,而且这个逻辑体系是越简单越好"。这种经济理论的最大弊端是假定所讨论的几个变量可以独立于整个经济体系而形成单向的因果关系,从而隐含着种种错误。而唯物辩证法作为研究方法,注重全面地、发展地和联系地考察所研究的对象,有一个从具体到抽象,再从抽象到具体的研究过程。马克思曾举例说:"如果我从人口着手,那么,这就是一个混沌的关于整体的表象,经过更贴近的规定之后,我就会在分析中达到越来越简单的概念;从表象中的具体达到越来越稀薄的抽象,直到我达到一些最简单的规定。于是行程又得从那里回过头来,直到我最后又回到人口,但是这回人口已不是一个混沌的关于整体的表象,而是一个具有许多规定和关系的丰富的总体了。"

马克思的《资本论》是运用历史唯物主义和唯物辩证法全面地、发展地和联系地考察资本主义经济结构的典范。如果基于马克思的"三资本理论模型",利用数学方法和统计数据对发达国家或发展中国家的经济结构进行实证分析,一定比西方经济学中的任何一个

[①] 方兴起,广东财经大学中国特色社会主义政治经济学研究中心主任、教授。

流派（诺贝尔奖得主萨金特承认其学派以高深的数学方法为分析工具和表述手段而主要思想却十分简单）都更为科学和精准。林毅夫没有意识到，利用西方主流经济学的实证研究方法取代马克思的唯物辩证法，马克思历史唯物主义就只是一个标签，而西方主流经济学就会从"后门"进入新结构经济学，成为"新结构经济学的内涵"。显然，这不是林毅夫的初衷。

值得一提的是，林毅夫认为"在一定的结构下经济怎么运行，马克思主义经济学的研究非常少，马克思主义作为革命的理论研究的主要是为什么一个社会从一个阶段到一个阶段转变的道理，但是，马克思主义欠缺在一个阶段里经济怎么运行的研究，而这正是现代西方主流经济学研究的重点"。不过，林毅夫也提到"咱们的马克思是德国人，他是在英国工作"。显然，马克思不是在英国街头高喊革命口号，否则不会在21世纪的英国被评为"千年第一思想家"。恩格斯指出，马克思的"全部理论是他毕生研究英国的经济史和经济状况的结果"，因此，《资本论》"所作的结论日益成为伟大的工人阶级运动的基本原则"。仅从上面极其简略的介绍就不难看出，马克思在《资本论》第1卷至第3卷中系统地考察了资本主义生产方式"阶段里经济怎么运行的"，所形成的理论具有强大的历史穿透力，即使在当今存在两种市场经济运行体制的情况下，也能从《资本论》中解读出"物的依赖关系阶段"，即资本主义市场经济与社会主义市场经济的一般运行机制。这是现代西方主流经济学难以企及的。无须讳言，基于历史唯物主义，"把现代资本主义生产只看作是人类经济史上一个暂时阶段的理论所使用的术语，和把这种生产形式看作是永恒的、最终的阶段的那些作者所惯用的术语，必然是不同的"。

二、比较优势不完全决定于要素禀赋

林毅夫说，"新结构经济学最核心的观点，即不同发展程度的国家有不同的产业结构，一国在某一特定时点的产业结构是由该国在那一时点的要素禀赋结构决定的，产业结构的变化是由要素禀赋结构的变化来推动的"，而"要素禀赋结构的变化又是由家庭的生育选择所决定的劳动力增减和家庭的消费及储蓄选择所决定的资本积累的相对速度所推动的"。在他看来，"新结构经济学既继承了新古典经济学"，即新结构经济学的理论模型"基本上是马歇尔的体系"，又"发展了新古典经济学"，因为新结构经济学借鉴和拓展了新古典经济学创始人马歇尔的分析方法，如马歇尔假定信息是"完全的、不存在摩擦的完美世界"，而新结构经济学"把信息不完全、有摩擦"，以及"风险和信息不对称等"引进来，就可以"讨论政府、产业政策等在产业升级中的作用"，以及"讨论金融的作用"，等等。又如，马歇尔认为同生物的进化不存在飞跃一样，经济进化是渐进的，并提出了连续原理，新结构经济学则将连续原理运用到发展中国家，认为，"经济发展是一个连续过程。

在这个过程中，每个遵循自身比较优势的国家都有机会在每一个发展水平调整和改进该水平的最优经济结构"，"由于这个过程是一个从发展水平的低端到高端的连续变化过程，经济能发展到许多中间水平"。

正是基于"马歇尔体系"的理论模型，林毅夫强调"经济发展要从发展中国家有什么（也就是要素禀赋）和能做好什么（也就是比较优势）着手"。而"新结构经济学提供了一个完全不同的视角，从发展中国家有什么、能做好什么为切入点，发现发展中国家处处是机会，认为任何一个发展中国家，不管基础设施和制度环境多么糟糕，企业都有追求利润的动机，只要政府能够采取务实的政策，利用可动员的有限资源和施政能力，设立工业园或经济特区，为具有比较优势的产业提供足够好的局部有利的基础设施和营商环境以降低内外资民营企业生产、营销的交易费用，那么任何发展中国家都可以立即将微观企业和个人的积极性调动起来，踏上快速的技术创新、产业升级的结构转型和动态增长之路"。显然，与残酷的现实相比，这种观点或许过于乐观了。

新结构经济学将要素禀赋定义为"自然资源、劳动力、人力资本和物质资本的相对丰裕程度"，且在每一个特定时点是给定的，从而决定了给定时点内的比较优势。显然，新结构经济学并没有摆脱李嘉图比较优势理论的窠臼。从马克思的上述论述中，我们得到的启示是：在现代工业社会，国际分工和国际贸易中起决定作用的不是一国的自然禀赋，而是一国的现代化工业发展水平。因此，虽然基于自然禀赋生产的产品与基于最发达工业生产的产品都具有垄断性，但只有最发达工业部门有能力支配所有其他部门，只有工业最发达国家有能力统治世界市场，从而靠剥削和掠夺"别国而致富"。拥有优越自然禀赋的大清帝国与拥有最发达现代工业的大英帝国之间的贸易史就是铁证。李嘉图理论实质上是为了维护大英帝国的利益而误导各国。实际上，发展中国家不能靠自然禀赋形成的生产优势，而只能靠工业现代化形成的优势，才能在全球化中维护本国的政治独立、国家安全与经济利益。因此，从当代大多数发展中国家的利益出发，必须关注优势与劣势的动态转换，关注贸易自由政策与贸易保护政策在优劣势动态转换中的作用。而不能像李嘉图理论那样只关注静态比较优势，只关注贸易自由政策的作用。更重要的是，一国生产什么或不生产什么，不完全依据其在国家间的比较优势来决定，也就是说，一国是不完全参与国际分工。另外，一国购买什么或不购买什么，也不完全依据其在国家间的比较劣势来决定，也就是说，国际贸易是在不完全国际分工和不完全市场中进行的。这些情况都是李嘉图理论所无法解释的，因为其理论是以完全国际分工和完全市场为假设前提的。

因此，从理论上说，李嘉图的静态比较优势理论隐含着种种远离现实的假设条件。在这里只需要指出两个可以与当前中美贸易摩擦联系起来的重要假设条件：第一个重要的假设条件是，李嘉图的静态比较优势理论是以自然禀赋形成的比较优势与现代工业形成的比较优势，具有无差异的重要性和垄断性为前提条件的，从而可以通过贸易自由化实现各国间的互利交易。实际上，就重要性和垄断性而言，现代工业形成的比较优势远大于自然禀赋形成的比较优势。如果说在传统的农业社会，自然禀赋形成的比较优势维系着一国的安全和福祉，那么，在现代工业社会，维系一国安全和福祉的是现代工业形成的比较优势。因此，即使是大英帝国，在其霸权形成时期也是采取贸易保护政策来发展现代工业；在其霸权鼎盛时期，采取贸易自由化政策是由于其强大的现代工业不惧怕与任何国家竞争；而在其霸权衰落时期，则又不得不对其衰落的工业采取贸易保护政策。不仅大英帝国如此，美国也是如此。所以，处在美国霸权衰落时期的特朗普政府，也试图通过贸易保护主义来实现美国工业的再次伟大。

第二个重要的假设条件是，李嘉图的静态比较优势理论是以霸权国与各国基于比较优势形成平等互利的贸易关系为前提条件。也就是说，比较优势是国际贸易的唯一规则。无论是霸权国还是非霸权国，都必须按比较优势规则进行交易。显然，这一假设条件远离现实。虽然在李嘉图之后，赫克歇尔、俄林、克鲁格曼等一代又一代的西方学者，完善和发展了李嘉图的比较优势理论，但对李嘉图理论的这一隐含假设条件却从未涉及。特朗普政府挑起的中美贸易战的最大好处，就是使我们清晰地认识到，李嘉图理论的这一隐含假设条件错得离谱。以前，我们对比较优势理论争论不休，谁也说服不了谁。特朗普挑起的中美贸易战虽然对中国、对美国和对全世界来说，都不是好事，但却为经济理论界重新评价李嘉图的比较优势理论提供了真实的证据。从总体上看，中国在全球产业链的中低端具有比较优势，美国在这一领域基本上丧失了国际竞争力，但特朗普政府拒不承认中国在这一领域的比较优势，一方面，以非关税壁垒，来保护一些相关的美国企业；另一方面，通过关税壁垒将中国企业拒之门外。另外，特朗普政府为了确保美国在全球产业链高端的垄断地位，不择手段地打压少数在全球产业链高端拥有比较优势的中国企业。值得关注的是，特朗普政府将基于比较优势形成的全球供给链武器化，企图通过断供来迫使华为等公司就范。同时又企图通过胁迫其他国家拒购华为的产品，将华为挤出世界市场。这些足以表明：国际贸易和国际分工主要不是基于要素禀赋的比较优势，而是基于美国霸主的利益优先原则。当美国的利益需要基于比较优势的国际分工时，就会在各国之间形成高度专业化的全球产业供应链，而中国企业利用高度专业化的全球产业供应链在某些领域超过美国时，美国政府就以国家安全为由，将全球产业供应链武器化，给中国企业带来灾难性后果。当然，霸权国利益优先原则并不是美国的发明。美国在其崛起时期，就深受大英帝国霸主利益优先原则的困扰。

综上所述，世界市场应该是由基于动态比较优势形成的国际分工所驱动的。这在社会分工企业化、企业分工社会化的当今世界，是企业经营的最佳国际环境。因为企业不必生产其产品的所有零部件，更符合市场经济的成本收益原则和规模效应。但是，在当今世界，唯有世界霸主的美国可以为其企业提供这样的国际环境，而不担心别国政府"卡脖子"。比如波音公司组装的飞机所需要的成千上万的零部件，并不需要完全由该公司生产。其飞机的机翼产自日本、陀螺仪产自瑞典、起落架产自德国，等等。其中有些技术含量高的部件由西欧国家生产，性能优于美国。而有些技术含量低的部件由中国公司生产，成本远低于美国。中国公司很愿意参与基于动态比较优势的国际分工，但往往被美国和某些发达国家卡脖子。而中国的绝大多数企业不可能像华为那样，有实力拥有"备胎"计划（任正非说，"我们做这件事是被迫的，因为没有安全感，如果还用别人的东西，下次再被别人断供怎么办？是断供把我们逼上梁山的，我们必须努力去把耽误的功课补好，否则无法再立足在这片土地上"）。客观地说，"备胎"计划并不符合成本收益原则。唯一有效和切实可行的办法是，一些关系到国计民生的产品，特别是高科技产品，应该由政府规划并支持，在国内协调不同地区、不同企业之间基于比较优势和市场原则，共建相对完整的零部件供应链（特朗普承认这次疫情让美国学到了保障本国供应链的重要性），尽可能避免一个企业走"大而全""小而全"的发展道路，从而实现基于动态比较优势的国内分工和专业化的大规模生产。只有这样，才能够避免美国卡脖子。另外，在不危及国家经济安全的情况下，尽可能利用和改造霸权国主导下的全球供应链，从而形成"双供应链"，这样既能确保我国经济安全，又能基于人类优先的理念而不是美国优先原则推动全球价值链和供应链更加完善。

三、在第四次工业革命中必须靠创新驱动经济发展

除继承和发展了新古典经济学外，林毅夫认为新结构经济学也继承和发展了马克思主义经济学。在他看来，新结构经济学的思想来源则是马克思主义经济学。由机器体系所形成的大工业也就具备了彻底变革传统生产方式的能力，从而在第一次工业革命时期，资本主义生产方式完全取代了传统的生产方式。而"一个工业部门生产方式的变革，会引起其他部门生产方式的变革。这首先涉及因社会分工而孤立起来以致各自生产一种独立的商品，但又作为一个总过程的各阶段而紧密联系在一起的那些工业部门"。而大工业在农业引起的革命，首先是机器在农业中的使用，使耕种面积规模化。"随着工厂制度的发展和随之而来的农业的变革，不仅所有其他工业部门的生产规模扩大了，而且它们的性质也发生了变化"。例如，工农业生产方式的革命，尤其使社会生产过程的一般条件即交通运输手段的革命成为必要。因此，"撇开已经完全发生变革的帆船制造业不说，交通运输业是逐渐地靠内河轮船、铁路、远洋轮船和电报的体系而适应了大工业的生产方式"。马克思强调指出，"现代工业从来不把某一生产过程的现存形式看成和当作最后的形式。因此，

现代工业的技术基础是革命的，而所有以往的生产方式的技术基础本质上是保守的。现代工业通过机器、化学过程和其他方法，使工人的职能和劳动过程的社会结合不断地随着生产的技术基础发生变革"。从而，现代工业导致"资本的文明面之一是，它榨取这种剩余劳动的方式和条件，同以前的奴隶制、农奴制等形式相比，都更有利于生产力的发展，有利于社会关系的发展，有利于更高级的新形态的各种要素的创造"。

综上所述，首先，林毅夫所说的"马克思以生产方法、方式为经济基础来研究制度结构等一系列上层建筑的决定和变化，但是生产方法、方式及其变化是怎样决定的？在马克思主义经济学中这些是外生给定的，没有解释生产方法、方式的决定和变化的机制是什么"……只是将他自己对马克思理论的理解误认为是马克思的理论。其次，林毅夫定义的要素禀赋更不可能包含生产关系这一任何经济形态都必须具有的重要方面。显然，如果我们称如此定义且属于生产力范畴的要素禀赋比马克思科学定义的涵盖生产力和生产关系的经济基础"更基础"，岂不是既缺乏基本的判断力又过于自信吗？

我国曾长期位居世界经济大国之列，经济总量一度占世界的三分之一左右，但由于技术落后和工业化水平低，近代以来屡屡被经济总量远不如我们的国家赶超。为什么会这样？我们不是输在经济规模上，而是输在科技落后上。由于技术创新和工业制造落后于人，西方列强才得以用坚船利炮轰开我们的国门。中国近代史上落后挨打的根子就是技术落后。这个教训太深刻了！我们要牢牢记取。因此，认为第四次工业革命"将是最难掌控但必须面对的不确定性因素之一，抓住了就是机遇，抓不住就是挑战"。在深刻总结国内外发展经验教训的基础上，在深刻分析国内外发展大势的基础上，习近平总书记提出了"创新、协调、绿色、开放、共享的发展理念"，要着力实施创新驱动发展战略，增强经济发展新动力。而之所以"把创新摆在第一位，是因为创新是引领发展的第一动力。……当然，协调发展、绿色发展、开放发展、共享发展都有利于增强发展动力，但核心在创新。抓住了创新，就抓住了牵动经济社会发展全局的'牛鼻子'"。更为重要的是，"实施创新驱动发展战略决定着中华民族前途命运。没有强大的科技，'两个翻番''两个一百年'的奋斗目标难以顺利达成，中国梦这篇大文章难以顺利写下去，我们也难以从大国走向强国"。这意味着，我国的经济发展必须要有能力从过去的"要素驱动转向创新驱动"。显然，林毅夫的新结构经济学虽然用于指导埃塞俄比亚、卢旺达、塞内加尔等国的经济发展可以取得"立竿见影的效果"，当然前提是不能违反"美国利益优先原则"。但是，由于新结构经济学将技术创新视为发达国家经济发展的内生变量和发展中国家经济发展的外生变量，且没有在理论上反映历史上的英国和美国利用工业革命实现颠覆性创新，从而从传统农业社会进入发达的工业社会的实践，因此，在中国抢抓第四次工业革命的机遇中是难以发挥作用的。

新结构经济学批判

余 斌[①]

(中国社会科学院大学 马克思主义学院)

一、新结构经济学的要点

林毅夫提出新结构经济学的要点有三个。我们先来看新结构经济学的第一个要点。这个要点指出,一个经济体的禀赋及其结构或者说它的经济状况是由它所处的特定的发展水平给定的。也就是说,如果不改变发展水平,就不能改变这个经济体的结构。但是,作为一个意图使发展中国家获得可持续增长,消除贫困,并缩小与发达国家收入差距的理论,难道不正是要通过调整经济体的结构来促进它的发展水平的提高吗?如果这个结构是由发展水平来给定的,那么新结构经济学就只能对经济结构和发展水平的现状进行描述,而不能对实际的经济工作提出任何指导性意见。在这里,林毅夫还提出"每个特定的产业结构都要求与之相适应的基础设置",但他没有说明这个相适应的基础设置是否"在每一个特定的发展水平"也是给定的。如果是给定的,那么就没有必要提出相适应的"要求";如果不是给定的,那么在基础设置不相适应的情况下,每个特定的产业结构会发生变化吗?如果不会发生变化,那么提出这样的"要求"就是没有必要的;如果会发生变化,那就不能说一个经济体的结构"在每一个特定的发展水平是给定的",这是因为,它会随着基础设置的不同而不同,从而并不是由特定的发展水平给定的。事实上,我们从历史和现实中可以看到,各个国家的禀赋及其结构都是不同的,那么,这是否说明这些国家从来没有经历过相同的发展水平?无论是欧洲还是美国,抑或其他国家的发展水平从低到高是如何发展的?这些发展水平从来没有出现过交集,也就是从来没有出现过相同的发展水平,否则为何从来没有哪两个国家是或曾经是一模一样的禀赋和结构呢?如果是这样,那么谈不同

[①] 余斌,中国社会科学院马克思主义研究院研究员,中国社会科学院大学首批特聘课程主讲教授。研究方向为马克思主义经济学与西方经济学的比较。

的发展水平就没有意义。一方面，因为从来没有出现相同的发展水平，我们无法比较同一发展水平上的经济结构是否有差异，从而无法判断经济发展水平能否给定一个经济体的禀赋及其结构。另一方面，既然每个国家的发展水平都不同，也不会出现相同，那么别国经济体的产业结构也就不会在本国出现，从而别国的经济发展过程对于我们也就没有借鉴意义了。因此，这样的新结构经济学也就毫无指导意义，没有任何学习和研究的价值。

另外，更重要的是，林毅夫所提出的发展水平显然与一国的禀赋及其结构无关，这是因为，后者是由前者给定的，而不能决定前者。但他没有指出，这每一个特定的发展水平是如何出现的，从而也无法指导我们去调整经济结构，而只是要求我们在给定的发展水平的前提下，调整基础设置，降低运行和交易费用。这也意味着，我们甚至连降低生产费用也就是提高生产效率都做不到。但是，如果说一个国家或经济体的自然资源不能决定一个国家或经济体的发展水平，那么它的产业结构本身也能决定它的发展水平。事实上，西方经济学就经常引用斯密的分工理论，认为把独立的制针工人集合起来加以分工，就能大大提高制针效率。

我们再来看新结构经济学的第二个要点。这个要点在认为把经济发展水平分为"发展中与发达"两种状态不合适的同时，认为发展中国家或经济体不能向发达国家或经济体看齐。这意味着，新结构经济学并不打算让发展中国家发展到发达国家的水平，发展中国家也许可以缩小与发达国家的差距，但永远消除不了这个差距，发展中国家的可持续增长只是在一段连续频谱内即处于发展中的那段连续频谱内的可持续增长，而且永远达不到发达的边界。这又是一个与历史事实不相符的观点。事实上，林毅夫的这个要点只是资本主义早期英国自由贸易论者的一种妄想。恩格斯指出："自由贸易论是建立在英国应当成为农业世界唯一的伟大工业中心这样一个假设上的。"而事实表明，这种假设纯粹是谎言。

我们再来看新结构经济学的第三个要点。这种观点认为"在每个给定的发展水平，市场是配置资源最有效率的根本机制"。但是，市场只是生产力发展到一定阶段后配置资源的有效机制，而且并不是永远有效的机制。在人类社会发展的早期，生产力水平低下，生产的产品仅够维持生活所用，剩余的可用于交换的产品很少，产品在原始公社内部像在一个家庭内部一样直接分配到个人，生产产品所需要的自然资源完全是公共所有的，这时根本谈不上市场，市场也不可能对资源配置发挥作用，更谈不上效率。而到了生产力极大发展，可以实现共产主义的按需分配的原则时，市场也同样没有必要存在，这时人们需要消费的产品可以直接领取，也无须交换。就当前的中国而言，新时代中国的主要问题是发展的不平衡和不充分，因此即便市场是有效率的即能够解决发展不充分的问题，它也绝对解决不了发展不平衡的问题，甚至可以说市场是造成发展不平衡的主要因素。事实上，没有任何一个中外经济理论会认为市场会实现发展的平衡。相反的，区域经济及其学说的出现恰恰说明了资本的集中规律。这至少表明，新结构经济学对于新时代中国经济发展是不适用的。

二、新结构经济学的经济解释

中国香港学者张五常曾经在香港出版过一套三卷本《经济解释》，从新自由主义的一些观点出发对一些经济现象进行了似是而非的解释，新结构经济学的经济解释具有同样的性质。例如，新结构经济学认为，发展中国家之所以无法建立起资本密集型产业，是由其要素禀赋结构所内生决定的；资本的稀缺、软性和硬性基础设置的落后都使资源从已有产业向资本密集型产业配置并不能给发展中国家的企业带来利润。但是，能否带来利润，并不决定发展中国家能否建立起资本密集型产业。

一方面，新结构经济学在谈到发展中国家经济转型时又指出：在转型中，对那些不符合比较优势的产业，政府可以提供临时保护；同时对那些在过去被严格管制和抑制但却符合比较优势的产业，则应放开准入。这意味着，新结构经济学不要求发展中国家放弃不符合比较优势的产业，与上面所说的必须与比较优势相一致的观点自相矛盾。而且它还意味着其他国家仍然会发展那些自身处于比较劣势而发展中国家处于比较优势的产业，并要求发展中国家对他们开放市场，否则也就不会存在"放开准入"的问题。那么，既然别的国家可以发展本国不具比较优势的产业，那么发展中国家为什么就不能同样发展不具比较优势的资本密集型产业呢？

另一方面，新结构经济学认为，它能够解释为何有资本从资本稀缺的发展中国家流向资本充裕的发达国家，其答案是：如果缺乏基础设置的改善，也未向新的比较优势产业升级，发展中国家所积累的资本可能面临边际回报递减的困境，如此，则资本通过流向发达国家可获取更高回报。新结构经济学的这种解释意味着，对于发展中国家来说仅仅有比较优势产业还是不够的，还要求这个比较优势产业的回报高于发达国家比较优势产业的回报，或者发展中国家能够控制本国资本外流，否则发展中国家的资本一定会流向回报更高的发达国家，而使发展中国家失去发展所需要的资本。这意味着对于发展中国家来说，最重要的是控制本国资本的外流，而不是发展具有比较优势的产业，从而新结构经济学的这种解释颠覆了其本身的理论基础即所谓比较优势理论。

新结构经济学认为，进出口内生取决于经济体要素禀赋结构所决定的比较优势（而且进出口的变化都是产业升级过程的重要特征，因为进出口的变化反映了比较优势的变化）。但是，马克思曾经提到，澳大利亚每年从中国得到大量茶叶，却没有什么可以在中国找到销路的货物作为交换。另外，马克思在解释英国在三年中进口比出口超过9700万英镑的事实时指出，海外投资的收益对一个国家的进口以及外国在本国投资的收益对一个国家的出口具有重大的影响。近些年来中美贸易顺差巨大的一个重要原因，就是美国在中国的投资获得了巨大的利益，而不在于或者不仅仅在于，中国的商品生产像当年的茶叶生产那样相对于美国具有比较优势。因此，说进出口内生取决于经济体要素禀赋结构所决定的比较优势也是不符合历史事实与现实的。

三、新结构经济学的经济政策

新结构经济学认为，在全球化不断加深的世界里，参与世界复杂多样的分工正是发展中国家克服不利的历史趋势的机遇，借此可以建立起符合自身比较优势的产业，从而加速经济增长，不断缩小与发达国家之间的差距。

但是，比较优势本身是双向的而不是单向的，它反过来就是比较劣势。发展中国家如果专注于发展具有自身比较优势的产业，也就是放任发达国家发展这个发展中国家具有比较劣势从而发达国家具有比较优势的产业，那么，即便这个发展中国家可以通过发展自己比较优势产业加速经济增长，发达国家同样可以通过发展其自身比较优势产业加速经济增长，双方的差距最终是缩小还是扩大，并不取决于发展中国家自身的经济增长，而是取决于发展中国家和发达国家各自比较优势产业发展带来的经济增长速度的大小。从世界上许多国家的经济发展历史来看，发展中国家具有比较优势的产业，但其经济发展速度较低，这也是这些国家还是发展中国家的一个重要原因。事实上，专注于发展具有自身比较优势产业的发展中国家只会将其与发达国家之间的差距越拉越大。

林毅夫认为，如果发展中国家的政府能够按照新结构经济学的理论，遵循本国比较优势来对产业发展因势利导，将最有可能获得强劲的经济增长、良好的贸易表现，较少地需要政府保护补贴的缺乏自生能力的企业，因而经济将更有竞争力，并有更为坚实的财政状况和对外账户。可惜的是，他的这种观点没有得到任何国家的经验事实的支撑。相反的，改革开放以来，中国经济增长较快，缩小了与发达国家之间的差距，其原因恰恰不在于中国发展了自己具有比较优势的产业，而是中国发展了自身过去具有比较劣势的产业，特别是引进外资不是仅仅引进货币资本，而是引进技术和先进生产设备等生产资料，将别国具有比较优势的产业引进到中国来建设和发展，补上了自己的短板。这也是为什么中国在供给侧结构性改革中强调补短板的一个原因。

新结构经济学提出，反周期的财政政策对于发展中国家则是合适的；这些国家的政府需要通过提供至关重要的基础设置在产业结构升级中发挥重要作用，于是衰退将成为进行基础设置投资的绝佳机遇。但是，这种政策不过是凯恩斯主义的政策选择，而且新结构经济学没有提出经济周期的成因，从而头痛医头、脚痛医脚的反周期财政政策，只能治标不治本。事实上，20世纪70年代西方国家出现滞胀就曾导致凯恩斯主义政策破产。

新结构经济学认为，利率政策完全有可能作为反周期的调控工具。但是，不同国家的经济体制也是不同的。对于有的国家，财政政策与利率政策的实施主体相同，均为政府部门，但对于另一些国家，财政政策由政府控制，利率政策由非政府部门控制，例如美国就是这样。从而对于后一类国家来说，财政政策的反周期调控与利率政策的反周期调控可能出现不协调。更为重要的是，正如财政政策可能无效一样，利率政策可以同样无效。新结构经济学以为，发展中国家即使面临国内现有产业出现产能过剩，产业升级的空间仍然很大；只要利率足够低，这些国家的企业就会有动机投资，提升生产率、促进产业升级。但是，资本不足恰恰是发展中国家的主要问题，那里的利率又如何能够做到"足够"低呢？而且，那里的产业升级的空间越大，越说明那里的产业不具有比较优势，新结构经济学又如何能够违背自己坚持的比较优势原理去发展这些有待升级的不具比较优势的产业呢？

在这里，新结构经济学表明，发展中国家可以随着产业升级，使自己转向原来不具有比较优势的资本密集型产业，拥有发达国家的大型银行和复杂的资本市场，也就是说，随着产业升级，发展中国家是可以发展出与发达国家相同的或相似的产业和基础设置。这与新结构经济学在前面提出的"处于任何一个发展水平的发展中经济体的产业和基础设置升级的目标，并不必然是比自己所处水平更高的发达经济体的产业和基础设置"是自相矛盾和自我否定的。另外，银行与企业之间不是一对一的服务，同一家银行也可以必须服务于多个企业，这至少能使银行分散一下金融风险，因此，不能因为生产企业的规模还不大，就要求银行的规模也不能大。并不是只有中小银行给中小企业以足够的金融服务。而且银行规模越小，它能提供的金融服务也越少，其本身的抗风险能力也越差。2008 年美国金融危机爆发后，大量中小银行纷纷倒闭，就是鲜明的例子。

新结构经济学提出，人力资本是一个国家禀赋的组成部分。人力资本可以帮助劳动者对付风险和不确定性，但其形成则需要很长时间。一个人在年轻时若失去接受教育的机会，即使能在以后接受教育，其损失也是很难弥补的。一个动态增长的经济体中，在经济因新产业新技术而要求新的劳动技能以前，提前做好规划进行人力资本投资是十分重要的。另外，人力资本的提升必须与物质资本的积累和产业升级保持齐头并进。否则人力资本要么因为投资不足而成为经济发展的瓶颈，要么因为教育训练投资过快而使一批高学历的劳动者无法找到相应工作。

但是，在人力资本的提升与产业升级保持齐头并进的时候，谁的人力资本要提升，谁的人力资本又要暂缓提升或者不提升，以免提升的人较多，导致高学历的人找不到工作呢？这些难道要由国家来决定？那就不再是新结构经济学为之服务的"自由"经济了。另外，人们常说"十年树木，百年树人"，高学历人才的培养不是一朝一夕的事，但是，产业升级却可能是突发的，速度很快的，如果不储备好足够的人才，就会成为经济发展的瓶颈。如果要储备足够的人才，那么储备成本由谁来承担呢？

更为重要的是，人力资本并不是劳动者自己的资本，它是属于资本家或资产阶级的。尽管如此，一个国家还是应当大力发展教育事业，而不必担心因为教育训练投资过快而使一批高学历的劳动者无法找到相应工作的问题，除非这些高学历是非生产经营型的，如法学、文学类的。这是因为，科技是第一生产力，高科技人才不仅能够适应现有的工作，还能开创新的工作，更何况新结构经济学也提到了外商直接投资，从而即便国内物质资本积累不足，也可以吸引外来资本的投入。

马克思主义经济学引领西方经济学的关系研究

魏松峰　尹喻军

（兰州财经大学长青学院；甘肃省岷县第一中学）

一、用马克思主义经济学的新境界重温西方经济学

随着改革开放的发展，马克思主义经济进入新的研究阶段，马克思主义经济学和西方经济学二者相互联系，又相互区别。马克思主义经济学注重研究劳动力在生产关系中的合理成分，它以独特的经济理论分析了人在生产关系中的作用和经济制度的变革，促使马克思主义经济学不断地丰富和充实，用科学的经济理论剖析和吸收《资本论》的精华，以正确的态度对待西方经济学的研究，对实现《资本论》的经济价值具有非常重要的经济意义。同时它以合理的、批判的方法解读西方经济学，对推进中国特色社会主义市场经济的健康发展，发挥好马克思主义经济学的重要作用，从思想上克服对西方经济学的偏见，反对西方自由主义错误思潮有重要的经济意义，并用西方经济学的合理成分促进马克思主义经济的丰富和发展。用马克思主义经济学的新境界重温西方经济学的合理之处，深化西方经济学的理论学说，使马克思主义经济学指引西方经济走向自由，用批判和继承的态度吸收西方经济学合理的成分。马克思的经济学基础是古典政治经济学，马克思主义经济学是对古典政治经济学成果的丰富和发展，为人类社会的发展指明了方向，马克思主义经济学是对人类社会经济规律的认识，它的出现推动了人类社会的进步和市场经济的发展。从《资本论》可以看出，资本家的剥削和压榨加剧了社会矛盾的出现，造成经济衰退、失业严重，甚至贫富差距两极分化，资本家的剥削从头到脚都带有血腥的味道，无偿的压榨使工人阶级失去了生存和自由，所以要正确引导资本主义经济学家进行反思，用马克思主义经济学来引领西方经济学前行。

马克思主义经济学重视人类生产的解放和权利的自由，重视社会分工和合作，从根本上解决了社会的基本矛盾和生产力发展的不足，正如邓小平指出："社会主义的本质是解放生产力，发展生产力，消灭剥削，消除两极分化，最终达到共同富裕。"马克思主义经

济学注重改革创新和生产实践活动，打破资本垄断市场和经济剥削，把人从经济束缚中解放出来，活跃了市场经济发展，充分发挥了人在劳动生产中的重要作用，开拓了马克思主义经济学的创新、绿色、开放、共享的经济理念，实现了市场在资源配置中的决定性作用，利用两种资源、两个市场，促进社会平等和共同富裕。

马克思主义经济学用合理的经济实例分析社会经济发展的客观规律，总结了社会主义市场经济发展的经验，实现社会生产力发展和人类的解放，把人从经济困境中解救出来，推动劳动力的发展和社会关系的变革。它把实现人的发展作为经济研究的出发点，深刻分析市场经济的发展规律，积极吸收西方经济学合理的要素成分，实现了劳动分工和产业结构的优化，它对西方经济学的态度并不是完全批判和排斥，而是对西方经济学的理论进行了深刻的反思，做到了去伪存真、取精去粗，在坚持社会主义道路的基础上，丰富和发展了西方经济学的合理成分，剖析了西方经济学的内在缺陷。

马克思主义经济学在改革开放的发展中取得了丰富的成果，社会主义市场经济体制不断完善，社会主义市场经济发展实现了多元平衡、安全高效、竞争有序的对外开放的经济格局，同时马克思主义经济学也丰富发展了西方经济学合理的学说，实现经济结构的优化和重组。马克思主义经济学为西方经济学的发展指引了方向，助推西方经济学从经济制度和理论创新实现重大突破，用马克思主义经济引领当代经济学发展，促进西方经济学朝着合理的方向发展，也使马克思主义经济学的科学性和实践性得到丰富，指引西方经学从制度、改革上走向解放。

马克思主义经济学理论正确吸收西方经济学的有益成果，丰富马克思主义经济学的科学性，有效地助推西方经济学走向世界，从生产发展到经济体制改革，在制度创新方面得到释放。更重要的是深刻认识西方经济学的经济价值，拓展了西方经济学的理论学说，充分发挥了市场在资源配置中的决定作用，把人从资产阶级压迫中解放出来，使人的权利和人的劳动得到了充分的自由和解放，把人从生产力的发展中释放出来，促使经济要素自由流动和优化配置，也保证马克思主义经济学与西方经济学实现优势互补。充分利用国内市场和国际市场两种资源，使马克思的经济学得到充分发展和不断完善，也促使西方经济学在理论上走向突破、获得丰富发展。

二、马克思主义经济学与西方经济学的新关系：和而不同

马克思主义经济学与西方经济学和而不同、密不可分，马克思主义经济学把人从劳动中解放出来，实现了生产力的发展和生产关系的变革，从资本制度的剥削走向经济解放，充分肯定了人的劳动价值对生产发展的作用，人通过劳动促使生产力的发展和分工水平的提高，提高了劳动生产效率，从根本上打破了经济制度的束缚，也加速了资本经济制度的

变革，推动马克思主义经济学朝着竞争有序、安全高效、绿色的方向发展，它以社会主义科学理论引领西方经济学走向世界经济、走向开放的市场，从形式上打破教条主义对西方经济学的影响，实现马克思主义经济学同西方经济学优势互补，也推动马克思主义经济学的不断完善。"马克思主义经济学与西方经济学研究的问题不同，不存在竞争关系；马克思主义经济学是作为指导思想的，它不能解决共同的所有经济问题，但并不代表马克思主义不行"，合理利用马克思主义经济学的科学经济理论助推西方经济学获得解放、发展，推动中西方经济学实现交流互鉴。同时要重视引进西方经济学的合理成分，这是马克思主义经济学发展的迫切需要，只有把握好当今市场经济发展的需要和经济制度的互补，才能使我国的市场经济实现健康、有序发展。

马克思主义经济学有它自身的科学性、革命性和阶级性，它从科学理论上实现突破和创新，走出了经济制度束缚和旧的生产关系的变革，用科学理论指导经济发展和人的生产活动，实现生产关系的重大变革和解放，推动中国特色社会主义市场经济朝着绿色、包容、开放的方向发展。同时马克思主义经济学的革命性和阶级性具有时代意义，科学预见未来社会发展的方向和规律，从西方经济学的资本主义理论中找到了西方经济学的合理成分，重新对西方资本主义经济制度进行反思，从而激发了马克思主义经济学的引领和使命，充分肯定了马克思主义经济学对西方经济学制度的完善具有重要的导向作用，也证明了马克思主义经济学对研究资本主义经济发展具有非常重要的作用。马克思主义经济注重人性的自由解放和生产力的创造性发展，从本质上揭示了人类社会经济发展的规律，开创性地把社会主义市场经济与西方经济学密切融合，开拓了马克思主义经济学的新境界。

马克思主义经济学对西方经济学走向反思和解放提供坚实理论依据，对研究资本主义经济、社会发展的规律有着重要意义。马克思主义经济学注重经济体制的改革和市场经济的解放，注重人权的解放和生产制度的创新，这对研究西方经济的社会发展规律和资本主义生产非常关键，从形式上克服教条主义和自由主义经济学的危害，推动西方经济学走出资本主义制度的困境，打破资本主义意识形态的干预，从理论上吸收马克思主义经济学的精髓，重塑马克思主义经济与西方经济学的重要关系。马克思从生产关系和经济制度进行变革，从剩余价值理论重新认清了资本主义的缺陷，所以西方经济学要重新获得解放，就需要马克思主义经济学的融入，对资本主义的生产关系和生产方式进行审视，把人从生产关系的束缚中解放出来，用批判和继承的眼光认识西方政治经济学，用科学的思维重新定位西方经济学的价值意义。"在当今社会主义和资本主义两种制度并存的背景下，马克思主义经济学的发展，必须坚持实事求是地分析和批判西方经济学，借鉴合理成分来不断充实自己"，而且马克思主义经济学的直接理论来源与古典政治经济学密切相关，所以马克思主义经济学与西方经济学需要相互完善和吸纳，实现人性的自由和解放，实现生产力的发展和社会制度的进步，充分证明马克思主义经济学的理论是正当的、合理的，并且充分肯定了人的劳动价值，注重人的解放和政治权利的自由，因此西方经济学的发展需要马克思主义经济学的指引，二者需要在不同的意识形态中得到完善和发展。

三、以马克思主义经济学为指导，引领西方经济学走向世界

马克思的经济学注重经济制度的改革和社会公平研究，马克思在《资本论》序言中指出："我要在本书研究的是资本主义生产方式以及和它相适应的生产关系和交换关系。"马克思主义经济学可以成为西方经济学的向导，从生产关系调和阶级矛盾，肯定了人的劳动价值和社会地位，重视生产的改革和人性的解放，审视了人的生产劳动是社会实践的产物，人通过劳动实现了劳动价值的存在，创造了巨额的社会财富，满足了生产和生活的需要，劳动者以劳动的方式改良了技术，推动社会经济发展。马克思主义经济学打破西方经济学的封锁，积极引领西方经济学参与经济改革开放，充分吸收人类文明发展的有益成果，让西方经济学主动适应社会化大生产和对外开放，注重西方经济学制度改革和理论创新，引导西方经济学从政治意识形态解放出来，是马克思主义经济发展成果的需要，也是西方经济学改革的深度期盼，"无论是马克思主义经济学还是西方经济学，它们都是人类宝贵的知识和财富，都对人类发展和社会进步产生过巨大的影响，这对发展马克思主义理论具有重大的意义"。马克思主义经济学注重生产实践活动，以实践的方式接受西方经济学的抨击，引领社会主义市场经济有效运转，用科学理论引导西方经济学转变价值判断，充分发掘西方经济学的合理之处，把握好西方经济学的优点，以继承和批判的方式吸收西方经济学的有益成果，坚持马克思主义经济学发展道路，充分调动西方经济学的改革与创新，这种观点不是偏见和辩护，而是为了促进西方经济学的变革与发展。

马克思主义经济学的劳动价值论创造性地实现了劳动力发展和人性的解放，以科学生产实践活动引领了西方经济学走向开放的市场经济，弥补了西方经济学走出剥削的缺陷，引领西方经济学走出困境，实现社会资源的合理利用。明确西方经济学的经济价值和发展方向，这是马克思主义经济学发展的内在要求，"尊重人的价值是马克思主义最为成功的地方，正是这一特点使马克思主义正确看出了资本主义制度的弊端"，所以马克思主义经济学以实践的手段实现了经济开放，化解了西方经济学资源浪费、剥削的问题。马克思主义经济学注重资源分配和社会公平，正确实现了市场开放和经济自由发展，正确处理西方经济学的劳动与资本的矛盾关系，关注人的生存和发展，从人的解放和劳动的创造引领西方经济学走向自由。马克思主义经济学关注的不是资本增殖和剥削，它注重的是建立一个自由发展的社会主义社会，它引领西方经济学走向开放，把西方经济学从充足的物质生活中引导出来，使西方经济学转向社会公平和讲究效率，实现经济效益与社会效益并重。

马克思主义经济学引领西方经济学树立公平竞争，解放人的发展，引领西方经济学促进经济增长和市场开放，保证劳动者获得人身自由，使西方经济学从自私转向文明，使西方经济学从矛盾调和转向自由公平，引导它既注重效率的提高又注重社会的公平，实现西方经济学经济体制的解放。马克思主义经济学与西方经济学的交流互鉴符合社会历史发展的规律，也破解了双方的对立与偏见，使西方经济学克服私有制弊端，从经济体制打破私有制经济的垄断，引导西方经济学敢于创新和实践，注重经济开放和人民生活水平的提高。因此，西方经济学的发展更需要马克思主义经济学的引导，这样才能推动中国经济发展走向世界，对于构建人类经济命运共同体具有重要的价值意义。

以古典传统为界标的政治经济学：兼论两次术语革命

杜曙光　刘　刚　李亚男[①]

（曲阜师范大学 经济学院）

一、熟知的学说史背景：第一次"术语革命"及其在当代的延伸

政治经济学术语的"认知混乱"涉及在学界并存的两种相互矛盾的观点：一方面把政治经济学视为与经济学不做区分的同义语，另一方面涉及不同流派时又把政治经济学视为全部经济学理论中的部分流派。这两个相互矛盾的认识对应着涉及政治经济学的两次"术语革命"。将政治经济学等同于经济学的观点就是第一次"术语革命"的结果。经济学说史上最早的经济学概念源自古希腊，大约在公元前387年至公元前371年，古希腊学者色诺芬（约公元前430—公元前355年）撰写了《经济学》一书。这里的"经济"一词在希腊文中指的是"家庭管理"，也有学者将这一时期的"经济学"视为"家政学"。色诺芬的这本《经济学》探讨的内容并非当下的"家政学"研究的家务管理问题，而是在研究经济社会的生产经营和财富管理等问题，他还探讨了国家财政收支等经济政策问题。随着社会经济的发展，商业店铺和手工作坊层出不穷，生产经营活动越来越突破家庭的范围，1615年法国重商主义学者安徒安·孟克列钦出版了《献给国王和王太后的政治经济学》一书，首次使用了"政治经济学"一词，强调其研究范围突破了家庭的界限，以整个国家和社会的经济问题为研究对象。

在孟克列钦出版《献给国王和王太后的政治经济学》半个世纪后，法国著名启蒙运动学者卢梭于1755年为法国《百科全书》撰写的"政治经济学"条目记述了这次"术语革命"："经济学（Economy）这个词起源于希腊文 οἶκος（家）和 νόμας（法）两个词，本来的意思是贤明合法地管理家政，为全家谋幸福。后来这个词义扩大到大家庭——国家的

[①] 杜曙光，曲阜师范大学经济学院教授、博士生导师，研究方向：《资本论》研究、全球价值链与科技革命；刘刚（通讯作者），曲阜师范大学经济学院教授、博士生导师，研究方向：中国特色社会主义政治经济学、马克思主义经济发展理论；李亚男，曲阜师范大学经济学院讲师，研究方向：马克思主义经济学说史、全球价值链与中国制造升级。

治理上。为了区分这一个词的两种意义,就把前者叫作特殊经济学或家庭经济学,把后者称为一般经济学或政治经济学。"

二、第二次"术语革命"引发关键分歧:继承还是割断古典传统

所谓第二次术语革命与19世纪后期的"边际革命"有关,这一时期的庸俗经济学家杰文斯(William Stanley Jevons)等人主张经济学应该研究稀缺条件下的资源配置问题。到20世纪30年代,莱昂内尔·罗宾斯根据新的研究对象重新定义了经济学:"经济学是一门研究作为目的和具有不同用途的稀缺手段之间关系的人类行为的科学。"不仅如此,他还将原有的古典政治经济学与所谓的价值判断相联系,认为不具有所谓的科学属性,因此在术语上他主张放弃政治经济学,以区别于此前的古典经济学。由此不难发现,罗宾斯提出了另一场"术语革命":将经济学视为研究稀缺条件下资源配置问题的行为的科学,而不同于此前的政治经济学。这样一来,政治经济学术语中的政治一词的学术意义发生了变化。相对于上一次术语革命,罗宾斯提出的术语革命倡议只获得了"半数的"成功。其并不成功的一半则是:即使在新古典经济学内部,罗宾斯所谓弃用政治经济学术语以割断古典传统的主张也并未获得广泛认同。

与罗宾斯等人弃用政治经济学术语、割断古典传统的主张相对立,沿用政治经济学术语具有了延续经济学"古典传统"的学术含义。那些主张传承和复兴古典经济学科学合理成分、反对新古典经济学主流地位的经济学流派形成了与所谓的现代主流经济学相对立的政治经济学阵营。马克思主义政治经济学是这个阵营中立场最坚定、影响最广泛的流派,但是并非其唯一成员。同时,很多主张延续和复兴古典传统的其他经济学流派也坚持使用政治经济学术语,并以反对新古典经济学的非正统经济学自居。在这些非正统经济学家中,很多人以政治经济学作为其统一称谓,著名学者弗雷德里克·李这样写道:"诸如非传统、非新古典和非主流这些词都曾被用来统称它们,但这些词都没有正确的学术感,或者没有引起积极的反响。此外,一些人认为,政治经济学(或者非正统政治经济学)可以用作一个统称,但这个词在历史上属于马克思主义—激进经济学的称呼,这也使这种用法站不住脚。"

弗雷德里克·李的这一观点应辩证看待。在他看来政治经济学术语不能胜任统称所有的非正统经济学的任务——而问题恰恰在于这个任务本身是否合理。从学说史传统来看,政治经济学术语不仅承担了与新古典经济学的对立,也秉承了对古典经济学传统的坚守——而反对新古典经济学所有流派并非全部赞同古典传统。因此,首先需要一个学科统称的恰恰是那些主张传承经济学古典传统的经济学各流派,而非全部非正统经济学。简言之,政治经济学的准确外延既非所有的非正统经济学,也非专指马克思主义政治经济学,

以这一术语统称坚持经济学古典传统的经济学诸流派,既符合经济学说史的理论传统,也符合当前经济学诸流派的基本现状。

三、详解界标真义:被继承或者割断的是怎样的古典传统

正如前文所说,罗宾斯把他主张割断的古典传统等同于所谓的价值判断研究是站不住脚的。无论是政治经济学术语出现时的重商主义还是此后的古典政治经济学,其研究范式的核心特征都是关注国家和社会整体的财富问题。以威廉·配第的政治算术为代表的古典经济学理论范式,围绕着国民财富的生产、分配展开,具有典型的实证性特征。罗宾斯以这些研究具有价值判断为由要求断开古典传统是明显错误的。从以生产为中心研究社会财富如何生产和分配转向围绕既定资源的配置研究个体如何选择和决策,才是罗宾斯等人发起的术语革命之本质,他们所要割断的古典传统也正在于此,具体来说这一传统可以概括为三个方面的主张:

第一,财富是生产出来的,研究财富的积累和增长而非既定资源的调配组合。新古典经济学将资源配置问题表述为稀缺条件下资源使用的选择和决策问题,既定的资源存量是其研究起点;古典经济学关注的是国民财富增长的问题,如何实现持续的财富增长是研究的中心。因此,古典经济学与新古典经济学的关键差别在于,其学说是以财富增长为中心还是以选择和稀缺性为中心。这不仅是马克思主义政治经济学家的观点,重视古典经济学生产理论传统的其他流派也特别强调这一关键差别。"19 世纪末,边际主义学派回到了前古典主义的传统,再次试图基于那种视财富为既定资源禀赋的理念建立理论经济学模型。边际理论取得了显著的初步成功,主要是因为它将数理分析与经济分析相关联。但是就解释工业社会典型问题的目的而言,它的很多缺点现在已被当前的大量批评揭露。在这些问题上的争论属于当代经济文献。事实上,过去的 40 年间,学界重拾了古典经济学家提出的生产理论"。

第二,研究要深入生产过程内部。面对"不研究财富增长问题"的批评,新古典经济学者的辩解通常是对既定资源的最优配置,就是要确定最优的生产组合方式、找到最佳方案,财富生产没有外在于其资源配置模型,而是模型中的内生变量:生产函数的最优解正是财富的最优规模。甚至新古典经济学的内生增长理论还内生了技术进步,即财富增长的内生积累机制。但是,批评者认为这种所谓的财富内生和技术内生模型将生产过程处理为一个假定的生产函数,财富增长和技术进步只是这个函数得以成立的前提条件,其模型求解是对财富增长和技术进步结果的描述,而未能将研究深入生产过程内部。因此,就连新制度经济学家科斯等人也认为这种生产函数是一种不探讨企业内部生产问题的"黑箱",相关学说则被称为"黑板经济学"。

第三，以生产为中心解析交易流通而不是相反。"以生产为中心"不仅要求将研究视角深入生产内部，更要求立足生产解析经济运转各流程，或者说将生产、分配、交换和消费视为一个总的生产过程。新古典经济学的"资源配置科学"则采取了相反的路线，将整个流程视为一个交易过程，试图在各流程环节中寻找既定资源的配置方案，求解其中的交易均衡解。为了打破视生产过程为理论黑箱的研究局限，部分新古典经济学也开始涉足生产过程和企业内部的研究。科斯和威廉姆森等人关于企业性质和内部交易的分析，就是其典型代表。这些研究貌似部分地回归了"以生产为中心"的古典传统，但是研究的最终归宿依然是为生产问题求解一个"交易的均衡解"。

总之，准确认识第二次"术语革命"的错误之处，就不难辨明罗宾斯等人真正意图割断的古典传统之真意在于以生产为中心的方法论原则。因此，看一个学派是否属于政治经济学阵营，即其是否秉持古典传统，关键在于它是否坚持以生产为中心这个基本原则，新古典经济学偏离这个传统的集中表现也正是以所谓资源配置的科学，将研究视为逢时的学术背景——我们将其称为回归古典的学术背景。一方面，新古典经济学除了标榜自己的新意外，也同样强调自己的古典经济学血统，割断古典传统无异于自断了其引以为傲的学术传承，所以对于多数新古典经济学家来说，以弃用政治经济学术语的方式拉开他们与古典传统的距离并不明智。另一方面，这种割断古典传统的主张在提出的同时也遭遇了回归古典的学术思潮。

四、"回归古典"的学术背景是澄清混乱辨识真意的关键

除了将古典传统等同于主观价值判断的先天不足，导致第二次"术语革命"失败的另一原因是《经济科学的性质和意义》一书提出其核心观点之前，在经济学史中享有盛誉的阿林·杨格于1928年发表了反思新古典经济学体系、回归古典传统的主张。他提出分析经济发展的关键在于把握报酬递增，他写道："我确实怀疑，经济学家们为了有效地研究我提出上述问题的范围而建立的工具，可能妨碍清楚地认识报酬递增现象的较一般或基本的问题"，同时他也认为新古典经济学的均衡分析存在明显局限，主张回到古典经济学。

上述学者的主张并非孤立的观点，而是体现了20世纪初以来经济学界回溯古典传统的学术氛围。随着新古典经济学主流地位的逐步形成，其资源配置科学的局限性越发凸显。打破新古典经济学的束缚，将创立的新理论回溯到在此之前的学术传统中，是当时广泛存在的学术氛围。前文提到的科斯于1937年发表的《企业的性质》正是在这一学术氛围中应运而生的。凯恩斯著名的《就业、利息和货币通论》一书也于1936年出版，凯恩斯明言他要超越所有的"古典学派"。虽然凯恩斯的主张并非继承古典政治经济学的合理成分，但是其超越新古典经济学局限，将超越新古典经济学的新理论回溯到更早的学术传

统，也体现了这一时期的学术氛围。引发更大混乱的正是在这一时期上场的所谓"新政治经济学"。梳理上述两次"术语革命"我们不难理解：政治经济学中的"政治"一词在两次"术语革命"中分别获得了"社会的、国家的"和"继承、复兴古典传统"两重含义，绝非代指与"经济现象、经济学"相并列的"政治现象、政治学"。以政治现象或政治学这种字面含义理解，就完全脱离了政治经济学的学说史传统和理论含义。但是，20世纪中后期第二次"术语革命"的失败和新古典经济学的干扰为这种引发混乱的错误理解提供了条件。一方面，新古典经济学以所谓的现代经济学自居，不再使用曾被视为其同义语的政治经济学；另一方面，慑于回归古典的学术思潮，新古典经济学家也很少标榜其"经济学"与古典传统的对立。这就导致政治经济学被两次"术语革命"所赋予的两重含义被提及的场合越来越少，从而为乱用政治经济学术语提供了条件。

五、结论：坚持生产中心论古典传统的诸流派构成政治经济学的学科阵营

早在1925年毛泽东就明确指出："谁是我们的敌人？谁是我们的朋友？这个问题是革命的首要问题。"学术研究同样需要科学地划定敌友阵营。无论是发展中国特色社会主义政治经济学还是发展当代中国马克思主义政治经济学，都是要在现有的政治经济学阵营中构建一支"中国学派"。科学认识政治经济学术语之真义，其意义就在于准确划定这一"中国学派"所属的政治经济学阵营。政治经济学术语现行的三种含义要么将这一阵营过度泛化为所有的经济学流派，要么将其过度缩减为马克思主义政治经济学流派，甚至将其错划入研究政治现象的经济学流派。回顾经济学说史传统不难发现，坚持还是割断古典政治经济学传统是政治经济学区别于其他经济学流派的关键界标。此界标内的经济学流派可视为与马克思主义政治经济学存在共同学术立场的政治经济学同盟军。究其真义，这里的古典传统就是古典政治经济学的生产中心论，即以生产为中心探讨财富积累和经济运转等相关议题。因此我们赞同贾根良教授等学者提出的将反对新古典经济学的非正统经济学视为政治经济学同盟军的基本原则，但是考虑到政治经济学的学说史传统，将政治经济学阵营进一步细化为那些坚持生产中心论古典传统的非正统经济学则更为合适。

论现代经济学方法论中的逻辑缺陷
——以现代经济学的论文范式为例

武 志[①]

(山西财经大学 经济学院)

一、数理模型——一个尚待证明的理论假说

现代经济学的数学化倾向集中体现在论文中运用数学和计量两大工具。现代经济学从假设前提出发，运用数学公式推导得出的数理模型就是论文的理论部分。人们通常认为，数理模型既然是经过数学逻辑的推导证明，就必然是正确和科学的。但实际上并非如此。

(一) 现代经济学数理模型只是一个有待证明的理论假说

第一，在方法论上，现代经济学采用假定—推论模式的理论是一个有待证伪的假说。从认识的方法论的发展演变来看，社会科学早期开展研究主要采用归纳法，对观察到的事实进行归纳推理形成一般规律，继而成为更广的一般性理论。借助归纳法寻找一般理论称为证实主义，后来逐渐发展为波普的证伪主义。经济学作为一门社会科学纷繁复杂，充满很多未知的东西，对理论做大胆的假设具有一定的科学探索精神，但从方法论的本原来看，数理模型只是假定—推论模式的数学表达形式，实际上只是一个理论假说。数学严格推导和证明的过程只是构建理论假说的过程，但理论假说是否正确并没有得到证明，反而恰恰是需要证明的。因此，数理模型的数学形式并不能掩盖理论假说的本质。

第二，在数理逻辑上，假设前提使得通过数学严格证明构建的数理模型仍有待证明。对于现代经济学数理模型本身而言，主要不是数学推导过程有什么问题，即使有也是很低级的错误，关键在于假设前提。众所周知，数学应用中如果前提假设错误，无论中间逻辑再完美、推导再严密精致、运用的数学公式再复杂高深，得出的结果也必然是错的。数学和经济学的一个显著区别就在于，数学推导的前提是公理和定理，而现代经济学的前提是

[①] 武志，山西财经大学经济学院讲师，研究方向:《资本论》、中国特色社会主义政治经济学。

假设条件,"大胆"地采用未得到验证或事实上并不存在的假设做前提。凯恩斯就指出,古典经济学的错误并不是推导过程中逻辑的前后不一致,而是前提假设缺乏明确性和一般性。正是因为前提假设的正确和合理未得到证明,数理模型即使是经过严格的数学推导构建的,但仍是一个尚待证明的理论假说。

(二) 数理模型成立所依赖的假设前提通常存在的问题

数理模型中假设前提极其重要,因而构建数理模型首先是确定假设前提,如果假设前提不符合事实,数学就会出现错用和滥用,最后导致数理模型出现错误或偏离实际,沦为形式主义。

第一,现代经济学数理模型严重依赖假设前提,突出表现在结论是假设的必然结果。从假设前提出发运用数学推导构建数理模型采用的是假设演绎法。

第二,假设前提的预设问题。假设前提应该是对现实经济认真观察和分析后的合理抽象,应该符合现实,而不能局限于经济学固有的偏见。这突出体现在中国国有企业和私营企业效率比较的研究中。不可否认国有企业在改革中存在很多问题,但许多学者在研究中往往把企业的一般问题当作国有企业的特殊问题,在构建数理模型之初就先验地假定了国有企业存在产权不清晰、委托—代理、腐败、垄断、内部人控制等特有问题,而私营企业不存在这些影响效率的因素,这就等于事先设定国有企业效率低于私营企业效率。而现实中,这些都是企业的一般问题,私营企业不仅同样存在这些问题,有时甚至有过之而无不及。美国主流经济学期刊中关于中国国有企业的文章,国有企业低效率是在开始构建模型时就事先假设的,而不是作为结果推导出来的。国内学术界对国有企业的负面看法主要是受新自由主义意识形态所致。

第三,假设前提中的关键变量选择问题。数理模型由若干变量构成,显然关键变量选择与经济学理论范式有直接关系。数理模型并不会因为使用数学而变得中立、客观,而恰恰是特有的经济学理论的数学表达。因而数理模型中关键变量的选择就不可避免地受到经济学理论的影响,导致一些关键变量被舍弃或遗漏掉,从而无法对现实经济做出正确解释。检验数理模型是否正确和科学,必须对假设前提的合理性做出严格论证。但有些学者从工具主义出发,认为假设和现实不符合并不影响模型的正确性,模型的目的是提供合理的、有意义的预测功能。

总之,通过假设和数学推导来构建的数理模型只是假定—推论模式的数学表达,数学推导和证明只是构建模型假说,因而数理模型本质上仍是有待证明的理论假说。数理模型是否成立是需要进一步证明的,现代经济学方法论是采用计量实证检验对模型的正确性进行证明,并运用模型和计量对现实经济做准确测量。我们接下来分析采用计量实证方法是否能达到目的。

二、计量实证无法对数理模型做严格证明

经济数据分析对于理解现代经济运行规律、指导经济建设实践越来越重要,利用计量工具进行大数据分析无疑能更好地帮助研究经济问题。但是,现代经济学用计量实证检验来证明模型成立在方法论上存在逻辑缺陷。

第一,计量不能证明数理模型中变量之间存在因果关系。计量只能验证变量之间是否具有相关性,却无法对因果关系做判断。

第二,计量对模型的"实证检验"只是验证而不是证明。验证只是证明的必要条件,并不满足数学严格证明所必需的充分必要条件。验证法实际上是例证法或举例法,如同用数学证明一个命题成立,然后代入几个数字做验证,如果是对的,那么就证明了命题成立。显然举例法不仅不能做到严格的证明,而且根本就是错误的证明方法。

第三,计量对模型只能证伪,不能证实。在方法论上,计量经济学是基于波普的证伪主义。波普认为,理论只能被证伪不能被证实,即使一个理论在十万次经验检验中被证实,也无法保证它在十万零一次会继续被证实,只要有一次被证伪就可以证明该理论是错误的。因此证伪主义要求在对假说进行经验检验中努力反证假说,而不是证实假说。计量对数理模型实证的基本逻辑是:建立数理模型,让模型的原假设为0,然后用计量实证检验推翻原假设,继而证明模型成立。也就是说,原假设和模型之间是非对即错的关系。但用计量实证模型不成立是错的,并不能证明模型就成立,因为模型并不是非对即错的二选一,还可能存在其他可能,甚至模型与现实压根无关。因此,现代经济学采用计量验证模型假说成立的方法,是力图证实理论,而不是试图证伪,实际上是对证伪主义的错用。

第四,计量不能越过必要的中介直接证明模型成立。模型是经济现象背后的本质,而计量是对经济现象进行处理和分析。本质往往是抽象的、简单的,现象则是具体的、复杂的。从本质到现象需要经过层层的逻辑递进,本质在经济规律的作用下呈现为最终的现象。因而必须要借助一系列的中介或中间环节,才能对经济现象做出合理的解释,而不能简单地用现象直接验证本质。现代经济学用计量工具直接证明具体的、复杂的经济现象同抽象的、简单的经济理论的一致性,即跳过中间环节来证明模型的正确性,在方法论上陷入了李嘉图恶习。

综上所述,计量是一个较好的处理和分析大数据的工具,但不具有证明模型成立的功能。现代经济学用计量"实证"检验作为严格证明数理模型假说成立的方法,不仅在逻辑上不严谨,而且在方法论上是错误的,是对计量工具的错用滥用。

三、现代经济学无法对现实经济做出准确测量

现代经济学声称运用数理模型和计量工具可以对现实经济及各变量所起作用做出精确测量,从而可以对经济运行提出针对性的、具有可操作性的政策建议。但其实不然,由于现代经济学方法论存在逻辑缺陷,即使运用了现代数学工具,也根本无法做到准确的测量。

第一,计量不能对模型严格证明,决定了无法对现实经济做出准确测量。现代经济学采取数理模型和计量工具主要用来做定量研究,目的是提高研究的准确性以更好地服务现实经济。但由于通过计量对模型成立无法做出严格证明,模型既不能证伪也不能证实,这就导致运用数理模型和计量无法对现实经济做出准确测量。计量利用数据对不同的模型做实证检验,可以得出不同甚至完全相反的结论。马克·布劳格指出,"在经济学的许多领域,不同的经济计量研究得出了相互矛盾的结论,而当得到有用的数据时,却又常常没有决定哪个结论正确的有效方法。因而,相互矛盾的假说有时连续存在数十年甚至数百年之久。"其根源就在于用计量证明模型的成立在方法论上是错误的。

第二,计量工具分析现实数据和模型的相似性有优势,而忽略了差异性分析,无法完整描述现实经济。任何事物都包括一般和特殊,是共性和个性的统一。对事物做到完整准确的测量既要包括相似性,也要包括差异性。对于经济现象不仅要研究相同点,还要研究不同点,经济现象背后的本质特征往往需要通过差异性研究才能揭示出来。显然,计量工具基于统计学的大数定律,用统计规律总结现象的相似性和共同点,突出事物的一般特征。因此,计量工具对于研究趋同性或一般规律有其优点,但在分析差异性方面存在局限性。

第三,计量工具要求模型中各变量互不相关,然而现实中各变量之间存在普遍联系和相互作用,这种内在的矛盾决定了计量无法对现实经济做准确测量。现代经济学运用计量工具首先要求各变量相互独立、互不影响,才能准确测量出各变量具体作用的大小。但现实经济的系统性和整体性决定了各变量之间不是孤立的,而是相互联系、相互作用的。这种矛盾导致现代经济学在方法论上陷入形而上学而不是辩证唯物主义,因而无法对现实经济做出准确测量。如果计量工具不能准确测量变量所起的作用,那么现代经济学声称的政策制定的科学性就难以保证,政策工具的操作就无法做到精准,政策效果也很难准确评估。

第四,计量得到的是统计规律,而数理模型假设的是经济规律,二者内在的不一致导致现代经济学无法准确测量现实经济。一方面,计量基于统计学原理对大数据分析得到的是统计规律,为进一步研究并发现经济规律提供基础数据,但统计规律不能直接等同于经

济规律。从统计数据中得到的统计规律是对现象的描述，而经济规律反映的是现象背后的本质。现代经济学方法论的错误在于把统计规律和经济规律混为一谈。另一方面，计量只对一段数据的统计结果负责，而经济规律或经济理论则需要更长时间的数据或历史来实证。比如众所周知的菲利普斯曲线即通货膨胀和失业率之间存在替代关系的数理模型，20世纪50—60年代被计量"实证"检验为正确的经济理论，被当时的主流经济学家接受，但被20世纪70年代出现的滞胀现象证伪了，统计规律不再支持通货膨胀率和失业率之间替代关系的成立。因此，现代经济学虽然运用了数学和计量工具，但实际上并没有太深入研究本质规律，只是沉迷在现象的表面联系中兜圈子，对最粗浅的现象做出似是而非的解释。

四、结论

第一，现代经济学走向形式主义的根源在于方法论上存在逻辑缺陷。方法论的错误不可能靠技术工具来弥补，相反，正是因为现代经济学方法论的不科学才导致数学和计量工具的大量错用滥用，使得现代经济学的研究偏离科学、脱离现实，走向形式主义。

第二，借鉴、使用和创新现代工具。现代经济学方法论的非科学，同数学和计量工具本身无关。经济学的任务是通过分析经济现象来揭示隐藏在现象背后反映本质的经济规律，用于指导现实经济。研究经济现象中变量之间的数量关系离不开数学，计量对大数据的处理和分析有其优点，因而在否定现代经济学方法论的同时，借鉴和使用数学和计量工具是完全必要的。但需要注意的是，一方面，数学只是研究经济学的工具之一，不是经济学内容，不能陷入工具主义。另一方面，经济学处于大变革的时代，新的问题不断出现，不仅对传统观点带来挑战，而且对分析工具也提出新的要求。比如行为经济学、实验经济学等的发展已经证明经济主体参与者的行为不是最优化，而是次优选择。显然利用数学求导数或偏导数可以得到最优解，但很难求出次优解。这就需要学习和吸收数学科学新的成果，与时俱进地创新和运用新的数学工具，来解决经济学研究中面临的新问题。

第三，鼓励和支持经济学研究方法的多元化和论文形式的多样化，共同推动中国经济学的繁荣和发展。经济学研究中不能把数学工具的使用视为唯一、正确的科学方法，而排斥其他研究方法。随着现代经济学占据国内经济学教学、科研和期刊的统治地位，甚至出现一种将思维逻辑和数学逻辑对立起来，把文字逻辑的论文视为非经济学论文大加排斥的极端观点和做法。这无疑是错误的。一方面，数学分析方法本身不能产生理论和假说，因而数理经济学同非数理经济学并无本质的区别。另一方面，经济学研究要定性分析和定量分析相结合，不能偏重定量分析忽视定性分析，更不能用定量分析来代替甚至排斥定性分析。现代经济学采用数学工具在定量研究中有其优势，但定性分析则不够。因此，中国经济学走向繁荣发展，必须百花齐放，鼓励研究方法的多元化和论文形式的多样化。

拍卖市场设计的理论发展与新拍卖形式的创新
——2020年度诺贝尔经济学奖得主主要经济理论贡献述评[①]

李宝良　郭其友[②]

（华侨大学经济与金融学院；厦门大学经济学院）

一、单件物品拍卖与竞争拍卖的信息结构

（一）私人价值与收入等价性定理

拍卖理论研究的困难在于，竞拍者之间可能拥有关于物品价值的不同信息，而且拥有不同信息的竞拍者之间存在着策略互动问题。维克里最先意识到拍卖中的博弈问题。但是，在拍卖理论发展的早期，研究者对竞拍者之间的信息结构有一些严格的假设。维克里在其开创性论文（Vickery，1961）中考虑了一组确定的风险中性的对称竞拍者竞标一个不可分割的标的物。其中，最关键的假设是，竞拍者的估价服从统计上独立的同分布随机变量，所以他的模型被称为独立私人价值模型。

在独立私人价值假设和其他的一些假设下，维克里证明了各拍卖形式在战略上是等价的，对竞拍者而言是无差异的，并且拍卖者从各种标准的拍卖方案中获得平均收入是相等的，即收入等价性定理（Revenue Equivalence Theorem）。迈尔森在1981年将这一定理推广到更一般的情形（Myerson，1981），同时该理论构成了拍卖领域研究的一个基准。然而，现实生活中的拍卖者往往是根据待拍卖的物品选择拍卖形式的。随后威尔逊和米尔格罗姆的研究探讨了放松某一假设是如何影响收入等价性定理的。譬如竞标者数量固定、竞标者对称、风险中性、预算约束，等等。这些研究表明收入等价性定理对这些假设条件极其敏感。

[①] 资助项目：2018年度福建省社会科学规划一般项目（项目编号：FJ2018B057）。
[②] 李宝良，华侨大学经济与金融学院副教授，经济学博士；郭其友，厦门大学经济学院教授，经济学博士。

(二) 纯共同价值与赢家的诅咒

私人价值假设简化了拍卖过程中的博弈分析,但也限制了其适用范围。在现实的拍卖活动中,竞标者之间的估值通常不是相互独立的。在公开拍卖过程中,企业的报价可能会披露其拥有的私人信息。每个竞标者都知道其他竞标者的报价,这样就会根据他们提供的报价而改变其原有的报价。因而,他们会在报价时尽量掩盖其报价信息,而每个竞标者也知道其他竞标者会隐藏信息。诸如此类的策略互动,使得拍卖分析比独立的私人价值模型更加复杂。

威尔逊(Wilson,1969)最早构建了估值相互依赖的拍卖模型。囿于当时博弈论的发展水平,为了求解不完全信息动态博弈的精炼贝叶斯纳什均衡,威尔逊对竞标者拍卖品的估值与其拥有的私人信息做了两个假设。第一个假设是纯共同价值假设,他假设拍卖品的真实价值对所有竞拍者都是一样的,但是每个竞拍者都有一些拍卖品真实价值的私人信息。为了考虑竞标者如何根据其他竞标者报价而调整其报价,威尔逊进一步做出了条件独立性假设。

威尔逊求解了纯共同价值模型,最大的发现是在纯共同价值模型中,最后赢得拍卖品的人可能出价过高,这就是所谓的"赢家的诅咒"(Winner's curse)。威尔逊第一次给出了均衡条件下"赢家的诅咒"的显示解。"赢家的诅咒"揭示了拍卖中普遍存在的一种现象,其本质是拍卖市场信息不对称导致的逆向选择的结果。威尔逊第一次对"赢家的诅咒"进行了严格的理论分析,揭示了在一级价格拍卖中竞拍者应该如何最好地"隐藏"他们的出价,以避免出价过高。

(三) 混合价值与收入排序的联系原理

威尔逊的纯共同价值模型迈出了拍卖分析研究至关重要的一步。然而,纯共同价值仍然是一个很严格的约束条件。事实上,独立私人价值模型和纯共同价值模型是两个极端的特例。在现实生活中,竞拍者拥有拍卖品真实价值的私人信息,但是其真实价值对于每个竞拍者而言可能是不一样的。米尔格罗姆及其合作者综合了私人价值模型和纯共同价值模型,提出了混合价值模型(Milgrom和Weber,1982)。为了求解混合拍卖问题,他们在威尔逊的条件独立性假设之外,又追加了一个单调似然比假设,即与较低的信号相比,高信号代表相对"更好的消息":更高的实现私有信号使得更高的状态值更有可能。单调似然比假设在研究不完全信息下的战略相互作用时起着作用,单调似然比假设与条件独立性假设表明,竞标者采用单调投标策略,即竞标者的最优报价在其信号中单调递增,保证满足相关的一阶条件就足以建立这种策略的最优性。

在此基础上，米尔格罗姆和韦伯提出了比较各拍卖方案的优劣的收入排序的联系原理（Linkage Principle）。按照这一原理，某一种拍卖形式比另一种拍卖方式产生的预期收益更高，只要其价格能更好地汇总竞买人的私人信息。在收入排序的联系原理的基础上，米尔格罗姆和韦伯得出了两个重要的结论：

第一，英式拍卖的预期收入略高于二级价格密封拍卖，而二级价格密封拍卖的预期收益略高于荷兰式拍卖和一级价格密封拍卖。这个结论不同于维克里的私人价值模型。在独立私有价值模型中，英式拍卖和二级价格密封拍卖在战略上是等价的。然而，在英式拍卖中，竞拍者在拍卖过程中学习了一些有用的私人信号，而在密封拍卖中没有学习的空间，由此破坏了英式拍卖和二级价格密封拍卖之间的战略等价性。相比之下，在荷式拍卖和一级价格密封拍卖中，竞标者在拍卖过程中无法通过学习得到其他竞标者的有用的私人信息，因而荷式拍卖和一级价格密封拍卖在战略上仍然等价。

第二，拍卖者可以以一种非策略性的方式向潜在买家透露其私人信息，这可以提高其期望收入。这是收入排序的联系原理的一个推论，可以将拍卖者有无信息披露的情形看作是两个不同的拍卖。如果拍卖方分享他的私人信息，那么与卖方将私人信息保留给自己的情况相比，拍卖者提高的信息将减轻竞标者因"赢家诅咒"而形成的逆向选择问题，从而鼓励更积极的投标，这使得拍卖结果中的价格汇总了更多的私人信息，由此给拍卖者带来更高的收入。这个洞见为拍卖中提供拍卖品真实性证书、检测报告等做法提供了理论基础。

（四）拍卖理论拓展简评

威尔逊和米尔格罗姆对拍卖理论的改进极大地将拍卖领域的研究推到了前沿水平。威尔逊（Wilson，1977）和米尔格罗姆（Milgrom，1979）还论证了在特定的条件下，如果所有竞拍者对标的物有相同的估价，那么即使单个竞拍者只拥有部分信息，在竞拍者人数趋于无穷大时，标的物的价格也将完全收敛于其真实价值，即拍卖可以汇总所有的信息。这既表明让更多的人参与竞标对拍卖者而言是一件有利的事，也说明拍卖与完全价格竞争之间有着密切的联系。

纵观二人的拍卖理论和拍卖设计的贡献可以发现，其与现代经济学其他理论的研究过程有着相似之处，为经济学研究树立了典范。他们通过比较现实世界与基准之间的差异，发现基准模型的哪些假设不符合现实世界的情况，从而对其假设进行修改。另外，他们对拍卖的研究为博弈论提供了一个试验场，他们提出的共同价值模型和关联价值模型为实证研究提供了理论基础，后续的实证研究肯定了他们对不同拍卖形式的均衡竞价和价格的预测（Hendricks等，1987），这也证实了博弈论的有用性，而且威尔逊和克雷普斯共同提出的序贯均衡反过来也夯实了博弈论的理论基础。

二、多件物品拍卖与拍卖市场设计

多件物品拍卖按物品性质可分为可分割同质物品拍卖①和关联物品拍卖两类。威尔逊和米尔格罗姆发明了针对多件相互关联的物品拍卖的新拍卖形式，扩展了多件物品拍卖理论。

（一）可分割的同质物品拍卖

维克里曾将其私人价值模型扩展到多件物品拍卖问题（Vickrey，1961）。可是，他的研究局限在可分割的同质物品的情况。而后，威尔逊将其开创的共同价值模型扩展到可分割的同质物品拍卖中，第一次试图对不同拍卖形式的收入进行排序（Wilson，1979），并得到两个重要的洞见：一是当竞标者在寻求购买多件物品时，竞标者对多竞标一单位物品提出的报价可能会影响其为所有想要竞标的物品支付的价格，因而与单件物品拍卖相比，投标者会有一个额外的动机来"隐蔽（Shading）"低于其真实价值的出价。二是因策略空间丰富，竞拍者有时可以在几个不同的均衡点上进行协调，其中一些均衡点为卖方带来的利润非常低。以国债拍卖为例，在拍卖中，每一个竞拍者提交一个份额报价清单，说明其为任何一个可能份额愿意付出的价格。威尔逊证明，在一个单一价格拍卖中，存在高度合谋的纳什均衡，其中价格会比所有份额一次性捆绑拍卖时的价格要低得多。其直观的解释是，各个竞拍者对超过自己份额的任意数量份额都报出极高的价格，从而阻止其他竞拍者要求获得更多的份额。由此，竞拍者之间就可以隐性地以极低的价格分享该拍卖品。在威尔逊研究的基础上，威尔逊和其他经济学家提出了避免低均衡价格的方法。主要有两种：一种办法是举行差异价格拍卖，买方必须各自出其所报价格，由此对超过自己份额的数量提高出价就是一种代价非常高昂的行为；另一种办法是在需求和供给中加入不确定性。

（二）关联物品的拍卖市场设计

自20世纪90年代初期以来，因移动通信需求的激增，美国联邦政府决定通过拍卖在电信公司之间分配无线电频谱许可证。政策的转变使多件关联物品的拍卖研究边缘变成最活跃的研究领域之一。引入拍卖将物品直接配置给最有效率的企业，避免竞拍者之间二次交易的成本，同时避免税收扭曲导致的效率损失。

但是，如何在拍卖收入与社会效率之间进行权衡是通过拍卖来分配许可证要解决的第

---

① 如果多件物品不可分割，则可以看成单件物品拍卖问题处理。

一个挑战，同时由于多件物品之间存在着互补关系，某个竞标者想要购买某些物品的组合，在竞拍过程中可能会"暴露"，有可能无法全部中标，最后被迫只购买其中的一部分或者某个次优组合。此外，拍卖细节的设计也是一项非常重要的挑战，例如如何解决潜在竞标者人数不确定、如何防止合谋、如何处理预算限制或外部性等问题（Ausubel 和 Milgrom，2002）。

如此多的挑战结合在一起，使得标准的单件物品拍卖形式难以适用。在多件关联物品拍卖市场设计过程中，通常是使用多轮拍卖的动态过程，以便拍卖能够汇总更多的私人信息。为此，威尔逊和米尔格罗姆及其合作者创造性地提出了三种新的动态拍卖形式。

同步多轮拍卖。在无线电频谱许可证拍卖中，米尔格罗姆和威尔逊（Milgrom，2004）等在提案的基础上提出了一种同步多轮拍卖的方式（Simultaneous Multiple Round Auction，SMRA）。该拍卖的实施过程如下：在第一轮拍卖中，竞标价格被定得足够低，使所有的许可证都存在超额需求；接下来的每一轮拍卖中，竞拍者对他们想购买的一个或多个频谱许可证提出秘密报价，并在该轮拍卖结束时为每个频谱许可证确定一个"临时赢家"，并公布相应的最高报价，在此基础上确定下一轮拍卖中每个频谱许可证的起拍价，竞拍者可以按事先确定的加价幅度提高其报价；下一轮拍卖开始后，上一轮拍卖的最高报价仍然保留着，直到被更新的最高报价取代。拍卖一直进行，直到没有新的更高报价出现拍卖才结束，最后一轮中的临时中标者将成为分配对象并支付当前的出价。为了防止竞标者被动地等待其他人投标，同步多轮拍卖还设置了活动规则，该规则诱使竞标者在每一轮拍卖中至少对某个或者某些许可证进行一次可信的报价。同步多轮拍卖除了能够减轻"赢家的诅咒"问题从而更好地汇总私人信息外，还允许竞标者在多轮拍卖中对任意数量的无线电频谱许可证进行投标，有助于有价值的许可证在拍卖中凸显出来。当然，同步多轮拍卖并非完美无缺，其中最大的问题是风险暴露问题（Ausubel 和 Milgrom，2002）。

组合时钟拍卖。针对同步多轮拍卖过程中存在的风险暴露问题，米尔格罗姆与其合作者开发了组合时钟拍卖（Combinatorial Clock Auctions，CCA）（Ausubel 和 Milgrom，2002）。具体过程分成两个阶段：第一阶段主要任务要解决的是许可证配置问题。这个阶段又划分为两个子阶段——时钟阶段和辅助阶段。时钟阶段也是依次由多轮拍卖组成。在这阶段的每一轮拍卖中，拍卖者公布所有单个许可证的价格，而竞拍者则对一揽子许可证组合提出一次性报价。报价一直上涨直到不存在对任何许可证的过度需求。而补充阶段是一个密封拍卖过程，其中竞拍者可以从时钟阶段改进其报价，也可以对其他许可证组合提交额外的报价。在整个配置过程中，所有竞标要么全部中标，要么全部不中标。第二阶段主要任务是解决许可证最终如何分配给竞标者的问题。在第一阶段全部完成后，在所有投标及报价的基础上，拍卖者在某些可行的约束条件下，使用二级价格选择中标竞标者及其竞标组合，使拍卖者的总收入最大化，由此确定竞标者及其获得的组合。

组合时钟拍卖目前已成为同步多轮拍卖的替代方案，其最大优势在于允许竞拍者就一揽子物品组合提出报价；此外，它在每一轮拍卖结束时并没有确定"临时赢家"，这有助于消除大多数竞拍者的博弈动机。在每一轮拍卖结束后提供给竞标者最高的出价和超额需求的总体信息，这有助于竞标者形成对价格的预期以及解决共同价值不确定性问题。虽然组合时钟拍卖解决了风险暴露等问题，但同样不是完美无缺的。例如一些竞标者可能会恶意投标，以使得其他竞标者支付更高的价格。

激励性拍卖。随着互联网技术的进步，移动宽带的发展要求使用某些无线电频谱中波段。但是，这些波段可能以前已拍卖给了广播电视公司。因此，美国联邦通讯委员会面临的问题是如何重新配置无线电频谱资源。针对这一问题，米尔格罗姆领导的一个经济学家小组提议了一种新的拍卖形式，即激励性拍卖（Milgrom et al.，2012）。激励性拍卖既要考虑到如何收回广播电视公司的无线电频谱的使用权，又要将收回的使用权分配给最能有效使用无线电频谱的移动宽带公司，供给和需求双方的报价决定了最终的交易量。为此，米尔格罗姆建议在激励性拍卖中综合使用两个独立但相互依赖的拍卖——逆向拍卖和正向拍卖。逆向拍卖旨在收回无法被有效使用的无线电频谱，要确定的是电视广播公司自愿放弃现有无线电频谱使用权的价格，因而报价的过程通常是递减的；正向拍卖旨在将收回的使用权拍卖出去，因而报价是递增的。

（三）拍卖市场设计的经验教训

威尔逊和米尔格罗姆对新拍卖形式的创造性发明精彩地展现了理论与实践的相互促进关系。即实践对已有的理论提出了新的挑战，对挑战的探讨和解决又反过来促进了理论的发展。因此，他们的研究是经济学理论研究的典范之一。

当然，他们的拍卖市场设计并非完美无缺。正如单件物品拍卖理论表明的，收入等价性定理对信息结构和其他假设条件极其敏感。因此，细节的设计至关重要。合同拍卖中拍卖者需要精心设计拍卖形式以及合同的详细条款以避免竞拍者钻空子（米尔格罗姆，2005）。此外，即使有了正确的拍卖设计，也可能因为计划不周等问题而无法实现最初的意图。因此，拍卖设计需要深入地了解具体问题的背景和相关的细节，仔细地考虑各种可能出现的问题，考虑更加广泛的经济环境（柯伦柏，2006），通过精心设计才能使拍卖市场设计有效发挥其资源配置的作用。

现代货币理论为什么会遭到主流的围攻
——兼论现代货币理论对新自由主义"别无选择"的颠覆

王 娜[①]

(中国农业大学 马克思主义学院)

一、新自由主义如何"别无选择"

20世纪70年代,由于资本主义遭遇经济停滞、通货膨胀和失业增加的滞胀难题,凯恩斯主义失灵,作为"一项疗治资本主义疾病的方案"的新自由主义崛起。它并没有一套统一的理论或学说,主要在微观上信奉新古典经济学的自由市场原则,而在宏观上强烈反对政府干预。

新自由主义虽然在不同的经济环境下,在具体政策表现上可能不尽相同,但是却具有一致的阶级属性,其根本都是为了给不断崛起的国际金融垄断资本扫清障碍。这一点在2008年国际金融危机爆发后再一次充分体现。

我们看到,国际金融危机以来,虽然美国的具体宏观经济政策在不断调整,但主导这些政策的新自由主义理论和立场并没有实质性变化。在财政政策上,主要以主流经济学理论的财政预算平衡为基础,虽然危机后曾用大量财政支出挽救了金融资本,但当危机过后,立即回归财政紧缩,即削减政府支出和增加税收,而紧缩的大棒更多地挥向普通民众;在货币政策上,则一直通过向金融市场注入大量流动性来提振经济,在推动美股经历11年牛市的同时也积累了大量的金融泡沫。而这些政策的根源在于"别无选择",政府宏观经济政策的清单中只有所谓主流经济学作为理论基础。因此,当现代货币理论成为美国左翼民主党的政策基础,在理论上推翻了"政府支出要受到财政预算的限制、数量型的货币政策有助于经济增长、通货膨胀与充分就业无法共存"等主流观点,从而彻底颠覆新自由主义政策时,也因此立即招来猛烈的攻击。批评者无论是否了解现代货币理论(MMT)(事实上很多人并不了解),先将它标记为"激进的""社会主义的""危险""不负责任"

[①] 王娜,中国农业大学马克思主义学院副教授。

等标签,甚至有议员提议将其视为"非法",从而确保它并不会撼动新自由主义的"别无选择"。接下来我们就具体来分析现代货币理论是如何颠覆新自由主义的理论基础。

二、现代货币理论对新自由主义理论的颠覆

新自由主义政策可以归结为自由化、市场化和私有化,首先,具体在财政政策上,则要求政府遵守平衡预算的主张,限制政府财政支出;其次,在货币政策上,则以稳定价格为目标,通过货币数量和货币乘数来调节经济的运行,并强调中央银行的独立性;最后,在就业政策上,则放弃充分就业的目标,强调劳动力的自由竞争。现代货币理论则推翻了上述的理论框架。

(一)打破政府财政预算约束的限制

为了保证政府最小化、市场最大化,"平衡预算"是新自由主义的重要主张,其认为政府受"预算约束"的限制。对于政府支出而言,要受税收、债务和发行货币的能力所限制。

现代货币理论对此提出批评,认为在国家独立发行本国货币的前提下,政府支出可以根本不受税收和债务能力的限制。

首先,税收不是政府支出的来源,而是为了驱动货币。在现代货币体系中,不可兑换的法定货币之所以能够被公众接受,是因为公众需要用法定货币缴税(其他政府强制性收入也具有这样的作用),从而保证了对货币的需求。"从逻辑上看,政府如不先向公众支出货币,公众也就不可能使用货币向政府履行纳税义务"。

其次,政府发行债券也不是为了政府赤字融资,而是为了吸纳银行体系多余的准备金以维持一个合理的隔夜拆借利率。因为政府支出意味着同时贷记支出接收者的银行存款账户以及央行的银行准备金账户,而政府赤字则意味着准备金的等量增加,这将导致银行体系拥有超额准备金,那么银行可能会以极低的利率出借准备金,从而导致实际利率低于央行隔夜基金的目标利率。而财政部通过公开市场出售债券的方式则可以吸收超额准备金,从而维持隔夜拆借利率稳定。

最后,现代货币理论认为政府支出不受税收和债务能力的限制。现代货币理论认为政府支出虽然不受预算的约束,但因为税收驱动货币,因此公众纳税或持有货币的意愿将约束政府支出。

因此,与新自由主义主张平衡预算的"稳健财政"相反,现代货币理论支持勒纳的"功能财政"理论,关于这一点我们将在后面的分析中进一步展开。

(二) 强调货币内生与货币政策失灵

20 世纪 70 年代以来，在新自由主义盛行的同时，货币主义成为主流的货币理论。认为货币供应量实质上是由中央银行所决定的外生变量。而在货币供给外生决定的框架下，主流观点认为商业银行会按照法定准备金率预留一部分货币。银行创造出的货币总数可以多倍于最初存款，这个倍数就是货币乘数。在最简单的情况下，货币乘数为法定准备金率的倒数。既然中央银行是经济运行中准备金的持有者，那么中央银行就可以通过制定法定准备金率和控制准备金水平来影响货币数量。

现代货币理论则对此提出批评。第一，现代货币理论认为货币供给是内生的而不是外生的，它是由金融市场的需求决定，包括商业银行的借贷需求和公众需求，是贷款创造了存款，而不是相反。只要贷款者信用良好，银行便会贷款给他们，进而创造一笔存款。银行贷款的多少取决于对银行货币的需求，而不是受准备金的限制。

第二，现代货币理论进一步否定了中央银行可以通过公开市场操作影响准备金的观点。一方面，按照主流货币乘数模型的逻辑，中央银行可以通过增加公开市场购买注入准备金来增加货币供应量，进而增加银行贷款。但如果增加的准备金超出银行所需的准备金量将立即导致银行间市场利率下降为零，因为在下一个记账期之前，对法定准备金的需要不会改变。这就导致中央银行不得不出售债券来吸纳刚刚增加的超额准备金，从而保证银行间市场利率为正。另一方面，主流观点认为中央银行可以把储备从银行体系中拿出来以减少货币供应量。但如果银行体系不存在超额准备金，那么中央银行采取这样的行动将导致一些银行拥有不足的法定准备金，从而抬高利率。中央银行别无选择，只能重新向银行体系增加储备，将银行间市场利率维持在目标水平。在这两种情况下，银行准备金水平和货币供应量都将保持不变。因此，中央银行无法通过改变准备金数量来达到控制货币供应量的表面政策目标。

因此，现代货币理论认为中央银行无法控制货币供应量，控制利率才是中央银行影响经济运行的工具。

(三) 否定价格稳定和充分就业不可兼得

在主流经济学的理论框架中，政府追求高就业目标往往会导致通货膨胀，并通过经典的菲利普斯曲线描述了失业与通货膨胀的交替关系。而在新自由主义主导下，货币政策转向盯住通货膨胀为主要目标，而往往忽视失业率的影响。

现代货币理论否定了这种观点，认为价格稳定和充分就业完全可以同时实现，且可以相互配合。基于前面的分析，政府财政支出或财政赤字并不会导致财政恶化，现代货币理论提出最后雇主计划（The Employer Of Last Resort，ELR），也称之为就业保障计划（Job Guarantee，JG），是指"政府承诺为任何符合资格、已经准备好且有工作意愿的公民提供工作机会的计划。国家政府为提供统一时薪标准与福利标准的全民就业计划提供资金"，同时现代货币理论认为对工人涨薪的顾虑可以被消除："一是有效的劳动力缓冲存量会抑制工资需求；二是顽固的工人若提出过多增加工资的需求，他们的工资上涨超过就业计划基本工资越多，失去这些高新工作的成本也就越高。"

与此相反，就业计划还会成为经济和物价的"自动稳定器"。在经济繁荣时期，私营企业可以比就业计划更高的工资雇佣工人，就业计划可以作为"劳动力后备军"，抑制涨薪压力，而与此联邦政府会减少支出、缩减雇佣人数具有逆周期性质；在经济衰退时，私营企业裁掉的工人可以在就业计划中获得工作，为工资提供下跌的下限，而政府则在衰退时增长支出，保障就业。

可以说，现代货币理论完全颠覆了新自由主义主导的货币政策、财政政策和就业政策的理论基础，并将现代货币、政府支出、税收、债券、赤字、通货膨胀和就业等问题综合到统一的框架中，构建了新的宏观经济学。

三、现代货币理论强调政府可以发挥更大作用

与新自由主义强调自由市场的核心理念相反，现代货币理论认为现实中的资本主义经济与自由市场相去甚远。"在任何情况下，那些认为'自由市场经济'最好的观点——即使在某些虚拟经济状况下是最好的——都与实际存在的资本主义经济体毫无关联。"因此，现代货币理论认为政府可以发挥更大的作用。

一是实现公共目的。长期以来，在新自由主义"稳健财政"的主导下，紧缩往往成为西方国家的常态。因为财政被"预算"套上了"紧箍咒"，所以政府在教育、医疗卫生、基础设施等公共投资的领域以及一些社会福利开支被严重削减。

虽然前面我们已经讨论了政府支出不受预算限制的理论框架，但事实上仍然有许多反对政府支出的理由，大量政府支出可能会滋生腐败、挤占私人投资，投入社会福利还可能会助长"懒汉"，等等。对此，现代货币理论也做出回应，并强调"政府没有支付能力的约束并不意味着政府应当没有节制地支出"，"政府支出应以实现'公共目的'为目标"。那么，什么是公共目的？现代货币理论认为"对于任意的社会组织来说，其基本功能之一便是为社会提供必要的事物、衣物、居所、教育、医疗、法律体制以及推动社会化进程"。"国家政府作为一个确定公共目的组织，其要建立一个个人和集体都可以致力于实现社会（公共与私人）目的的社会结构，并必然在社会中发挥着重要的作用"。

二是作为最后雇主。政府作为最后雇主是现代货币理论的核心内容之一。关于它的一

些核心观点在前面有所论及,这里想说明的是就业保障/最后雇主计划可以用于缓解新自由主义政策推行以来西方国家日益加剧的贫富分化。

那么,如何才能改善收入分配?现代货币理论继承明斯基的观点,认为首先要实现充分就业。而就业保障/最后雇主计划为每个想工作的劳动力提供工作收入,有助于减少收入不平等。"由于对经济的'泡沫化'效应,就业保障计划间接提高了其他在收入分配的底部和中间的工人的收入。因为它消除了失业复苏,并确保增长成为就业政策的结果(与当前的情况相比,工作本应是增长的结果,但实际上,我们最终将获得失业救济),它通过支持劳动收入,而不是投机性金融活动的收入而改变收入的预分配。如前所述,为了更公平地分配收入,将远远超过联合政府。必不可少的,尤其是在收入最高的位置减少过多收入的政策分配。但是,这些策略不是传递和运行就业保障计划的先决条件。"

三是保证经济稳定。许多学者认为新自由主义通过放松管制,特别是政府放松对金融市场的监管而加剧了经济不稳定性,这也是 2008 年金融危机爆发的诱因之一。而现代货币理论强调政府可以在实现经济稳定方面发挥作用。一种机制是继承勒纳的"功能财政方法",具体包括两点原则:一是如果国内收入水平过低(相较于税收),政府需要增加支出;二是如果本国利率过高,政府便需要提供更多以银行准备金形式存在的货币供给,也就是说政府应致力于保证就业和利率目标,而不是平衡预算。政府的预算就像"自动稳定器",通过支出和税收等工具进行周期性调节。另一种机制是继承明斯基的主张,包括前面论述的最后雇主计划充当"蓄水池",用来稳定价格和经济波动,以及通过大政府进行社会化的投资,并与投资的方向相反,来熨平投资不稳定性导致的周期性波动。此外,还包括支持明斯基主张的通过政府金融监管来保证金融稳定。

总之,现代货币理论不支持新自由主义的自由市场理论,强调政府的作用,并在理论上使政府支出突破预算限制,从而可以在更多领域发挥作用。"政府总是负担得起购买任何以其货币计价的待售物品,因此讨论政府项目的利弊不应围绕着财政约束展开。相反,重点应该考虑公平、充分就业、金融稳定和价格稳定。"

四、总结和讨论

现代货币理论对 20 世纪 70 年代以来新自由主义的主流经济学进行了根本性的颠覆,提出完整的关于现代货币、政府支出、税收、债券、通货膨胀和就业等问题的理论框架,并得出了与主流经济学截然不同的财政政策、货币政策和就业政策建议。正因为如此,现代货币理论遭到主流的围攻,来自政界、学界以及金融界的人士可能并不了解理论的全部内容,但这并不妨碍他们反对甚至用侮辱的词汇来否定现代货币理论。

对于现代货币理论,我们可以一分为二地来看。一方面,正如我们前面所论证的,现代货币理论颠覆了西方主流经济学的框架，打破了新自由主义的"别无选择"，并提供了从理论到政策的新宏观经济学，这在西方国家是不同寻常的，也是具有重要意义的。另一方面，现代货币理论远非完美，细节之处仍需不断完善，它更多的是提供了理论工具，但到具体的政策应用仍需根据现实需要进行设计。更大的挑战是，现代货币理论的政策主张可能与资本主义制度难以兼容，比如实现最后雇主计划，政府保障下的充分就业可能会导致工人阶级形成联盟从而对资本的利益构成威胁，这也是为什么现代货币理论会遭到主流的强烈攻击。因此，如果不考虑国家性质，现代货币理论的逻辑可能是具有重要价值的，但如果站在资产阶级立场上，这样的理论逻辑却是无法接受的。其实，现代货币理论也在努力摆脱立场的限制，并试图建立一个不同党派都可以运用的理论，从其与新自由主义的颠覆来看，私有化也是新自由主义的重要主张，但所有制层面是现代货币理论不曾提及的。但事实上，没有生产资料占有上的公有制，政府又如何站在公共层面去推行政策呢？正因为如此，以马克思主义理论为指导、以公有制为主体进行实践的中国特色社会主义对新自由主义的颠覆要远比现代货币理论更为深刻。

加尔布雷思论"富裕社会"的贫困问题

李武装

(西安工程大学 马克思主义学院)

一、"富裕社会"贫困问题的含义与类型：个案贫穷与孤岛贫穷

在学术界，贫困问题一直众说纷纭，莫衷一是。诺贝尔经济学奖获得者、印度人阿玛蒂亚·森（Amartya Sen）一针见血地指出，所谓贫困，就是按照一个社会的当前最低生活水平对穷人困境的描述；英国经济学家阿弗里德·马歇尔（Alfred Marshall）则主张："对贫困的原因的研究就是对大部分人类的堕落原因的研究。"而依加尔布雷思之见，所谓贫困，不仅指人类缺乏必要的衣食和住房，他们劳累过度、教育不良，谈不上休息和闲暇等情状，而且指他们的生活范畴或层次已经超出了共同体可接受的范围。因为假如人类的收入远远落后于社会共同体的平均收入，即使他们的收入足以生存，他们依然是贫困的。换言之，即使像美国这样的已经进入了"富裕社会"的国家，贫困问题依然无处不在。

为了证明这一点，首先，加尔布雷思指出了"富裕社会"中个体的两种贫困状态，认为它主要有两方面的含义：一是绝对贫困，一是相对贫困。所谓绝对贫困，就是说，尽管富裕社会已具有消灭贫困和流离失所的力量、能力与手段，但还不能确保贫困的彻底根除；所谓相对贫困，即尽管社会整体富裕了，但仍有一部分人的收入低于社会共同体的平均收入。在此情况下，即使他们的收入足以维持生存，他们也依然是贫穷的。因为他们既达不到共同体一般的评价标准，其生活层次也超出了共同体可接受的范围。

其次，加尔布雷思将贫困群体分为两类：个案贫穷与孤岛贫穷。所谓个案贫困，特指某些个体或家庭的贫困。其认为在每一个共同体中都存在着贫困的个体或家庭，不管是在农村还是在城市，也无论这个共同体的富庶与时代的繁荣程度如何，都会有经济窘迫、生活条件较差的个体或家庭存在，从而也就有个案贫穷的存在。个案贫穷总是与遭受贫穷的个人的某些特征具有某种联系，这些个体或家庭的某些特征使其不能参与到共同体的普遍繁荣中，如精神障碍、疾病或教育状况不佳等因素，都使其处于共同体的繁荣外。所谓孤

岛贫穷，则隶属大多数现代贫困具有的共同特性，其典型代表就是农村和城市中的贫民窟。孤岛贫穷最主要的特征就是所有社会共同体常见的各种力量持续限制，抑或完全阻止了"孤岛"中的成员参与到具有稳定回报的经济生活中去，这些力量包括落后的经济状况等因素，而当这些孤岛贫民集中一隅时，这种状况就会变得尤为严重。"家庭的无助和被社会抛弃的感觉以及随之而来的道德衰落，都是这种共同灾难的产物"。

最后，加尔布雷思阐明了贫困问题的外在表征——社会财富分配不均，即对于经济增长与社会底层的情况每况愈下的反常现象，其进行了社会财富分配不均的现象学透视。他认为正是由于美国产值的增长使普通人的福利在物质方面有了大幅改善的可能，但这种增长却为处于收入金字塔底层的群体留下永远存在的边际贫穷。在20世纪50年代的美国，从总体上来说私人已经比较富足，但在农村和城市仍存在着各种各样的贫困群体，相当一部分人仍生活在社会共同体的平均水平之下。并不限于此，国民收入的分配不公加重了这种情势，从而导致了富裕社会中的贫困问题日趋严重，以至到了20世纪60年代，贫困公然成为美国社会比较严肃的政治批判主题。更令人遗憾的是，较之于贫富不均现象，美国政府已多年未做过任何努力来改变现行的收入分配方式了。直到20世纪70年代初，美国社会贫富差距问题依然十分棘手。吊诡的是，面对此情此景，加尔布雷思还一针见血地指出如下社会怪现象：较之于其他社会和时段普遍关注贫富不均现象，以美国为首的现代社会的一个显著特征，就是对作为经济问题的贫富不均现象的关注度正在持续下降，甚至在富裕社会中，贫富不均问题已较容易地为社会所接受，再也无法激发起深层的恐惧了。

二、"富裕社会"贫困问题的成因：公共产品与服务的不足

加氏曾指出，政府的不作为以及生产社会对财富增长的过度追求，是导致公共贫困的重要因素，并进一步导致社会失序。一般认为，衣、食、住、行以及有序的环境隶属人们"可能的生活"之基本面，其中最后者是前四者的保障。加尔布雷思因此断定，在步入富裕社会的美国，政府提供的环境秩序常常是昂贵且不可靠的，保障秩序也往往成为政府剥夺人们赖以生存的绝佳借口。作为一种必须集体支付的服务——譬如市容管理、公共安全、疾病控制和国家安全等方面，很显然是在人们的直接生活需求得到基本满足后才进入人们的整体需求序列的，但问题在于，人们对公共产品与服务的需求进度事实上常常超过财富增长的速度，特别是当财富增长与人口数量和密度同步增长时，对公共产品与服务的需求就显得尤为紧迫。也借此，加尔布雷思断言，美国重私人财富的积累和积聚而轻公共产品和服务投入的惯常做法，实乃后者相对滞后的深层社会根由。由于在美国，政府一般认为，公共产品和服务不能直接使国民财富增长，相反却会消耗国民生产与增加支出，从而认为公共产品和服务可能会成为政府的一种负担。这正是像美国这样的富裕社会公共贫

困出现的内在逻辑和惯常"偏见"。

固然，人们为了享有对他们而言极为重要的公共产品和服务，理所应当交出一定的私人产品和收入，这就需要在公共服务与私人产品之间维持一种动态的张力和平衡。然而，需求管理和竞争的作用是为私人产品的生产服务的，这就不可避免地导致公共产品和服务的相对滞后现象发生。

并不限于此，除却公共产品和服务的滞后问题外，更为严重的问题是私人产品富足与公共贫困间的严重不平衡现象。划分私人产品富裕与公共贫困范围的界限，基本上也是划分私人生产而投入市场的商品和服务与政府提供的公共产品和服务的界限。在富裕社会里，私人财富的增长与公共贫困形成了巨大的反差，而在财富的增长势必要求有更多的公共服务来满足其所带来的需求的情况下，公共服务的供应危机就越加凸显出来了。一个典型的例证就是，在富裕社会，生产和拥有的商品越多，需要保护的财产也就越多，因而如果不能相应地辅之以相关法律条款，那么在福利增加的同时也会带来犯罪行为的相应增加。故此可以认为，在富裕社会中，私人产品的富足给公共产品与服务带来了更多的要求与挑战，如果任由这种不平衡发展下去，其后果不堪设想。

换一种思路看，这种不平衡所带来的重要问题还在于其与贫富不均的关系上。加尔布雷思指出，贫富不均最终导致公共服务设施或产品仅为既得利益者或富有者享有，而对于处于社会底端的人来说，他们由于社会分配不均而没有能力享受到这些公共产品或服务。正因为如此，如果不能保持公共服务与私人生产和商品使用最低限度的平衡关系，必然引起经济衰退乃至社会失序。在一个公共服务无法满足私人消费需求的社会里，私人财富在整个社会中就会肆意充斥与无端滥用，具有公信力的机构也常常因私人的消费需求而让步，这进一步导致权威机构的公信力下降，并反过来助长私人财富的泛滥及其向社会深处的渗透。如此看来，在一个极端强调生产的重要性、对私人需求方面有着非常机制的社会里，强大的压力必定迫使低收入家庭需要有更多的人为维持生计或改变现状而终日奔波。

三、"富裕社会"贫困问题的化解：加大国家的经济干预与投资

在加尔布雷思看来，富裕社会当是"一个经济不断发展的社会"，它已经具有消灭贫困的能力，只不过为防止打击那些创造了大量财富的阶层的发展动力而漠视了对社会收入分配的调节而已。因此，他进一步指出，富裕社会应当既充满同情心又富有理性，它应当保证维持穷人必要的最低收入。作为社会的一项正常功能，保障每一个家庭的最低收入，就能确保贫穷不会自我繁殖下去。当贫穷依然是社会中的普遍现象时，国家确实难以承担如此重任，但在富裕社会中，国家是能够提供更多的资金来解决此问题的。这就需要国家创造足够多的就业机会以提供给更多的能够胜任者，否则，社会进步也无法改变这些人的

处境。就个案贫穷而言，富裕社会应减少把生产作为收入来源的依赖，首要战略步骤就是直接向个案贫穷家庭提供收入；对于孤岛贫穷问题，加强这些贫穷家庭后代的教育与成长环境的建设至关重要，这将使他们不至于在成长过程中处于不利地位，也为他们摆脱贫穷提供机会。下面就三个具体层面的问题，加尔布雷思展开了详细说明，以求其贫困问题化解之境在逻辑上的自洽与理论上的圆融一贯。

首先，就贫富不均来说，加尔布雷思认为，无论是在富裕社会中还是在美好社会中，都不应去寻求收入的绝对平等分配，因为绝对平等与人性或现代经济体系的特征和动因都是格格不入的。问题在于，富裕社会中存在的一个不争事实是，现代市场经济却是以极度不平等、社会倒置、功能上有害的方式等来调和财富与分配收入的。而这一现象体现的，无非是更多、更快的收入和财富带来更少的社会正义之社会问题。他特别指出，累进所得税是实现收入平衡最有效的措施，该措施将在实现更为合理的收入分配中起到重要作用。另外，他还进一步指出，收入的分配最终源于权力的分配，这应该是收入占有方式的原因和结果。权力为收入服务，收入通过酬金而与权力结合。要打破这个封闭的圈子，就必须赋予无权者以权力和公共保护。

其次，就公共贫困而言，加尔布雷思指出，那些与工业需求和权力不相关的公共服务，由于与丰富的私人产品越来越形成鲜明的对照，因此必须要找到解决公共贫困的方法，以减轻并最终有效地消除由此产生的社会紊乱。加尔布雷思的解决之道，便是力图恢复私人产品富足与公共产品和服务贫困间的平衡。他认为，社会平衡会增加生产的稳定和安全，与人类资源和有形资本的投资相一致，它是经济增长的重要因素，而社会不平衡必定威胁长期经济增长的前景。

最后，就消费税而言，需要承认，其实际意义与效度也因家庭贫富的不同而显现出不同的实际效果。在必需品消费占据其大部分收入的贫困家庭中，消费税的增加就意味着有更多的家庭不得不面对更大的生存压力。加尔布雷思尽管也意识到与所得税不同的消费税在贫困阶层的消费中具有非常重大的意义，但他还是坚持认为，如果不征收消费税或将消费税用于其他目的，牺牲的只能是社会平衡，而社会平衡的进步则属于消灭贫困的一个首要的必需条件。然而问题在于，富裕社会中的贫困阶层虽然在所得税方面享受到了一定的待遇，但其收入仍然居于社会的底层，而在消费品中所增加的消费税就会进一步加剧此群体的贫困程度。

四、评价和反思性结语

加尔布雷思关于"贫困问题"的上述阐论，无非是基于20世纪50年代进入"富裕社会"的美国社会现实来探讨私人富裕与公共贫困、贫富不均的关系以及处于社会分配最底层的人群渐次被边缘化等问题。他通过分析处于"富裕社会"的"贫困问题"的生成机理及化解路径，坚决认为无论是仰仗提高就业与教育机会促使渐次被边缘化的社会底层摆脱困境，抑或依托征收消费税等方式实现社会平衡，无不关涉到政府在摆脱贫困中的实际效用，即必须加强国家对经济与社会的干预和投资，从而最终实现人的贫困与公共贫困双向化解的同频辐射效应。实事求是地讲，加氏这种立足经济学视角对美国贫困问题的审视，实质上是援引或融合政治学、经济学和哲学批判方法来全息透视社会学问题，是他的经济学思想的政治学化、社会学化和哲学批判化。

如果说亚当·斯密曾在《国富论》与《道德情操论》之间探讨过经济学与伦理学之间的平衡问题，那么，加氏无异于依托《富裕社会》与《美好社会》把经济学与政治学、社会学乃至哲学的关系呈现开来罢了。看得出来，在实际阐释与寻找救治良策的过程中，加氏所倡导的政府干预和增加消费税等贫困围剿方案，在经济学家看来，无非是对凯恩斯经济学基本原理的再发挥与重运用；在政治学家眼中，则无非是对罗斯福新政的承继与发展；而在哲学家视域中，他只是用不同甚或多元的方式解释世界，问题在于如何彻底改变世界。

需要强调的是，在现实世界中，加尔布雷思则不遗余力地把自己的政治主张和经济理论付诸实践。我们认为，尽管加尔布雷思提出了富裕社会中难以回避的"贫困问题"，但他自始至终将此棘手问题交还给政府来解决，认为唯有政府的不断生产和收入再分配方案的落实，才能最终化解此问题。也正是这一点，恰恰表明加氏的理论主张不仅具有鲜明的理想主义色彩，而且注定其回报也是相当有限的，不啻一场"书斋里的革命"。然而无论如何，加尔布雷思分析和求解问题的思路对我们还是具有重大方法论启示作用，对新时代中国实现经济更高质量的发展和美好社会更自信的创制也不无现实助推效能。

福利国家、劳资关系与技能的演化
——马克思主义经济学与资本主义多样性理论的比较

夏鑫雨　石高宏[①]

（西北大学　经济管理学院）

一、问题的提出

福利国家是战后欧洲兴起的一种发达资本主义国家的内在组成部分。在马克思主义看来，国家是阶级统治的工具，而福利国家则是国家对劳动力再生产过程进行的系统化干预。奥菲认为，"尽管资本主义不能与福利国家共存，然而资本主义又不能没有福利国家"[②]，可见，福利国家已经发展成发达资本主义世界的一项基本经济制度。

为什么英美、欧陆和北欧的福利国家模式各不相同？为什么在面临全球化浪潮时，英语福利国家选择了彻底的自由化，而其他发达资本主义国家选择了"二元化"策略？新古典学派的资本主义多样性理论是解释这一现象的主流理论，然而这种理论虽然似乎符合欧陆国家的情况，但在解释英语国家时却存在种种缺陷。鉴于此，本文以马克思主义的视角重新审视了英美两国福利制度、劳资关系和技能结构的互动演化史，试图寻找英美福利国家的自由主义因素不断增强的根本原因。

二、自由主义福利国家的发展历程

（一）福利国家的黄金年代

自由主义的一般假设认为，市场是解除人类枷锁，也可能是自立与勤奋最佳的保护壳。只要不加以干预，市场自律的机制会确保所有想要就业的人都有工作，也因此能够确保自身的福利。20世纪以来，随着市场体系的扩展，人们的生活也越来越受到经济周期

[①] 夏鑫雨,西北大学经济管理学院政治经济学硕士研究生,研究方向:当代资本主义；石高宏,西北大学经济管理学院副教授、西北大学经济管理学院MBA中心副主任,研究方向:当代资本主义、企业文化。
[②] 克劳斯·奥菲:《福利国家的矛盾》,郭忠华译,长春:吉林人民出版社,2006年。

的控制，不少劳动者因为变故失去了将其劳动提供到市场上的能力。在这样环境的压力下，自由主义才有接受社会权的必要性①。自由主义不得不承认并非所有人都能凭借个人力量抵御市场经济的风险，坚持必要的政府干预才能维护公共利益。

这种"嵌入式"自由主义理念在20世纪三四十年代正式成为英美福利国家的合法性基础。美国的福利国家起源于大萧条时期，当时的美国垄断资本为了应对经济危机，竭力推进国民养老金制度的建立。② 英国福利国家则起源于"二战"期间政府发布的《贝弗里奇报告》，该报告宣称要在战后的英国建立"从摇篮到坟墓"的福利制度。由于根深蒂固的自由主义传统，两国实际上主要建立的是补缺式的福利制度和多元主义的谈判制度。特征具体表现在三个方面：

第一，社会福利计划的覆盖面是部分的。

第二，家计调查发挥着重要的作用。

第三，多元主义的分散化劳资谈判体制。

（二）福利国家的重构

"二战"结束至20世纪70年代，资本主义世界经历了空前的经济繁荣。然而，70年代以来，支撑战后繁荣的条件在悄然崩塌。全球化、去工业化和老龄化令福利国家不堪重负。70年代的两次石油危机成为压垮黄金年代体制的最后一根稻草，发达国家纷纷陷入"滞胀"的尴尬局面。以撒切尔、里根为代表的保守派趁此登上英美两国的政治舞台，致力于削减福利开支，缩小政府的规模和范围，为盈利活动开辟更多的机会，建立不受阻碍的劳动力市场。

1. 社会福利制度的紧缩

在社会福利方面，里根和撒切尔的改革目标是削减福利支出，遏制它们的持续增长。这些目标不受大众欢迎，因此他们采取一系列特别的紧缩策略。③ 第一个策略是"模糊"，第二个策略是"分化"，第三个策略是"补偿"。尽管设计了这些策略，里根和撒切尔并没有实质性地缩小福利国家的范围（见表1），而是削弱了福利国家的再分配效应和未来扩张的潜力。

---

① 埃斯平-安德森：《福利资本主义的三个世界》，古允文译，巨流图书公司，2001年，第67－68页。
② Swenson P. Varieties of Capitalist Interests: Power, Institutions, and the Regulatory Welfare State in the United States and Sweden. Studies in American Political Development，2004(18)：1－29.
③ 保罗·皮尔逊：《拆散福利国家》，舒绍福译，长春：吉林出版集团，2007年，第21页。

表 1　紧缩政策的削减效果

紧缩类型	英国	美国
养老保险	高	低
住房保险	高	高
收入支持	低	低
保健	低	低/中等
残疾/疾病	低/中等	低/中等

资料来源：保罗·皮尔逊：《折散福利国家》，舒绍福译，长春：吉林出版集团，2007 年。

里根和撒切尔的衣钵被后来的当权者继承。20 世纪 90 年代，两国政府提出"工作福利"的理念。克林顿上台后强调，"不能让一个能够工作的人永远依赖福利"，"如果你们能够工作就必须工作"，因为"你们不可能永远依靠救济过日子"。在英国，新工党政府也推出了一系列社会投资战略，将社会支出从被动的收入保护转向对当前和未来劳动力的生产性投资上。①

工作福利成功削弱了流行于受助人群中的福利依赖文化，并提高了他们的就业率，但并没有改善他们的处境。② 工作福利项目的减贫效应并不显著，救助对象往往被困在就业质量较差的劳动力市场底层，成为"工作穷人"，以找工作为条件使雇主对于职业能力的要求渗透到福利项目的设计中，雇主反过来也会通过调整自己的岗位设计以便吸纳工作福利项目提供的临时劳动力，二者的互动实际上形成了对雇主的隐形补贴。③ 可见，工作福利的兴起意味着自由主义国家构建社会安全网的职责正在减弱，规训劳动力、促进产业后备军形成的功能却在加强。

2. 劳动力市场的去组织化

缩减工会势力是英国撒切尔政府的核心议题。这一目标得到了积极的追求，并取得了相当程度的成功。越来越多的限制性法律削弱了工会作为集体政治力量的能力。工会组织水平的急剧下降将削弱劳工运动重新确立其利益的能力。英国工业的落后使它在国际竞争中非常脆弱，工会为适应这一挑战所做的努力使英国工会大会（TUC）产生了严重分歧。一个新的重点是灵活的，工厂层次的安排似乎取代了旧的法团主义模式的工会行为。至此，工会已经很难恢复 20 世纪 60 年代末 70 年代初的影响力了。

---

① Hudson J, Kühner S. Towards productive welfare? A comparative analysis of 23 OECD countries. Journal of European Social Policy, 2009, 19(1): 34 – 46.

② 张浩淼、仲超：《工作福利在我国社会救助改革中的适用性分析——基于典型福利国家实践的比较与启示》，《经济社会体制比较》，2019 年第 4 期，第 118 – 127 页。

③ Peck J, Theodore N. "Work First": workfare and the regulation of contingent labour markets. Cambridge Journal of Economics, 2000, 24: 119 – 138.

三、福利国家的多样性：两种理论视角的比较

（一）技能是答案吗：资本主义多样性理论的解释

为什么英美福利国家具有自由主义的特征？资本主义多样性（VOC）理论认为，这是因为英美的工人普遍持有通用技能。① 根据资产专用性的差异，技能可分为专用性技能和通用性技能，通用性技能为企业在激进式创新中带来比较优势，而专用性技能为企业在工艺改善式创新中带来比较优势。

人们在对自己的技能进行投资时考虑的是未来的回报与风险。理性的工人将不会投资于专用性技能。为了说服工人投资专用性技能，必须对这种技能进行某种保护。具体来说，就是要降低工人在经济萧条时失业的可能性。另外，已经学习了专用性技能的工人当然会支持任何能够保护其价值的制度与政策，无论来自企业还是国家。② 雇主和工人在社会保障上存在一致的利益，这促使他们形成强大的跨阶级联盟，从而能够积极促进国家通过社会福利相关的法案。于是，如果一个国家主要的产品市场战略是基于通用技能的，那么这个国家就会缺乏社会保障。

根据 VOC 学派的理论，一个国家依赖于专用性技能的企业越多，对社会保障和工资谈判的支持就越强烈。该理论在解释英语国家的现象时存在某些缺陷。③ 更为重要的是，VOC 理论存在两种方法论上的缺陷。一方面，这一理论是非历史的，其意图只是寻找资本主义在不同条件下如何实现其均衡状态。另一方面，VOC 理论展现了一幅和谐的劳资关系图景，似乎现有制度安排都是劳资双方平等协商的产物，这显然是不符合资本主义社会基本事实的。

（二）斗争的领域：马克思主义经济学的解释

马克思主义经济学关于工人技能的研究是与劳动过程联系在一起的。在马克思主义看来，资本主义的历史就是工人和资本家争夺劳动过程控制权的历史，而技能则深刻影响着

---

① Estevez-Abe M, Iversen T, Soskice D. Social protection and the formation of skills: a reinterpretation of the welfare state. Varieties of capitalism: The institutional foundations of comparative advantage. 2001: 145-183.
② Iversen T, Soskice D. An Asset Theory of Social Policy Preferences. American Political Science Review, 2001, 95(4): 875-893.
③ Streeck W. Skills and politics: General and specific. The political economy of collective skill formation[M]. New York: Oxford University Press, 2012: 317-352.

工人的控制力,① 因此技能结构的背后是劳资力量的对比。

在前资本主义时代,城市中存在着一批独立从事手工业的工匠,他们通过行会的形式组织起来维护自己的市场地位和物质利益。随着商品经济的发展,商人资本通过包买商制度逐渐控制了城市行会手工业和农村家庭组织。② 工匠开始被资本家雇佣,但他们仍然在很大程度上保持自己生产过程的自主性。马克思将这一现象称为劳动对资本的形式隶属。进入机械化时代后,工匠则作为技工被引入工厂,从而形成了技工控制。蒙哥马利的分析表明,在竞争资本主义时代,恰恰是技术工人而不是雇主控制着大多数行业的劳动过程。③

1. 英美劳资关系与技能结构的演化

(1) 英国:从技工控制到去工业化

在英国工业巅峰时期,技工控制得到了进一步巩固,并成为资本家和熟练工人的和谐稳定关系的基础。但英国工会不太关心培训的质量,也没有建立技能资格认证体系,于是企业就会想方设法地在培训上走捷径,甚至将学徒工视为易于剥削的廉价劳动力,年轻人越来越感觉到做学徒工没有前途。这一点加速了英国技工群体衰落。

"二战"结束后,随着战后重建的进行,英国工业蓬勃发展,其就业比重在1955年达到顶峰(47.9%),但随后便开启了缓慢的去工业化进程(见图1)。至1984年,几乎每一个工业工人就对应两个服务业工人,仅公共服务行业的就业人数就相当于整个制造业就业人数总和的四分之三(4300000∶5800000)。去工业化是20世纪下半叶欧美发达国家的普遍现象,但在英国表现尤甚。1955—1983年,英国是工业就业人数下降比例最大的国家。1955—1981年,英国的工业就业比重下降了9.7%(从36.1%到26.4%),仅次于比利时和澳大利亚。不过,去工业化并没有立即带来利润率的恢复,因为与此同步的公共部门就业的扩张抑制了去工业化的这一影响。④ 直到撒切尔夫人推行私有化改革,去工业化效应才被释放出来。

由于从事脑力劳动,服务业白领们的技能在许多不同行业都能派上用场。另外,从事低端服务业却基本不需要什么技能。在VOC理论看来,两者的技能都是"通用"的。不过,前者却不像VOC理论所预测的一样愿意将自己的命运交给市场自由摆布。相反,他们和19世纪的技术工人一样,会成立协会来保护自己的地位,甚至控制服务的价格。而

---

① 谢富胜:《控制与效率:资本主义劳动过程理论与当代实践》,北京:中国环境出版社,2012年;威廉·拉佐尼克:车间的竞争优势,徐华、黄虹译,北京:中国人民大学出版社,2007年;哈里·布雷弗曼:《劳动与垄断资本》,方生、朱基俊、吴忆萱、陈卫和、张其骈译,北京:商务印书馆,1978年。
② 谢富胜:《分工、技术与生产组织变迁》,北京:经济科学出版社,2005年,第139页。
③ Montgomery D. Workers' control in America. Cambridge University Press, 1979.
④ Pontusson J. Explaining the Decline of European Social Democracy: The Role of Structural Economic Change. World Politics, 1995, 47(4): 495–533.

对于后者，正如下文所解释的，他们缺乏获取再分配政策的政治力量。

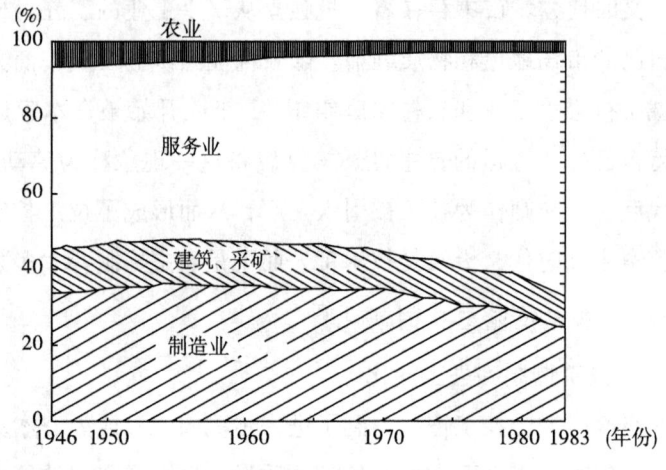

图1　英国各行业就业人数比重①

（2）美国：大批量生产与去技能化

"二战"以后，虽然美国也经历了工业重要性的不断下降，但如果采用对数指数与英国相比，就会发现英国工业就业持续下降的同时，美国工业就业却在波动中保持稳定（见图2）。这实际上反映了美国制造业不同的演化路径。

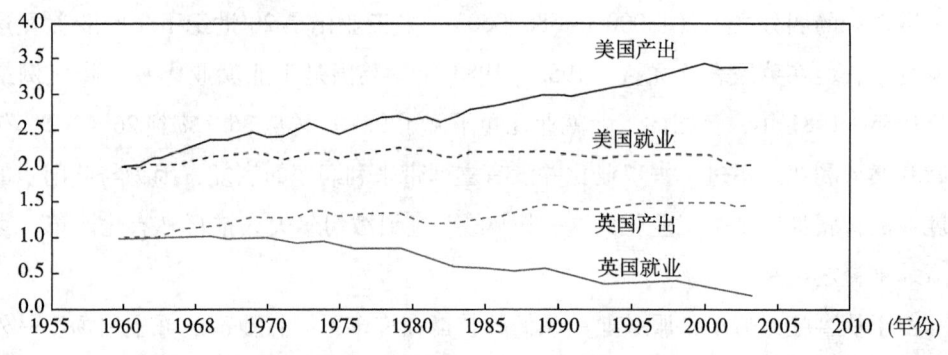

图2　英美制造业的产出与就业（对数指数）②

与英国一样，19世纪末20世纪初，美国技术工会与雇主之间的冲突不断，但两国所处的环境不同。首先，美国的技术工会出现得较晚，技工势力更薄弱。其次，美国很早就开始了技能替代型技术的探索。在19世纪中叶，美国就形成了美国体系，在美国体系的基础上，美国企业又发展了大批量生产技术。大批量生产技术减少了对技术工人的依赖。

---

① Martin R, Rowthorn B. The Geography of De-industrialisation. London: Macmillan Education UK, 1986: 4.
② Rowthorn R. De-industrialisation and the balance of payments in advanced economies. Cambridge Journal of Economics, 2004, 28(5): 767-790.

19世纪下半叶,随着机械化的加快,在批量生产中,技术工人和准技术工人之间的界限越来越模糊。

不过,正如英国的例子所证明的,大批量生产技术并不必然带来竞争力的提升,还需要解决新技术伴生的问题。第一,如何建立并巩固新的劳动控制系统。第二,如何增强企业的规划和协调能力。第三,如何避免工人的消极怠工。流水线技术的引入使工头的监督十分简单,但是仅靠这一"大棒"的威胁会增加工人的流动性,进而增加雇佣的交易成本和培训成本。解决这一问题的方法是福特公司的效率工资制。在效率工资制下,即使没有严密的监控,工人也比过去工作得更努力了。自此,美国福特制生产方式最终形成。福特制奠定了美国工业领袖的地位,同时也使美国企业得以顺利完成去技能化的过程,把技术工人彻底边缘化。

2. 就业极化与工人力量的式微

在英国,技工控制减少了管理和协调等间接成本,为英国工业提供了竞争优势。但长期依赖技工控制培养了庞大的利益集团,当英国资本家试图夺回车间控制权时,受到了技工的强烈阻挠。于是,英国通过产业转移来摆脱对技工的依赖。其结果是工业的重要性下降,服务业不断扩张。在美国,技能替代型技术很早就生根发芽了,技工的组织性也没有英国强。美国通过将批量生产技术和新的管理结构相组合,成功将技能赶出了车间。英美两国虽然演化路径不同,但殊途同归,均摆脱了工人技能给生产带来的困扰,实现了资本主义的转型。

在新的技能结构下,工人阶级的构成并非像VOC学派描绘的那样都是掌握通用技能的工人,而是呈现出不断分化的态势,一边是无技能的普通工人,一边是高学历的中产阶级,同时对熟练工/技工的需求不断下降。20世纪80年代以来,发达国家普遍出现的就业极化现象[①]正是技能分化的表现:中产阶级和普通工人的就业份额不断上升,而熟练工/技工的就业份额不断下降;相对于熟练工/技工,中产阶级和普通工人的实际相对工资不断上涨。[②]

四、结论

在资本主义的黄金年代,英美两国的福利国家形式是相似的——非普惠型的社会政策和去中心化的劳资谈判制度,这和欧陆国家全覆盖的社会政策和集中谈判制度形成鲜明的

---

① 有研究指出,美国的就业极化现象出现得更早,大概在20世纪60年代就开始了。见:Bárány z l, Siegel c. Job Polarization and Structural Change. American Economic Journal: Macroeconomics, 2018, 10(1): 57-89.

② Acemoglu D, Autor D. Skills, Tasks and Technologies. NBER Working Paper, 2010(16082).

对比。进入新自由主义时代后,英美两国又几乎同时开启了社会政策的紧缩和劳动力市场的去组织化。资本主义多样性学派认为,英美的这一系列新变化是由于他们的工人普遍持有通用技能,不再需要国家帮助他们维持劳动力的去商品化了。然而,这一解释既忽略了英美存在着大量没有技能的工人,也没有追问当前的技能结构反映了怎样的社会关系。马克思主义学者对英美劳工史的分析表明,英美的资本家一直在努力推动本国技能结构的转型。英美没有成为普惠型的福利国家,不是因为他们的劳动者不需要,而是因为他们在历史的发展中逐渐失去了争取它的联盟和力量。

为什么新古典学派对福利国家的解释总是"只说对了一半",而马克思主义则往往能察觉到更深层次的原因?本文认为,这是因为新古典学派采取了错误的基本理论图景。在新古典学派看来,任何制度变迁都是改善社会福利的,否则它没有理由发生。因此,任何制度安排都是帕累托最优的均衡状态,除非有外生的动力,这一均衡不会发生进一步的变化。这种设想明显与人类社会的一大基本事实不符——行为者之间既有共同利益也有利益冲突。[①] 在这种设想下,VOC 理论自然会提出一个错误问题:残补型福利制度是如何符合英美工人的利益的?而为了回答这一错误问题,它又不得不置一部分社会现象于不顾——英美大量存在的无技能工人。

相比之下,马克思主义不仅正视,而且十分关注行为者之间的利益冲突。这种对冲突的关注使马克思主义强调权力在制度变迁中的作用。[②] 在马克思主义看来,拥有足够权力的行为者有可能强制施行他们偏好的制度安排,无论有多少其他人可能并不同意。于是,制度安排不必是帕累托最优的,制度得以实施是因为弱势方受到了劝说或强制,而制度的再生产则依赖于权力的持续支持。因此,马克思主义即使同意福利制度与技能结构有关系,也并不认为后者就是前者的根源,而是进一步指出,二者的变化实际上都是劳资力量对比发生变化的结果。

马克思主义关注冲突与演化,而新古典学派关注和谐与均衡。前者关注的社会力量和社会实体在本体论上是更具有优先性/重要性的。[③] 当然,两个学派都只捕捉到了部分社会力量/实体,比如,新古典学派中关于制度的博弈论分析恰当地解释了权力不发挥作用时制度是如何自发形成的(如红绿灯),这一点恰恰是马克思经济学所忽视的。为了更深入、更全面地理解社会现象,我们必须用具有本体论优先性的马克思经济学来引领新古典经济学的发展,将两个学派进行有机综合。

[①] Tang S. A General Theory of Institutional Change. Routledge, 2011: 23 – 27.
[②] Tang S. A General Theory of Institutional Change. Routledge, 2011: 27 – 29.
[③] 唐世平:《社会科学的基础范式》,《国际社会科学杂志》(中文版),2010 年第 1 期。

关于奥菲福利国家结构性矛盾理论的评述和发展

季 雷 王生升[①]

(清华大学社科学院;南开大学马克思主义学院)

一、奥菲福利国家矛盾的理论和现实意义

增进民生福祉是发展的根本目的。20世纪50年代,西方主要资本主义国家普遍盛行"凯恩斯主义福利国家政策"。但是"滞胀"后,各国福利政策被不同程度削减,福利国家也最终退出资本主义国家的历史舞台。

保守主义学者将其原因归结为福利国家由政府主导的再分配政策导致市场效率的损失。社会主义学者则认为,福利国家的失败在于其只是一种事后的补偿措施,没有改变劳资收入分配的根本问题。两个学派都没能指出对方存在的理论缺陷,因此争论不休。

法兰克福学派的代表人克劳斯·奥菲的资本主义福利国家结构性矛盾理论具有更宏大的理论视角和更强的解释力。奥菲认为,福利国家具有三种结构性矛盾:一是政治力量主导的福利国家政策剥夺了资本自由投资的意愿;二是福利国家的行政性再商品化措施导致非市场部门越来越侵蚀市场化部门;三是劳动力再生产和资本投资都对国家调控产生了依赖。奥菲进一步指出福利国家"尽管对资本积累的影响很可能是破坏性的,然而废除福利国家所带来的影响将简直是毁灭性的",这就是著名的"奥菲悖论"。

但是,奥菲对资本主义国家危机的分析着重于政治过程和社会过程,忽视了来自经济系统的内在变革,因此在分析影响福利国家矛盾的原因方面出现了先入为主的误判,也没能准确判断福利国家的发展趋势。

本文认为,对福利国家矛盾的理解不能仅局限于福利国家这一政治制度本身,而要从经济基础与上层建筑相适应的角度,历史地、动态地、发展地理解资本主义国家和国家行为。

[①] 季雷,清华大学社科学院经济研究所博士在读;王生升,南开大学马克思主义学院副院长,教授。

二、如何认识"福利国家"

奥菲的理论贡献在于提供了一种超越福利制度本身的分析方法。奥菲采用系统功能法，将资本主义社会划分为"经济子系统""政治—行政子系统"和"规范子系统"三个基本的、相互联系和影响的系统。图1展示了三个子系统的运行机制。经济系统依赖于政府的持续干预以消除其内部存在的功能失调，反过来以税收的形式将剩余价值部分地转移给行政系统；行政系统利用这部分财政资源提供福利制度，回应规范系统的期望需求和公民权利要求，获取依赖于大众忠诚的合法性。

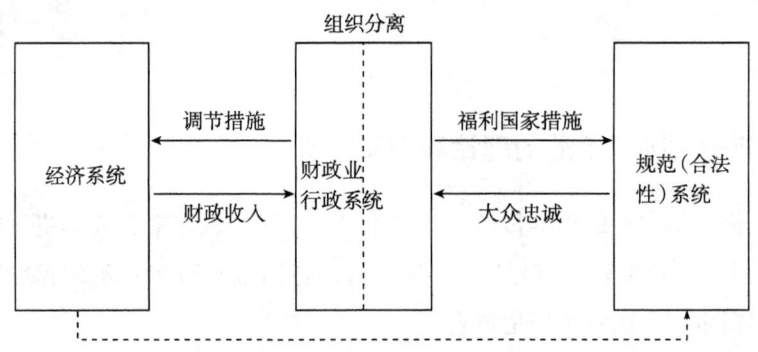

图1　三个系统及其相互作用

但是本文认为，奥菲对福利国家的认识仍存在很大的局限性。首先，奥菲用"行政性再商品化"措施来定义福利国家的政策是片面的，这就造成了奥菲理论的两个重要纰漏：第一，对福利国家矛盾的分析存在较大的偏误和先验化认识。第二，奥菲将资本主义国家作为一个"混沌的整体"进行先验的、概念性的推论。20世纪70年代后，公共部门就业进一步萎缩，图2反映了这一情况。以美国为例，这一时期公共部门吸收就业的比例持续下降，只有在经济衰退的1970—1971年和1973—1974年出现了一定的反弹。这一趋势在20世纪90年代后更为明显，英美两国的公共部门就业只在次贷危机期间有短暂的提升，德国则几乎没有波动。因此，非市场化部门的存在既没有侵蚀市场机制在资本主义经济系统中的核心地位，也没有挤压私人部门的空间。

除了行政性再商品化措施，公共部门提供的免费医疗、教育服务也是福利国家的重要政策。并且这一政策并未如奥菲所说的造成非市场化的损失。R. Rowthorn（1974）证明，相比于由私人部门提供教育、卫生等服务，由国家提供这些服务并没有造成社会总利润的损失。

我们发现，奥菲对于福利政策的定义只限于第一、第二和公共部门就业等几个部分，特别是忽视了福利国家政策对劳动力市场和公共产品市场供求结构的改塑作用。

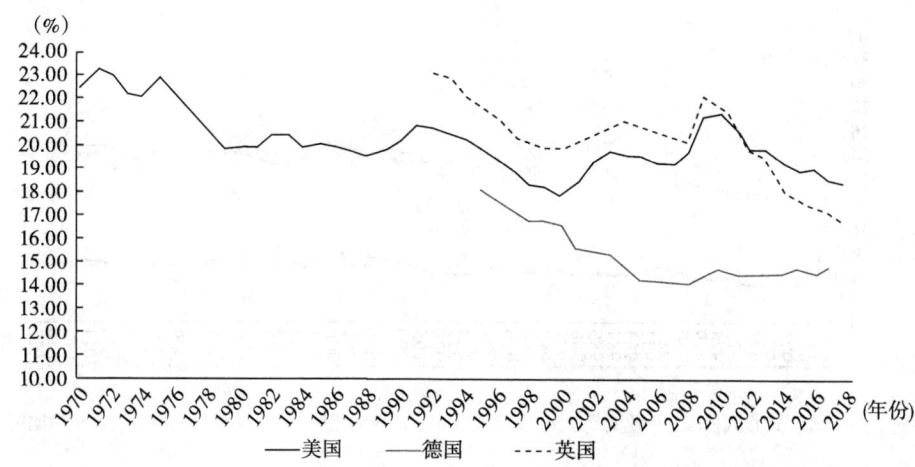

图 2　公共部门吸收就业占比

资料来源：各国国家统计局。

其次，奥菲的另一个局限性在于将注意力集中在福利国家作为一种政治策略本身的"危机管理能力"上。奥菲没有认识到，广义的福利国家是稳定和发展战后资本主义经济的一整套政策和制度的总和。此外，由于仅关注了福利国家危机矛盾调解的失败，奥菲也忽视了福利国家干预导致了经济系统内部产生新的矛盾，以及连锁效应导致的新的政治危机和社会冲突。这导致没能准确判断20世纪80年代后期全球化和新自由主义经济政策对福利国家矛盾的改变。本文接下来的两节将重点讨论这些问题。

三、福利国家矛盾的转移

财政危机是奥菲悖论的重要前提，但是奥菲将财政负担完全归咎于支出扩张的判断显得有些先验化。

本文认为，财政支出扩张并不是导致财政赤字扩大的唯一原因，收入不足对财政赤字的贡献完全不小于支出扩张。图3展示了1972—2017年OECD国家财政收支和税收占GDP的比重。

由于不能在政治和规范系统内削减财政支出，因此如何在经济系统内寻找"增加收入"的办法成为资本主义国家在20世纪70年代后的主要努力方向。而忽视了财政收入侧的分析导致奥菲几乎无视这一重要转变。

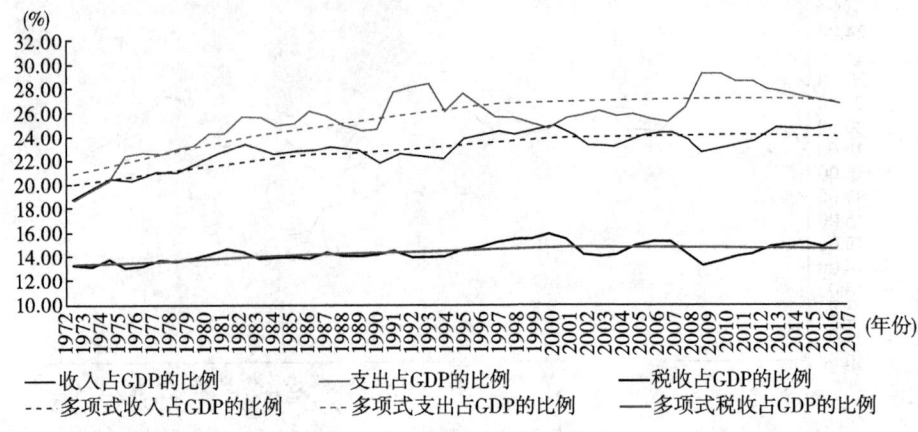

图3 1972—2017年OECD国家财政收支和税收占GDP的比重

资料来源：世界银行数据库。

资本主义国家尝试的第一个办法是"通货膨胀"，将财政负担的矛盾以"货币幻觉"的形式转回到经济系统中，暂时性地解决劳资双方关于经济剩余分配的冲突。图4展现了1972—2017年G7国家的通货膨胀率变化。但是这一措施并没有改变劳资分配的矛盾，货币幻觉在贬值发生时必然终结，因此这一方法在导致20世纪70年代后期的"滞胀"后宣告失败。

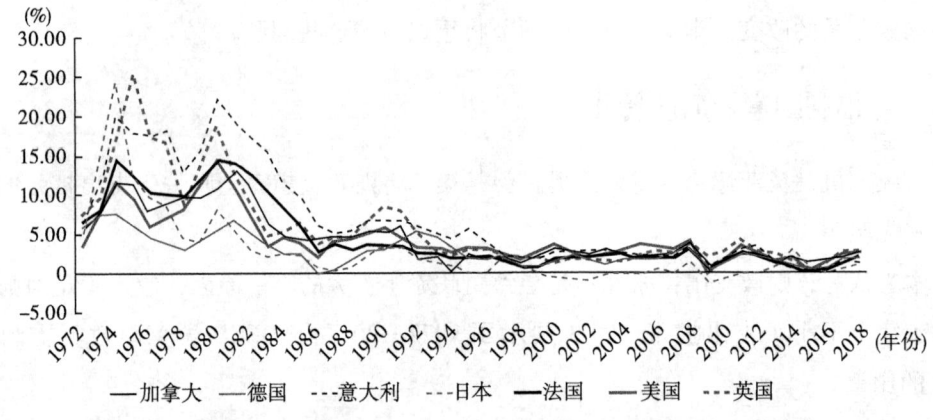

图4 1972—2017年G7国家的通货膨胀率变化

资料来源：世界银行数据库。

资本主义国家采取的第二个办法是国家负债，将通货膨胀政策引发的矛盾以财政赤字和国家负债的形式重新转移回政治系统，以维持福利国家的开支，缓解经济和社会系统内激化的矛盾。图5描述了1972—2017年G7国家的政府负债情况。

但是政府负债占比的持续增加也仅能暂时延缓而不是持久地解决资本主义国家的危机。到了20世纪90年代中期，国家的清偿能力越发不足。主要资本主义国家先后着手整

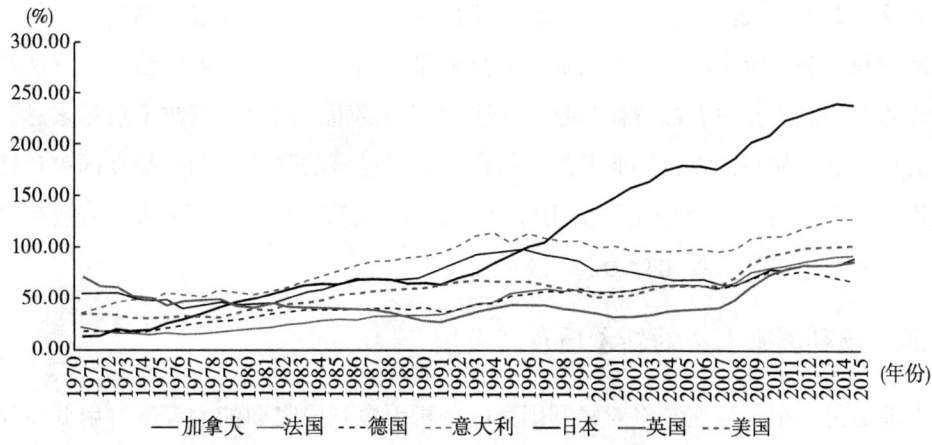

图 5　1972—2017 年 G7 国家的政府负债情况

资料来源：IMF 数据库。

顿政府的财务赤字，大幅削减政府开支。

资本主义国家采取的第三个办法是私人信贷的扩张，矛盾的"皮球"再次回到经济系统中，呈现出新的特点并且持续至今。家庭部门的负债变化更能反映这一问题。图 6 展现了 1970—2018 年除意大利以外 G7 国家家庭部门债务 GDP 的变化情况。这种用个人负债代替国家负债的增长作为扩大可分配的资源的调节机制也被称为"私有化了的凯恩斯主义"（Crouch，2009）。

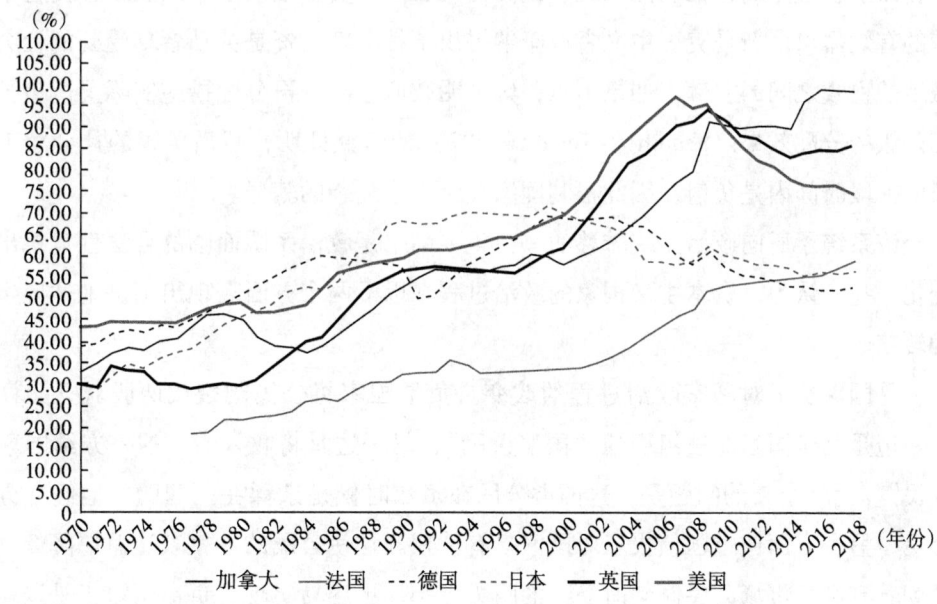

图 6　1970—2018 年主要资本主义国家家庭部门负债占 GDP 比重

资料来源：Wind 数据库。

在这一部分，我们证明了20世纪70年代以来，资本主义国家将福利国家的矛盾不断地在政治和经济系统中转移，先后通过通货膨胀、国家负债和私人负债三种方法预支了经济的支付能力。这三种办法遵循着这样一个内在的逻辑：国家的行政干预越来越朝着市场化的方向发展。如果说通货膨胀政策是行政力量对经济的强力干预，那么国家负债还保留着政府税收担保的"半市场化"信用行为，而私人信贷补偿公共福利和工资支出的政策则是完全的新自由主义市场化行为。

四、福利国家引致的新矛盾及其发展

奥菲的另一个贡献在于将对福利国家的分析引申到国家职能的深度，由此建立了其国家理论和危机理论的基础。但是奥菲并没有分析福利国家对经济系统的影响，这是因为奥菲认为保罗·斯威齐等传统的马克思主义者已经对此给予了足够的关注。这一缺陷使奥菲的理论停留在静态层面，缺乏了对矛盾发展的动态分析。本部分的论述试图从这一角度完善和发展奥菲的理论。

福利国家对经济系统的调节表现为保障充分就业和刺激有效需求。但是在20世纪70年代后期，这些推动了"黄金时代"的政策却累进性地产生了威胁繁荣的影响。积累的社会结构学派（SSA）的"利润挤压"的观点认为，充分就业政策对生产率产生了显著的负向影响。

在需求管理方面，福利国家通过提高劳动者的工资和福利水平以及转移支付手段提高经济的有效需求。新马克思主义者奥康纳提出了社会净工资是劳动者享受到的社会投资与其缴纳的税收之间的差额，如果为负，则说明政府主导的再分配措施实际上产生了不利于劳工阶级的分配效果。Shaikh 和 Tonak（1987）的研究证明，战后美国的社会净工资在相当长的一段时间内是负值，因此福利国家只是一个复杂的骗局。

经济系统矛盾向政治系统转移的一个重要结果是政治系统面临的合法性危机出现了新的变化。我们认为，资本主义国家的政治过程在以下两个方面表现出渐进地适应生产力发展的转变。

一是国家负债对国家政治过程的改变。负债国家将公民割裂成两股对立又糅合的势力：一边是基于国家宪法组织的"国家人民"，另一边是将收入借贷的一方给国家的"市场人民"。另一个新的问题是，这两类公民在多数时候是杂糅在一起的。他们一方面是普通公民，另一方面通过国债投资对国家享有债权。这使公民的冲突表达意愿降低，政府的干预朝着有利于市场公民倾斜时受到的阻力更小，更容易实现。负债国家正是以这种方式使减少有利于劳工阶级的干预变得更加容易。

二是合法性基础由"大众忠诚"向"资本信任"的转变。西方民主国家的参选率在

20世纪60年代以后平均下降了至少12%，这种下降主要来源于低收入阶层以及社会底层的选民的退出，因为这部分选民无法从政府换届中获得任何实质性的改善。但是失去这部分选民的支持并没有对合法性产生根本的影响。在这一基础上国家的冲突解决能力未必下降，国家负债策略就是典型的例证。而向私人负债的转移不仅将矛盾的"皮球"从政府重新踢回到市场中，更成功地将现在的矛盾转移到"未来"。

从20世纪70年代至今，资本主义经济的复苏使得政治危机不断延缓的事实证明，大众民主政治也日益不再为资本积累所需要。奥菲分析的民主政治效力衰退的规律是事实，但不必然导致合法性危机。

经济系统出现新的矛盾和政府合法性基础的改变将渐进地规范子系统的意识形态和道德标准。阿尔都赛就指出，资本主义的再生产也包括意识形态的再生产，通过教育培养和传播适合资本积累的思想。女性就业、人力资源的自我商品化证明了规范子系统是动态的、随着生产力发展不断变化的。

五、国家重构与"奥菲悖论"的发展

前文的论述证明，奥菲确实如他所说的一样，没有分析经济系统内的变革，只把它当作一种前提，这无疑舍弃了马克思主义最精髓的部分。他过分地关注政治系统的危机管理作用，将国家定义为解决资本和工人两方截然相反的要求相容性的机构。既没有认识到福利国家的根本问题在于只是转移了矛盾而非解决矛盾，也没有分析福利国家引致的经济、政治和规范系统内新的矛盾及其发展。究其原因，在于奥菲对于福利国家矛盾的分析仅仅局限于矛盾本身，并没有从经济基础与上层建筑相适应的角度，历史地、发展地看待这一问题。

相比于"奥菲悖论"的静态分析，西方马克思主义国家理论的代表学者Jessop的策略式国家理论描述了这一动态过程。Jessop将国家视为一种"社会关系"，国家形式是由社会关系决定的"政治策略""积累策略""领导权方案"的选择场所和制度总和。当积累策略不再适应剩余价值的生产和资本积累时，资本会寻求经济范式的转换，由此引发积累策略的变动，进而迫使政治策略转变，国家的形式和功能随着积累策略的改变而发生相应变化。因此国家充当了一个在既定态势中优先考虑、改变或者排除竞争性积累策略的结构选择机制。我们试图沿用Jessop理论重构奥菲所说的三个系统的关联机制。

晚期的福特主义在经济系统中出现了高劳动力成本和高融资成本的困境，凯恩斯主义福利国家策略越来越失去调节资本主义国家各个系统中矛盾的能力。随着互联网信息科技和交通运输设备的发展，专利知识和技术的竞争日益成为分割全球生产价值链的决定因素。劳动过程、积累制度和监管模式等诸多经济和超经济条件的改变构成了新的"后福特

主义"积累策略,后福特主义的经济范式转换推动了政治和社会系统的重构,前文论述的福利国家矛盾的转移和引致的新矛盾实质上就是对资本主义国家形式、结构动态变化的描述。"后福特主义"的国家干预更注重对技术创新和有利于生产全球化的经济和非经济条件的塑造,福利制度的提供由"民族国家福利"(statewelfare)越来越发展为"依靠工作的福利"(workfare),国家提供主导的行政性再生品化的范围和力度都大大缩小,仅提供兜底性质的福利保障,其余部分则由市场化的私人社会保险提供。

作为社会系统的反馈,知识和意识形态教育也更加强调市场竞争的正义性和秩序性。在这样的系统重构的过程中,奥菲所预言的资本主义国家危机在新的国家形式中被解决或推迟。因此本文认为,国家的重构推动了福利国家结构性矛盾的发展,这也是本文重要的理论创新。

福利国家的结构性矛盾和衰退只是资本主义基本矛盾在一段时期的特殊表现。新自由主义的兴起和熊彼特竞争性国家都不能改变社会化生产和生产资料私有制之间的矛盾,因此资本主义国家的经济、政治和社会危机只会以不同形式周期性地出现。

六、结论

本文基于马克思主义国家理论,系统地分析、批判和发展了奥菲的福利国家结构性矛盾理论。我们认为,奥菲的理论存在三个方面的问题。第一,奥菲对于福利国家的认识存在较大的局限性,没有从广义上理解凯恩斯主义福利制度对战后资本主义国家经济、政治和社会产生的系统性影响。第二,奥菲将国家视为调节劳资双方相容性的政治系统,过分关注了政治系统的危机管理能力,没有认识到福利国家真正的问题在于没有解决资本主义国家的基本矛盾。第三,也是最重要的,奥菲的理论缺乏对经济系统内生产力和生产方式变革的考察,舍弃了马克思主义的精髓部分,没有从经济基础与上层建筑相适应的角度分析福利国家矛盾的成因和发展。我们认为,凯恩斯主义福利国家、新自由主义的兴起和熊彼特竞争性国家都不能改变社会化生产和生产资料私有制之间的矛盾,因此资本主义国家的经济、政治和社会危机只会以不同形式周期性地出现,福利国家的矛盾是资本主义基本矛盾在一定时期内的特殊表现。

文章最后,我们重新考察了福利国家对于国家经济增长和国民生活水平提高的两方面含义。一方面,福利制度首先要补偿劳动力再生产成本,并在此基础上充分提高国民分享经济增长红利的份额;另一方面,福利国家不应该成为经济增长的拖累,反而应该通过提高劳动力再生产质量,为技术进步和产业结构转型提供充足的、可靠的劳动力保障,实现剩余的持续积累和经济健康增长。我们将前者称为"分配效应",后者称为"发展效应"。通过批判性地吸收和发展奥菲的福利国家结构性矛盾理论我们发现,资本主义福利国家始终不能协调劳动力再生产质量的提高和剩余价值积累，因此不能实现分配效应和发展效应的共存，而这正是中国特色社会主义追求共同富裕、实现全民共享的发展理念所独有的制度优势。当前我国经济增长和社会发展正在经历深刻的变革，如何在市场化改革不断深入的同时更好地发挥政府的作用，建设既能服务经济高质量增长，又能使全体人民切实分享发展红利的社会保障体系建设，既是重要的理论问题，也是重大的现实问题。在这样一个重要的时间节点，重新回顾和批判性地思考奥菲关于福利国家矛盾的理论，对新时代我国社会保障制度改革、建成惠及全民的小康社会和实现"两个一百年"的伟大目标具有重要意义。

程恩富学术思想述要

徐则荣

（首都经济贸易大学）

一、提出正确处理马克思主义经济学、西方经济学与中国经济学的现代化三者关系问题的思想原则

程恩富教授提出的思想原则具有重要的指导意义，它使我们在西方经济学和国学的教学研究中，要以马克思主义为指导，一分为二地看待西方经济学，去其糟粕，取其精华，为我所用，而不能不加分析地全盘照搬。只有这样，才能使我们在推进中国经济学现代化的道路上越走越宽广，最终形成具有中国特色、中国风格和中国气派的中国现代马克思主义经济学。北京大学已故经济学泰斗陈岱孙教授在为程恩富教授的独著《西方产权理论评析》一书题词时写道："弘扬马列，锐意求新，借鉴西学，体察国情"，这也是对程教授提出的思想原则的充分肯定。

二、对西方新自由主义的评析

面对20世纪80年代金融自由化浪潮，程恩富教授敏锐发现，与以往贸易自由化为特征的新自由主义不同，金融自由化是当前新自由主义的新特征。在《"猛虎"是怎样放出笼的》一文中，程恩富教授指出，金融自由化是指不断减少政府对金融部门运行的管制和干预，转而由市场力量决定的过程，在实践中主要集中表现在价格自由化、业务经营自由化、市场准入自由化和资本流动自由化。金融自由化浪潮加剧了世界金融动荡，导致以美国为首的资本主义国家内部基本矛盾、资本主义国家和发展中国家间的矛盾进一步激化，直接助长了美国"次贷"泡沫的累积，以金融自由化为特征的新自由主义必定带来严重的金融危机。

针对国内影响较大的新自由主义观点，程恩富教授本着一名知识分子的社会责任和良知，在《对2014年新自由主义几个流行观点的批驳》一文中从理论上旗帜鲜明地予以批

驳。他指出，所谓"所有领域都由市场决定"的观点一味夸大和泛化市场决定性作用，其实质是背离四项基本原则的"颠覆性错误"。所谓"国企私有化是体制反腐的根本之策"的观点本质上是为了进一步实行国企私有化。实际上，国企私有化不但不是反腐，恰恰是最大、最彻底的连锁腐败。

三、对西方产权理论的评析

西方产权理论认为"自私人假设"是经济分析的唯一合理的前提。程恩富教授指出，自私人在以私有制为基础的市场经济中是客观存在的，它对促进商品经济的发展、推动社会进步发挥了重要的作用。马克思的历史唯物主义说明，利己主义只是在一定社会经济历史条件下的产物。自私人是资本主义私有制条件下的产物，并非抽象普遍的人性，既不是从来就有的，也不是永恒存在的。

西方产权理论把产权分为公有产权和私有产权，认为只有产权明晰才能有高的经济效率，而产权明晰就是产权私有化。程恩富教授指出，虽然西方产权理论的制度分析、交易费用分析和契约分析对我国经济转型具有一定的理论解释力，但是那些迷恋于私有化的"产权神化"却不能不说是理论认识上的"误区"。

西方产权理论认为财产终极所有权可有可无。程恩富教授指出，这种观点难以自圆其说。产权本质上是一种法权关系，是生产关系的法律表现，所有权不过是所有制的法律表现。实际上，财产的终极所有权、使用权、收益权和转让权等经济权利各有各的作用，都是重要和互相牵制的。世界上国有与非国有、公有与私有的经济变动和长期论争，表明所有权在财产权中至关重要。

西方产权理论认为公有制与市场经济不相容。程恩富教授认为，这种观点没有跳出米瑟斯、哈耶克和道布等人的思维窠臼。在一个国家调节主导作用发挥得较好的社会里，各种公有产权不仅可以与市场经济相融合，而且可以比私有产权更适合现代市场经济，产生更高的整体效益。

西方产权理论认为公平与效率此消彼长。程恩富教授指出，经济学意义上的公平，是指有关经济活动的制度、权利、机会和结果等方面的平等与合理，具有客观性、历史性和相对性；效率是指经济资源的配置和产出状态。尽管公平与效率内含一定的矛盾，但总体上二者具有正相关联系，呈此长彼长、此消彼消的正反同向的交促关系和互补关系。

西方产权理论在分析新中国经济变迁上采取历史虚无主义做法。程恩富教授通过新旧中国的纵向比较、新中国和印度及西方发达国家的横向比较等，指出旧中国腐朽落后的私产制生产关系严重阻碍了生产力的提高，比印度发展还慢；西方主要资本主义国家限于私产制的障碍经济增长比"计划社会主义"大国要慢；新中国的发展得益于公有制内生机制的优势。

西方产权理论认为"中国会走向资本主义道路"。程恩富教授指出,把中国从公有制单一型计划产品经济体制向公有制主体型市场经济体制转变视为走资本主义私产制老路缺乏经济学的依据。

西方产权理论认为"马克思经济学已被打得片甲不留"。程恩富教授指出,马克思的劳动价值论具有普适性和科学性,是社会主义市场经济和现代化建设的理论基石;公有制实行市场型按劳分配的思想渊源在于劳动创造价值的公理;具有"经济学美"的要素和特征的马克思经济学在批判中显示出经久不衰的学术魅力。

四、对西方经济危机理论的评析

关于经济危机产生的根本原因,程恩富教授指出,2008年西方国家的金融危机和经济危机依然是资本主义基本矛盾不断深化的必然结果,是资本主义基本矛盾当代发展的必然表现。一方面,随着信息技术和网络技术的发明与广泛应用,各类企业和资本不断突破部门和领土的边界向各个产业和世界各地扩张并相互合作,生产要素以空前的速度和规模在世界范围内流动以寻求相应的位置进行最佳的资源配置,生产与经济的社会化、全球化程度不断提高;另一方面,资本走向进一步的积聚和集中,不同国家、不同领域的资本相互渗透与融合,形成了规模巨大的全球垄断寡头,即产量超过中等国家国民生产总值的巨大型跨国公司,生产资料和金融财富更大规模地向少数人和少数国家集中。这样,当代世界资本主义的基本矛盾逐步扩展为经济的社会化和全球化与生产要素的私人所有、集团所有和国家所有的矛盾。

关于经济危机产生的具体原因,程恩富教授指出,除了上述导致经济危机产生的根本原因外,经济危机也是微观基础、经济结构以及经济调节等方面的具体矛盾和问题共同导致的结果。

从微观基础来看,此次西方国家金融危机和经济危机是美国式公司治理模式的缺陷的具体反映。首先,高度分散的股权结构造成公司经营的短期行为。在过度分散型股权结构下,股东的"理智的冷漠"和"搭便车倾向"导致的结果必然是无人愿意行使监督权,从而导致股权分散下的"内部人控制"格局。其次,失当的薪酬体系"激励"管理层的冒险行为。管理层人员根本无暇注重公司长期发展,而是更多追逐短期效益,过分地关注公司股票价格,甚至不惜突破道德底线,进行各种放大效应的套利行为。

从经济结构来看,此次西方国家金融危机和经济危机是实体经济与虚拟经济日益对立、收入分配两极分化的直接结果。虚拟经济的病态发展在满足金融资本逐利本性的同时,由此导致的巨大的虚假需求也会诱导实体经济的盲目扩张,推动一切国家出口和进口膨胀、生产过剩。一旦虚拟经济的泡沫破灭，必然首先引发金融危机或信用危机，进而引起全面的经济危机。

从分配和消费来看，金融垄断资本的全球扩张还导致收入分配两极分化、贫富差距不断加大。为缓解生产无限扩张趋势与广大劳动者有支付能力需求相对缩小的矛盾，满足金融垄断资本的逐利欲望，美国逐步形成了一种"债务经济模式"：普通民众依靠借贷维持正常消费，支撑资本积累和经济增长。然而，由债务推动的透支性经济增长终究是不可持续的，由借贷消费所掩盖的资本主义深层次结构矛盾必然转化为危机现象。

从经济调节来看，此次西方国家金融危机和经济危机是政府监管不力、市场和国家调节双失灵的必然表现。越来越多的金融资本和金融机构涌入投机性业务领域，经济运行的风险不断加大，市场调节的失灵必然发生。市场调节和国家调节双失灵的结果，必然使得美国的次贷危机发生并演变为世界性金融危机和经济危机。

关于经济危机产生的后果，程恩富教授指出，经济危机可能使西方资本主义经济陷入长期动荡之中。第一，危机凸显金融体系及其"有毒资产"难以根治。第二，危机凸显私有制公司治理的弊端。第三，危机凸显贫富分化的加剧。第四，危机凸显国家调节的低效。西方垄断财团一方面竭力贬低维护社会利益的国家调节，另一方面毫不犹豫操纵政府为其谋求私利。政治上资产阶级政党轮流执政和政治制度的低效率，精神上主张非为人民服务的"自私经济人"的理念和行为，必然导致市场失灵和伦理失灵基础上的国家调节失灵。

面对经济危机带来的严重后果，程恩富教授指出，美国一定会采取特殊手段维护全球霸权。首先，美国华尔街会借助对政府的影响和国家调节力量，进一步扩大美国金融垄断财团对其他行业和其他国家享有的特殊地位。其次，美国会通过各种途径加强对资源、碳排放交易、知识产权和自然垄断行业的控制，以求即使在全球经济长期陷入停滞时仍能谋取超额利润。再次，美国会利用新自由主义政策误导各国经济金融改革，策划隐蔽的经济金融战争打击别国经济和货币体系。复次，美国会一方面通过滥发美元掠夺全世界财富，转嫁危机损失，另一方面为美元最终衰败后继续控制全球金融准备替代方案。最后，美国在采取经济金融手段难以挽救危机的情况下，甚至有可能采取军事凯恩斯主义发动战争。

关于经济危机的应对，程恩富教授指出，应对资本主义危机需要超越新自由主义和凯恩斯主义。一是在经济发展上超越新自由主义和凯恩斯主义的理论枷锁，重新认识国际垄断资本主导下的自由化、私有化、市场化的局限性，使普通民众摆脱贫困的努力建立在其真正的经济权利，特别是对生产资料所有权的掌控上，构建公正的经济全球化、地区化和集团化机制。二是在政治发展上超越"一超"主导的世界政治力量版图，摆脱少数西方国家频频干涉别国内政和人权进步的状态，保障自由民主的人民性、自由民主表达的多样性，构建民主的政治多极化和国防自卫化机制。三是在文化发展上超越资本主义的单一价值观，确认各国和各民族文化的差异性，构建丰富的文化多样化和交互化机制。

五、对民主社会主义的评析

在《民主社会主义及其与中国特色社会主义的区别》一文中，程恩富教授指出，民主社会主义与中国特色社会主义的本质区别主要有四点：第一，在是否坚持马克思主义的指导地位上，民主社会主义主张指导思想的多元化，反对把马克思主义作为唯一的指导思想。中国特色社会主义坚持马克思主义的指导思想。第二，在是否坚持生产资料公有制的主体地位上，民主社会主义宣称社会主义可以在不改变生产资料资本主义私有制的条件下实现，生产资料主体结构不是衡量社会性质的标准；主张在维持私有制主体的基础上，实行国有企业、私人企业和其他经济成分并存的"混合经济"制度，并维护以按资分配为主体的财富和收入分配制度。中国特色社会主义认为社会主义与资本主义在基本经济制度上具有决定意义的差别就在于生产资料社会所有制结构，以质与量都占优势的生产资料公有制为主体、国有经济为主导，对于强国富民和建设社会主义具有举足轻重的作用，是共产党执政等上层建筑的社会主义经济基础。第三，在是否坚持工人阶级政党的领导上，民主社会主义的各种名称的社会党抹杀党的工人阶级性质，反对民主集中制原则，公开宣称他们的党是由具有不同信仰和思想的人组成的一个共同体，不是一个阶级的党，而是"全民党"。工人阶级已经丧失其为历史动力的主导作用，社会主义将由那些随着生产力发展而出现的社会阶层来领导，而不是由工人阶级来领导，提倡资产阶级多党轮流执政的国体。在党的组织原则上，民主社会主义反对民主集中制，主张党内实行无条件的民主原则，不需要严格的组织纪律。中国特色社会主义坚持共产党的工人阶级先锋队性质和民主集中制原则，坚持共产党对社会主义事业的领导。第四，在是否坚持共产主义奋斗目标上，民主社会主义抛弃共产主义奋斗目标，提出民主社会主义的目标是为一个社会公正、自由民主、世界和平的制度而奋斗。他们认为资本主义社会各种弊病和矛盾产生的根源不在于资本主义根本经济和政治制度本身，也不在于阶级剥削和压迫的存在，而是违背了所谓人类一般的理性和伦理原则。要解决资本主义的问题，不需要替代资本主义根本制度，只要按照上述原则不断对其改良即可。中国特色社会主义要在生产力极大发展的社会主义基础上，实现共产主义。

改革开放以来外国经济思想史学科在中国的发展
——基于中华外国经济学说研究会的考察

李黎力　高家擎[①]

（中国人民大学经济学院；中国人民大学信息资源管理学院）

作为"经济思想编史学"（historiography of economic thought）的基本构成部分，经济思想史的学科史和学术史研究相对滞后（李黎力和贾根良，2017，2018）。有鉴于此，本文试图遵循新兴的"学界史"（history of community）研究进路（贾根良和兰无双，2017），通过考察"中华外国经济学说研究会"这一我国外国经济思想史学科唯一的学会的沿革和演变，研究外国经济思想史学科在我国改革开放以来的发展，以期推动该学科的基础理论研究。

一、学会基本情况概述

（一）创建背景

早在新中国成立以前，中国各高等院校的经济系便都开设了经济思想史这一课程，作为经济学科的一部分向学生教授。一般认为，1965年出版的鲁友章和李宗正主编的《经济学说史》为我国第一部完整的经济学说史教科书。

（二）学会宗旨

《成立"外国经济学说研究会"倡议书》中设立了学会的基本宗旨：一、在马克思列宁主义和毛泽东思想的指导下，研究外国经济学说史和当代外国经济学说；二、批判资

[①] 李黎力，经济学博士，中国人民大学经济学院副教授，中国经济改革与发展研究院研究员，美国密苏里大学堪萨斯分校（UMKC）访问学者，中华外国经济学说研究会、北京外国经济学说研究会和全国马克思主义经济学青年论坛理事。"黄达—蒙代尔经济学奖""中国经济学优秀博士论文奖"和教育部"博士研究生学术新人奖"获得者。已在《经济学动态》《国际金融研究》《经济学家》和《中国社会科学报》等报刊发表学术论文40余篇（其中多篇被人大报刊复印资料转载），出版个人专著1部（商务印书馆），译著1部（商务印书馆）。主持国家社科基金青年项目1项。主要研究方向为经济思想史和经济学流派。高家擎，中国人民大学信息资源管理学院硕士研究生。

阶级的庸俗经济理论和修正主义经济理论；三、学习外国经济学说中一切对于我国社会主义经济建设有用的东西，吸取一切可供我国借鉴的东西。

（三）学会演变

1979年9月7日，外国经济学说调研会议在北京召开，会上成立了外国经济学说研究会。1986年10月第三届年会在长沙召开时，学会已更名为"中华外国经济学说研究会"。至此，现在的中华外国经济学说研究会基本形成。

二、学会学术活动和学术成果梳理

（一）学术年会

学会的学术年会自2000年第八届学术讨论会起便开始由高等院校参与协办，除西南财经大学参与协办两次外，每一次学术年会的协办高校都不相同（见表1）。

表1　学会年会举办情况

届数	举办单位	日期
1	成都	1981/04/29
2	昆明	1983/07/16
3	长沙	1986/10/28
4	成都	1990/05/07
5	郑州	1992/10/07
6	国家教委社会科学中心	1994/11/07
8	西南财经大学	2000/05/20
9	浙江大学	2001/10/15
10	山东大学	2002/10/26
11	福州大学	2003/11/16
12	南京大学商学院	2004/11/05
13	深圳市委党校	2005/11/12
14	首都经济贸易大学	2006/10/14
15	长春税务学院	2007/08/02
16	湘潭大学	2008/11/01
17	华南师范大学	2009/11/28
18	云南财经大学	2010/09/24
19	西北大学	2011/10/29
20	北京师范大学	2012/12/01
21	西南大学	2013/11/09

续表

届数	举办单位	日期
22	南京师范大学	2014/11/15
23	西南财经大学	2015/11/14
24	泉州师范学院	2016/11/26
25	江苏师范大学	2017/10/28
26	北京工商大学	2018/11/09
27	安徽工业大学	2019/11/09

（二）专题研讨会

学会积极举办各类专题研讨会。如1984年学会在武汉举办教学与科研工作经验交流会，针对区域经济多次展开专题研讨会。

（三）国外经济学讲座

自1979年11月起，学会便在北京大学举办"国外经济学讲座"，由来自全国各地的43名学者进行讲授，共计60讲，讲座受众广泛。

（四）出版成果

自1979年11月起，学会开始出版翻译外国经济学理论和流派代表作的《现代国外经济学论文选》。从表2可以看出，论文选的主题囊括了外国经济思想的各个主要流派。

表2 《现代国外经济学论文选》主题

辑数	主题
1	凯恩斯左派、凯恩斯主流派和货币主义
2	数理经济学之一般原则
3	西方马克思主义经济学的资本积累、危机等理论
4	亚当·斯密与现代经济学
5	供给学派
6	马克思的劳动价值论、危机理论
7	理性预期与货币政策
8	发展经济学
9	社会主义大论战文献
10	关于长波理论的讨论
11	经济发展之相关问题
12	马克思经济学与现代社会主义经济

续表

辑数	主题
13	计划经济学
14	经济学之一般方法论
15	激进政治经济学
16	宏观经济学、政府与市场等
17	供给学派、凯恩斯主义等

三、学会学术成果分析

本文采用 CiteSpace 可视化分析软件对学会会议文献进行科学计量分析。软件版本为 5.6. R2。本文考察中华外国经济学说研究会的会议文献，以中国知网与万方数据资源系统作为检索源，共计检索到 549 篇文献。

（一）学会会议文献机构分析

使用 CiteSpace 对学会会议文献的发文机构进行分析，NodeTypes 选择 Institution，并选择裁剪算法对图谱进行裁剪，对发文量大于 4 的机构进行统计分析，得到结果如图 1 所示。

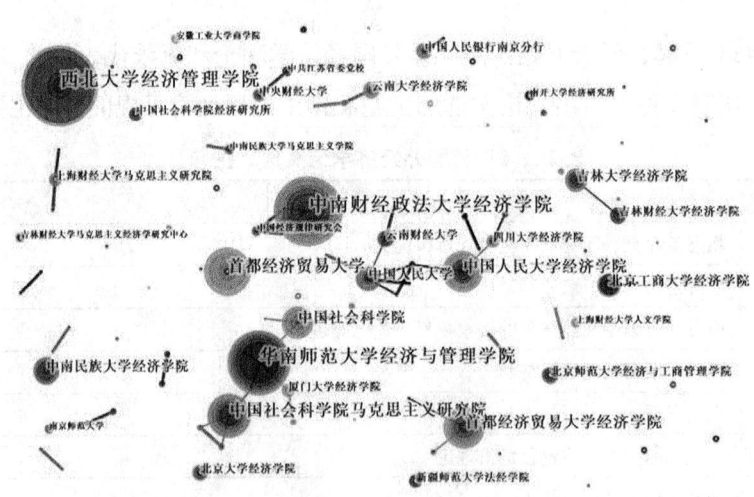

图 1　学会会议文献机构共现网络

从图 1 可以看出，学会年会文献的发文机构数量较多，机构间的合作大致可以分为三类：不同高校间的合作、高校内部的合作、高校与其他机构间的合作。

（二）学会会议文献作者分析

使用 CiteSpace 对学会会议文献的发文作者进行分析，NodeTypes 选择 Author，对发文量大于等于 2 的作者进行统计分析，得到会议文献发文作者的合作关系可视化结果如图 2 所示。发文量大于 6 的作者的具体信息如表 3 所示。

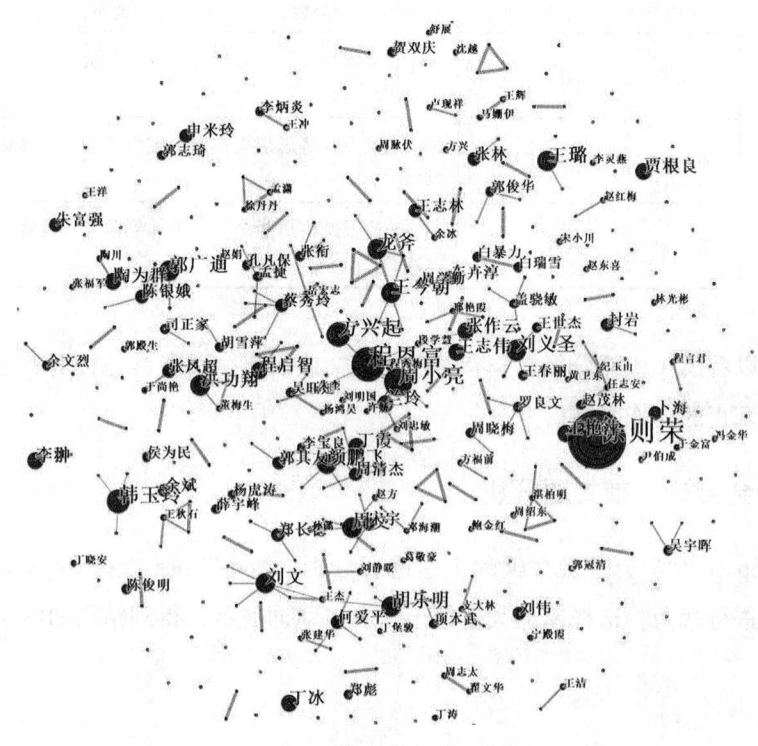

图 2　学会会议文献作者共现网络

表 3　学会会议发文量大于 6 的高产作者

发文量（篇）	作者	作者单位	研究方向
16	徐则荣	首都经贸大学	经济理论及经济思想史；经济体制改革；企业经济
10	程恩富	中国社科院	经济理论及经济思想史；经济体制改革；中国政治与国际政治
8	周小亮	福州大学	经济体制改革；经济理论及经济思想史；宏观经济管理与可持续发展
7	方兴起	广东财经大学	经济理论及经济思想史；中国政治与国际政治；经济体制改革
7	韩玉玲	山东财经大学	财政与税收；经济体制改革；宏观经济管理与可持续发展
6	颜鹏飞	武汉大学	经济理论及经济思想史；经济体制改革；宏观经济管理与可持续发展
6	郭广迪	中南民族大学	经济理论及经济思想史；经济体制改革；哲学
6	龙斧	武汉大学	经济体制改革；经济理论及经济思想史；企业经济

续表

发文量（篇）	作者	作者单位	研究方向
6	周文	复旦大学	经济体制改革；经济理论及经济思想史；中国政治与国际政治
6	洪功翔	安徽工业大学	企业经济；经济体制改革；宏观经济管理与可持续发展
6	刘文	山东大学	人才学与劳动科学；宏观经济管理与可持续发展；经济体制改革
6	王璐	南开大学	经济理论及经济思想史；经济体制改革；金融
6	刘义圣	福建社科院	金融；宏观经济管理与可持续发展；贸易经济；经济理论及经济思想史
6	胡乐明	中国社科院	经济理论及经济思想史；宏观经济管理与可持续发展；经济体制改革
6	王今朝	武汉大学	经济理论及经济思想史；经济体制改革；宏观经济管理与可持续发展

资料来源：中国知网。

从图2可以看出，大部分发文作者都自主发文或仅与一两名其他作者有过合作发文关系，并未形成真正的合作网络。

（三）学会会议文献主题分析

使用CiteSpace对学会会议文献的主题进行分析，NodeTypes选择Keyword，并选择裁剪算法对图谱进行裁剪，选择阈值大于等于5的主题词展示，得到结果如图3所示。

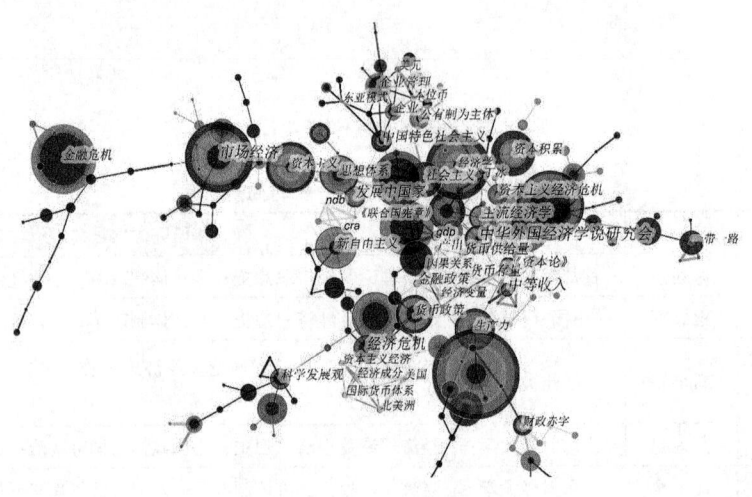

图3 学会会议文献关键词共现网络

在图3中，节点大小表示关键词的出现频率。使用python对文献数据进行处理后，得到每个年份的高频关键词如表4所示。

第二部分 外国经济理论研究

表4 学会会议文献高频关键词年度统计

年份	高频关键词
2009	金融危机、马克思主义、西方经济学、区域经济、货币政策、经济增长、政治经济学、经济管理、社会劳动、世界经济、经济调控、企业经营、国有企业、经济思想史、市场经济
2010	经济、中华人民共和国、经济学家、马克思、思想体系、市场经济、经济体制、西方经济学、马克思主义经济学、后危机时代、劳动力、不发达国家、资本主义、马克思主义、经济危机
2011	生产方式、经济增长、经济发展方式转变、经济危机、马克思、思想体系、经济增长方式、中华人民共和国、金融危机、收入不平等、启示、内在逻辑、新疆、收入差距、美国
2012	马克思、经济、新自由主义、货币政策、新古典经济学、生产方式、经济学家、财政管理、中华人民共和国、思想体系、生产力、金融危机、主流经济学、熊彼特、凯恩斯
2014	经济学家、资源配置、市场经济、混合所有制经济、发展中国家、社会主义、新自由主义、新常态、主流经济学、资本积累、经济学、混合型企业、公有制为主体、国民经济、虚拟经济
2015	经济学、马克思、马克思主义经济学、资本主义、西方经济学、生产关系、发展中国家、经济学家、新常态、后凯恩斯主义、生产力、创新驱动、资本主义经济危机、资本积累、生产过剩
2016	结构性改革、"一带一路"、资本积累、生产关系、马克思主义经济学、市场经济、经济学、中国特色社会主义、社会主义、马克思、发展理念、政治经济学、总需求、生产力、资本主义生产方式

通过表4，能够观察到2009—2016年学会会议文献的关注重点在发生变化。这既是因为国内和国际的经济热点问题发生了转变，也反映出了理论实践的效果和政策背景的变化。

ToP 10 Keywords with the Strongest Citation Bursts

Keywords	Year	Strength	Begin	End	2009—2016
中华人民共和国	2009	3.3194	2010	2012	
生产方式	2009	2.9794	2011	2012	
新自由主义	2009	2.2227	2012	2014	
主流经济学	2009	2.2214	2012	2014	
新古典经济学	2009	2.5011	2012	2014	
社会主义	2009	2.204	2014	2016	
发展中国家	2009	2.9173	2014	2016	
经济学	2009	3.3892	2014	2016	
新常态	2009	2.9173	2014	2016	
资本积累	2009	2.5955	2014	2016	

图4 学会会议文献突现关键词

图4中突现关键词的变化也表现了这一段时间内研究热点的变化趋势。学会会议文献的关键词被聚类成了13个部分，具体内容如表5所示。

表5　学会会议文献关键词聚类情况

聚类代表词	部分聚类内容
企业管理	经济改革；东亚模式；经济体制改革；经济成分；中国经济模式；体制特征；私有制经济；外贸出口
市场经济	市场经济；经济体制；国家垄断资本主义；马克思主义经济学；垄断理论；金融市场；股指期货；指数模型；次贷危机
中等收入	货币存量；货币供给量；当代世界经济；成本推进通货膨胀；宏观货币政策；力学性能；金融政策；分享经济
生产关系	生产方式；转变经济增长方式；转变经济发展方式；上层建筑；矛盾运动；唯物史观；历史唯物主义；经济制度；经济治理；失业人口
剩余价值率	资本家阶级；基础行业；劳动生产率；假设前提；平均利润率；利润率下降理论；一般利润率；实际工资率；相对剩余价值
剩余价值	金融危机；银行监管；全球金融危机；金融动荡；生产过剩危机；私人利益；社会化大生产；金融风暴；美国金融危机；生产的社会化
财政赤字	民粹主义者；狭隘民族主义；竞选纲领；美国资本主义；保护主义；经济全球化；施政纲领；"黑天鹅"事件；国债发行规模
资本论	财政金融；股价指数；不发达国家；最终消费支出；资本积累；劳动权利；经济危机；市场经济；合成控制法
结构性改革	机械化生产；国际竞争力；第四次工业革命；制造业发展；能源合作；"一带一路"；中俄贸易
区域经济	新自由主义；克鲁格曼；经济政策；西方经济学；信息产业；市场经济；社会主义市场经济模式；金融动荡；预付款保函；"走出去"发展
科学发展观	人力资本；人力投资；内生增长；经济增长理论；人力资本风险；增长模型；历史演变；政治实用主义
公有制为主体	生产方式；分配模式；理论设想；社会活动；分配改革；人类社会实践；政治实用主义；全民所有制
世界经济	经济危机；世界经济；金融海啸；经济学分析；通货膨胀；对外掠夺；霸权周期；经济霸权；国家干预；社会权力

通过可视化分析，发现主题围绕的核心仍是经济学说。这里仅以关键词的形式列出每届年会的当年主题部分，具体内容如表6所示。

表6　各届年会的当年主题

届数	主题
1	古典政治经济学与今天
2	外国经济学说史、马克思经济学说、当代外国经济学说的各种流派的理论以及对待外国经济学说的态度
3	国富论、通论
4	西方经济学研究的回顾与展望

续表

届数	主题
5	改革实践
6	现代市场经济
8	经济全球化、西部开发
9	世界经济、劳动价值论
10	社会主义市场经济体制、世界贸易组织
11	现代企业理论、公司治理、经济全球化、新自由主义
12	经济全球化、新自由主义、区域经济学、国际贸易理论、国际金融理论
13	自主创新、经济发展、经济特区新使命
14	凯恩斯主义、国家干预主义、经济自由主义、中国经济改革
15	资本论、中国经济改革与社会主义市场经济建设
16	消费经济学、产权理论
17	金融危机、劳动经济学理论、产权理论
18	中国经济模式、中国转变经济发展方式、后危机时代国际经济
19	国际经济格局与秩序重建、经济发展方式转变、调整所有制结构与收入分配政策
20	财政赤字、政府债务、经济危机、经济发展方式转变
21	中国经济发展、改革、开放、中国梦
22	市场和政府关系、经济体制改革、世界经济格局
23	新常态、"一带一路"、再工业化
24	供给侧结构性改革、"一带一路"、经济发展理念、经济发展战略
25	"一带一路"、中国现实经济热点问题
26	中国特色社会主义、中国现实经济热点问题、国际经济问题
27	经济学创新、国内市场、国际经济合作和竞争新优势、现代化经济体系、传统工业城市产业转型升级

资料来源：历届年会综述及征文启事。

从表6中可以看出从第23届年会开始，新常态、"一带一路"、再工业化、供给侧结构性改革等开始成为学会会议关注的重点。

四、总结和评论

2000年以前是学科在国内发展的恢复期。在改革开放政策实施之后，学科则开始更多地关注实际经济问题。综上，本研究通过考察中华外国经济学说研究会的情况，发现中华外国经济学说研究会在吸收、培养青年学者以及为学者提供学术交流平台方面，对于外国经济思想史学科在国内的发展起到了重要的、无可比拟的作用。通过考察学会的年会文献发文作者和发文机构情况，发现学会会议发文作者和发文机构很多，但作者之间或机构之间的合作相对较少且未形成大的合作网络。通过考察学会文献主题，可从中窥见外国经济思想史学科 20 余年来的思潮变化和发展趋势，在经济学说理论方面，对于西方经济学说从批判追踪到大量吸收再到反思回归，关注经济问题的落脚点也从国内到国际再回到国内，这一过程不仅反映了大环境的变化，也是学科学术自信的体现。

/第三部分/

中国经济问题研究

国内大循环的起源与"十四五"政策建议

贾根良

（中国人民大学）

一、国际大循环的内在缺陷与战略大转型的必然性

首先，价值链分工和核心技术问题。在国际大循环经济发展战略指导下，我国从价值链低端融入发达国家的跨国公司控制的全球价值链，出口价值链低端产品并进口价值链中高端产品和核心技术。在这种发展模式下，由于发达国家将创新率高和附加值高的高质量经济活动留在其国内，却把那些惯例化、低附加值、很少有创新机会窗口和进入壁垒很低的价值链低端环节转移到我国，核心技术和关键零部件问题长期得不到解决。现在，美国对华为等众多中国企业进行无所不用其极的打击，美国对中国人的"负面教育"已经使我们认识到核心技术和关键零部件自给自足的重要性，但我们仍没有认识到"市场重于技术"的关键性作用。我国许多核心技术和关键零部件问题长期得不到解决，最重要的根源就在于虽然中国市场很大，但却没有产品"试用"和成长壮大的有保障的市场。要解决这些问题，就必须在国内建立价值链高端，并通过与国内原有价值链低端之间形成互为市场的国内大循环，为核心技术创造国内市场并实现自主核心技术的突破。

其次，出口导向型经济发展模式与内需不足互相强化，陷入了结构性陷阱。由于低工资成本的低端产品在国际市场上的激烈竞争和大量过剩，发展中国家的企业不得不通过竞相削价扩大出口，而产品价格的降低反过来又迫使企业通过抑制工人工资的提高来降低成本，其结果是造成内需的萎缩，而内需的萎缩又迫使企业不得不依赖国外市场需求，而对国外市场需求的进一步依赖又造成内需更加萎缩。因此，按照比较优势理论、利用低工资劳动力成本参与国际分工的国家都会陷入这种恶性循环而难以自拔，这是我国之所以在1998年和2008年两次提出扩大内需都无法解决这一问题的重要原因。

最后，出口导向型经济发展模式对贸易顺差的迷信助长了美元霸权。对外贸易的目的是获得实际经济资源，提高国民净福利。但自布雷顿森林体系崩溃以来，包括美元在内的

"国家货币"已经变成没有任何内在价值的"记账货币"了。通过保持贸易顺差，中国实质上是在允许美国拿走它的东西，以换取美联储一个会计条目，即"我们在记录我们拿走了她的多少产出"。对美贸易顺差的国际大循环战略实际是我国通过采取出口退税等措施，在用实际经济资源满足美国消费者对物美价廉商品的需求的同时，换取实际上在稳定日益贬值的美元价值，因而助长了美元在国际贸易和国际金融体系中的霸权地位。

二、"十四五"期间调整对外经贸关系的政策建议

首先，使用人民币对联合国缴费、对外援助以及支付所有国际公共事务中由中国负担的费用，大幅度提高国际贸易中人民币结算的比例，取消出口退税，到"十四五"结束时实现对外贸易平衡。

在金本位时代和布雷顿森林体系之下，出口导向型经济发展模式虽然不适合我国这样超大规模的国家，但它仍不失为国家富强的一种道路，这是英国、日本和东亚"四小龙"的出口导向型经济在20世纪80年代以前之所以取得成功的原因，但自布雷顿森林体系在20世纪70年代崩溃之后，事物就走向了其反面。由于"国家货币"已经变成没有任何内在价值的"记账货币"，出口在本质上已经转变成为以本国的实际经济资源（包括自然资源和劳动力资源）换取以外国货币结算的金融财富；进口的本质则是以本国货币结算的金融财富换取外国的实体经济资源。因此，贸易顺差对应着实际经济资源的亏损；贸易逆差则对应着实际经济资源的获利，赚取贸易顺差的出口导向型经济发展模式或国际大循环经济发展战略已经转变成了一种"使己受损"和"自讨苦吃"的发展战略和发展模式，这就是必须实施国内大循环战略的历史起源：只有依靠国内市场的贸易平衡和略有逆差的国内经济大循环才能使我国继续走向繁荣富强，这就需要在国际贸易中使用人民币结算，并在略有逆差的新战略之下，通过我国对外增加货币供给购买国外实际经济资源，用于提高国民福利的净收益。

为此，笔者建议在"十四五"期间，要尽一切办法大幅度提高人民币结算、投资和贷款的比例，尽快运行和完善国际贸易中人民币结算系统；逐步取消出口退税，到2025年，取消所有出口退税，并实现对外贸易平衡包括对美贸易平衡；从2026年开始，我国对外开始实行略有逆差的贸易战略。在我国，净出口也就是贸易顺差长期居高不下的重要原因之一就是低估人民币汇率和出口退税等鼓励出口政策的结果。人民币汇率低估导致了我国出口产品的贱卖和进口品价格的提高，大规模的出口退税通过我国巨额财政支出补贴了外国消费者，加剧了内需的不足。

其次，禁止政府部门对外发行外币债券，禁止企业使用外币贷款；暂停外资购买中国债；从2025年开始，全面停止我国企业海外上市。

主权货币国家不应该发行以外币计价的债务，因为这是造成委内瑞拉货币危机和严重通货膨胀的根源。笔者郑重呼吁不要再发行美元债券，并建议马上禁止国内企业借入美元贷款。

建议政府暂停外资购买中国债。根据目前中国和主要发达国家十年期国债收益率可以计算出，中国国债的收益率是美国的5倍、英国的21倍、日本的121.8倍，我国将因外资购买中国债的巨大利率套利空间，为其支付巨额国债利息收入。更为严重的是，外资购买中国债将增加我国"僵死无用"的外汇储备，而外汇储备是外国政府赤字开支的结果，我国外汇储备的增加将大幅度减小我国政府财政赤字开支的空间，这对于我国运用财政赤字扩大内需并应对国内所面临的许多重大挑战是非常不利的。

我国企业在海外上市将美元倒入中国，不仅增加我国"僵死无用"的外汇储备，压缩我国政府财政赤字开支的空间，而且让外国投资者掌控其股权或获取所有者投资收益，企业信息被美国所掌控，威胁国家经济安全。因此，我国早就应该逐步停止我国企业海外上市，最迟到2025年，全面停止我国企业海外上市。

最后，实施"不对称全球化"新战略。笔者在2014年和2016年曾提出"不对称全球化新道路"战略，即针对发达国家实行适度保护我国核心技术和高端价值链的国内市场，对其实施"浅度全球化"，对"一带一路"的发展中国家实行"深度全球化"，通过"双领先战略"和价值链高端战略引领"一带一路"建设，并借"一带一路"建设推进人民币国际化新方略的实施。所谓"双领先战略"就是在战略性新兴产业领域和第四次工业革命中对内实施"创造国内领先市场战略"和对"一带一路"国家实施"领先供应商战略"。所谓价值链高端战略就是在不放弃并强化我国在制造业价值链中低端竞争优势的条件下，构建由我国企业控制并占据价值链高端环节的全球价值链。所谓人民币国际化新方略就是通过贸易和实体经济活动推动"一带一路"国家使用人民币进行结算、贷款和投资，这是人民币国际化成功的基础。目前，世界经济一直处于低迷状态，是我国推行人民币结算、贷款和投资的好时机，应该对此进行周密研究，加大力度实施。

三、"十四五"期间启动国内大循环的政策建议

首先，每年全国财政赤字率至少在5%以上。2020年3月初，笔者发表文章指出，为了应对新冠肺炎疫情所导致的国内外经济下行和许多重大挑战，破除3%的财政赤字率神话势在必行；并在国内较早地指出，在今后几年，如果我国每年的财政赤字率不超过5%，就不足以应对所面临的挑战。这篇文章在一定程度上为两会所做出的为应对新冠肺炎疫情发行特别国债的决策创造了某种舆论条件。笔者在《国内大循环》一书的自序中指出，在保证货币发行权的完整性的情况下，主权国家在实体经济的赤字开支可实现一举两得：在

提高国内私人部门的收入和"藏富于民"的同时，还可以提供免费或收费极低的基础设施、核心技术、教育和医疗保障等人力资本投资等公共产品，提高生产力。

财政赤字在我国从国际大循环向国内大循环的战略大转型中发挥着关键性作用：在我国目前存在过剩的生产性资源的情况下，完全没有必要通过低估本币价值和采取出口退税的措施将其输送到国外，被外国政府的赤字开支利用，只要在现有价格水平上，通过本国政府赤字开支直接增加基础货币供给就可以解决国内有效需求不足的问题，使过剩产品的价值在国内得到实现，实现我国向国内大循环战略的大转型。

其次，实施就业保障计划。笔者今年曾写过一个内参，建议在2020年进行就业保障计划试点工作，在2021年推广，从2022年起在全国实施，这是扩大内需的有力措施。所谓就业保障计划就是由中央政府出资、地方政府落实的公共就业工程，能直接拉动消费，消化过剩产能，创造新增消费和内需，改善环境治理，财政支出效果优于目前的减税政策，因而具有高效创造就业、减少宏观经济政策的不稳定性、补充而非取代市场经济的特点，在"乡村振兴战略"、精准扶贫和解决城镇失业问题中都可广泛应用。

再次，实施六亿人收入倍增计划。针对我国月收入千元的六亿人口实施"收入倍增计划"，在"十四五"期间通过就业保障计划推动最低工资每年增长15%～18%，在"十四五"结束的2025年使其收入增加一倍，这不仅可以解决我国由于外部市场低迷和美国保护主义所导致的大量产能过剩问题，解决对美贸易顺差过大的问题，而且也将通过"水涨船高"的原理，推动其他八亿人口的收入增长，这是缩小收入差距并扩大中等收入群体的最有力措施。笔者将这个举措视作强有力启动国内大循环战略的突破口，已在"十四五"规划编制工作网上意见征求的相应网站提交，并在网络上公开发表了建议的全文——《六亿人收入倍增计划：国内大循环战略的突破口》。

最后，尽早恢复2007年颁布的有关自主创新产品政府采购的三个文件，将政府采购的自主创新体系作为"构建社会主义市场经济条件下关键核心技术攻关新型举国体制"的一件大事来抓。但我国在2007年颁布的有关自主创新产品政府采购的政策，2011年却在美国的压力下取消了，这对我国解决核心技术和关键零部件问题产生了严重的不利影响。

作为经济史学家，笔者通过对世界各国特别是美国历史经验的研究，在《国内大循环》一书中指出，"市场重于技术，没有技术，自主创新可以创造，但如果没有广大的市场，自主创新从根本上来说是不可能实现的。"笔者早在2010年就提出保护价值链高端环节及其国内市场，但这种看法不被经济学界和决策者所接受，因此，笔者在2011年转而强调，我国应该将占国民生产总值20%左右的政府采购市场创建为自主核心技术的试用市场和发展壮大的"根据地"，这使笔者在过去九年成为国内公开反对我国加入WTO《政府采购协定》的孤独的呼吁者。

江泽民同志在2009年出版的《论中国信息技术产业发展》一书中指出，为了解决芯片和计算机操作系统，1989年在他主持下启动了"908"工程，后来又启动了"909"工程，虽然这些重大举措对电子工业起到奠基作用，但并没有解决核心技术和关键零部件问题。在江泽民同志之后，我国也对芯片和计算机操作系统继续采取了类似的"举国体制"。笔者认为都没有解决这个问题。问题的症结何在？原因就是电子工业或集成电路等绝大多数产业在技术创新的特点和需求方面与"两弹一星"存在很大不同，在市场经济条件下需要另一种不同的"举国体制"。笔者在新书中介绍了这种新体制，这种体制的一个重要特点就是需要有保障的竞争市场，没有这种市场，单靠政府对研发的大量投入，"举国体制"是不会有很大成效的，甚至是不可能成功的。

在过去的9年里，笔者几乎每年都在呼吁恢复执行2007年关于自主创新产品政府采购的三个文件。实际上，在中美经济战的大背景下，中国加入WTO《政府采购协定》已经不可能。但是，建立政府采购的自主创新体系仍未在国家战略层面得到重视。因此，我们要本着"只争朝夕"的精神，尽快恢复2007年颁布的有关自主创新产品政府采购的三个文件，将政府采购市场创建为自主核心技术的试用市场和发展壮大的"根据地"，并将其视作决定国家命运的大战略。

镜鉴大国历史经验，助力双循环新发展

伍山林　李宗圆[①]

（上海财经大学 经济学院）

镜鉴 1：以内循环为主体

自"光荣革命"至"二战"结束，英国受本土面积和人口规模限制，外循环规定了内循环的方式、规模与结构，变成了英帝国兴衰的生命线；美国在"一战"爆发前主要依靠内循环实现崛起，在"二战"结束后以内循环为依托，通过外循环维持霸权地位。基本国情和时代特征决定我国必须采用双循环相互促进的策略形成新发展格局。自从 2008 年金融危机爆发以来，我国内循环重要性逐渐上升，总出口或净出口在 GDP 中的占比逐渐下降。在未来，我国将存在两种趋势：一是经济增速相对较快，内循环重要性继续趋势性上升；二是市场规模和内需潜力继续以较快速度扩大，构建以国内大循环为主体、国内国际双循环相互促进的新发展格局的国内基础越来越牢固。

镜鉴 2：充分利用内部竞争

对于"一战"爆发之前的美国经济崛起，一项尚未得到足够重视的制度精神是鼓励内部竞争；苏联采用计划经济体制，内部竞争处于受限状态。我国作为一个超大型国家，国内市场十分广阔，有庞大内需潜力可挖。不过，要充分开发利用这个独特优势，就要在相关制度中贯注加强（包括个人、企业、区域等）内部竞争的观念，借此实现生产技术的进步和超越，以及收入水平的提高和生活水平的改善，将国内巨大的经济潜能充分发挥出来。现在，我国已经建立了社会主义市场经济体制，并且正在建设现代化经济体系。以此为基础，通过充分的内部竞争，我国将取得令世界更加瞩目的经济成就，全球竞争力进一步提升，为外循环奠定更加坚实的内循环基础。

[①] 伍山林，上海财经大学经济学院讲席教授；李宗圆，上海财经大学经济学院博士生。

镜鉴 3：充分利用外循环

英美两国都曾高度重视外循环的构建和作用；苏联过分强调意识形态异质性，外循环几乎局限在社会主义阵营内部。我国形成新发展格局，必须看重外循环对内循环的支持性作用：我国生产技术水平参差不齐，有必要借助外循环通过学习、消化和吸收提升水平；我国一些重要资源处于紧约束状态，需要借助外循环弥补供需缺口；我国粮食处于紧平衡状态，食为政首、粮安天下已成为共识，以更多农业劳动力搞饭吃固然是做得到的，但很不经济，需要借助外循环辅助解决粮食安全问题；外循环是各国经营的结果，我国不去经营，自有其他国家去经营，我国将丧失主动权。我们要汲取苏联教训，在社会主义市场经济体制下构建起能够促进内循环的外循环。

镜鉴 4：以新理念构建外循环

英国构建外循环是为了实现帝国目标，美国构建外循环是为了从其他国家攫取利益以维护霸权地位，它们的共同点是广泛采用不平等和非共赢等不利于和谐的手段。它们借此尽管取得了超额利益，但又埋下了祸根：不断受损的国家设法摆脱它们的控制，外循环潜藏崩溃的风险。中国推动建设开放型世界经济和形成能够促进内循环的外循环，必须把平等与共赢等原则作为基本理念来遵循。我国把全球经济视为一个共同体，以繁荣与和谐作为美好愿景。当然，这并不意味着我国构建外循环的时候不能采取任何措施，反对一些国家针对我国和其他国家采取不公平的政策；相反，适度的反制裁对于达成美好的愿景来说是必不可少的。

镜鉴 5：深刻理解自由贸易

英国通过第一次工业革命取得工业优势地位后，从 19 世纪中叶开始将单边自由贸易制度作为基本国策，试图借此永葆优势。但是，单边自由贸易具有内生脆弱性，一旦其他国家转向保护贸易政策，就会恶化实行单边自由贸易政策的国家的贸易条件。从国家利益博弈角度来看，一国采用单边自由贸易政策并不总是最优选择。当今时代，国家作为至关重要的力量存在于全球经济社会中，各国具有自身目标，它并不局限于经济领域。我国作为一个社会主义国家，与之贸易的绝大多数国家实行资本主义制度；发达的资本主义大国具有广泛的非市场利益，这就使我国如果采用单边自由贸易政策，将更加容易被其他国家机会主义加以利用。因此，推动构建包含对等原则的自由贸易体系，是我国构建外循环的一个重要方向。

镜鉴 6：以科技创新为引领

在第一次工业革命中，作为科技创新唯一引领者，英国借此在 19 世纪成为无有其匹的全球性大国。在第二次工业革命中，美国和德国成为科技创新引领者。相应的，英国从 19 世纪 70 年代走向衰落，在 1873—1896 年陷入经济史家所说的维多利亚时代"大萧条"，而美国和德国则在 19 世纪与 20 世纪之交崛起，分别成为全球和欧洲最强大的经济体。我国不仅无缘引领第一和第二次工业革命，而且没能及时利用这两次工业革命的积极成果。现在，我国身处新工业革命时代，恰逢百年未有之大变局。我国形成以国内大循环为主体、国内国际双循环相互促进的新发展格局，必须不断改善科技创新生态，以创新链为抓手，打造结构优化和力量强劲的供给链和产业链，通过产业基础高级化和产业链现代化，不断增强经济发展韧性和提升价值链层级。

镜鉴 7：利用超大规模经济优势

在英帝国发展史上，内循环有限是它的一个先天约束与致命短板。在 19 世纪，美国通过领土化大陆扩张变成了"两洋大国"，借此成为超大规模经济体。采用超比较优势发展战略，"一战"结束时美国农业和工业在全球都已具有绝对优势，这为其取代英国成为霸权国家奠定了经济基础。但是，美国在"二战"结束后凭借这种经济基础，在资本逐利本性驱使下日益走向新帝国主义，经济衰落的迹象日益明显。与此前任何一个全球性大国相比，我国经济将具有更大的市场规模和内需潜力；我国还具有以公有制为主体等制度优势。在构建双循环新发展格局过程中，通过充分利用超大规模市场和内需潜力这个独特优势，我国经济将实现"五更"式发展。

镜鉴 8：充分认识产业空心化的危害性

最近 40 年，美国产业空心化进一步发展，制造业占比趋势性下降，制造业结构明显分化，内循环出现了严重问题。我国在新发展阶段实现"五更"式发展，必须把制造业特别是先进制造业放到战略高度加以认识和对待。制造业承载了发展和安全的双重功能。就发展功能来说，制造业创造就业和 GDP，引致出生产性服务等；就安全功能来说，工业能力是衡量国家战略实力的主要指标。针对作为工业核心的装备制造业，习近平总书记指出："装备制造业是国之重器，是实体经济的重要组成部分。国家要提高竞争力，要靠实体经济。"产业空心化是我国加快形成以国内大循环为主体、国内国际双循环相互促进的新发展格局的过程中必须避开的致命陷阱。

镜鉴 9：防止经济过度服务化和金融化

在美国，经济的过度服务化和金融化与产业空心化是由几乎相同的因素引起的。经济服务化主要是为了解决劳动就业等基本民生问题，劳动者有事可做，经济金融化主要是为了解决资本逐利问题，资本家有钱可赚。从本质上看，在美国，受资本逻辑驱使，经济过度金融化决定了经济过度服务化的方式和性质，成为美国新帝国主义的显著特征。从结果看，在美国，经济过度的服务化和金融化导致阶级力量进一步倾斜，资本家财富占比持续上升，劳动者实际收入停滞不前，整个社会收入、财富差距不断拉大，中产阶级日益萎缩。我国在构建双循环新发展格局过程中，尤其需要警惕过度的金融化招致经济泡沫化以及其他一系列严重问题；我国成为全球重要投资目标国以后，还需要警惕国际资本潮涌对内循环产生的冲击。

镜鉴 10：抑制追求主权货币超然权力的冲动

就滥用主权货币超然权力而言，迄今无有出美国之右者。美国主要通过外循环滥用主权货币超然权力，但与内循环亦深有关联。美国放弃中低端产品生产，对高新和敏感技术与产品进行出口管制，意图之一是通过内循环配合形成"贸易—金融大循环"，以获得这种超然权力。2008 年金融危机以来，美国苦心经营的"贸易—金融大循环"部分地丧失了效力，外循环面临危机。现在，人民币在国际储备货币和国际交易货币中的地位依然偏低，人民币国际化是重要的战略方向；当前，全球贸易受阻，其他主要国际货币进入了贬值周期，正是人民币国际化的好时机。但是，即使在人民币国际化程度提高之后，我国也不应追求主权货币超然权力。从长远看，一种主权货币成为最主要国际货币后，便利全球交易而非追求超然权力应成为本质职能。这相当于承担了一种国际责任，为经济全球化提供公共品。

论大变局下强化科学意识引领新时代全面深化改革开放

傅尔基①

（上海市发展改革研究院）

一、强化问题意识与新时代全面深化改革开放

习近平总书记指出："要学习掌握事物矛盾运动的基本原理，不断强化问题意识，积极面对和化解前进中遇到的矛盾。问题是事物矛盾的表现形式，我们强调增强问题意识、坚持问题导向，就是承认矛盾的普遍性、客观性，就是要善于把认识和化解矛盾作为打开工作局面的突破口。"②

（一）强化问题意识、坚持问题导向是中国共产党领导人民开展中国特色改革开放伟大实践的鲜明特征

改革开放就是在不断解决问题中持续深化，党的十八大以来，党中央坚持问题导向，紧紧抓住全面深化改革开放中的重点难点问题，用全面改革、高度开放的战略部署、方针政策和手段措施，持续发力，取得了新时代中国特色社会主义发展和完善的历史性伟大成就。

（二）要有强烈的问题意识和胆识，勇于、善于认清新时代全面深化改革开放中面临的大变局和大考验

进入新时期，"美中脱钩"等一系列事件极大地加速、加深了世界百年未有之大变局的演进。同时，我国经济社会现代化发展暴露出了一系列突出矛盾和面临许多挑战。一是经济发展中供给侧结构性问题、自主创新驱动转型发展问题、推进高质量发展和构建新发

---

① 傅尔基，上海市发展改革研究院研究员，上海市习近平新时代中国特色社会主义思想研究中心研究员。
② 习近平：《坚持运用辩证唯物主义世界观方法论》，新华网，2015 年 1 月 24 日。

展格局的体制机制问题、金融领域创新开放中防止风险问题依然明显。二是社会发展中有关群众切身利益问题欠账较多。三是党的领导干部作风问题依然突出。这一系列突出问题是对我国新时代能否全面深化改革开放加以正视和解决的大考。

党的十八大、十九大相继提出和部署了全面深化改革开放的基本要求和重点任务，抓住了这些基本要求和重点任务需要化解的主要矛盾和问题，就能更好凝聚力量、攻坚克难。

（三）在发现、掌握问题基础上决策、部署新时代全面深化改革开放，必须进行全面深入的调查研究

习近平总书记指出："研究、思考、确定全面深化改革的思路和重大举措，刻舟求剑不行，闭门造车不行，异想天开更不行，必须进行全面深入的调查研究。"[①]

没有做正确的调查，就没有正确的发言权、建言权和决策权。首先是要从实际出发，分析、解决问题。其次是要着重围绕全面深化改革开放、发展稳定的全局性、战略性重大问题，展开全面深入调查研究。最后是要把实地调查与深入研究紧密结合，找出全面深化改革开放遇到的问题性质及其成因，提出切实可行的建议和对策。

（四）要敢于直面问题和矛盾，通过全面深化改革开放的伟大斗争，着力解决高质量发展、高水平开放中的突出矛盾和问题

习近平总书记指出："社会是在矛盾运动中前进的，有矛盾就会有斗争。我们党要团结带领人民有效应对重大挑战、抵御重大风险、克服重大阻力、解决重大矛盾，必须进行具有许多新的历史特点的伟大斗争，任何贪图享受、消极懈怠、回避矛盾的思想和行为都是错误的。"[②]

新形势下我们面临改革开放新任务，必须以重大问题为导向，抓住关键问题进一步研究思考，找出答案，做出新的谋划，实施新的举措。通过全面深化改革开放，着力解决我国面临的一系列突出矛盾和问题，关键是要进一步提高党的领导水平和执政能力、形成公平竞争的发展环境、构建全面安全的开放格局、增强经济社会发展活力、健全高质量的体制机制、促进人民高品质生活，不断推进中国特色社会主义制度成熟、定型，不断发挥中国特色社会主义制度优势。

---

① 《习近平在武汉召开部分省市负责人座谈会》，新华社，2013年7月25日。
② 习近平：《决胜全面建成小康社会 夺取新时代中国特色社会主义伟大胜利——在中国共产党第十九次全国代表大会上的报告》，新华社，2017年10月27日。

二、强化时代意蕴与新时代全面深化改革开放

"九条宝贵经验"和"十个始终坚持"诠释了新时代全面深化改革开放的新意蕴，我们必须深刻理解并贯彻到新时代全面深化改革开放的伟大事业中。

（一）坚持中国共产党集中统一的核心领导和政党治理

在新时代全面深化改革开放中，更要强调坚持党对一切工作的领导，把方向、谋大局、定政策、促改革，总揽全局，协调各方。同时，坚持中国共产党领导的多党合作和政治协商制度，发挥人民群众的伟大力量，领导人民群众推动新时代全面深化改革开放和"两个一百年"社会主义现代化建设的伟大社会革命。

（二）坚持中国特色社会主义思想的指导地位和思维方法

新时代全面深化改革开放必须坚持马克思主义指导地位不动摇，以习近平新时代中国特色社会主义思想为指引，研究和解决全面深化改革开放的新问题。在新时代全面深化改革开放中，我们要增强战略、辩证、创新、法治和底线等一系列思维，实事求是，正确处理改革发展稳定关系，确保全面深化改革开放行稳致远、增效达标。

（三）坚持中国特色社会主义的道路选择和目标定位

新时代全面深化改革开放，要坚定不移走社会主义市场经济体制改革开放道路，走中国特色社会主义道路。新时代全面深化改革开放内容，是以社会主义经济体制改革为重点，社会主义经济、政治、文化、社会和生态文明体制以及党的建设制度改革协同推进。新时代全面深化改革开放目标，是推进整个国家治理体系和治理能力现代化，形成与中国特色社会主义"五位一体"总体布局、实现现代化"三步走"目标相适应的更加完备的中国特色社会主义制度体系。

（四）坚持"以人民为中心"的根本立场和发展任务

新时代全面深化改革开放，关键是要从人民根本利益、整体利益和长远利益出发谋划改革开放思路、制定举措、实现目标。为此，必须坚持经济建设这个中心，抓牢发展第一要务，贯彻高质量发展和构建新发展格局的战略思想，落实"五大发展理念"，大力落实创新驱动发展战略，努力构建以畅通国民经济循环为主的新发展格局，不断增强我国综合国力和国际竞争合作优势，让人民更多共享改革开放发展各方面成果，以高质量发展实现中国梦。

（五）坚持新时代全面深化改革开放的体制重点和国际战略

在新时代全面深化改革开放中，我们要坚持以经济体制改革为重点，以完善产权制度和要素市场化配置为重点中的重点，努力在重要领域和关键环节的改革开放上取得新突破，以此牵引和带动其他领域改革开放。与此同时，更好发挥政府作用，对标国际最高标准，进一步完善营商环境、健全体制机制。根据变化，我国做出加快形成以国内大循环为主体、国内国际双循环相互促进的新发展格局这一事关全局的系统性、深层次、长期性变革的战略决策。

三、强化战略思维与新时代全面深化改革开放

习近平总书记强调，我们要"加强战略思维，增强战略定力，更好统筹国内国际两个大局"。①

（一）强化战略思维，至关重要的是要准确判断时代发展主题和科技产业革命发展趋势，依据国内主要矛盾和发展目标，做出改革开放的历史性战略抉择

2003年，习近平同志指出："用战略思维去观察当今时代，洞悉当代中国"，"各级党政一把手要站在战略的高度，善于从政治上认识和判断形势，观察和处理问题……要努力增强总揽全局的能力，放眼全局谋一域，把握形势谋大事。"② 改革开放以来，党中央领导集体审时度势，及时抓住和平、发展的时代主题和发达国家制造业向亚太转移的产业机遇，确立和贯彻"一个中心、两个基本点"基本路线，作出改革开放的历史转折战略决定，发展社会主义市场经济，主动实行对外开放，在短短几十年里推动我国成为世界第二大经济体，赶上了时代前进的步伐。

（二）强化战略思维，判断当代国际国内形势变化和发展趋势，更好统筹国内国际两个大局，谋划和推进新时代全面深化改革开放

2019年5月，习近平总书记在江西考察时指出："领导干部要胸怀两个大局，一个是中华民族伟大复兴的战略全局，一个是世界百年未有之大变局，这是我们谋划工作的基本出发点。"③ 当今世界和平、发展、合作、共赢的时代主题没有改变，我们需要顺应历史潮流，积极应变，主动求变，与时代同行。

---

① 《习近平：更好统筹国内国际两个大局 夯实走和平发展道路的基础》，新华网，2013年5月25日。
② 王魏：《从国学经典引述看习近平论实现方法》，人民网，2014年12月23日。
③ 《习近平总书记江西考察并主持召开座谈会》，人民日报，2019年5月23日。

在世界百年未有之大变局与我国构建新发展格局战略交会期,党中央要求党的领导干部和全体党员保持战略定力,关键做好自己的事,在实现全面建成小康社会基础上持续迈向基本实现现代化,再到全面建成社会主义现代化强国,协同推进全面深化改革扩大开放,构建新发展格局的国内外环境,创新引领高质量发展。新时代改革开放再出发、再奋进的战略部署,必将再创辉煌业绩。

(三)强化战略思维,党的领导干部和全体党员必须识大局、顾全局,放长眼、谋长远,保持战略定力,奋发有为

在新时代全面深化改革开放中,党的领导干部和全体党员要带领广大人民群众,保持战略定力,敢于担当。首先要坚定不移贯彻社会主义初级阶段党的基本理论、基本路线和基本方略;其次要牢固树立中国特色社会主义道路自信、理论自信、制度自信和文化自信;再次要坚持社会主义市场经济改革方向不动摇,对外开放大门要越开越大;最后要坚决做到、做好"两个维护",地方、局部改革开放决策和实施要服从中央、全局改革开放决定和部署,放眼全局和长远,接力实干,直到事成。

四、强化历史眼光与新时代全面深化改革开放

习近平总书记提出:"历史和现实都告诉我们,一场社会革命要取得最终胜利,往往需要一个漫长的历史过程。只有回看走过的路、比较别人的路、远眺前行的路,弄清楚我们从哪儿来、往哪儿去,很多问题才能看得深、把得准。"①

(一)回望过来历史,寻求改革开放的历史规律

历史教训告知我们:不思变革和开放,就会落后挨打。唯有顺应历史潮流,积极应变,主动求变,才能与时代同行。当代中国正是实行了改革开放,融入了近现代世界科技产业革命和市场经济发展潮流,才赶上时代步伐,自立自强走向世界富强之列。

(二)审视近代历史,坚定改革开放的历史传承

40多年改革开放是中国人民在中国共产党领导下,顺应历史发展规律,把握历史发展大势,抓住历史变革时机,前赴后继、救亡图存的伟大历程,在中华民族历史上具有空前的划时代地位。我们用短短几十年时间走完了西方发达国家用了上百年历史完成的工业化、现代化路程,比近代史上任何时候更加接近中华民族伟大复兴的光辉前景。

---

① 习近平:《在学习贯彻党的十九大精神研讨班开班式上的讲话(2018年1月5日)》,新华社,2018年1月5日。

（三）评价当代历史，看清改革开放的历史作用

40多年改革开放促进经济跨越发展和社会长期稳定，充分证明改革开放是决定当代中国命运的关键一招，也是决定实现"两个一百年"奋斗目标、实现中华民族伟大复兴的关键一招。40多年中国改革开放的成功实践，充分表明中国特色社会主义道路、理论、制度、文化是完全正确的，改革开放是坚持和发展中国特色社会主义的必由之路、必经之路。

（四）展望未来征程，汲取改革开放的历史精神

习近平总书记指出："历史，总是在一些特殊年份给人们以汲取智慧、继续前行的力量。"[①] 40多年改革开放成功实践，彰显出当代中国的伟大改革开放精神，使党和人民群众更有信心，在更高起点、更高层次、更高目标上推进新时代全面改革开放，将改革开放进行到底，建设富强、民主、文明、和谐、美丽的中国，实现中华民族伟大复兴的中国梦。

五、强化国际视野与新时代全面深化改革开放

习近平总书记指出："我们要坚持从我国实际出发，坚定不移走自己的路，同时我们要树立世界眼光，更好地把国内发展与对外开放统一起来，把中国发展与世界发展联系起来，把中国人民利益同各国人民共同利益结合起来，不断扩大同各国的互利合作，以更加积极的姿态参与国际事务，共同应对全球性挑战，努力为全球发展作出贡献。"[②]这道出了改革开放国际视野的真谛。

（一）改革开放是在判断世界和平发展两大时代主题、融入经济全球化潮流中成功进行

40多年来，我国坚持对外开放的基本国策，实行积极主动的开放政策，形成全方位、多层次、宽领域的全面开放新格局。我国统筹国内国际两个大局，利用国内国际两个市场、两种资源，为我国创造了良好国际环境、开拓了广阔发展空间。我国以开放促进改革，以改革支撑开放，以改革开放促进发展，使中国经济发展获取了经济全球化红利，也为世界经济发展作出了很大贡献。

---

① 习近平：《开放共创繁荣，创新引领未来（2018年4月10日）》，见习近平《论全面深化改革》，北京：中央文献出版社，2018年，第454页。

② 习近平：《更好统筹国内国际两个大局 夯实走和平发展道路的基础》，人民日报，2013年1月30日。

（二）进入新时代，"我们要坚持用世界眼光谋划改革开放，顺应时代潮流，在推动中国与世界良好互动中将改革开放进行到底"

进入新时代，我国改革开放总体上依然处于重要战略机遇期，前景十分光明，但是面临的外部环境更加错综复杂。因此，我国推进新一轮"越开越大"的对外开放，必须转向以国内大循环为主体，注重处理好扩大对外开放与维护国家总体安全的关系。

我国实施新一轮更加扩大的对外开放，关键是要把我们的优势和劣势搞清楚，逐步形成自主、自力为主的新开放格局，善于在国际竞争合作中扬长避短，推进经济高质量发展和人民高品质生活。

（三）中国特色社会主义进入的新时代，是加快构建以国内大循环为主体、国内国际双循环相互促进的新时代

面对挑战，我国必须根据时势，加快构建以国内大循环为主体、国内国际双循环相互促进的新发展格局，以内需为主，健全创新链、产业链、供给链和价值链体系，更好地畅通国内国际双循环，重塑我国国际合作和竞争新优势，为世界经济复苏贡献更多的中国市场机会和增长份额。

未来我国经济实现高质量发展和为人民创造高品质生活必须在更加开放的条件下进行。一是坚持"引进来"和"走出去"并重，出口与进口并重。"引进来"要引资与引智并重，提升产业升级和技术溢出效应；"走出去"不仅注重投资资源能源和市场开拓，而且注重兼并收购和技术合作；创新对外投资方式，从对外投资大国转向投资强国。注重扩大出口，培育贸易新业态新模式，同时，注重扩大进口，办好进口博览会；保持出口大于进口的适度均衡，推进贸易大国转向贸易强国。二是实行高水平的贸易和投资自由化便利化政策，全面实行准入前国民待遇加负面清单管理制度，全面对外开放一般制造业，扩大对外开放服务业。优化区域开放布局，加大西部开放力度，推动形成我国陆海内外联动、东西双向互济的开放新格局。对标国际最高标准和最好水平，赋予自由贸易试验区更大改革自主权。三是统一内外资法律法规，实施《外商投资法》，保护外商投资合法权益。加强创新能力开放合作，加强知识产权保护，鼓励中外企业开展正常技术合作交流。四是重视管控扩大对外开放中我国关键性产业、金融、科技、生物、国防等重大风险问题。五是遵循共商共建共享原则，促进与"一带一路"沿途国家和地区的区域经济一体化；支持多边贸易体制，促进贸易投资自由化便利化；积极参与全球治理体系改革和建设，推动形成更加公平合理的全球治理体系，推动共同构建人类命运共同体。

以人民为中心和以资本为中心的发展道路比较
——基于劳动价值论的若干思考

冯金华[①]

(上海财经大学 马克思主义学院)

一、商品经济和价值规律

价值规律有两个基本内容,即第一,商品的价值量由生产商品的社会必要劳动时间决定。即有:

$$w = L \tag{1}$$

第二,任意两种商品的交换均按照它们的价值量相等的原则进行。若用 λ_i 和 p_i 分别表示第 i 种商品的单位价值量(简称"价值")和价格,用 λ_g 表示单位货币代表的价值(简称"货币价值"),则就有:

$$\lambda_i = p_i \lambda_g \tag{2}$$

根据上述关于价值规律的两个基本内容,容易确定货币和任意一种商品的价值。

首先,设整个经济总共有 n 种商品,其中,第 $i(i = 1,\cdots,n)$ 种商品的产量为 q_i,则该商品的价值总量可以表示为 $\lambda_i q_i$,整个经济所有商品的价值总量可以表示为 $\sum_{i=1}^{n} \lambda_i q_i$,从而,价值规律的第一个基本内容即劳动决定价值的公式(1)可以更加具体地表示为:

$$\sum_{i=1}^{n} \lambda_i q_i = L \tag{3}$$

其次,在式(3)中代入价值规律的第二个基本内容即等价交换的公式(2)可以得到 $\sum_{i=1}^{n} p_i \lambda_g q_i = L$,或者 $\lambda_g \sum_{i=1}^{n} p_i q_i = L$。由此立刻可以解得货币的价值:

$$\lambda_g = \frac{L}{\sum_{i=1}^{n} p_i q_i} \tag{4}$$

[①] 冯金华,经济学博士,上海财经大学马克思主义学院教授,博士生导师,主要从事马克思主义经济学与西方经济学的比较研究。

最后，将决定货币价值的公式（4）代回到等价交换的公式（2），又可确定任意一种商品的价值：

$$\lambda_i = \frac{p_i}{\sum_{i=1}^{n} p_i q_i} L \tag{5}$$

二、资本主义经济和剩余价值规律

下面结合价值规律讨论资本主义私有制条件下剩余价值和剩余价值增长率的决定因素和变化规律，从而揭示以资本为中心的发展道路的本质特点和表现形式。

（一）资本主义的总产品恒等式

资本主义社会的总产品可以从价值上分解为不变资本、可变资本和剩余价值，即有：

$$w = c + v + m$$

特别是，在资本主义社会中，工人只消费必要生活资料，而资本家既消费必要生活资料，也消费奢侈消费资料。[①]

例如，假定整个经济的商品仍然为 n 种。它们可以按照不同的种类排成一个"序列"，如第 1 种、第 2 种……第 n 种。其中，前 k 种（即从第 1 种到第 k 种）为生产资料，后 $n-k$ 种（即从第 $k+1$ 种到第 n 种）为生活资料；后 $n-k$ 种生活资料又一分为二：前 l 种（即从第 $k+1$ 种到第 l 种）为用于劳动力再生产和资本家消费的"必要生活资料"，后 $n-l$ 种（即从第 $l+1$ 种到第 n 种）为只用于资本家消费的"奢侈消费资料"（参见图1）。

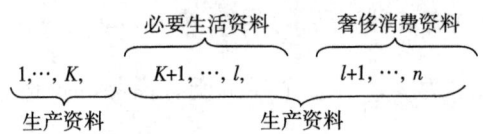

图 1　资本主义社会的商品分类

若和以前一样用 $i(i=1,\cdots,n)$ 表示任意一种商品，则 $i(i=1,\cdots,k)$ 和 $i(i=k+1,\cdots,n)$ 分别代表任意一种生产资料和任意一种生活资料，$i(i=k+1,\cdots,n)$ 和 $i(i=l+1,\cdots,n)$ 分别代表任意一种必要生活资料和任意一种奢侈消费资料。按照这种记号，整个经济的

---

① "奢侈消费资料……只进入资本家阶级的消费，所以只能和花费的剩余价值交换，而剩余价值是绝对到不了工人手中的。"（马克思：《资本论》第 2 卷，北京：人民出版社，2004 年，第 448 页）当然，在某些情况下，工人实际上也会消费一部分奢侈品。"在繁荣时期……工人阶级……也暂时参加了他们通常买不起的各种奢侈品的消费。"（马克思：《资本论》第 2 卷，北京：人民出版社，2004 年，第 456 页）"由于工资提高，工人……在极小的程度上增加了对奢侈品的需求，或者说，在极小的程度上产生了对原先不属于他们消费范围的物品的需求。"（马克思：《资本论》第 2 卷，北京：人民出版社 2004 年，第 375 页）

生产资料价值总量和生活资料价值总量可分别表示为 $\sum_{i=1}^{k}\lambda_i q_i$ 和 $\sum_{i=k+1}^{n}\lambda_i q_i$，必要生活资料价值总量和奢侈消费资料价值总量可分别表示为 $\sum_{i=k+1}^{l}\lambda_i q_i$ 和 $\sum_{i=l+1}^{n}\lambda_i q_i$。整个经济所有商品的价值总量可以按生产资料、必要生活资料和奢侈消费资料分解为：

$$w = \sum_{i=1}^{k}\lambda_i q_i + \sum_{i=k+1}^{l}\lambda_i q_i + \sum_{i=l+1}^{n}\lambda_i q_i \tag{6}$$

由于从上述两个方面分解同一个社会总产品的价值总量得到的结果应当相同，因此有如下关于资本主义社会总产品的"恒等式"：①

$$c + v + m = \sum_{i=1}^{k}\lambda_i q_i + \sum_{i=k+1}^{l}\lambda_i q_i + \sum_{i=l+1}^{n}\lambda_i q_i \tag{7}$$

即整个资本主义经济的不变资本、可变资本与剩余价值三者之和必然等于生产资料价值、必要生活资料价值与奢侈消费资料价值三者之和。

（二）剩余价值和剩余价值率

现在利用资本主义社会的总产品恒等式（7）以及前面得到的决定任意一种商品价值的公式（5）来确定该社会的剩余价值和剩余价值率。

首先容易看到，在恒等式（7）中，等号左边的第一项，即不变资本 c 等于在生产过程中消耗的生产资料价值②（尽管不一定等于该生产过程生产的生产资料价值），故它可以表示为 $\sum_{i=1}^{k}\lambda_i b_i$，其中，求和指数 $i \in \{1,\cdots,l\}$ 代表生产资料，相应的 λ_i 和 b_i 分别为在生产过程中消耗的第 i 种生产资料的价值和数量。

同样，在恒等式（7）中，等号左边的第二项，即可变资本 v，等于工人消费的必要生活资料价值，故它可以表示为 $\sum_{i=k+1}^{k}\lambda_i b_i$，其中，求和指数 $i \in \{k+1,\cdots,l\}$ 代表必要生活资料，相应的 λ_i 和 b_i 分别为工人消费的第 i 种必要生活资料的价值和数量。

于是，恒等式（7）可以进一步具体表示为：

$$\sum_{i=1}^{k}\lambda_i b_i + \sum_{i=k+1}^{l}\lambda_i b_i + m = \sum_{i=1}^{k}\lambda_i q_i + \sum_{i=k+1}^{l}\lambda_i q_i + \sum_{i=l+1}^{n}\lambda_i q_i \tag{8}$$

容易看到，在式（8）左边的第一项不变资本 $\sum_{i=1}^{k}\lambda_i b_i$ 和第二项可变资本 $\sum_{i=k+1}^{l}\lambda_i b_i$ 中，由于被加项的形式相同，都为 $\lambda_i b_i$，求和指数又"连续"，即前一个从 1 到 k，后一个从

---

① 为方便起见，这里用等号表示"恒等式"。
② 假定所有的生产资料均在一次生产过程中完全消耗掉，从而其价值完全转移到产品中去。

$k+1$ 到 l，故可以合并起来写为 $\sum_{i=1}^{l} \lambda_i b_i$ ——当然，这里需要注意 λ_i 和 b_i 的含义，即它们在 $i \in \{1,\cdots,k\}$ 时分别指生产中消耗的生产资料价值和数量，而在 $i \in \{k+1,\cdots,l\}$ 时分别指工人消费的必要生活资料价值和数量。同样，在式（8）的右边，生产资料、必要生活资料和奢侈消费资料的价值总量也可以重新合并为 $\sum_{i=1}^{n} \lambda_i q_i$。

于是，恒等式（7）又可以进一步表示为如下更加简洁的形式：

$$\sum_{i=1}^{l} \lambda_i b_i + m = \sum_{i=1}^{n} \lambda_i q_i \tag{9}$$

由此解得剩余价值为：

$$m = \sum_{i=1}^{n} \lambda_i q_i - \sum_{i=1}^{l} \lambda_i b_i \tag{10}$$

换句话说，整个经济的剩余价值等于所有商品的价值总量减去生产中消耗的生产资料和工人消费的必要生活资料的价值总量。

式（10）中的剩余价值是用商品的价值、产量以及生产中消耗的生产资料和工人消费的必要生活资料来表示的。利用前面决定任意一种商品价值的公式（5），可以把它转化为：

$$m = \frac{\sum_{i=1}^{n} p_i q_i - \sum_{i=1}^{l} p_i b_i}{\sum_{i=1}^{n} p_i q_i} \tag{11}$$

在公式（11）的等号两边同时除以可变资本 $v = \sum_{i=k+1}^{l} \lambda_i b_i$，并再次利用决定任意一种商品价值的公式（5），即得到反映剥削程度的剩余价值率：

$$\frac{m}{v} = \frac{\sum_{i=1}^{n} p_i q_i - \sum_{i=1}^{l} p_i b_i}{\sum_{i=k+1}^{l} p_i b_i} \tag{12}$$

其中，等号右边的分母 $\sum_{i=k+1}^{l} p_i b_i$ 是工人消费的必要生活资料的价格总量，即劳动力价格或工资总额。

（三）剩余价值增长率

根据定义，剩余价值增长率等于剩余价值增量（用 Δm 表示）与原有剩余价值的比率。因此，若用 g_m 表示剩余价值增长率，则它可以写为：

$$g_m = \frac{\Delta m}{m} \tag{13}$$

公式（13）等号右边的分子和分母同时乘以不为零的 $1 + \Delta v/\Delta m$ ①（Δv 表示可变资本增量）并经整理后得到：

$$g_m = \frac{1 + v/m}{1 + \Delta v/\Delta m} \cdot \frac{\Delta m + \Delta v}{m + v} \tag{14}$$

或者

$$g_m = \frac{1 + 1/(m/v)}{1 + 1/(\Delta m/\Delta v)} g \tag{15}$$

这里

$$g = \frac{\Delta m + \Delta v}{m + v}$$

是"剩余价值增量 + 可变资本增量"与"原有剩余价值 + 原有可变资本"的比率，或者说，是"剩余价值 + 可变资本即新创造价值"的增长率，其"系数"则是"1 + 原有剩余价值率的倒数"比上"1 + 新增剩余价值率的倒数"。

资本主义生产的目的是剩余价值的最大化，即尽可能地提高剩余价值的增长率。根据公式（15），这意味着在给定剩余价值增量 Δm 的条件下必须尽可能地降低可变资本增量 Δv。但是，Δv 至多只能降低到零，而不能降至负数（这里不考虑就业人数的变化，以及和以前一样，不考虑商品价值的变化），否则，"劳动力就只能在萎缩的状态下维持和发挥"。②于是，我们在式（15）中令 $\Delta v = 0$，得到最大可能的剩余价值增长率为：

$$g_m = \left(1 + \frac{1}{m/v}\right) g \tag{16}$$

即等于"1 + 剩余价值率的倒数"乘以名义 GDP 增长率。

一般来说，剩余价值率 m/v 总是正的，故式（16）等号右边括号中的表达式总是大于 1，从而最大可能的剩余价值增长率总大于名义 GDP 的增长率，即有 $g_m > g$。

三、社会主义经济和劳动力价值增长规律

（一）社会主义的总产品恒等式

在社会主义经济中，社会总产品的实物分解与资本主义稍有不同：尽管全部商品仍然

---

① 由于资本主义生产的目的是剩余价值，因此当可变资本增量 Δv 不为零时，剩余价值增量 Δm 也不能为零，从而有 $1 + \Delta v/\Delta m \neq 0$。

② 马克思：《资本论》第 1 卷，北京：人民出版社，2004 年版，第 201 页。

需要分为生产资料和生活资料,但生活资料却不必再细分为必要生活资料和奢侈消费资料。这是因为,奢侈消费资料现在不再只由资本所有者消费,也由劳动者消费;劳动者现在既可以消费必要生活资料,也可以消费奢侈消费资料。换句话说,在社会主义社会中,劳动者作为一个整体,可以消费所有的生活资料,包括奢侈消费资料,尽管由于存在收入的差距,作为个体的某些劳动者仍然无法购买某些高档商品。

于是,社会主义经济的总产品恒等式可以写为:

$$c + v + m = \sum_{i=1}^{k} \lambda_i q_i + \sum_{i=k+1}^{n} \lambda_i q_i \tag{17}$$

(二) 劳动力价值

无论是在资本主义社会还是在社会主义社会,劳动力价值都可以看成是劳动力再生产所必要的生活资料的价值。一方面,在资本主义社会中,劳动者不是被当作活生生的"人",而是被当作生产剩余价值的"工具"。另一方面,在社会主义社会中,劳动者是真正被当作"人"来看待的,而作为真正的"人",需要得到全面的发展。

尽管劳动力价值包括的内容已与资本主义大相径庭,但从形式上看,却与后者并无太大不同。例如,它也可以写为:

$$v = \sum_{i=k+1}^{n} \lambda_i b_i \tag{18}$$

唯一的不同在于:等号右边连加号下的求和指数现在不像资本主义经济中那样是从 $k + 1$ 到 l,即只包括"必要"的生活资料,而是从 $k + 1$ 到 n,即包括所有的生活资料。

在式 (18) 中代入决定任意一种商品价值的公式 (5) 得到:

$$v = \frac{\sum_{i=k+1}^{n} p_i b_i}{\sum_{i=1}^{n} p_i q_i} L \tag{19}$$

这里,等号右边的分子 $\sum_{i=k+1}^{n} p_i b_i$ 是工人消费的生活资料的价格总量,即总量意义上的劳动力价格或工资;[①]分母 $\sum_{i=1}^{n} p_i q_i$ 和以前一样是所有商品的价格总量。

于是,在社会主义经济中,劳动力价值等于工资总量与所有商品的价格总量的比率乘以整个经济的劳动总量。它意味着,在社会主义经济中,劳动力价值也是社会总劳动的一个"分配",分配比率为工资总量除以所有商品的价格总量。

---

① 为简单起见,这里假定所有的劳动收入都被用于消费。

(三)劳动力价值增长率

利用前面推导资本主义经济中剩余价值增长率的方法可以同样推导社会主义经济中劳动力价值增长率。不过,我们也可以更加简单地由剩余价值增长率的公式直接引出劳动力价值增长率的公式。

为此,我们在式(15)的等号右边,从分子中提取 $1/(m/v)$、从分母中提取 $1/(\Delta m/\Delta v)$ 得到:

$$g_m = \frac{1/(m/v)}{1/(\Delta m/\Delta v)} \cdot \frac{m/v + 1}{\Delta m/\Delta v + 1}g \tag{20}$$

亦即:

$$g_m = \frac{\Delta m/m}{\Delta v/v} \cdot \frac{1 + m/v}{1 + \Delta m/\Delta v}g \tag{21}$$

在式(21)中,等号右边的 $\Delta m/m$ 和 $\Delta v/v$ 恰好分别为剩余价值和劳动力价值的增长率 g_m 和 g_v,于是得到 K

$$g_v = \frac{1 + m/v}{1 + \Delta m/\Delta v}g \tag{22}$$

即劳动力价值的增长率 g_v 等于"1 + 原有剩余价值率 m/v"与"1 + 新增剩余价值率 $\Delta m/\Delta v$"的比率乘以名义 GDP 的增长率 g。

在式(21)中,如果同样将 g、m 和 v 看成是既定的,则 g_v 就完全取决于新增剩余价值率 $\Delta m/\Delta v$,特别是,它随后者的下降而上升,反之亦然。

式(21)等号右边的系数有一个特点,即它总是趋向于1。这是因为,如果一开始时新增剩余价值率大于原有剩余价值率,即 $\Delta m/\Delta v > m/v$,则在下一个时期,原有剩余价值率 m/v 就会上升,即趋向于新增剩余价值率 $\Delta m/\Delta v$;反之,如果一开始时 $\Delta m/\Delta v < m/v$,则 m/v 就会下降,同样趋向于 $\Delta m/\Delta v$。

新增剩余价值率与原有剩余价值率趋于一致意味着必要的社会扣除与劳动力价值的增长保持一致。这是因为,若假定新增剩余价值率等于原有剩余价值率,即:

$$\frac{\Delta m}{\Delta v} = \frac{m}{v} \tag{23}$$

则就有:

$$\frac{\Delta m - \Delta v}{m - v} = \frac{\Delta v}{v} \tag{24}$$

其中,$\Delta m - \Delta v$ 和 $m - v$ 分别表示新增社会扣除和原有社会扣除,二者之比即为社会扣除的增长率。

如果我们进一步假定，劳动者的整体利益和个人利益、长远利益和当前利益保持一致，即假定必要的社会扣除与劳动力价值同步增长，则新增剩余价值率与原有剩余价值率就会相同，从而根据式（22），劳动力价值的增长率就会等于名义 GDP 的增长率，即有：

$$g_v = g \tag{25}$$

由此可见，在社会主义经济中，如果假定服务于劳动者整体和长远利益的必要社会扣除与服务于劳动者个人和当前利益的劳动力价值同步增长，以及不考虑利率，从而不考虑货币价值的变化，则任意一个时期的劳动力价值的增长率就等于相应时期的名义 GDP 的增长率。当然，如果随着经济的发展，必要的社会扣除部分不再需要像劳动力价值那样增长，即有 $(\Delta m - \Delta v)/(m - v) < \Delta v/v$，则可以得到 $g_v > g$，即劳动力价值的增长率大于名义 GDP 的增长率。反之，如果在某些情况下，必要的社会扣除部分必须比劳动力价值增长得更快，则劳动力价值的增长率也会相应地小于名义 GDP 的增长率。

（四）劳动力价值和劳动者收入的增长

现在假定必要的社会扣除与劳动力价值同步增长，并在该假定下讨论劳动力价值和劳动者收入的增长。

由于在该假定下，劳动力价值的增长率等于名义 GDP 的增长率，因此劳动力价值的增量等于名义 GDP 增长率乘以原有的劳动力价值，即有：

$$\Delta v = gv \tag{26}$$

进一步来看，由于在式（26）中，劳动力价值是整个经济的劳动总量的一个分配，分配比率等于工资总量除以所有商品的价格总量 [参见式（19）]，因此劳动力价值增量可以更加具体地写为：

$$\Delta v = \frac{g \sum_{i=k+1}^{n} p_i b_i}{\sum_{i=1}^{n} p_i q_i} L \tag{27}$$

于是，与原有劳动力价值一样，劳动力价值增量也是整个经济的劳动总量的一个分配，分配比率等于名义 GDP 增长率与工资总量的乘积除以所有商品的价格总量。

最后，在式（27）中，等号右边分子中的 $g \sum_{i=k+1}^{n} p_i b_i$ 可以看成是价格形式的劳动力价值增量。因此，若用 $p_{\Delta v}$ 表示价格形式的劳动力价值增量，则就有：

$$p_{\Delta v} = g \sum_{i=k+1}^{n} p_i b_i \tag{28}$$

公式（28）具有重要的政策含义。这是因为，在该式中，等号左边的价格形式的劳动力价值增量 $p_{\Delta v}$ 实际上就是劳动者收入的增量，而右边的 $\sum_{i=k+1}^{n} p_i b_i$，即工人消费的生活资料的价格总量，代表了劳动者的收入（因为我们已经假定劳动者的收入全部用于消费），故式（28）意味着，在社会主义经济中，如果假定必要的社会扣除与劳动力价值同步增长，则劳动者的收入就与名义 GDP 同步增长。

四、结论

市场经济的基本规律是价值规律。价值规律包括劳动决定价值和等价交换两个基本内容。根据这两个基本内容，可以确定货币和所有商品的价值，即货币的价值等于整个经济的劳动总量除以所有商品的价格总量，任意一种商品的价值等于该商品的价格与所有商品的价格总量的比率乘以整个经济的劳动总量。

资本主义的绝对规律是剩余价值规律。在满足价值规律的条件下，资本主义经济的全部剩余价值等于所有商品的价格总量先减去生产中消耗的生产资料和工人消费的必要生活资料的价格总量，再除以所有商品的价格总量，最后乘以整个经济的劳动总量。

社会主义经济的生产目的是共同富裕，具体体现为劳动力价值的不断增长。社会主义条件下劳动力价值的增长规律是：如果假定必要的社会扣除与劳动力价值同步增长，以及不考虑利率，从而不考虑货币价值的变化，则任意一个时期的劳动力价值的增长率等于相应时期的名义 GDP 的增长率。如果进一步假定等价交换，则劳动力价值的增长规律就进一步表现为劳动者收入的增长规律，即任意一个时期的劳动者收入的增长率等于相应时期的名义 GDP 的增长率。

从生产方式看高质量发展阶段的历史必然性

刘　刚　高桂爱　杜曙光[①]

（曲阜师范大学 经济学院）

2017年10月党的十九大报告提出"我国经济已由高速增长阶段转向高质量发展阶段"，2020年8月习近平总书记在经济社会领域专家座谈会上的讲话中进一步指出"我国已进入高质量发展阶段"。准确理解上述战略判断，需参考政治经济学中涉及经济社会发展阶段的基本原理。考察新时代的经济发展阶段即高质量发展阶段，同样需要回归"生产决定发展"的基本命题，以"有什么样的生产就有什么样的发展"为立足点，通过对生产方式的考察准确把握高质量发展阶段的历史必然性。

一、理论基础：生产方式对应发展阶段

（一）有什么样的生产就有什么样的发展

人类社会的存在和发展从来都是以物质资料的生产为基础和前提的，这是人类社会历史发展的规律，也是马克思主义理论中关于经济社会的发展最终取决于社会生产的基本命题。在动态意义上，生产对发展的决定体现为生产的进步构成社会发展的根本动力。总之，"物质的生活资料的生产"涉及"生产什么、怎样生产以及怎样交换产品"，其核心内容是生产方式的问题。

（二）考察"有什么样的生产"的三种生产方式视角

既然"有什么样的生产就有什么样的发展"，关于经济发展阶段的分析就需要先回答某一阶段的经济是"什么样的生产"，这就是生产方式理论的任务。

[①] 刘刚，曲阜师范大学经济学院教授、博士生导师，研究方向：中国特色社会主义政治经济学、马克思主义经济发展理论；高桂爱，曲阜师范大学经济学院讲师、博士生，研究方向：马克思主义中国化、习近平新时代中国特色社会主义经济思想；杜曙光（通讯作者），曲阜师范大学经济学院教授、博士生导师，研究方向：《资本论》研究、全球价值链与科技革命。

本文在生产方式的视角下分别从与工业发展阶段相联系的劳动方式与资本主义生产方式相区别的社会主义生产方式，以及涉及人与自然关系和生产理念层面的生产方式几个维度入手，尝试以政治经济学的经典原理透析高质量发展阶段的历史必然性。

二、从生产力水平看高质量发展的必然性：适应工业化新阶段的生产方式

马克思指出生产方式的演变体现了生产力水平的提升和工业阶段的变化，并将经济发展的阶段性特征寓于生产力、生产方式和工业阶段三位一体的逻辑架构中，为我们从具体劳动方式的角度解析经济发展的阶段性特征指明了方向。

丹尼尔·贝尔等人的后工业社会论点一度盛行，但是随着2008年金融危机后各界对产业空心化的批评和西方发达国家再工业化战略的提出，学界逐步承认所谓"工业社会已经远去"的论断为时尚早。划分近代以来的经济发展阶段依然要在工业文明的范围内细分现代工业社会的不同发展阶段。

马克思是关注工业发展阶段议题的理论先驱，他从协作分工和机器大工业等生产方式范畴入手，解析不同的工业阶段，把从工场手工业到机器大工业的转变归结为生产方式的变革。

在马克思看来，从工场手工业到机器大工业生产方式的关键变化，就是由手工操作直接相连的协作分工关系转变为由机器体系中的机械工艺上下联动所主导的间接的协作分工关系。马克思还针对这一转变提出了从手工流程转入机械流程所衍生出的机械间技术衔接和机器动力问题——这些问题正是第二次、第三次工业革命的发力方向。

依据卡萝塔·佩蕾丝的观点，马克思的上述研究，是以协作和分工等生产方式范畴概括了第一次工业革命所形成的"技术—经济范式"。在佩蕾丝看来，"技术—经济范式是一个最佳惯行模式，它由一套通用的、同类型的技术和组织原则所构成，这些原则代表着一场特定的技术革命得以运用的最有效方式，以及利用这场革命重振整个经济并使之现代化的最有效方式"。2016年，贾根良教授就曾经借鉴马克思机器大工业理论透析了工业智能化的发展趋势，其成果成为近年来工业革命领域的经典文献。

上面提到的佩蕾丝和贾根良的研究，属于演化经济学的工业革命理论。他们的这些研究强调以新古典经济学为代表的主流经济学抽象掉了工业史的历史分析和生产方式的具体差异，从而无法对工业阶段和经济长波等议题做出有效的理论透析。他们尝试突破新古典范式的局限，借鉴古典经济学的理论框架，构建新的理论方法，其代表学者弗里曼和卢桑将这种方法称为"理性历史方法"。曼德尔、法国调节学派、美国积累的社会结构学派等马克思主义学者为这一领域的研究做出了重要贡献；熊彼特和新熊彼特学派的部分研究也与其存在较大的相通之处。在这些研究中，不同工业阶段的生产方式和相应的社会结构都

是学者们关注的主题性线索,他们大致将工业的发展阶段概括为"六轮技术革命—三次工业革命",其中每次为期百年左右的工业革命包括两轮技术革命。当今世界正处于第三次工业革命中的第五轮技术革命(即生产信息化革命)向第六轮技术革命(即工业智能化革命)转变的历史交会期。对于后发国家而言,第二次工业革命的任务尚未完成,又同时需要参与第三次工业革命,从而形成两次工业革命的任务叠加推进的阶段性特征——工业化和信息化同步推进的"新型工业化道路"也由此而生。

第二次工业革命的典型生产方式就是以规模经济为主导的批量化生产,即福特主义生产方式,其典型特征是规模化与高效率的一致性。发展方式转变、发展阶段演进的产业背景就是我国第二次、第三次工业革命叠加实施的历史进程,正从完成第二次工业革命的福特主义生产方式转向推进第三次工业革命所要求的信息化、智能化、个性化、生态化生产方式。正是由于工业阶段开始超越了以规模求效益的福特主义生产,经济发展才需要突出强调对质量和效益的追求,这就更加需要引入新技术、开辟新市场、导入新要素,因此创新作为发展动力的地位就越来越突出。也正是这一产业背景使得高质量发展成为概括当前发展阶段的恰当主题。

三、从生产目的看高质量发展的必然性:体现以人民为中心的生产方式

当前我们把高质量发展定义为"是能够很好满足人民日益增长的美好生活需要的发展",这一论断体现了新时代社会主要矛盾的变化,同时,也是以人民为中心发展思想的必然要求。从广义的具体生产方式来看,这也体现了社会主义生产方式的本质特征,以及新时代社会主义生产目的的必然要求:生产必须服务于人民生活水平的提升。在社会主义经济理论中,经济发展以社会主义生产目的为导向是社会主义经济规律的重要内容,也是社会主义生产方式的本质特征。

以人民的需要为判定标准的社会主义经济发展价值导向可视为当前"以人民为中心"发展思想的重要理论准备。同时,新时代经济社会发展状况的变化也在客观上要求我们的发展思想需要更加突出以人民为中心的核心原则和社会主义生产目的的根本导向。

随着经济发展水平的提高、经济结构日趋金融化,虚拟经济和资本市场的过度繁荣,使得利润导向原则与社会主义生产目的之间的矛盾越发凸显,这也是在新时代突出强调以人民为中心的发展思想的历史必然性。

在社会主义经济中,利润的根本作用在于推动实体经济发展、扩大社会生产、满足人民生活需要。一旦脱离了这一社会主义生产目的,就必须予以纠正。只有推进实体经济发展的利润追求才符合社会主义生产目的,因此,习近平总书记多次强调振兴实体经济才是供给侧结构性改革的关键导向。

相对于西方发达资本主义国家的经济现状，我国振兴实体经济、治理脱实向虚和金融投机的供给侧结构性改革，是一项了不起的壮举。研究资本主义经济的国内外学者认为，导致 2008 年金融危机的重要原因就是 20 世纪后期迅速蔓延的经济金融化趋势加重了西方国家的脱实向虚和金融投机，挤压了实体经济的发展空间，同时，其自由主义的积累体制严重损害了劳动者的利益，使得无产阶级的相对贫困化程度持续提升。在我国，能够态度鲜明地治理"三大失衡"问题，推进以振兴实体经济、实现社会主义生产目的为导向的供给侧结构性改革，显示了中国经济不同于剩余价值规律主导下的资本主义经济的社会主义本质特征。

经济发展水平的提升不仅表现为生产力水平的提高，也体现为制度体系的变革。正是由于中国始终秉持以人民为中心的发展导向，中国才能以供给侧结构性改革等一系列改革措施及时治理脱实向虚等问题，使中国经济在金融危机后逆势上扬。

四、从生产理念的深化看高质量发展的必然性：人与自然和谐发展的生产方式

如果说工业阶段的演进和生产目的的提升是具体生产方式升级换代的体现，那么对于人与自然关系的深化认识则是生产理念不断升华的表现。就抽象的生产方式而言，物质资料的生产过程就是人们从自然界中获取自己所需资源以满足自身需要的劳动过程，在此过程中关于人与自然关系的认识也随之深化，即生产理念的深化。

围绕人与自然的关系，生产理念的深化至少可以划分为三个阶段：崇拜外化自然力的理念、将自然力内化于生产过程的理念以及将自然归于生产目的的理念。理念深化的过程也与经济发展水平提升和工业阶段演进紧密相连。

马克思认为由于对大工业的生产方式认识不足，亚当·斯密依然持有源于重农学派的那种崇拜自然力、将自然力置于劳动生产力之外的传统观点，我们将这种观念称为崇拜和外化自然力的生产理念。在这一理念下，自然力在生产中所发挥的作用被视为自然的赏赐而非人类利用自然力提升自身劳动生产力的结果。

李嘉图陈述的"自然替人做"的事情其实是机器大工业中人类对自然力的运用，也就是后来所称的"科技在生产中的作用"，从亚当·斯密到大卫·李嘉图，马克思敏锐地觉察到两者的关键区别：是否将对自然力的运用视为劳动生产力的构成要素。当然，这一理念更为彻底的贯彻者是马克思本人，他明确地将自然条件视为劳动生产力构成要素之一。

随着绿色生态环保的理念日益深入人心，仅仅将自然条件视为劳动资料和生产力的构成部分已不足以概括人与自然的关系。现代工业对自然环境的影响引发了越来越广泛的关注，良好的自然环境已经从生产的条件和资源转化为生活的现实需求，在这一背景下，自

然环境开始从政治经济学中的生产资料转向生产目的，将绿色发展视为高质量发展的普遍形态就是这一理念的重要体现，我们将这一理念称为"将自然归于生产目的的理念"。因此，生产方式的变革方向已不再局限于财富增长和效率提升，而是必须同时推进资源节约型、环境友好型的技术变革，形成人与自然和谐发展的生产方式。以绿色为普遍形态的高质量发展思想正是上述生产理念升级、对于人与自然关系认识的深化所形成的历史必然。

五、结论

在政治经济学中，有什么样的生产就构成什么样的发展。当前，中国经济进入高质量发展阶段，其历史必然性蕴含于生产方式发展阶段的历史演进中。

首先，就狭义的具体生产方式即劳动方式而言，21世纪以来，中国面临叠加推进第二、第三次工业革命的历史使命，随着工业发展阶段从第二次工业革命的规模化生产转向第三次工业革命的信息化和智能化生产，中国越来越需要追求规模经济之外的质量和效益；由于第三次工业革命尚未完成，工业化进程逐步从跟跑并跑向并跑领跑转变，因此复制其他国家既有经验的传统发展思路难以适应新时代发展要求，创新理念的重要性越发突出；同时，任何一次技术革命和工业革命都需要国民经济各部门的协同推进，并吸纳人类社会的一切文明成果，因此协调和开放的发展理念也成为新时代高质量发展的必然要求。

其次，就广义的具体生产方式而言，相对于剩余价值规律主导下的资本主义生产方式，中国的发展归根结底是要不断完善社会主义生产方式。由此观之，中国生产方式的本质特点就是要遵循社会主义经济规律、实现社会主义生产目的，走出一条不同于剩余价值规律支配下的利润导向的发展道路。进入新时代以来，面临"三大失衡"等新问题，中国再次提出社会主义生产目的的根本导向，以供给侧结构性改革等手段治理脱实向虚和金融投机，振兴实体经济。高质量发展被坚定地锁定为"是能够很好满足人民日益增长的美好生活需要的发展"，这充分体现了社会主义生产目的对新时代生产方式的根本规定性，体现了以人民为中心的发展思想。同时，治理收入分配不均、加强社会保障和扶贫开发的力度日益加大，共享的发展理念从未像今天这样获得如此突出的重要地位。

最后，从抽象的生产方式和生产理念来看，在政治经济学中，关于人与自然关系的认识是逐步深化的，第一次工业革命使政治经济学开始将对自然力的利用纳入人类的劳动生产力范围内，但是随着生产活动对自然资源的使用日益接近自然界的承受极限，绿色和生态的发展理念就显得越发突出。进入新时代以来，关于绿色和生态的发展理念形成了一次新的跃进：从出于生产可持续性的环境保护思想提升为视自然环境为生活需要的生态发展理念。在这一全新的理念下，关于人与自然关系的认识提升到一个全新的层次：从把自然界视为生产的场合和材料等手段，转变为满足人民美好生活需要的生产目的之所在。

当前我们关于高质量发展的认识已经日趋成熟，它被定义为"能够很好满足人民日益增长的美好生活需要的发展，是体现新发展理念的发展"。无论是创新、协调、绿色、开放、共享的新发展理念，还是满足人民美好生活需要的根本方向，生产方式视角下的考察都有助于我们准确理解高质量发展阶段的历史必然性。

社会再生产理论下后疫情时代中国经济维稳发展探析

高梦冉①

（江南大学 马克思主义学院）

马克思社会再生产理论揭示了社会再生产得以实现的核心问题为实现两个补偿，即社会生产两大部类之间必须保持适当的比例关系。后疫情时代中国经济的维稳发展仍需通过一系列的宏观调控政策并结合"数字经济"大趋势，实现生产生产资料的部类（Ⅰ）和生产消费资料的部类（Ⅱ）的平衡发展，以保促稳，稳中求进。本文在借鉴马克思社会再生产理论总量平衡思想的基础上，探析后疫情时代中国经济保持维稳发展需要面临的国内和国际环境，以及如何在后疫情时代推动中国内部经济社会发展、打赢脱贫攻坚战、维护国际话语权的平衡等问题。

一、社会再生产理论内涵及其功能

社会再生产理论的核心是如何实现生产生产资料的部类（Ⅰ）和生产消费资料的部类（Ⅱ）之间的价值补偿和物质补偿问题，虽然该理论分析的是资本主义社会总资本运动的条件和规律，但该原理在我国社会主义市场经济条件下对中国内部产业结构的改造与升级以及劳动生产率的提高仍有重要借鉴意义。

（一）社会再生产理论的内涵

马克思在《资本论》第二卷中分析社会再生产的实现条件时，从实物构成上将社会总产品分为生产资料和消费资料两大类，与此相对应的社会生产部门也分为两大部类，即生产生产资料的部类（Ⅰ）和生产消费资料的部类（Ⅱ）；从价值构成上将社会总产品分为不变资本（c）、可变资本（v）和剩余价值（m）三个部分。该理论的假设之一是"在考察社会总产品及其价值时，我们不得不撇开，至少是暂时撇开固定资本在当年因损耗而转

---

① 高梦冉,江南大学马克思主义学院硕士研究生,研究方向:党的建设。

移到年产品中去的那部分价值,因为这种固定资本没有在当年重新得到实物补偿。"在社会资本运行过程中,只要存在商品生产,社会总产品(Ⅰv+m)和(Ⅱc)就需要在交换时得到补偿和替换。因为简单再生产只是扩大再生产的一个特例,所以本文所探讨的是基于社会扩大再生产理论下的中国经济维稳发展问题,具体来说,就是要保证生产生产资料的部类(Ⅰ)和生产消费资料的部类(Ⅱ)满足一定比例关系,两大部类之间需要首先满足条件:Ⅰ(v+m)>Ⅱ(c),即第Ⅰ部类生产的新价值必须大于第Ⅱ部类的不变资本,这样才会有可供追加的生产资料,进而实现社会总供给与社会总需求的对等。表现在市场上,就是要求所有生产部门做到两个方面:一是要卖得出去,把全部产品卖掉,收回价值,实现价值补偿;二是要买得进来,通过购买,把已消耗掉的各种物质资料买回来,实现物质补偿。

(二)社会再生产理论的功能

马克思社会再生产理论虽然分析的是资本主义社会总资本运动的条件和规律,但该原理对于我们研究中国社会主义市场经济同样适用。马克思社会再生产理论的功能一是体现在该理论中重点关注的物质生产部门两大部类之间的生产与交换关系,对于中国内部产业结构的改造与升级具有重要指引价值,尤其为后疫情时代中国在全面复工复产的过程中如何实现上下游协调发展、发挥积极宏观调控政策提供了理论依据;二是该理论将扩大再生产的实现形式分为外延型扩大再生产和内涵型扩大再生产,也就是马克思在《资本论》第二卷中提到的"如果生产场所扩大了,就是在外延上扩大;如果生产资料效率提高了,就是内涵上扩大"。在这里生产场所的扩大就是指新的车间、厂房及新的工业基地的增加,此外还包括增加设备和劳动力,这是通过投资来进行的;生产资料效率的提高,是由于采用了先进的技术装备、质量更为优良的原材料以及改善劳动组织方式、工艺方法和提高劳动力的熟练程度等,可以说,生产资料效率的提高最根本的就是劳动生产率的提高。在后疫情时代的中国具体表现为以4G、5G技术为依托,开通5G基建建设,加快发展以互联网为载体的"数字经济"等新基建建设,促进产业数字化和数字产业化,同时应运而生了一批新时代新工种,加快释放市场活力,刺激消费,扩大内需的同时助力精准扶贫。

二、后疫情时代中国经济发展的特征

(一)以互联网为载体的"数字经济"崭露头角

在抗击疫情过程中,以数据生产要素为基础的数字经济,突破时空边界和产业局限的特性,改变了传统资源配置方式,依托新技术优势和大平台优势,通过信息聚合、数据共享，为全社会资源调配、网上办公、防控疫情、保障经济社会各方面有效运转提供了有力支撑。一是表现在以4G、5G为代表的数字基础设施为战疫情提供坚实基础，不仅满足了疫情防控期间远程指挥、监督和数据传输等重要通信需求，还提供了疫情公益短信传播、5G高清实时直播"中国速度"等服务；二是人工智能、大数据等新一代信息技术为战疫情提供重要武器，实时更新和公布疫情数据和传播路径等信息，为疫情的公开透明提供重要手段；三是数字经济为疫情期间保障人民生产生活发挥重要作用，比如"无接触配送"服务、线上问诊、直播教学、互联网办公等功能。在后疫情时代，配合逐步的复工复产，仍需发挥数字经济的重要作用，打造一批高质量的"互联网＋"模式，为中国经济的稳定发展提供动力。

（二）庞大的消费内需为经济复苏提供增长动力

不可否认，新冠肺炎疫情对我国消费领域一时冲击较大，但作为全球最大的消费市场之一，中国消费需求增长较快、持续成长性好、带动能力强的势头并未改变。疫情期间，以直播带货、生鲜电商、在线教育、远程问诊等为代表的线上新型消费不断涌现、业态翻新，展现出强大生命力。线上新型消费的蓬勃生机让我们看到，疫情之下，虽然消费受到暂时抑制，但消费需求并没有消失，中国市场的潜力依旧巨大。2019年，消费对国民经济增长的贡献率为57.8%，已连续6年成为拉动中国经济增长的第一引擎。面对严峻复杂的国际疫情和世界经济形势，我们比以往任何时候都更需要依靠内需来稳增长，依靠扩大内需来应对各种风险挑战。

（三）中国卓越的全球贸易优势彰显大国形象

自新冠肺炎疫情全球蔓延以来，全球经济遭受了2008年全球金融危机后最严重的打击，面临着衰退的严重威胁。打造全球化的供应链系统有利于保障企业的生产效率与产品品质，从而降低综合成本。中国作为世界制造业大国，在中低端产业领域，门类最完整，配套最齐全，供应链最有效，进出口贸易总额居世界第一。中国作为全球产业链、供应链上的重要一环，在基本抑制住本国疫情后，通过积极推动复工复产，为全球经济带来了正面效应，使我们继续深耕中国市场的信心更加坚定。在后疫情时代，中国卓越的全球贸易优势更加凸显，后疫情时代仍要以"一带一路"为载体，加快全球产业链布局，形成产业链上中下游一体化局面，在推动世界经济供需平衡中继续彰显大国担当，为全球抗"疫"提供中国力量。

三、后疫情时代中国经济发展面临的困境

（一）全球疫情影响下的国内经济放缓趋势

开放型经济体的经济发展不可避免地受到各类因素（包括国家间经贸关系、地缘政治、突发公共卫生事件等）的影响。现阶段疫情冲击下的宏观政策更加强调逆周期调节，节奏和力度要能够对冲疫情影响，防止经济运行滑出合理区间，防止短期冲击演变成趋势性变化。从长期看，我国宏观经济形势是"三叠加"，即国内转型升级与外部不利环境叠加、供给侧结构性改革关键期与内外需放缓并发叠加、稳定经济增长与防范化解金融风险叠加，需要处理好"内部与外部""供给与需求""速度与质量""实体与虚拟"四个方面的关系。但从总体来看，中国经济具有较强的韧性，在全球疫情影响下虽有放缓趋势，但仍可以持续运行在合理区间。

（二）中国人民打赢脱贫攻坚战迫在眉睫

2020年是脱贫攻坚决战决胜之年，突发的新冠肺炎疫情对我国全面打赢脱贫攻坚战产生了一定冲击，是对按时实现全面脱贫的重要考验。此次疫情也是叠加在原有致贫因素上的又一个风险因子，脱贫工作中成本上升、效率下降、不确定性增加，后疫情时代需要思考如何在稳定中国经济发展的过程中，灵活调整帮扶机制，助力精准扶贫，尤其是如何化解扶贫地区农产品滞销问题，促进扶贫经济指标的相对平衡。

（三）西方"抹黑"论下中国形象传播的突围

新冠肺炎疫情暴发以来，中美关系日益紧张，一种"政治病毒"在以美国为首的一些西方国家扩散开来，一些政客无视最基本的事实，编造诸如"中国脱钩论""撤出中国论"以及将"病毒标签化"，这些抹黑中国的谎言严重损害了中国的国际形象，也一定程度上影响了中国贸易的出口和投资。如何谨慎防范大国博弈过程中潜在的诸多变量和风险，坚决与"病毒标签化"作斗争，做好有效应对包括舆论战、经济战、贸易战和科技战等在内的全方位挑战的准备，实现中国形象传播的突围，规避由于大国博弈过程带来的风险和损失，也是后疫情时代发展中国经济必须面对的复杂国际环境。

四、开辟中国经济维稳发展新路径

面对前文提到的后疫情时代中国经济维稳发展面临的困境，中国需要从供需平衡角度寻求经济发展的经济平衡、政治平衡和国际话语权平衡，推动中国经济的加速复苏。

（一）扩内需促消费，宏观调控更积极

消费是物质资料生产的总过程和最终目的及动力。消费旺了，产品才有出路，复工复产才能达产增产。当前，我国经济工作的重点之一是释放内需激发内生动力，促进消费拉动经济增长，以更加积极的宏观调控政策，在疫情防控常态化的背景下促进中国经济行稳致远，实现高质量发展。一是政府通过制定一系列灵活适度的货币政策和财政政策，减轻因受疫情影响经营受损的企业负担，尤其对各类民营企业予以一定的政策和资金倾斜，助力经济链条的上中下游企业，提高产业效率。同时适时推出比较完善的政策法规，营造良好的营商环境。二是继续深化改革扩大开放，深入推进供给侧结构性改革。通过"互联网+"连接新供给和新需求，利用线上新型消费、鼓励有序发展"夜经济"激活内需。既要从需求侧妥善引导和扶持新业态、新模式，激活消费新增长点，又要从供给侧更好地满足消费需求，增强供给结构对需求变化的适应性和灵活性，扩大有效供给，更好地满足真实需求和潜在需求，进而促进后疫情时代中国经济有效供给和需求在新条件下的对接和平衡。

（二）科学部署新基建，搭载技术手段开拓创新

"新基建"主要指在铁路、公路、轨道交通的补齐基础上，大力发展5G、人工智能、工业互联网、智慧城市、教育医疗等。疫情期间以互联网为基本载体的"数字经济"焕发强大生命力，对于经济拉动、信息传递等产生了巨大作用。后疫情时代仍要充分利用互联网手段，助力全面复产复工复课，利用新技术手段实现信息聚合与数据共享，充分发挥数字经济平台的作用，科学部署新基建，促进实体经济与虚拟经济的交互融合，以线上媒介补偿线下未释放的供给。同时继续推动"直播带货"助力扶贫地区，利用网络让农户的优质农产品走出来、销出去、减少因疫情被积压的农产品总供给。

（三）强化人类命运共同体，向世界讲好中国故事

病毒不分国界，疫情以生命为代价告诫各国应超越地域种族、历史文化乃至社会制度的不同，携起手来构建人类命运共同体，共同抗击疫情，保护地球家园。后疫情时代，中国乃至世界经济的维稳发展都需要一个稳定健康的国际环境，需要筑牢人类命运共同体意识，加强国际合作，尤其在"一带一路"的深入推进上进一步合作。中国要继续"内防扩散、外防输入"，把中国"防线"外移到全球，包括主动援助、联合科研、加强疫情之下社会行为、经济冲击和政治冲突方面的协调磋商和应对机制的共建。同时在国际舞台上，讲好中国抗疫故事，让一切试图"抹黑"中国为疫情做出努力的不实言论不攻自破，

为中国经济的维稳发展营造良好的国际空间，为全球经济的复苏贡献中国力量。

五、结语

总之，以马克思再生产理论为理论基础，将其中的价值补偿和物质补偿"需要总量平衡"思想应用到后疫情时代中国经济维稳发展中，审视中国经济在疫情影响下因速度放缓、政治任务完成在即、国际话语环境受限等因素产生的资本流通不足、销货渠道不足以及国际形象标签化等问题。通过采取释放内需刺激消费，增加赤字率，帮助中小企业减税降费以及货币上的降息、降准、再贷款等政策，将出口转内销，结合"数字经济"大趋势，充分利用"互联网+"手段，调整市场订单和消费偏好等手段，打造好国内市场，同时筑牢人类命运共同体意识，积极提供国际援助，以中国经济发展带动全球经济复苏，展现负责任大国形象，为后疫情时代中国经济走出去打造良好的国际环境，吸引更多投资和出口。坚持用全面、辩证、长远的眼光分析后疫情时代中国经济发展形势，努力在危机中孕育新机，于变局中开启新局，打通生产、分配、交换和消费各个环节，逐步形成以国内大循环为主体、国内国际双循环相互促进的新发展格局，带领中国经济稳中向好发展。

精准脱贫、农业农村现代化与乡村振兴：内在逻辑、有效衔接与精准施策

陈燕[①]

（福建社会科学院）

2020年12月3日，习近平总书记郑重宣布，"经过8年持续奋斗，我们如期完成了新时代脱贫攻坚目标任务，现行标准下农村贫困人口全部脱贫，贫困县全部摘帽，消除了绝对贫困和区域性整体贫困。"[②] 中国共产党带领中国人民完成了举世瞩目的伟大壮举，为人类减贫事业做出了卓越贡献。2017年，习近平总书记在党的十九大做出了中国特色社会主义进入了新时代的准确判断，我国的社会主要矛盾也发生了根本性转变，并明确提出了"加快推进农业农村现代化"的战略方针。这一方针是对我国今后农业农村发展的纲领性指导思想，也是首次将农村现代化纳入新时代"三农"工作的总目标。[③] 此后，为实现农业农村现代化的战略目标，国家又适时提出了乡村振兴战略，这一战略的总要求是实现农业农村"产业兴旺、生态宜居、乡风文明、治理有效、生活富裕"，最终目标是实现农业农村现代化。为实现这一重大战略目标，党中央为乡村振兴规划了三步走战略：第一阶段制度政策形成期、第二阶段农业农村现代化基本实现期和第三阶段乡村全面振兴期。当前，我国正处于脱贫攻坚与农业农村现代化及乡村振兴多期交会的关键时期，理顺这三者之间的逻辑关系，对农业农村的接续发展具有重要指导意义。

一、精准扶贫与农业农村现代化及乡村振兴衔接机制构建的内在逻辑

（一）实现全面脱贫是农业农村现代化及乡村振兴的前提条件

2020年底如期实现全面脱贫是党对人民做出承诺的兑现，当前，我国已实现贫困人口

[①] 陈燕，经济学博士，福建社会科学院副研究员。
[②] 习近平：《我们如期完成了新时代脱贫攻坚目标任务》，《人民日报》，2020年12月23日。
[③] 蒋永穆：《从"农业现代化"到"农业农村现代化"》，《红旗文稿》，2020年第5期。

全部脱贫、贫困县全部摘帽、解决区域性整体贫困，"两不愁、三保障"等基本问题得到充分保障。脱贫攻坚的政策目的导向性就是解决农村低收入群体的生存保障问题，是农村发展和农民增收等一系列农村政策的基础。只有优先解决了基本生存问题，把最薄弱的绝对贫困问题解决，才能动员更大的人力、物力和财力搞好农村生产发展、农村治理等多元发展问题。

为解决困难户基本生活需求的保障性扶贫是解决农村贫困问题的一个根本前提，而解决农村低收入群体增收需求的开发式扶贫则与农业农村现代化及乡村振兴发展思路相契合，在未来很长一段时间内都是实现农业农村现代化及乡村振兴的前提条件。此外，农业农村现代化及乡村振兴的关键还是在于对农村低收入群体的利益激励机制的构建，只有在实现脱贫攻坚的前提条件下，农村劳动力、土地资源等生产要素的活力才能在市场化的激励作用下得到最大限度利用，农村资本投入不足的弊端也通过社会资本流入得以解决。也只有在这个基础上才能搞好农村经济，并且利用农村产业振兴和农业现代化经营的开发投入吸引更多的资金投入农村公共基础设施建设。农村经济发展是消除绝对贫困的最本质基础，也是防止脱贫户返贫最有效的方式，同时，也为缓解相对贫困创造了良好的发展环境。因此，全面脱贫是农业农村现代化和乡村振兴的基本前提条件。

（二）农业农村现代化及乡村振兴仍避免不了贫困治理问题

新时代脱贫攻坚目标任务的如期实现，标志着我国农村大范围绝对贫困问题得到了根本解决，绝对贫困问题的解决并不意味着贫困问题的完全终结。从国际经验来看，任何发展阶段和发展水平的国家都无法完全避免贫困问题，只是贫困的形式发生了转变。农村农业现代化目标核心是通过现代化的农村产业振兴计划以及农业规模化经营方式，并且充分利用现代化的市场机制，充分挖掘农村各生产要素的潜力，在传统农业生产、销售等各环节充分利用规模化效益节约生产成本提高市场效益以增加农户的收入。同时，通过对市场的充分利用，农村丰富的生态资源可以得到有效开发保护，农村的基础设施和部分公共服务设施可以通过资本引入的方式得到更好的建设，有助于实现公共服务均等化的要求。也就是说，通过农业农村现代化和乡村振兴带动乡村经济持续发展，是消除贫困最主要也是最具持续性的途径。如此，就针对性解决了农村发展滞后以及农村生产要素利用效率低下的问题，开启了解决农村贫困问题的新发展模式。

（三）精准扶贫与农业农村现代化及乡村振兴战略的政策共性

精准扶贫与农业农村现代化及乡村振兴战略都是解决农村发展问题、实现共同富裕的战略手段，从时间上来看，存在着接续、递进的发展关系，从政策层面也体现出一贯性和共性。精准扶贫与农业农村现代化及乡村振兴政策的制定都是为了实现我国"两个一百年"奋斗目标而做出的重要制度安排。从目标层面来看，呈现出相互包含、相互递进的三阶段发展思路：第一阶段，2020年实现全面脱贫，进入全面小康阶段，这是实现了到建党一百年时，使国民经济更加发展、各项制度更加完善；第二阶段，到2035年农业农村现代化，实现了农业农村生产生活方式的根本性转变，彻底摆脱小农经济时代所遗留的各种弊端，中国特色社会主义农业农村发展模式基本形成；第三阶段，到2050年，乡村全面振兴，农业强、农村美、农民富全面实现，这与第二个百年发展目标"到世纪中叶新中国成立一百年时，基本实现现代化，建成富强民主文明的社会主义国家"相契合。从政策措施层面来看，精准扶贫与农业农村现代化及乡村振兴呈现明显的连贯性，这也要归因于精准扶贫过程中所做的有益探索。

二、全面脱贫与农业农村现代化及乡村振兴的有效衔接

（一）全面脱贫过渡期依旧面临诸多贫困挑战

当前处于全面脱贫的过渡期，部分脱贫攻坚成果具有一定的脆弱性，再次掉入贫困陷阱的风险较大。一方面，要关注收官之年因形式主义所造成的"伪脱贫"问题。虽然当前我国已实现贫困县全部摘帽和现行条件下的贫困人口全面脱贫，但毕竟涉及贫困人口众多、涉及贫困地区广袤且分散，因而，脱贫任务完成的质量和脱贫成果难以得到全面保证。针对脱贫攻坚成效考核时要注重贫困收官之年的形式主义和官僚主义问题，要揪出因被动完成扶贫指标而形成的"虚假式""游走式"扶贫模式，特别是对于一些贫困地区由于前期扶贫工作不扎实，而在临近脱贫任务时间节点时为应付贫困评估而做出的种种虚假脱贫行为，发现一起，就要继续落实一起，决不能放之任之，决不能让贫困人口"伪脱贫"。应该说，基于多年的精准扶贫实践，各地区发生大规模的贫困造假行为已几无可能，但基于对贫困群众的负责任的态度以及党对人民做出的庄严承诺，仍要把好扶贫后期抽查、普查和考核工作。

另一方面，要注重脱贫人口的返贫问题。已脱贫人口的再次致贫原因多种多样，既可能是主观因素，也可能是客观条件造成。从脱贫质量的角度来看，由于脱贫工作时间紧、任务重，存在着扶贫措施具有临时性和不够扎实的特点。加之这种在短期内形成的特色农产品，未经历较长时间的市场和消费者的检验，易导致产品竞争力缺乏后劲，销售渠道也难以稳固。从客观条件来看，诸多贫困地区，特别是深度连片集中贫困区，往往都是自然条件相对恶劣的地区，遭遇自然灾害的概率和频率也相对偏高，当这些地区主要依靠种养殖业实现脱贫，则今后发生因灾致贫的情况或许就难以避免。此外，要重视疫情对脱贫成

果的影响。2020年突发的新冠肺炎疫情是对全面打赢脱贫攻坚战的巨大冲击，是对按时实现全面脱贫的重要考验，在以习近平同志为核心的党中央坚强领导下，全国人民齐心协力，最终如期完成了脱贫任务目标。然而，由于疫情的反复性和不确定性，对于处于脱贫脆弱期的群众而言，势必增加了"返贫返困"的风险。根据评估结果，出台具体方案，分区分时段稳健开展脱贫攻坚；在金融、税收和财政等方面对受疫情影响较大的扶贫产业等予以适当的优惠与倾斜。灵活调整帮扶机制，在风险中抓机遇。此外，虽然疫情增加了现阶段农产品市场的风险，但疫情结束后农产品市场却可能会产生新的机遇，应科学分析趋势走向，抓住机遇，提升帮扶措施效果。

（二）农业农村现代化及乡村振兴进程中面临全新贫困治理问题

对我国2020年后全面打赢扶贫攻坚战之后的扶贫工作来说，既要建立稳定脱贫机制，更要实现脱贫攻坚战和之后解决相对贫困问题的无缝衔接。

首先，在减贫思路上要实现从"扶贫"向"防贫"的转变。在实现全面脱贫以后，我国未来的贫困格局将会发生重大而深刻的转变。过去的绝对贫困将永久退出历史舞台，随之而来将要面临贫困的新形式、新特点。就短期来看，消除绝对贫困的5年内都将侧重于"防返贫"问题。就长期来看，转型贫困地和相对贫困将是我国未来面对的较长一段时间的贫困问题。在多年的扶贫实践中发现，地区间的发展水平仍有较大差距，其中，深度贫困地区和集中连片贫困地区是我国扶贫攻坚中最难的地区，也是花的气力最多的地区，这些地区在2020年后也面临着较大的返贫风险。

其次，在减贫任务上要实现从消除绝对贫困向缓解相对贫困转变。从发达国家的经验来看，当经济社会发展到一定水平后，绝对贫困问题能够得到有效缓解，相对贫困问题则会越发凸显。2020年后，我国绝对贫困问题得到解决，但相对贫困问题或无法避免。一方面，相对贫困与绝对贫困相比具有更强的动态性，很难有唯一的固定标准，是不断变动的，这对贫困的衡量以及相对贫困人口的标准确定带来一定的困难；另一方面，相对贫困人群的致贫原因相较于绝对贫困人群更为复杂多样，多为结构性原因导致的贫困，帮扶难度也随之提升。自新中国成立以来，我国历届政府都矢志不渝地推动消除绝对贫困这一历史使命，形成了一系列富有成效的帮扶措施，这也为精准扶贫战略提供了宝贵的理论基础和实践经验。然而，对于相对贫困而言，我国还缺乏足够的认识。

最后，从减贫对象覆盖范围上要实现单一农村扶贫转向城乡统筹贫困治理。历史形成的城乡二元体制使农村发展一直落后于城市，这种趋势也呈现越来越加剧的态势，这就使我国贫困治理的对象主要针对农村地区。当前，我国实现了既定贫困标准条件下农村人口的全面脱贫，核心对象依旧是农村人口。随着城乡融合战略的不断推进和城市结构的转型,城市贫困隐患问题不断凸显。当前,我国城乡二元体制的藩篱正在不断打破,城乡间的要素流动更加频繁,农村低收入人群也逐渐向城市转移,原本户籍在农村的人口很多定居于城市,这就使农村人口与城市人口的界限越发模糊,新增的低收入农村进城人口和城市中原有的低收入人群形成了聚集,而以往贫困治理中对于城市贫困人口的关注程度还较低,城市贫困人口也迫切需要得到应有的政策倾斜。所以,单一的农村贫困治理已无法适应当前的形势,城乡分治的贫困治理格局亟待打破,在城乡融合发展的大趋势下,将不再仅关注农村人口的贫困问题,而应是全国一盘棋,形成城乡统筹的贫困治理新格局。

三、从全面脱贫到农业农村现代化及乡村振兴有机衔接的精准施策

(一)破除城乡二元结构藩篱,妥善推进城乡一体协同发展

城乡之间的发展不平衡是我国农业农村发展不充分面临的首要问题。习近平新时代中国式的城乡融合发展理论指出:走中国特色社会主义乡村振兴道路,必须重塑城乡关系,走城乡融合发展之路。要从以前的以农哺城、以农养工转变为以工补农、以城带乡的新发展模式,促进农村劳动力转移就业和农民增收,不断缩小城乡公共服务水平差距,逐步构建起全民覆盖、普惠共享、城乡一体的公共服务体系。尤其是在"脱贫攻坚"后时代,农业的发展短板问题更加突出,城乡的差异不会在短时间内得到缩减,在未来相当长一段时间,必须要在农村重点推进农业农村现代化发展的各项措施,坚持土地基本经营制度的稳定性不变,加强农业规模化经营和小农户经营有效结合,探索多种形式的现代农业经营模式,加快培育现代化的职业农民,加快懂得现代经营的管理人才的引进,增加对农村农业的对应财政支出和特项金融扶持等,引导农业农村现代化的改革。解决城乡发展二元结构性差异的问题,无论是脱贫攻坚还是农业农村现代化及乡村振兴,都必须作为关注的重点内容。

(二)缓解区域性发展差异,结合地方实际因地制宜分类推进

针对全面脱贫攻坚战,全国基本上下一气,形成了从中央到地方完整的一套脱贫政策体系,虽然全国能形成统一的脱贫目标,但在脱贫攻坚完成后的相对贫困治理上,区域发展差异性的问题尤为突出。东部地区由于市场化程度高,经济较为发达,绝对贫困问题不突出,农户间生产要素禀赋差异和劳动能力差异形成的收入差异较大,相对贫困的程度与地区的经济发展程度呈现明显的相关性。乡村振兴战略在东部发达地区已经开始起步,而在中西部部分偏远地区和经济发展薄弱地区,绝对贫困问题一直是贫困治理的主要方面,与农业农村现代化和乡村振兴的发展还有着阶段性差距。2020年脱贫攻坚完成后,在相当

长一段时间内，尤其要警惕脱贫户因各种不利因素导致返贫返困现象的发生，在消除了绝对贫困问题之后，要继续贯彻在精准扶贫实践中取得积极成效的产业扶贫、金融扶贫、生态扶贫等可持续扶贫项目，这些项目与农村现代化及乡村振兴在实现途径上存在着共通。

（三）坚持农村供给侧改革导向，构建有效市场激发农村发展活力

不论是精准扶贫还是乡村振兴，都需要政府扶持与农村市场主体建设相统一。过往行政式脱贫政策的执行，虽然可以在短期内集中全部力量攻克绝对贫困的问题，但无法有效解决长期相对贫困的问题。对于长期相对贫困户的扶助，仅仅依托政府社会保障和社会扶助是无法完全解决的。长期扶贫政策，应该要在农村内部有效开展供给侧结构性改革，通过构建有效商品市场、要素市场，利用市场的激励机制，激励农户充分利用自身持有的各生产要素，通过要素市场增加自己财产性收入。而农业农村现代化与乡村振兴的目标仅仅依托政府托底的帮扶政策是不能实现的。诸如财政转移支出的社会保障和社会救济等托底政策都只能保障农村最弱势群体的基本生存生活要求，而不能保证农民相对收入的增长以及消除相对贫困问题。农村供给侧改革在于针对农村地区的发展实际，提出一个适合当地实际的产业发展规划，构建一个有效的农村市场。通过市场的供给结构调整，最大限度提高农村生产资源的潜力，增加农村居民的收入和社会存在感、幸福感，从而实现农村农业的现代化和乡村的全面振兴。

（四）合理统筹农村制度安排，有序推进政策措施高效衔接

脱贫攻坚、农业农村现代化和乡村振兴，在政策安排上存在一定的差异，但也存在前后衔接递进的逻辑关系。在乡村振兴阶段，要预防相对贫困的问题成为发展的掣肘，在政策衔接上要将精准扶贫的点的范围扩大到整个农村地区和城乡统筹发展的面上，主要是要做好中长期乡村发展的规划引导，结合中央与地方政府的集成力量，做好政府政策扶持支出与农村主体自身挖掘市场发展潜力相结合，政策上不仅要确保对底层弱势群体和特殊群体的优先识别和帮扶，更要在整体上对整个乡村发展的产业规划和制度建设进行全面的规范引导，努力实现政府与市场双管齐下，实现效率的同时也妥善处理农村增长的财富的具体分配，尽可能缩小城乡差距、地区差距及内部成员福利分享的差距，从而更好地实现共同富裕的目标。

坚定以新乡贤推动乡村振兴的政治经济学分析

孙世强[①]

(辽宁大学 经济学院)

新乡贤作为一个时代的新名词,已融入实施"乡村振兴"的各类文件中并扩展至经济、政治、社会、文化、环境的理论与实践等多维领域。依靠新乡贤促进乡村振兴体现了国家的一个政策导向,目前其正处于初创期或探索期,虽然振兴实践取得了一定的成效,但也有一些专家、学者提出应该认真反思诸多内容。诸多问题,不仅涉及坚定新乡贤为主体的"精英模式"的本源性认识,及对应的"术语共识"或"原理普及",而且对创新中国特色的社会主义乡村振兴理论与实践都具有重要意义。

一、新乡贤能否成为乡村振兴的主力

该内容回答的是乡村振兴依靠"谁"的问题,想要明确的是新乡贤是不是唯一具备乡村振兴主体的资格问题。这一能力与资格标准不仅要具有"贤"层面的"品德保证"和"能力保证",还要看"贤"外显于行的持续提升人民福祉逻辑的永续发挥。

(一)新乡贤拥有人民双重属性

新乡贤是否具备振兴乡村资格取决于其自身的本质。新乡贤本质是人民,毛泽东同志说过,人民,只有人民,才是创造世界历史的动力。这一论述体现了马克思主义政治经济学思想,也是中国和世界实践反复证明了的真理。人民和人民的力量是伟大的,乡村振兴的中国农村实践的创造性变革也必然依靠人民。

人民具有双重规定性。按照唯物主义逻辑,人民不仅有范围上的量的规定性,还有促进社会进步力量和推动人类社会历史作用的质的规定性。

西方主流经济学语境下的资本家主体不能成为乡村振兴主体依靠与主导力量。按照马

---

① 孙世强,辽宁大学经济学院教授,博士生导师。

克思主义政治经济学理论，资本家主体有能力但不具备"质的规定性"，即不具备"赞成、拥护和参加中国特色社会主义乡村振兴事业"，即不具备促进社会进步和推动人类社会发展的历史作用。因为经济人假设下的个人利益最大化价值取向与乡村振兴的人民利益最大化价值取向目标相违背，还带来了诸如剥削、贫富分化加剧、破坏生态、环境污染等问题。

基层政府官员及扩大范围的公职人员不能成为乡村振兴的主体。一则该群体掌握政府资源，而乡村振兴应该主要依靠的是市场资源。二则与《中华人民共和国宪法》《中华人民共和国村民委员会组织法》等规定的"村民自治"原则相悖。

新乡贤具有人民标准的双重属性，成为乡村振兴的不二主体。新乡贤是从广大乡村人民中萃取出的个体或这些个体组成的群体组织，其本质是人民，来源体现广泛性，是人民中的"精英"。新乡贤具有道德内涵传承的历史性和为人民服务的能力特征，具有推动社会进步的质的规定性，是乡村振兴可以倚重的力量。

（二）党建引领坚定新乡贤人民性属性的能力发挥

用好新乡贤这一能力群体，使之个人或协同努力与提升乡村百姓福祉连接起来，党建引领至关重要。结合全国各地党建引领新乡贤乡村振兴实践功能的发挥，有一些共同的规律可供遵循。①明确党领导新乡贤制度。②注重政治关。政治标准是新乡贤选拔的一票否决标准。③党委把好选拔认定关。④党委把好考核关。⑤市县乡村书记主抓新乡贤组织建设。

（三）新乡贤成为振兴乡村主体的辩证法逻辑

依靠新乡贤作为振兴乡村的主力符合抓主要矛盾的逻辑思维。新乡贤为主体的"精英模式"避免了"大众模式"的不足，抓准了振兴乡村的有生力量，体现了重点管理，充分发挥关键主体的积极性、主动性和创造性的优势。

新乡贤符合市场主导与政府服务的辩证思维。创新新乡贤模式能够充分发挥市场及其资源功能，而将政府及其资源功能发挥置于辅助地位。

新乡贤顺畅市场与政府通道体现了联系与发展思维。新乡贤个体及其组织再造是联结政府和百姓的中介，构建了联系"通道"，为发展奠定了基础。

二、新乡贤在新时代乡村振兴中的功能定位

新乡贤具有哪些应然性功能直接关涉乡村振兴成效。就确定原则而言，其功能定位取决于现实乡村百姓需求和乡村振兴战略目标及其之间的差距。本文依据5点式Likert量表并按重要程度赋值1~5分设计了"现阶段新乡贤功能应体现在哪些方面？"的问卷调查，共发放500份问卷，有效回收480份，其中基层政府干部60份，新乡贤160份，广大村民

260份。通过分析问卷结果,对新乡贤功能定位有了一个轮廓性的总结:首先,认可乡村振兴的新乡贤模式。认可度达到98.5%。其次,清晰了新乡贤功能内容。归纳出弘扬道德文化、构筑坚实惠民机制、发展乡村产业、助力脱贫攻坚、助力基层党建、建设美丽乡村、倡导文明乡风、推进乡村社会治理和承办党委政府委托办理的其他事项九大功能。最后,存在对各项功能的多样性和重要程度的差异认知。对不同功能的打分体现了差异认可,见表1。

表1 现阶段新乡贤功能应体现在哪些方面

重要程度	发展乡村产业	坚实惠民功能	推进乡村治理	助力脱贫攻坚	助力基层党建	弘扬道德文化	倡导文明乡风	建设美丽乡村	承办党委政府委托的其他事项
得分(分)	97.7	97.5	97	96.2	96	92	92	91	88

资料来源:根据"现阶段新乡贤功能应体现在哪些方面?"的问卷调查内容总结而成。

调研分析得出被调研者站位角度不同,会产生对新乡贤功能定位及重视程度的差异。基层政府官员倾向政治维度,注重基层党建、惠民程度、脱贫攻坚、社会秩序和美丽乡村建设等指标。拥有资本、技术、管理等要素的被调研者倾向经济功能,将产业发展视为重要指标。受传统文化影响大的被调研者倾向道德文化、文明乡风等功能。尽管如此,也能够总结出乡村百姓对新乡贤功能定位的一般特征:①新乡贤功能定位具有多样性。②新乡贤功能定位存在差异性。③体现经济决定论思维。④普遍重视惠民功能的落实。⑤新乡贤乡村振兴功能具有灵活性。

三、如何坚实发挥新乡贤乡村振兴功能

分析影响新乡贤功能发挥的因子并找出并设法消除掣肘其功能发挥的不利因子,确定各类因子重要程度(权重)是坚实发挥新乡贤乡村振兴功能的主要抓手。

首先,确定影响新乡贤功能发挥的因子指标体系。我们根据文献分析和与新乡贤座谈的重点调研,结合"影响新乡贤功能发挥因素"一个题项,总结出9项具体因子和一项灵活因子,设计了5点式Likert量表,分为非常同意、同意、不确定、不同意、非常不同意5个等级,并限定新乡贤作为参与问卷调研条件,在网上发放问卷,得到有效问卷400份。综合分析该问卷材料,能够得到一些基本共识:①根据得分区分因子重要程度。因子排序为:贡献与利益关联度、基层干部政策执行质量、基层干部民主程度、村民法治程度、充实基层干部机制、区域资源拥有度、网络覆盖与畅通程度、交通便利度、乡俗民风、对新乡贤重视度、其他;②能够对因子性质进行分类。这些关键因子能够从正负两个方面决定乡村振兴的能量和绩效,而消除影响因子的负效应是提升乡村振兴绩效的关键。因子指标体系和性质分类见表2。

表2 影响新乡贤功能发挥的因子指标体系

一级指标	二级指标	指标说明
利益因子	贡献与利益关联度； 充实基层干部机制； 对新乡贤重视度	评价低层次需求满足度； 评价中等需求满足度； 评价高层次需求满足度
环境掣肘因子	基层干部政策执行质量； 基层干部民主程度； 村民法治程度； 乡俗民风； 乡村振兴标准	基层干部服务意识和能力； 评价村民委员会自治、问题解决程序和解决途径畅通渠道； 遵纪守法程度和政策稳定度； 对民主和法治程度的影响； 特色产业标准、农产品质量标准等
基础条件因子	区域资源拥有度； 网络覆盖与畅通程度； 交通便利度	评价区域特色情况； 评价电商和创业的信息化便利程度； 决定生产、销售等生产条件

资料来源：重点调研、文献综述和问卷调研。

如果用 $Y(x)$ 表示乡村振兴绩效，用 $f(x)$ 表示影响乡村振兴绩效因子，用 δ 表示其他不确定性因素，则有：

$$Y(x) = f(x_1) + f(x_2) + \cdots + f(x_9) + \delta$$

其次，测度影响新乡贤功能发挥的要素指标权重。本文结合当前相关文献研究方法，采取折中方法综合考虑主客观因素，运用AHP与熵值法分别计算权重，之后以4:6的比例对所得主客观权重指数赋值，确定最终权重。按所有二级指标合成权重进行排序，合成权重 β_i 等于一级指标权重系数与二级指标权重系数的积，见表3。

表3 影响新乡贤功能发挥的因子指标体系

一级指标	二级指标	合成权重（β_i）
利益因子 （0.366）	贡献与利益关联度（0.532）	0.195
	充实基层干部机制（0.223）	0.082
	对新乡贤重视度（0.245）	0.090
环境掣肘因子 （0.341）	基层干部政策执行质量（0.218）	0.074
	基层干部民主程度（0.237）	0.081
	村民法治程度（0.204）	0.070
	乡俗民风（0.136）	0.046
	各类标准完善度（0.205）	0.069
基础条件因子 （0.293）	区域资源拥有度（0.338）	0.099
	网络覆盖与畅通程度（0.359）	0.105
	交通便利度（0.303）	0.089

资料来源：重点调研、文献综述和问卷调研。

为了反映市场因子与政府因子的综合要素的重要程度，将表3中的二级指标按权重大小依次排序，转化为柱状图，见图1。

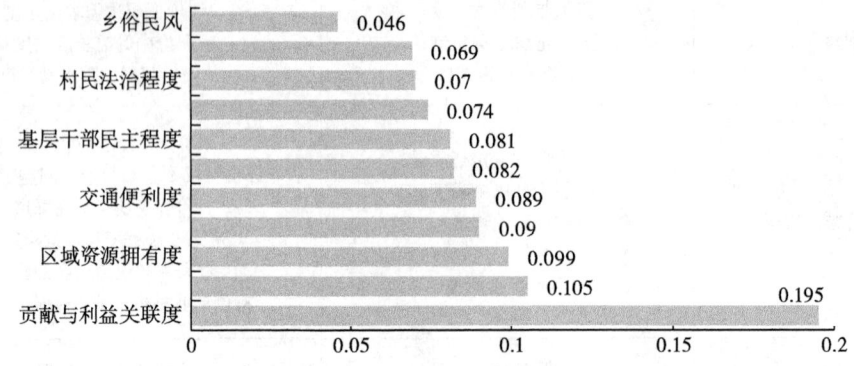

图1 影响新乡贤功能发挥的二级指标合成权重排序

分析表3和图1可以得出：①利益要素是新乡贤在乡村振兴中最主要影响要素。明显是贡献与利益关联度评分最高。②环境因子中，基层干部政策执行质量和民主程度打分较高。前者说明基层干部的领导与服务，即为人民服务的精神和干劲十分重要，后者体现新乡贤十分注重民主决策、民主考核和公众反应等的民主机制。③考核标准更重要。乡村振兴的各类标准体系的完善度及内容等十分关键。④乡村振兴的基础条件三项因子中打分均很高，说明振兴乡村离不开生产生活条件等公共产品供给，其满足程度是乡村振兴的必要条件。在资源禀赋固定条件下，网络覆盖与畅通度和交通便利度的软硬件条件是决定乡村振兴的最重要条件。

四、如何创优新乡贤乡村振兴环境

综合新乡贤功能界定和影响因子分析，从意识、制度和实践三个方面构建马克思主义主导下的振兴乡村的理论体系和实践体系。

（一）意识层面

要做到"两消除、一提升"。"两消除"包括：一是消除新乡贤在乡村振兴中的利益"奉献"观；二是消除单一注重生产力标准，而忽略生产关系标准的"唯一标准"观。"一提升"是指提升践行公共意志（公意）的意识。要摆正新乡贤个人利益与公共利益的统一关系。新乡贤虽然有道德品质保证，但不等于无私奉献。新乡贤能否成为乡村振兴的主力，取决于成本与收益的均衡，一味强调奉献，其振兴的激情将会迅速消失。应将其客观地视为社会人，具有社会人属性，注重个人利益的同时兼顾相关者利益。要体现生产力与生产关系同步发展的乡村振兴意识。乡村振兴一定要走出资本主义生产方式下的生产关系落后于生产力发展的悖论，而体现生产力与生产关系协调发展的马克思主义的本质要求，否则注定会产生诸多问题，带来与振兴乡村的人民福祉提升目的相背离的个人经济意识的强化、公职人员经济人性泛化、社会贫富差距拉大等结果。要坚定公共意志的实践意识。"公众意志最重要"原则道出了政府性质与定位，指明了所有组织和个人只是公共意志的践行者，绝不能成为干扰破坏者。

（二）制度层面

强化民主制度、外部效应制度和公众反应制度。制度建设的目的是要保证新乡贤推动乡村振兴的积极作用，消除因拥有各类资源形成"精英俘获"等而产生的各种不良结果。①坚定并提升民主意识及其社会效应。②强化外部效应评价制度。围绕乡村振兴内容、目标和新乡贤功能定位，开展多主体民主评议以客观判断效应性质和效应程度，并据此确定必要的奖惩方式。③公众反应制度是保证问题渠道畅通的制度。鼓励广大民众依靠自媒体、举报、投诉、上访、诉讼等多种方式进行监督，政府公检法职能部门要坚定落实违背公众意志的案件处理。

（三）实践层面

基层政府严格恪守"辅"的定位与实践。通过实践调研总结出新乡贤最怕的是外部的强干预、标准的随意性和法律的权威性不足三大方面内容。要明确自身"辅"的定位。避免对新乡贤功能发挥的干扰，润物无声地做好服务。基层政府是乡村振兴的领导者和组织者，其自身定位是为新乡贤提供优质服务。新乡贤是乡村振兴主体。要汇集公众意志，组织供给符合区域乡村振兴的制度供给。要主持正义。主持正义的本质是稳定政治、经济、文化等的秩序。政府官员能否主持正义应作为是否合格的评价标准。

五、进一步夯实新乡贤振兴乡村的基础条件

要提升基层领导干部乡村振兴的意识与能力。①尽快补足基层政府干部精神上的"钙"。这一补足程度直接决定其乡村振兴意识的坚定程度。是否信仰并活用马克思主义应成为精神上"钙"缺失与否的首要评价标准。基层政府干部应是坚定的马克思主义者，学会用马克思主义的立场、观点和方法观察和解决问题，坚持以人民为中心，坚定为人民服务信念，至信而笃深；提升基层政府干部的人类命运共同体理念，在乡村振兴中体现广大村民在内的共同利益观；基层政府干部要有明确的是非观。②是否具备踏石留印、抓铁有痕的干劲，即是否具备强化实事求是、脚踏实地的精神。痕迹深度直接决定乡村振兴战略的成败，并表明中国特色社会主义制度的优越程度。"印记"和"痕迹"标准应作为衡量

新乡贤和基层政府干部绩效的标准。③进一步扩展新乡贤的社会效应。提升重视新乡贤意识，扩大新乡贤组织是扩展新乡贤社会效应的必然手段。扩展新乡贤组织旨在扩大促进乡村振兴的能量，会集更多的新乡贤个体，形成组织认同，并坚定与扩大其贤行于民的巨大能量。其生成机制是因组织认同带来的"情境约束"和"利益共享"，这一机制将成为内置于乡村振兴实践的永远动力。④进一步完善新乡贤功能发挥的基础条件。不仅包括交通便利程度、农村电商设施、新乡贤众创空间、新乡贤合作交流平台等硬件条件，还包括网络覆盖与畅通程度决定的信息化程度、乡村特色产业规划、农产品质量保证等。

新时代农民市民化过程中农地财产权的"还权赋能"与实现问题

韩文龙　马文武[①]

（西南财经大学 经济学院；四川大学 马克思主义学院）

一、新时代农民市民化与农地财产权益的实现

新时代农民市民化可以通过主动的市民化或被动的市民化实现，实现和保障农民的农地财产权益是新时代农民市民化的关键。新时代农民市民化过程中，农民与土地的关系如何调整是一个重大难题。

现阶段，需要综合考虑农民市民化过程中土地财产权的赋予和实现问题。一是征地和拆迁过程中农地和房屋的补偿标准问题。2019年新修订的《中华人民共和国土地管理法》（以下简称《土地管理法》）在补偿标准方面，增加了农村村民住宅补偿费用和将被征地农民社会保障费用的新规定[②]。二是农民市民化过程中承包地和宅基地的退出问题。我们认为，在现行法律框架下，应当继续保留实行承包地的自愿无偿退出（与现行法律一致），同时允许在一轮承包期内，暂时不愿意退出承包地的农户实行兼业经营。宅基地是农民主要的生存型土地资源，新《土地管理法》也允许农民市民化后自愿有偿退出宅基地。

二、实现农民农地财产权的本质要求是"新还权赋能"

"三权分置"背景下，要实现农民的土地财产权，需要"确权颁证"和"还权赋能"，其中"确权颁证"是前提，"还权赋能"是本质要求。

一是要"确权颁证"。确权颁证以后，才能够进一步明确各类权利的边界，提高使用权的利用效率和经济价值。但是，确权颁证需要一定的时间来精心组织和实施。另外，产

[①] 韩文龙，西南财经大学经济学院副教授；马文武，四川大学马克思主义学院副教授。
[②] 《中华人民共和国土地管理法》，中国法制出版社，2019年，第2-13页。

权边界的确定还受到确权的成本和收益的约束。所以，确权颁证需要因地制宜、重点突出、逐项推进。在完成承包地确权颁证后，应该考虑推进宅基地所有权、资格权和使用权的确权颁证，以及地上房屋和附属物的确权颁证。

二是要"还权赋能"。新一轮农地产权制度改革的总体思路是要形成"归属清晰、权能完整、流转顺畅、保护严格"的产权制度体系。

首先，要厘清"三权"的边界和权利内涵及相互关系。以承包地为例，"三权"分置后，所有权的边界以及所有权主体的法律地位等需要进一步明确。目前出现的新情况是农民市民化过程中承包权的保留和放弃问题，各试点地区的经验是允许农民市民化后自愿有偿退出农地承包权。承包地的经营权是一项新创设的权利，目前放活经营权的难点是经营权的流转、抵押和收益实现问题。

"三权分置"以后，宅基地的使用权被赋予了更多的具体内涵，如可以流转、抵押和获得收益等。放活宅基地使用权，涉及四个层面的放活。即宅基地使用权的流转范围，仅限集体内部还是可以向外；宅基地上建设房屋和附属物进行创新创业；宅基地的自愿有偿退出；闲置宅基地的入市交易等（韩文龙等，2018）。这四个层面的放活，有些同时涉及资格权和使用权。

其次，赋予农民一些具体的权能。在传统的农地产权体系中，一些延伸的具体权能往往是不完整的（刘灿等，2012）。一是收益权的归属问题。现行相关法律规定，承包地流转等获得的收益一般归承包人所有，但承包地和宅基地等的征地收益通常在地方政府、农村集体和农民中进行分配，这种分配存在着一些不确定性。二是处分权归属问题。民法中，处分权一般归所有权人，但是承包地和宅基地等农村土地的处分权的主体部分仍然控制在国家手中，出现了"同地不同权"和"同地不同价"的问题。三是流转权和抵押权问题。目前经营权流转主要采用市场化方式，宅基地使用权的流转还是受流转范围等一些限制。抵押问题实现的难点是银行等金融机构不愿贷等问题突出。四是农地征用和用途管制问题。目前存在的主要问题是公益性征地范围过于宽泛，补偿标准过低和不统一等。我国农地用途管制中存在的问题是农地征收或入市过程中产权的经济价值实现问题，以及用途管制的科学化和具体性问题等。

三、构建以用益物权为主要内涵的农地财产权制度

2007年颁布的《中华人民共和国物权法》（以下简称《物权法》）明确承包经营权和宅基地使用权均为用益物权，但是对农村集体建设用地使用权问题没有专门规定。用益物

权是用益物权人对他人所有的不动产或动产，依法享有占有、使用和收益的权利①。

用益物权的特点与现行农地财产权制度具有较好的契合性。首先，用益物权强调客体物的使用和收益，这与现行农地产权制度中的权利设置是一致的。其次，用益物权强调权利的相对独立性，要求在一定范围内排除所有权的干扰。注重农村产权使用权权利体系的设置，在某种程度上强调了承包经营权和宅基地使用权的相对独立性。再次，用益物权人对特定标的物缺少最终处分权，这与现行的农地财产权制度也是基本一致的。最后，用益物权具有一定的排他性和对抗性。现行的农地财产权制度，一定程度上防止和限制了所有权人对他们权利的侵害。

构建以用益物权为主要内涵的农地财产权制度，需要坚持"三权分置"的改革方向，以用益物权为主要权属内涵，进一步实现以土地承包经营权、宅基地使用权和集体收益分配权为主的财产权权利价值（孔祥智等，2014）。

一是土地承包权和经营权。承包权和经营权是不是用益物权是值得讨论的。首先，从所有权人和承包权人的关系上看，承包权人获得了承包地的全部或部分用益物权，这主要取决于土地是否流转等。其次，获得使用权的经营权人在合同规定的期限和范围内，可以获得部分的排他性和对抗性权利。但是现实中，经营权人往往处于弱势地位。"三权分置"背景下，要落实用益物权为主的承包地财产权制度，需要进一步落实所有权、稳定承包权、放活使用权，重点是要明确各类权利的权利边界和相关关系，实现对所有权、承包权和经营权的平等保护等。

二是宅基地的资格权和使用权。在"三权分置"背景下，宅基地的资格权和使用权是不是用益物权也是值得讨论的。首先，如果获得宅基地的农户自己在宅基地上建造房屋和相关附属设施用于居住和发展家庭经济等，宅基地的资格权和使用权是共同发挥作用的。如果农户将宅基地上的房屋和附属设施等用于出租和出借等，宅基地的资格权和使用权是分离的。农户所拥有的宅基地资格权并不是严格意义上的用益物权。宅基地的资格权是所有权人依法让渡给农民集体的内部人的，也是对宅基地使用权的占有、使用和收益的依据。但是，资格权又不是严格意义上的使用权，它仅仅是一种准所有权，或者说所有权的延伸，它同样可以获得收益。其次，宅基地使用权是严格意义上的用益物权。宅基地"三权分置"下，放活使用权是重点。2019年新修订的《土地管理法》增加了"国家允许进城落户的农村村民自愿有偿退出宅基地"等内容②。从全国范围来看，宅基地使用权的流转范围还主要在农民集体内部，不过已经允许农民在自家宅基地上建造房屋等附属设施用

---

① 《中华人民共和国物权法（实用版）》，北京：中国法制出版社，2016年，第63页。
② 《中华人民共和国土地管理法》，北京：中国法制出版社，2019年，第2-13页。

于出租和出借等。现实中，宅基地的使用权是和房屋等附属设施的使用权共同出让和出租的。现行法律并不鼓励宅基地的使用权单独出让或出租等。不过，实践中出现的共建共享和产权分割的泸州市泸县宅基地试点模式在放活宅基使用权方面进行了有益探索。当前，要落实用益物权为主的宅基地财产权制度，进一步推进宅基地"三权分置"改革，需要落实所有权、稳定资格权、放活使用权，重点是创新使用权的实现机制和风险防范机制。

需要说明的是，农地财产权制度体系除了以用益物权为主要内涵的承包地财产权和宅基地财产权以外，还包括以所有权为核心的集体建设用地（除宅基地外）的土地增值收益的分配体系，如集体建设用地（除宅基地以外）在转让、入市、征地等过程中获得收益的分配问题等。

四、农地财产权实现与权利机制构建

构建以用益物权为核心的农地财产权体系是实现农民土地财产权的重要前提，保护和实现农地财产权还需要遵循权利赋予和回归、权利行使和运作、权利救济和保障的逻辑主线。

第一，注重农地财产权的权利赋予和回归。在"三权分置"背景下，对于承包地要落实所有权、稳定承包权、放活承包权，对于宅基地要落实所有权、稳定资格权、放活使用权。除此之外，还需要进一步对各类衍生权利进行重新赋权或者赋能。"三权分置"和具体权能的实现，一方面，需要国家通过立法等实现"放权让利"；另一方面，也需要通过创新市场化机制来逐渐实现具体权能。

第二，要注重农地财产权的行使和运作。目前，承包地的承包权和经营权、宅基地的使用权和集体建设用地的收益权等是农民可以行使的主要农地财产权。在当前的农民市民化过程中，出现了承包地退出等新问题。这涉及是否要重新赋权给农户、允许市民化的农民继续保留承包地进行兼业经营，或者允许承包地自愿有偿退出。考虑到农地承包权取得的无偿性和社会公平性，可以允许农民市民化后继续保留土地承包权，进行兼业经营。但是对于承包地自由有偿退出持保留态度。因为承包地是农民无偿获得的，其离开农民集体后，应该自由无偿退出或者保留承包权。当前，经营权的权能内涵没有法律化，所有权人和资格权人频繁地变动经营权的流转期限和租金，导致经营权人的权利得不到有效保障。经营权不稳定和权属内涵不清晰使得经营权抵押贷款具有较大难度。所以，经营权的行使和运作还需要不断完善法律法规，需要赋予经营权更加充分的权能内涵，创新经营权实行和运作的机制，最大限度地放活经营权，实现农地资源的优化配置，提高农地使用效率。同时，需要建立健全经营权流转的信息平台，实现经营权流转的合理定价，保护和实现农

民的土地财产权。

宅基地"三权分置"后，以宅基地为客体，农民的土地财产权的行使主要涉及宅基地使用权和房屋使用权等的出让或流转，以及宅基地的退出。目前，宅基地的使用权一般是和房屋使用权等一起完成转让的。要落实乡村振兴战略，应该逐渐取消宅基地使用权流转范围的限制，允许农民在自愿和市场化交易原则下，将宅基地使用权和房屋使用权等租借出去，发展农村各类产业。如果放开宅基地使用权的流转范围，需要完善相关的法律法规：一是保证宅基地的所有权性质必然是农民集体的，保证宅基地的资格权必须是农户本人的。二是必须保障各类权利的合法权利，防止侵权行为。农民所拥有的另一项权利是自愿退出宅基地的权利。2019年的新《土地管理法》已经允许探索宅基地自愿有偿退出，但是一定要坚持自愿、有偿和循序渐进的原则，防止农民失地失房失业等带来社会不稳定因素，也要防止地方政府以宅基地有偿退出为名，变相地扩张土地财政。

集体经营性建设用地的收益权也是农民的一项土地财产权。新修订的《土地管理法》规定，允许集体经营性建设用地在符合规划、依法登记，并经本集体经济组织三分之二以上成员或者村民代表同意的条件下，通过出让、出租等方式交由集体单位或者个人使用①。实现农民集体经营性建设用地的收益权，重点是完善收益分配机制。对于农村集体经营性建设用地入市的收益分配，一些地方将土地入市的增值归农民集体所有；部分地方实施地方政府、村集体和农户之间按比例分成的方式。我们认为，应该完善土地增值收益分配的法律法规，赋予土地所有者和农户完整的收益权，地方政府可以依法收取土地管理费和土地增值税等。避免地方政府通过公权力参与农村集体经营性建设用地入市的土地增值收益分配，损害农民集体和农户的收益权等。

第三，要注重农地财产权的权利救济和保障。权利救济主要以法律救济为主，具体包括司法救济、仲裁救济和行政司法救济等。现行法律对农地财产权的权利救济缺乏专门的执行机制。《物权法》等规定了承包地的承包经营权和宅基地使用权为用益物权，但是还存在很多问题：一是集体经营性建设用地的收益权还没纳入实体性权利。二是"三权分置"以后，哪些权利应该纳入用益物权的范围需要法律进一步明确。在此基础上建立农地财产权的权利救济和保障机制。农地财产权的权利救济要坚持及时性、公平性、充分性、正义性和经济性等原则。重点是畅通司法救济机制，让受到侵权的权利主体能够通过司法程序获得相应保护；建立仲裁救济机制，让一般性的土地财产权纠纷能够得到快速化解；建立行政司法救济机制，通过行政复议和行政裁决解决一般性的土地侵权行为等。

---

① 《中华人民共和国土地管理法》,北京:中国法制出版社,2019年,第23页。

五、结语

"三权分置"背景下,要实现农民的土地财产权,"确权颁证"是提前,"还权赋能"是本质要求。"还权赋能"既要厘清"三权"的边界和权利内涵及相互关系,又要赋予农民具体的权能。实现农民的土地财产权,需要坚持"三权分置"的改革方向,以用益物权为主要权属内涵,进一步实现以土地承包经营权、宅基地使用权和集体收益分配权为主的财产权权利价值。实现农地财产权还需要遵循权利赋予和回归、权利行使和运作、权利救济和保障的逻辑主线。具体来说,在农民市民化过程中,实现其土地财产权要重点把握三条路径。

(一)法律路径

随着"三权分置"的推进,需要进一步明确哪些权利属于《物权法》规定范围内的用益物权。对具体的权能的流转、抵押和退出等也需要补充和充实。另外,集体经营性建设用地的收益权应该尽快纳入《物权法》等范围内,重点规范好集体经营性建设用地土地增值收益的分配机制等。《土地管理法》《中华人民共和国农村土地承包法》《农村宅基地管理办法》和《物权法》等法律要衔接一致,才能真实构建起以用益物权为主要内容的农地财产权体系。

(二)权利路径

一是"还权赋能",重点完善承包地经营权、宅基地使用权和集体建设用地收益权等流转、抵押、收益和处分等具体权能。二是要建立健全权利的救济机制,保障农民合法的土地财产权益。在农民市民化过程中,既要考虑到一般性的还权赋能,还要考虑到特殊性的"还权赋能",重点是承包权的保留和宅基地退出的补偿等问题。

(三)市场机制路径

对于承包地的经营权,要探索建立区域性和全国性的经营权流转市场,构建权利抵押和地上附着物抵押相结合的复合式抵押担保体系,实现权利融合,建立承包地抵押贷款的风险基金等,化解权利抵押贷款存在的潜在风险。对于宅基地使用权流转,既要逐渐放开流转范围限制,允许农民通过多种方式来用活宅基地,增加财产性收益,又要构建与宅基地使用权和房屋所有权相结合的共同赋权机制,实现两者的同时流转等。宅基地的自愿有偿退出也需要合理的市场机制以解决资金来源、宅基地转换、宅基地定价和入市等问题。对于集体建设用地收益权的实现,关键是建立健全土地定价、入市和收益分配机制。

中国对外开放制度性平台的发展与变迁：从特区到自贸试验区

黄启才[①]

（福建社会科学院）

一、中国对外开放的发展阶段

中国对外开放是伴随着经济的逐步发展，在不同的时期以不同制度性平台为依托，反向倒逼改革，再不断促进经济发展。这种"开放—改革—发展"的良性循环是一个不断深化的渐进过程。具体从制度性平台演变看，就是一个从特殊经济功能区到海关特殊监管区，再到自由贸易试验区和自由贸易港的变迁过程。根据各个时期主要制度性平台的实践特点，中国对外开放可总结为外向型经济、开放型经济与全面开放型经济三个发展阶段。

二、经济特区：改革开放的排头兵

（一）经济特区的缘起

经济特区是在计划经济背景下产生的，它的成立是规避风险的发展选择。在经济特区建立之初，中国很多改革措施都会引起姓"资"姓"社"的争论，为了克服改革的阻力，最终选择了深圳、珠海、汕头、厦门、海南五个沿海地区设立特区，并作为改革开放的突破口。深圳等这些南方沿海地区计划经济体制基础相对薄弱，国有经济成分较少，当时深圳和珠海的国有经济比重基本接近于0，在这些地区搞市场经济试验所遭受的阻力会相对较小，从而为发挥改革窗口和试验田功能创造了有利的外部条件。虽然当时中国没有国外良好的市场环境，而是在境内划分出一块区域，区域内采用市场经济的管理体制，区域外则仍是以计划经济为主要的经济发展方式，但就是在这样一种体制环境下，竟然产生了意想不到的结果：经济特区作为我国经济体制改革的试验田，成为带动中国经济发展腾飞的

[①] 黄启才，福建社会科学院研究员，经济学博士，硕士生导师。

引擎,并逐渐引导我国经济体制向市场化成功发展。

(二) 经济特区的历史作用

20世纪80年代,恰逢发达国家向新经济转型,一些劳动密集型产业开始向东南亚国家转移,地理优势使得中国经济特区能够在世界产业链和全球价值链重构中抓住机遇,成为其中的一员。中国经济特区设立之时,正逢发达国家经济转型和全球产业转移,这是"天时";毗邻港澳台的区位优势使资本稀缺问题得到缓解,这是"地利";全国大量隐性失业人口提供了大量廉价劳动力,同时所选几个特区对南下务工人员没有太多的排斥情绪,此乃"人和"。经济特区的生产要素一应俱全,加上天时地利人和,然后通过采取以市场为主的经济管理方式,极大地调动了生产的积极性,最终让特区经济取得了难以想象的高速增长。经济特区的巨大成功,让其成为中国改革开放的排头兵,并对我国下一步扩大改革开放产生了积极的影响。

(三) 经济特区的发展转化

我国经济特区发展可分为三个时期,以此代表三代经济特区①:

以深圳、珠海、汕头、厦门和海南为代表的第一代经济特区设立于20世纪80年代,是中国改革开放的起点、排头兵。第一代经济特区是改革开放初期计划经济条件下的特定产物,在其发展的过程中,其作用更多地体现在体制机制创新与试验上,它们为中国社会主义市场经济实践提供了范本和案例。

以上海浦东和天津滨海新区为代表的第二代经济特区设立于20世纪90年代,在中国改革开放第二个十年内发挥着全国经济增长极的作用。与第一时期最大的不同是,改革开放第二个十年内市场经济和计划经济的争论已经达成共识,社会主义市场经济已初步运行,空间经济增长极严重不足,整个经济社会的发展迫切需要区域经济增长引擎的涌现与带领。

随着中国经济的快速发展,各种经济社会问题也不断涌现,按照历史上渐进式改革思路,国家亟须在各地进行有针对性的试验。由此,中国经济特区也逐渐演化为发展问题导向的第三代经济特区。跟前面两代经济特区相比,第三代经济特区的地理位置呈现多样性,已经由东部沿海城市蔓延至中西部地区,第三代经济特区已经涉及经济社会各方面的改革。

---

① 此处关于经济特区的发展分类,参照了袁易明:《中国经济特区的动态演化与实践使命》,《特区实践与理论》,2015年第4页。

三、经济开发区：区域发展的引擎

（一）开发区的缘起与作用

为了实现经济快速起飞，中央继创办经济特区后，于 1984 年 5 月正式宣布天津、上海、大连、秦皇岛、烟台、青岛、连云港、南通、宁波、温州、福州、广州、湛江、北海 14 个沿海城市对外开放。沿海 14 个城市扩大开放是经济特区试验成功后对外开放战略的组成部分，也是中国对外开放进行到了第二个层次。其中，除北海和温州外，中央同时批准在其他 12 个城市创办 14 个国家级经济技术开发区，并给予类似经济特区的政策支持。

利用区位优势，在这些沿海开放城市中划定小块的区域，实行不同于地区行政管理的管理体制，办事效率高，同时集中力量建设完善基础设施，实行特殊的优惠经济政策，通过吸收利用外资，引入先进的技术和经营管理方式，从而能较快地形成企业群体，推动科技进步，发展对外贸易，成为所在城市及周围地区经济发展的重要增长极。

（二）开发区的发展与现况

截至 2018 年 9 月，全国共批准设立 219 个国家级经济技术开发区，31 个省、自治区、直辖市均有分布。其中，东部 107 家，中部 63 家，西部 49 家；江苏省最多，有 26 家，其次是浙江省，有 21 家，山东省 15 家，安徽省 12 家，江西省和福建省各 10 家，其余各地都不超过 10 家。

（三）开发区的挑战与转型

当前，开发区面临着自设立以来国内外最复杂的经济运行环境。从国际看，全球产业布局正在发生调整，发达国家高端制造回流、发展中国家中低端分流趋势明显，同时全球贸易保护主义抬头，特别是美国实行贸易单边主义和霸权主义，世界经济一体化面临严重挑战，开发区依靠吸引投资、国际市场的发展模式难以为继。从国内看，经济运行进入增长动力转换、产业结构升级和经济增速趋缓的"新常态"，推动创新发展的要求日益迫切。从开发区自身看，虽然前期在吸引外资、发展外贸、增加本地就业、推动区域经济发展方面取得了巨大成就，但也累积了诸多内在矛盾与问题，面临着特殊优惠政策消除、体制机制优势弱化、吸引外商直接投资竞争加剧、产业结构趋同、土地规划不合理、资源与环境约束刚化等巨大挑战，开发区转型升级也迫在眉睫。第一，开发区要管治体系重构；第二，开发区要技术创新转型；第三，开发区要产城融合发展。

四、海关特殊监管区：对外开放的新高地

（一）海关特殊监管区的缘起

在进入对外开放型经济发展阶段后，中国迫切需要打开国门，实施贸易便利化政策。在当时国内对外开放总体水平较低的情况下，客观需要在海关边境划定一个特定区域，率先实行货物进口保税和贸易便利化政策，对加工贸易实行全封闭管理，以应对开放型经济发展的需要。于是，海关特殊监管区就成为中国加入世界贸易组织后对外开放的新高地。

（二）海关特殊监管区的发展与成就

从海关特殊监管区域的发展过程看，1990年为配合实施沿海开放战略，引进资金、技术与管理，设立了首个保税区——上海外高桥保税区；2000年为配合实施扩大出口战略，设立了首个出口加工区——昆山出口加工区；2003年为优化保税区功能，推动区港联动发展，设立了首个保税物流园区——上海外高桥保税物流园区；2005年为实施建设上海国际航运中心战略，设立了首个保税港区——上海洋山保税港区；2006年为优化出口加工区功能，设立了首个综合保税区——苏州工业园综合保税区；2007年为加强周边国家和地区经济合作，设立了首个跨境工业区——珠澳跨境工业园区。

海关特殊监管区作为进出口贸易的公共服务平台，通过贸易倒逼开放，对提高贸易便利化与对外开放水平发挥了重要作用，同时作为承接国际产业转移的重要平台，促进加工贸易发展，形成产业集聚，对促进外贸进出口增长发挥了积极作用。海关特殊监管区域通过采取一系列通关便利化措施，便利区域内企业与口岸之间、区域与区域外企业（场所）之间、区域与区域之间的保税监管货物流转，提高了货物通关速度与效率。由于享有货物入区退税、境外入区保税、生产设备减免税，以及区内企业之间经济往来不征增值税和消费税等特殊政策优惠，海关特殊监管区吸引大批跨国公司入驻，大力发展加工贸易，带动周边经济发展，发挥辐射功能，培育区域外产业配套能力，带动有条件的企业进入加工贸易产业链和供应链，促进区内外生产加工、物流和服务的深度融合，形成高端入区、周边配套、辐射带动、集聚发展的格局。

（三）海关特殊监管区的不足

海关特殊监管区虽在助力中国融入全球价值链分工、承接国际产业转移、提升区域竞争力方面做出了巨大贡献。但目前各类海关监管区还存在一些不足：一是海关特殊监管区域现有功能定位不符合国内经贸政策转变的需要；二是海关特殊监管区域现有制度设计无

法满足国际经贸规则新变化的需求。

五、自由贸易试验区：全面开放的新探索

（一）自由贸易试验区的缘起与发展

2013年9月26日，上海自由贸易试验区正式挂牌成立。随着自贸试验区建设取得积极进展，试点区域不断扩大。中国相继于2015年4月在天津、广东和福建，2017年3月在辽宁、浙江、河南、湖北、重庆、四川、陕西等省市共设立了11个自贸试验区。2018年10月16日，国务院批复同意设立海南自由贸易试验区。2018年11月5日，习近平主席在首届中国国际进口博览会开幕式上发表主旨演讲，宣布增设中国（上海）自由贸易试验区新片区。2019年8月2日，国务院批复同意设立山东、江苏、广西、河北、云南、黑龙江6个自由贸易试验区。2020年9月21日，国务院批复同意设立北京、湖南、安徽3个自由贸易试验区以及浙江自贸试验区扩区。截至2020年底，国内六批设立共21个自贸试验区，形成了"1+3+7+1+6+3"的自贸试验区发展格局。随着自贸试验区设立逐渐从东部沿海地区向中西部地区延伸，试点内容也不断深化拓展，自贸试验区建设也进入一个全面探索的新阶段。

（二）自贸试验区的目标与功能

自贸试验区诞生的背景以及被赋予的使命，注定了其与外向型经济和开放型经济发展阶段的制度平台不同。下面主要从目标设定、功能定位、开放重点三个方面进行分析。

第一，自贸试验区的目标设定是国家制度创新的试验田。7年来，自贸试验区已形成了260项改革试点经验，并在全国复制推广。因此，自贸试验区被视为制度创新的苗圃，这一点完全与经济特区、开发区和海关特殊监管区等被视为地区经济发展的盆景所不同。

第二，自贸试验区的功能定位是制度创新的新高地，不是优惠政策的低洼地。自贸试验区设立的最大意义在于它不是通过建设政策洼地来发展经济，而是试图通过体制创新来释放市场功能。另外，自贸试验区实施的核心在于政府职能转变，政府职能转变体现的根本也在于体制创新。自贸试验区的主要功能定位是作为制度创新的新高地，使得它不同于经济特区、开发区和海关特殊监管区等旧制度性平台。

第三，自贸试验区的开放重点是投资自由化与服务业扩大开放。在开放型经济发展阶段，国家设立海关特殊监管区的目的是提升贸易便利化水平，促进加工贸易快速发展。可以看到，自贸试验区设立在海关特殊监管区域内，是基于风险规避的需求，主要考虑到海关特殊监管区域具有良好的基础设施条件、较为成熟的监管制度体系，以及优良的区位优势。

(三) 自贸试验区的制度创新

1. 贸易便利化制度创新

自贸试验区围绕"一线放开、二线安全高效管住",积极对标国际贸易先进规则,推出实施一系列贸易便利化创新举措,实现通关更方便、更快捷、更便宜,有力促进了我国贸易便利化水平的提高。在创新监管模式方面,自贸试验区实行"先进区、后报关""区内自行运输"制度;简化进出境备案清单;简化中转、集拼和分拨等手续;对出入境特殊物品实施风险分级与分类管理;实施卡口智能化管理,实现车辆过卡自动比对、自动识别、自动验放等智能化管理;放宽优惠贸易安排项下海运集装箱货物直接运输判定标准;实施跨境电子商务便捷监管,对国际快递或邮寄方式入境的个人自用物品采取"清单核放、定期申报",入区检疫、区内集中监管、出区分批核销放行。在检验检疫方面,创新监管方法,实施关检"一站式"查验,对同一进出口货物进行查验时,关检部门同时进场、联合查验、监管互认。实施国际贸易"单一窗口",大幅地提升了通关效率和综合服务水平。

2. 投资管理制度创新

自贸试验区最大的亮点在于对外商投资实行准入前国民待遇加负面清单的管理模式,负面清单以外领域,外商投资项目实行备案制,外商投资企业设立、变更及合同章程审批改为备案管理。为了做好自贸试验区对外开放工作,试点实施与负面清单管理模式相适应的外商投资国家安全审查措施,国务院还印发了《自由贸易试验区外商投资国家安全审查试行办法》,对涉及国家安全的外商投资项目,可以据此规定进行安全审查。为了规范自贸试验区境外投资项目备案管理,建立健全境外投资管理制度,各自贸试验区还制定实施了《境外投资项目核准和备案管理办法》,切实提高了自贸试验区境外投资便利化程度。同时,深化企业商事登记制度改革,探索企业登记住所、企业名称、经营范围登记等改革,推行企业设立"一照一码"登记制度。

3. 事中事后监管制度创新

自贸试验区最大的难点在于政府的事中事后监管。自贸试验区围绕政府职能转变,加快推进政府管理模式创新,主要包括由审批为主逐步向以备案制为主、强化事中事后监管转变;实行"多规合一",审批方式由串联审批改为并联审批;建立一口受理和高效运作的政府服务模式;建立行业信息跟踪、监管和归集的综合性评估机制,对企业经营活动全过程地跟踪、管理和监督;注册登记由单部门监管转向包括行业主管部门、执法部门在内的多部门联合监管。事中事后监管制度创新,形成了社会信用体系、信息共享和综合执法制度、企业年度报告公示和经营异常名录制度、社会力量参与市场监督制度，以及各部门的专业监管制度的高效管理方式。同时强化信用监管，构筑以商务诚信为核心的全流程市场监管体系，推进自贸试验区监管信息的互通、互换和共享，促进部门联动监管和执法协作，并对企业进行信用等级评价，探索推行守信激励和失信惩戒联动机制。对职能、执法内容和执法方式相近的部门进行机构和职能整合。推行信息共享的综合执法制度，依托综合监管执法平台，各部门间共享监管执法信息，部门间的监管合作与沟通效率大幅提高，极大地提高了监管执法的工作效能。

4. 金融领域制度创新

自贸试验区最大的看点在于金融制度改革。2013 年《中国（上海）自由贸易试验区总体方案》明确要深化金融领域的开放创新，并具体提出在风险可控前提下，可在试验区内对人民币资本项目可兑换、金融市场利率市场化、人民币跨境使用等方面创造条件先行先试；在试验区内实行金融机构资产方市场化定价；探索面向国际的外汇管理改革试点，建立与自贸试验区相适应的外汇管理体制，深化外债管理方式改革，实现跨境融资自由化，促进跨境融资便利化以及跨国公司设立区域性或全球性资金管理中心；增强金融服务功能，推动金融服务业对符合条件的民营资本和外资金融机构全面开放，支持在试验区内设立外资银行和中外合作银行，允许金融市场在试验区内建立面向国际的交易平台，逐步允许境外企业参与商品期货交易，支持股权托管交易机构在试验区内建立综合金融服务平台，支持开展人民币跨境再保险业务，培育发展再保险市场。金融领域制度创新是自贸试验区的一项重点试验任务，上海自贸试验区在建成之日就推出了一系列金融创新举措，主要包括建立自由贸易账户系统和"分类别、有步骤、有管理"的风险防控体系。

海外关于中国国企改革研究的文献计量分析与评介

洪 阳 洪功翔[①]

(北京师范大学;安徽工业大学)

一、研究设计

本研究通过 WOS 平台搜索 SSCI 文献,以"topic = state enterprise or public enterprise or state industry or state – owned enterprise or state – owned industry or state – owned firm or state – owned firm state firm or public firm"等主题关键词(包含单复数形式)为检索式进行检索,文献类型为 Article,选择时间跨度为 1979—2019 年,检索日期截至 2020 年 3 月 30 日。通过文献题目、摘要和关键词筛选与主题相关的文献,共得到 508 条题录数据。随后,选择信息可视化软件 VOSvewier 对收集到的 508 篇文献进行计量分析,包括研究发表与被引的整体趋势、地域、期刊和机构的分布、主要合作关系网、主要研究问题等,从而全景式梳理海外研究的现状、内容、观点,以期汲取有益经验。

二、结果与讨论

(一)时间脉络

本文通过海外关于国企改革研究的年度发文和被引数量(见图 1)来展现整体发展趋势。1982 年,Siong 发表了海外研究的首篇文章。1983 年,Byrd 在 *American Economic Review* 上发表了 *Enterprise – Level Reforms in Chinese State – Owned Industry* 一文。1986 年,英国期刊 *China quarterly* 发表了 Jackson 的 *Reform of state enterprise management in China* 一文。1992 年之前,海外关于中国国企改革的研究较少,年发文量在个位数。之后,随着中国经济改革的深入和国有企业改革的不断推进,关注中国国企改革的学者不断增多。1992—

[①] 洪阳,北京师范大学政府管理学院博士研究生;洪功翔,安徽工业大学商学院教授。

2000年，海外研究发文量呈快速上涨趋势，此后基本保持在每年10~35篇波动。与之相对应，国企改革研究论文的被引数量在1995年后呈快速增长趋势，尤其是在2005年之后增速更为明显，并在2015年被引数量首次超过1000次，至2019年达到1696次。

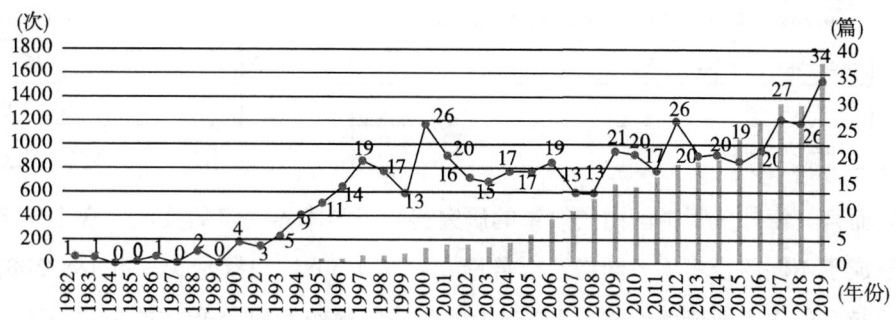

图1　国企改革研究发文与引文数量分布图（1982—2019）

（二）地域、机构、期刊分布

本文同时从地域发文量、机构发文量、期刊发文量来分析该领域内主要研究力量的分布情况。文中仅选取发文量前十位的地域（见图2）、发文量前五位的机构（见表1）、发文量前五的期刊（见表2）进行展示。

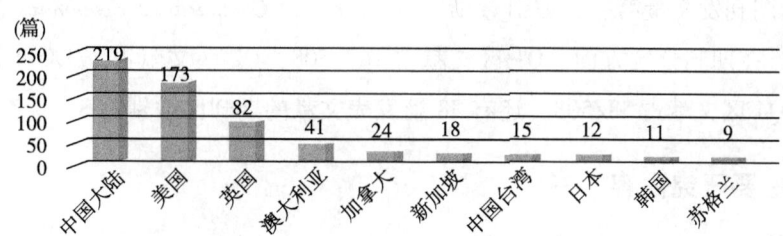

图2　国企改革研究排名前十位的发文国家或地区

表1　国企改革研究排名前五位的发文机构

序号	机构	发文数（篇）	占比
1	北京大学	27	5.315%
2	香港大学	22	4.331%
	香港城市大学	22	4.331%
3	清华大学	20	3.937%
4	香港中文大学	19	3.740%
	加州大学	19	3.740%
5	中国人民大学	18	3.543%

表2　国企改革研究前五位的发文期刊

序号	期刊	频数	被引数	影响因子与分区
1	China Economic Review	42	789	2.106（Q1）
2	Journal of Comparative Economics	29	1427	1.708（Q2）
3	International Journal of Human Resource Management	13	440	3.150（Q2）
4	Economics of Transition	11	503	0.735（Q4）
5	Modern China	10	91	1.100（Q2）
5	China Quarterly	10	172	2.236（Q1）

整体而言,海外关于中国国企改革的研究得到了学术界一定的关注。众多学者做出了贡献,形成了不同的合作关系网络。合著论文占320/508,独撰论文只占188/508。其中,中国内地与海外作者间合著论文占135/320,中国内地作者间合著论文占37/320。单从发文量来看,中国学者发表了219篇文章,占比43.110%；美国学者发表了173篇文章,占比34.055%。发文量排名前五位的机构来自中国内地、中国香港以及美国。

本文对文献刊载期刊的相关信息进行了汇总和统计,展示了发文量前五位期刊的发文数、被引数、影响因子、期刊分区等信息。508篇文献发表在189种SSCI期刊上,涵盖经济、管理、区域、商业财经、环境、规划发展、政策等多个社会科学研究领域。大部分国企改革议题的研究多刊载在经济管理或专注于中国问题研究的期刊上。其中,*China Economic Review*期刊发文量第一,被引数第二;*Journal of Comparative Economics*被引数第一,发文量第二。在期刊分区方面,Q1区文献占167/508,Q2区文献占171/508,Q3区文献占74/508,Q4区文献占58/508,还有38篇发表文献的期刊已被剔除SSCI序列。

(三) 主要研究内容

本文采用Leydesdorff等学者的做法,对标题、摘要和关键词中的重要词汇进行共现分析。[①]在海外国企改革研究文献前100位关键词语义图谱(见图3)中,不同聚类的文献相互交叉关联,除了搜索词及研究对象词之外,文献主要围绕在一些主题词方面,包含performance、productivity、efficiency、ownership、privatization、corporate governance、competition。据此对海外研究的主要内容进行了梳理,主要涉及国企TFP和GTFP研究、国企效率研究、国企改制动因及方式研究、国企改制有效性研究、国企与民企关系研究五个方面。

---

① Robin Haunschild, Loet Leydesdorff, Lutz Bornmann, Iina Hellsten and WernerMarx. Does the Public Discuss Other Topics on Climate Change Than Researchers? A Comparison of Explorative Networks Based on Author Keywords and Hashtags. Journal of Informetrics,2019,13(2):695–707.

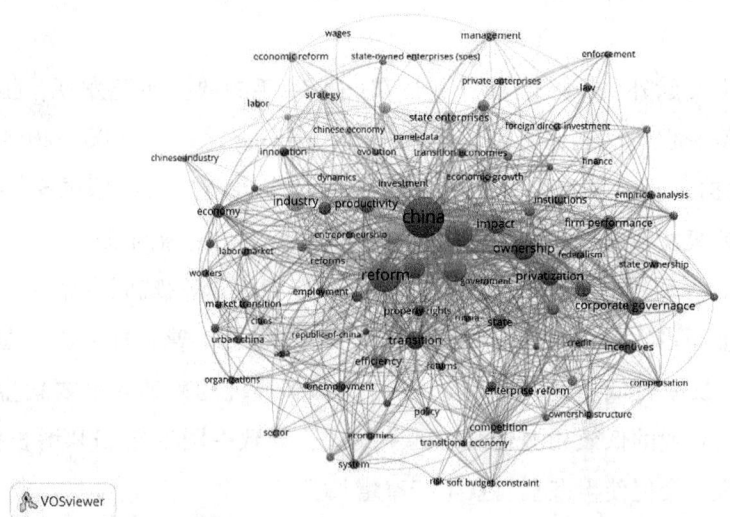

图 3　国企改革研究文献中前 100 位关键词语义图谱

1. 国有企业 TFP 与 GTFP

早期海外研究主要从全要素生产率的角度来讨论国企效率。Groves、Jefferson、Woo、Chen 等作者的文章也是海外关于中国国企改革研究中的高共被引文献。其中，Groves 文章的共被引次数位居前列。1994 年，Groves 等测算了 1980—1989 年国有企业中食品生产企业 TFP 年均增长 2.3%，电子企业 TFP 年均增长 7.9%。[1]此外，还有 Jefferson 的多篇文章也处于高共被引文献排名的前 20 位。1992 年，Jefferson 等测算出 1980—1988 年国有企业 TFP 在改革后有显著增长，年均增长率大约为 2.4%。[2] 1994 年，Jefferson 等估算了国有企业 TFP 增长率在 1980—1984 年是 1.8%，1984—1988 年是 3.0%，1988—1992 年是 2.5%。[3] 1996 年，Jefferson 等发现 1980—1992 年国有企业 TFP 年均增长率为 2.5%。[4]此外，Woo 和 Chen 的文章也位居高共被引文献前 10 位，Woo 等使用 1984—1988 年的 300 家大中型国有企业的数据，研究发现在此期间国有企业 TFP 的增长至多为零。[5]而 Chen 等

---

[1] Theodore Groves, Yongmiao Hong, John McMillan and Barry Naughton. Autonomy and Incentives in Chinese State Enterprises. The Quarterly Journal of Economics, 1994, 109(1): 183–209.

[2] Gary H. Jefferson, Thomas G. Rawski, Yuxin Zheng. Growth, Efficiency, and Convergence in China's State and Collective Industry. Economic Development and Cultural Change, 1992, 40(2): 239–266.

[3] Gary H. Jefferson and Thomas G. Rawski. Enterprise Reform in Chinese Industry. Journal of Economic Perspectives, 1994, 8(2): 47–70.

[4] Gary H. Jefferson, Thomas G. Rawski, Yuxin Zheng. Chinese Industrial Productivity: Trends, Measurement and Recent Development. Journal of Comparative Economics, 1996, 23(2): 146–180.

[5] Woo Wing Thye, Hai Wen, Jin Yibiao, Fan Gang. How Successful has Chinese Enterprise Reform Been? Pitfalls in Opposite Biases and Focus. Journal of Comparative Economics, 1994, 18(3): 410–437.

较早地测算了 1953—1985 年国有企业 TFP 年增长率,其中 1978—1985 年 TFP 增长率达到 4.8%~5.9%。①

除了这些高共被引文献外,Brandt 等利用 1978—2004 年的数据研究发现,虽然国有部门的 TFP 在不断提高,但仍然远远低于非国有部门。② Huang 使用了 2000—2014 年中国 30 个省的省级面板数据,研究发现国有企业规模增大过多将会降低中国的全要素生产率。③ 近年来,随着可持续发展理念的逐步深入和绿色增长战略在全球的推进,越来越多的学者将资源和环境要素纳入全要素生产率的分析框架,如 Chen 等发现同小企业(通常是私营企业)和外国企业所占比例较高的行业相比,以资本密集型、高耗能的大型国有企业为主的行业的 GTFP 增长率较低。④ 此外,Chen 还将能源和环境约束纳入全要素生产率分析框架,研究发现国有企业的低效和国企改革的不彻底会导致中国生态 TFP 增长率下降,而国企所有制改革的推进会促使生态全要素生产率增长。⑤

对我国国有企业 TFP 或 GTFP 的研究受研究年代、测算方法、样本选择等因素的影响,研究者得出的结果不一。但是,在各类所有制企业中,国有企业的 TFP 或 GTFP 是最低的似乎达成了共识。

2. 国有企业效率

国有企业效率一直是中国国有企业改革中的焦点问题。海外大部分研究认为,国有企业效率低下。Zhang 等发现,对资本结构、税收和福利负担效应调整后,国有企业依然表现出较差的财务绩效,其利润增长依然落后于其他所有制结构的企业。⑥ Naughton 研究发现,缺乏以市场为导向的机制导致国有企业普遍滥用管理权,导致资源浪费、分配不当和效率低下。⑦ Chen 等研究发现,政府通过任命关联管理人员对国有企业进行干预会扭曲投资行为并损害投资效率。⑧

---

① Chen Kuan, Wang Hongchang, Zheng Yuxin, Gary H. Jefferson and Thomas G. Rawski. Productivity Change in Chinese Industry: 1953-1985. Journal of Comparative Economics, 1988, 12(4): 570-591.

② Loren Brandt, Chant-tai Hsieh, Xiaodong Zhu. Growth and Structural Transformation in China. in Loren Brandt and Thomas G. Rawski, eds. China's Great Economic Transformation, Cambridge: Cambridge University Press, 2008: 683-728.

③ Junbing Huang, Xiaochen Cai, Shuo Huang, Sen Tian and Hongyan Lei. Technological Factors and Total Factor Productivity in China: Evidence Based on A Panel Threshold Model. China Economic Review, 2019, 54: 271-285.

④ Shiyi Chen, Jane Golley. "Green" Productivity Growth in China's Industrial Economy. Energy Economics, 2017, 44(1): 89-98.

⑤ Shiyi Chen. Environmental Pollution Emissions, Regional Productivity Growth and Ecological Economic Development in China. China Economic Review, 2015, 35: 171-182.

⑥ Anming Zhang, Yimin Zhang, Ronald Zhao. Impact of Ownership and Competition on The Productivity of Chinese Enterprises. Journal of Comparative Economics, 2001, 29(2): 327-346.

⑦ Barry J. Naughton. The Chinese Economy: Transitions and growth, Cambridge: MIT Press, 2007.

⑧ Shimin Chen, Zheng Sun, Song Tang and Donghui Wu. Government Intervention and Investment Efficiency: Evidence from China. Journal of Corporate Finance, 2011, 17(2): 259-271.

对于国有企业效率低下的原因,有多种不同的解释。一是公司治理有关论。Qian 认为,20 世纪 90 年代中国国有企业的困境归因于代理问题和政府官员控制的结合,因而国有企业改革应旨在通过多种措施建立新的公司治理体系,以降低政治和代理成本。[1] Chen 等认为,国有/控股公司的高层管理人员通常由政府任命,会增加代理成本。[2] 二是激励不足论。Bai 等认为国有企业的人事决定是由国家或地方政府做出的,导致劳动合同缺乏有效的激励机制来鼓励管理者追求利润。[3] Conyon 等研究发现高管薪酬与公司绩效呈正相关,国有控股公司的激励措施较低,非国有控股公司的薪酬按绩效支付更强,有利于提高企业的效率。[4] 三是政策性负担过重论。Bai 等认为国企管理者需要解决诸如失业和社会不稳定之类的社会问题。[5] Lin 等认为国企冗员问题严重,承受着庞大的退休金和员工社会福利,加重了国企的负担,导致企业管理者投入的精力少,从而降低了生产效率。在此情况下,国企民营化只会加重预算软约束问题,因为私营企业将向政府要求更多的事后补贴。[6][7] 四是所有制有关论。Hovey 等认为,政府所有权、国有制对企业绩效有负面的影响。[8] Song 等认为国有控股的上市公司的市场导向程度低于私人控股的上市公司,因为国家所有者的主导地位阻碍了市场导向的发展,所以效率低下。[9]

3. 国有企业改制动因及方式

海外部分文献讨论了中国国企民营化改革的动因与方式。一些研究认为,改善国企效率必须进行民营化改制。Xu 等研究得出国家股或国有股确实对公司绩效产生了负面影响,而且不改变国有企业的所有权结构,就不可能实现最佳的资源分配。[10] Xu 指出,面对国企

---

[1] Yingyi Qian. Enterprise Reform in China: Agency Problems and Political Control. Economics of Transition, 1996, 4(2): 427-447.

[2] Catherine Huirong Chen, Basil Al-Najjar. The Determinants of Board Size and Independence: Evidence from China. International Business Review, 2012, 21(5): 831-846.

[3] Chong-En Bai, Lixin Colin Xu. Incentives for CEOs with Multitasks: Evidence from Chinese State-Owned Enterprises. Journal of Comparative Economics, 2005, 33(3): 517-539.

[4] Martin J. Conyon, Lerong He. Executive Compensation and Corporate Governance in China. Journal of Corporate Finance, 2011, 17(4): 1158-1175.

[5] Chong-En Bai, David D. Li, Zhigang Tao, Yijiang Wang. A Multitask Theory of State Enterprise Reform. Journal of Comparative Economics, 2000, 28(4): 716-738.

[6] Justin Yifu Lin, Guofu Tan. Policy Burdens, Accountability and Soft Budget Constraint. American Economic Review, 1999, 89(2): 426-431.

[7] Justin Yifu Lin, Zhiyun Li. Policy Burden, Privatization and Soft Budget Constraint. Journal of Comparative Economics, 2008, 36(1): 90-102.

[8] Martin Hovey, Tony Naughton. A Survey of Enterprise Reforms in China: The Way Forward. Economic Systems, 2007, 31(2): 138-156.

[9] Jing Song, Rui Wang, Salih Tamer Cavusgil. State Ownership and Market Orientation in China's Public Firms: An Agency Theory Perspective. International Business Review, 2015, 24(4): 690-699.

[10] Xiaonian Xu, Yan Wang. Ownership Structure and Corporate Governance in Chinese Stock Companies. China Economic Review, 1999, 10(1): 75-98.

长期低效亏损的情况，国有企业私有化可能是最有效的选择。①

另一些研究认为，国企改制源自管理层、地方政府、外资企业竞争加剧等的推动。Jing 等认为，国企改制最主要的推动者是高层管理者，他们通过不同的行动发起和深化制度变革。②Du 等研究发现国企私有化选择是一个复杂的决策过程，其中地方政府最大限度地提高经济效率和财政收入，并降低政治风险，是私有化的主要决定因素。③Liu 等研究认为，在市场经济中，外国公司的存在可能会刺激本地国有企业为提高竞争力而进行私有化。④

针对国企私有化的方式，Fan 等发现，政府主要通过向少数投资者出售股份而逐渐私有化。⑤Gan 概况总结了中国对国有企业进行私有化的方法，包括股票发行私有化、与外国公司设立合资企业、管理层收购以及向外部人销售，并研究了这些不同的方法如何影响新所有者重组公司的动机和能力，从而影响私有化计划的结果。⑥

4. 国有企业改制有效性

海外大多数研究认为，国企改制对企业绩效和业绩提升明显。Garnaut 等认为私有化后的国企业绩通常会提高。⑦Alex 等研究了国有企业私有化与企业绩效之间的关系，研究发现私有化后的国企表现出更强的绩效，研究认为所有权和绩效之间存在因果关系。⑧Zhu 等研究发现国企私有化后改善了企业财务绩效，国有企业私有化改革的有效性在市场化和经济自由化程度高的城市更为明显。⑨

而对于为何改制效果明显，不同的研究者给出了不同的答案。Bai 等发现私有化后利

---

① Chenggang Xu. The Fundamental Institutions of China's Reforms and Development. Journal of Economic Literature, 2011, 49(4):1076 – 1151.

② Runtian Jing, E. Patrick McDermott. Transformation of State – owned Enterprises in China: A Strategic Action Model. Management and Organization Review, 2013, 9(1):53 – 86.

③ Jun Du, Xiaoxuan Liu. Selection, Staging, and Sequencing in the Recent Chinese Privatization. The Journal of Law and Economics, 2015, 58(3):657 – 682.

④ Yi Liu, Xue Li, Sajal Lahiri. Determinants of Privatization in China: The Role of the Presence of Foreign Firms. China Economic Review, 2016, 41:196 – 221.

⑤ Joseph P. H. Fan, T. J. Wong, Tianyu Zhang. Politically – Connected CEOs, Corporate Governance and Post – IPO Performance of China's Newly Partially Privatized Firms. Journal of Financial Economics, 2007, 84(2):330 – 357.

⑥ Jie Gan. Privatization in China: Experiences and Lessons. in: James R. Barth, John A. Tatom and Glenn Yago, eds. China's Emerging Financial Markets: Challenges and Opportunities, Boston: Springer, 2009:581 – 592.

⑦ Ross Garnaut, Ligang Song, Yang Yao. Impact and Significance of State – Owned Enterprise Restructuring in China. The China Journal, 2006, 55:35 – 63.

⑧ Alex Ng, Ayse Yuce, Eason Chen. Determinants of State Equity Ownership, and Its Effect on Value/Performance: China's Privatized Firms. Pacific – Basin Finance Journal, 2009, 17(4):413 – 443.

⑨ Shengjun Zhu, Canfei He, Xuqian Hu. Change your Identity and Fit In: An Empirical Examination of Ownership Structure Change, Firm Performance and Local Knowledge Spillovers in China. Spatial Economic Analysis, 2020, 15(1):24 – 42.

润率的提高，在很大程度上是由于管理费用的减少。[1] Gan 认为国企私有化改革后，预算软约束问题得到了实质性的改善，股权激励作为补偿或所有权的激励得到了加强，私有化后的利润、效率提高。[2] Huang 等发现，控制权从政府转移到私人所有者显著提高了公司的盈利能力。[3]

部分研究对改制效果提出了不同意见。Aivazian 等研究发现，即使没有私有化，公司治理改革也可能是提高国有企业绩效的有效途径。[4] Shi 等研究发现私有化后总资产和销售额分别增长了，但是就业人数在减少。这表明私有化过程中裁员的幅度更大，效率才能显著提高。[5] 还有的研究认为，国企私有化改革致使大批劳工失业，产生了新的社会不公平，扩大了收入分配差距等。[6]

5. 国有企业与民营企业关系

海外有研究认为，国有企业妨碍公平竞争、影响经济发展，主要表现在多方面，如侵占资源、信贷优惠、补贴政策、税收减免、拖累经济等。Ma 等认为中国的国有企业与非国有企业之间缺乏公平竞争环境，受不同的法规约束，面临着完全不同的威胁和机遇。[7] Wang 等发现政府对低效率国有企业的保护，加剧了不公平的市场竞争以及国企与民企之间的金融资本分配。[8] Lu 认为，国有企业能够获得民营企业无法获得的优惠政策以及财政、技术和政治支持。[9]

也有研究认为，中国国有企业发展挤占了民营企业发展空间，是与民争利。Brandt 等认为国企的存在导致资源错配，影响民企发展。[10] Du 等研究发现非市场力量将更多的资源

---

[1] Chong-En Bai, Jiangyong Lu, ZhigangTao. How Does Privatization Work in China? . Journal of Comparative Economics, 2009, 31(3):453-470.

[2] Jie Gan. Privatization in China: Experiences and Lessons. in: James R. Barth, John A. Tatom and Glenn Yago, eds. China's Emerging Financial Markets: Challenges and Opportunities, Boston: Springer, 2009:581-592.

[3] Zhangkai Huang, KunWang. Ultimate Privatization and Change in Firm Performance: Evidence from China. China Economic Review, 2011, 22(1):121-132.

[4] Varouj A. Aivazian, Ying Geand Jiaping Qiu. Can Corporatization Improve the Performance of State-Owned Enterprises Even without Privatization? . Journal of Corporate Finance, 2005, 11(5):791-808.

[5] Wendong Shi, Jingwei Sun. The Impact of Privatization on Efficiency and Profitability: Evidence from Chinese Listed Firms, 2001-2010. Economics of Transition Volume, 2016, 24(3):393-420.

[6] Hong Liu, Zhong Zhao. Parental Job Loss and Children's Health: Ten Years after the Massive Layoff of the SOEs' Workers in China. China Economic Review, 2014, 31:303-319.

[7] Xufei Ma, Xiaotao Yao, Youmin Xi. Business Group Affiliation and Firm Performance in a Transition Economy: A Focus on Ownership Voids. Asia Pacific Journal of Management, 2006, 23(4):467-483.

[8] Yiqiu Wang, Yunyi Zhu. The Financing and Investment Crowding-out Effect of Zombie Firms on Non-zombie Firms: Evidence from China. Emerging Markets Finance and Trade, forthcoming, 2020.

[9] Jiangyong Lu. Agglomeration of Economic Activities in China: Evidence from Establishment Censuses. Regional Studies, 2010, 44(3):281-297.

[10] Loren Brandt, Johannes Van Biesebroeck, Yifan Zhang. Creative Accounting or Creative Destruction? Firm-Level Productivity Growth in Chinese Manufacturing. Journal of Development Economics, 2012, 97(2):339-351.

转移到效率低下的国有部门,虽然维系了低效率国有企业的生存和扩张,但国有部门的发展是以牺牲私有部门为代价的。① Liao 指出,国有企业通过控制本地资源,从而排挤非国有企业。②

与以上观点不同的是,Xie 认为,财务报表显示国有企业在许多方面均表现良好,因此通过指责国有企业效率低下来实施私有化是无根据的。Xie 还深入分析了中国经济学教育中存在的问题、"国进民退"之争背后的深层次原因,以及中国国有企业改革的未来方向等。③④

三、结论与讨论

本文采用文献计量学的研究方法,对海外关于中国国企改革的 508 篇 SSCI 文献进行了分析。从发展概况看,海外研究大致兴起于 1992 年之后,与中国国企改革的实践进程是相关的。然而,海外研究与中国 1998—2019 年 CSSCI 数据库中的 757 篇国企改革研究文献相比,其体量相对较小,体系不够完整,总体呈现经济管理学科占主导、交叉学科和跨学科性质明显的特征。从研究力量分布看,中美两国在海外关于中国国企改革研究的发文量上遥遥领先。海内外作者间合著论文占据多数,多数中国内地作者可能因其海外背景,多与美国或中国香港作者合作。同样,有中国背景的作者也广受海外作者青睐。但只有极少数海外学者会长期追踪研究中国国企改革问题,而且也没有某种期刊会重点关注中国的国有企业改革问题。样本文献散落发表在 189 种 SSCI 期刊上,发文量最高的期刊也只是在 40 年间发表了 42 篇文章。从研究的内容看,海外研究聚焦于国企 TFP 和 GTFP、国企改制动因及方式、国企改制有效性、国企效率高低、国企与民企关系五大内容。从主要观点看,海外研究者大多认为中国的国有企业 TFP 或 GTFP 都低于非国有企业、国有企业的效率是低的、国有企业民营化改革提高了效率、国有企业的存在妨碍了公平竞争,挤压了民营企业发展空间,等等。简言之,国有企业是低效率的,需要进行"国退民进"的改革。对此类观点本文限于篇幅限制暂不作深入评价。

---

① Jun Du, Xiaoxuan Liu, Ying Zhou. State Advances and Private Retreats? Evidence of Aggregate Productivity Decomposition in China. China Economic Review, 2014, 31:459 – 474.
② Tsai – Ju Liao. Local Clusters of SOEs, POEs, and FIEs, International Experience, and the Performance of Foreign Firms Operating in Emerging Economies. International Business Review, 2015, 24(1):66 – 76.
③ Fusheng Xie, An Li, Zhongjin Li. Guojinmintui: A New Round of Debate in China on State versus Private Ownership. Science and Society, 2012, 76(3):291 – 318.
④ Fusheng Xie, An Li, Zhongjin Li. Can the Socialist Market Economy in China Adhere to Socialism?. Review of Radical Political Economics, 2013, 45(4):440 – 448.

马克思人口理论视域下的"新人口策论"研究

张嘉昕[①]

(哈尔滨工业大学 马克思主义学院)

一、马克思人口理论述要

(一)人类自身生产与物质资料生产的协调

马克思认为,"生产资料数量,必须足以吸收劳动量,足以通过这个劳动量转化为产品"[②]。"在资本主义生产的基础上,劳动力总是准备好的;在必要时,不用增加所雇佣工人的人数"[③]。资本主义无法实现协调"两种生产",而在社会主义社会和共产主义社会则可以通过有计划的调节来实现人口生产与物质资料生产的协调发展。"如果说共产主义社会同时也对人的生产进行调整,那么正是那个社会,而且只有那个社会才能毫无困难地做到这点"[④]。

(二)人口基数、经济因素影响着人口再生产

马克思认为"对人的需求必然调节人的生产,正如其他任何商品生产的情况一样"[⑤]。"工人的过度劳动……缩短了工人的寿命。工人寿命的缩短……就必然会不断产生对劳动的新需求"[⑥]。恩格斯指出人口再生产要受到现有人口数量的制约,"人口的增长同前一代

[①] 张嘉昕:哈尔滨工业大学马克思主义学院教授、博士生导师,哈尔滨工业大学青年拔尖人才及准聘岗。
[②] 《马克思恩格斯全集》第24卷,北京:人民出版社,1974年,第34页。
[③] 《马克思恩格斯全集》第24卷,北京:人民出版社,1974年,第565页。
[④] 《马克思恩格斯全集》第35卷,北京:人民出版社,1974年,第745页。
[⑤] 《马克思恩格斯全集》第42卷,北京:人民出版社,1974年,第121页。
[⑥] 《马克思恩格斯全集》第42卷,北京:人民出版社,1974年,第51页。

的人数成比例"。① 马克思认为"在资本主义生产中,贫困会产生人口"②,"不仅出生和死亡的数量,而且家庭人口的绝对量都同工资的水平,即各类工人所支配的生活资料成反比"③。

马克思批判马尔萨斯"纯粹是凭空捏造,既没有自然规律作根据,也没有历史规律作根据"。④ "马尔萨斯式的人,即被抽象化而不再是由历史决定的人,只存在于他的头脑里"。⑤ 资产阶级经济学人口理论的逻辑谬误在于"把人类繁殖过程的内在的、在历史上变化不定的界限,变为外部限制;把自然界中进行的在生产的外部障碍,变为内在界限或繁殖的自然规律"。⑥

(三) 以教育和培训提升人口质量

马克思指出,"工人阶级在不可避免地夺取政权以后,将使理论和实践的工艺教育在工人学校中占据应有的位置。"⑦ 未来教育对所有已满一定年龄的儿童来说,就是生产劳动同智育和体育相结合,它不仅是提高社会生产的一种方法,而且是造就全面发展的人的唯一方法。⑧ 恩格斯也指出,"显而易见,社会成员中受过教育的人会比愚昧无知的没有文化的人给社会带来更多的好处。"⑨

(四) 人口增长要与自然承载力相适应

马克思认为人和自然界是对立统一的辩证关系。恩格斯认为资本主义社会使自然环境破坏严重。"除了工人的死亡率极高,除了流行病在他们中间不断蔓延,除了他们的体力越来越弱,还能指望什么呢?"⑩ "当西班牙的种植场主在古巴焚烧山坡上的森林,他们怎么会关心到,以后的热带雨林会冲掉毫无掩护的沃土而只留下赤裸裸的岩石呢?"⑪ "不要过分陶醉于我们对自然界的胜利。对于每一次这样的胜利,自然界都报复了我们。"⑫ 马克思人口理论具有完备的理论体系、深邃的洞察性和科学的前瞻性。

---

① 《马克思恩格斯全集》第 1 卷,北京:人民出版社,1974 年,第 621 页。
② 《马克思恩格斯全集》第 25 卷,北京:人民出版社,1974 年,第 243 页。
③ 《马克思恩格斯全集》第 23 卷,北京:人民出版社,1974 年,第 705 页。
④ 《马克思恩格斯全集》第 46 卷下,北京:人民出版社,1974 年,第 106 页。
⑤ 《马克思恩格斯全集》第 46 卷下,北京:人民出版社,1974 年,第 107 页。
⑥ 《马克思恩格斯全集》第 46 卷下,北京:人民出版社,1974 年,第 107 页。
⑦ 《马克思恩格斯全集》第 23 卷,北京:人民出版社,1974 年,第 535 页。
⑧ 《马克思恩格斯全集》第 23 卷,北京:人民出版社,1974 年,第 530 页。
⑨ 《马克思恩格斯全集》第 2 卷,北京:人民出版社,1974 年,第 614 页。
⑩ 《马克思恩格斯全集》第 2 卷,北京:人民出版社,1974 年,第 380 – 382 页。
⑪ 《马克思恩格斯全集》第 20 卷,北京:人民出版社,1974 年,第 522 页。
⑫ 《马克思恩格斯全集》第 20 卷,北京:人民出版社,1974 年,第 519 页。

二、程恩富教授人口思想的理论体系

（一）程恩富教授人口思想的形成

程恩富教授在《先控后减的"新人口策论"：回应十点质疑》的主旨报告及随后与他人合著出版的《激辩"新人口策论"》一书中，基本形成"新人口策论"的理论体系。之后程恩富教授发表《"先控后减"的新人口政策》《依照宪法规定坚持推行计划生育》等一系列相关文章，其人口思想在理论创新、对策建议等方面不断有新成果，对我国社会科学领域的理论研究和国民经济发展的实践领域均产生了深刻影响。

（二）程恩富教授人口思想的发展观

1. 人口数量庞大对民生质量改善的影响

程恩富教授认为我国各项社会资源还不够充分，人口数量众多造成了教育、医疗、住房、社会保障等社会资源的供给严重不足，这成为此类社会资源价格昂贵、分配不均的重要原因之一。我国劳动力市场供大于求的总体局面很难在短期内消除。应当限制人口数量的快速增长，为民生提供更可靠的保障。

2. 人口数量庞大与资源消耗的矛盾

程恩富教授在2009年指出，"在今后较长时期内每年还将新增人口700万左右，人口总规模在较低生育率的基础上继续大量扩张，而且国内主要资源短缺严重，其向现有可高效利用资源的人口极限规模推进。"程恩富教授关于我国人口数量庞大与资源消耗之间矛盾的判断正确，控制人口总量十分必要。

3. 人口数量庞大对生态环境的压力

程恩富教授认为我国多数江河湖泊和近海受到严重污染，有的著名河流和湖泊萎缩干涸，草原退化，湿地减少，荒漠扩大，多种野生动物濒临灭绝，排放有害物质总量增加，等等。这些问题均不同程度地直接或间接与人多相关。[①] 资源环境约束是坚持推行计划生育的客观依据。[②] 程恩富教授关于我国人口数量与生态环境的阐述必须引起高度重视。

4. 人口数量庞大不利于社会主义现代化目标的实现

新时代我国人民日益增长的美好生活需要是由人口增长和人均需要共同推动的。不平

[①] 程恩富：《"先控后减"的新人口政策》，《绿叶》，2010年第4期，第29页。
[②] 郑志国、程恩富：《依照宪法规定坚持推行计划生育》，《海派经济学》，2020年第1期，第25–43页。

衡不充分的发展也和人口密切相关，不同区域和城乡人口质量数量差异是造成发展不平衡不充分的重要原因。必须坚持推行计划生育，使总人口适度缩减，至少不因人口总量持续增加而引起需要过度扩张，才能通过提高人均收入和消费水平来满足人民的美好生活需要。①

（三）程恩富教授人口思想的政策体系

1. 维护宪法尊严地执行人口和计划生育法

人口和计划生育法的某些条款内容可以修改，但多数条款特别是一些基本原则对新时代坚持推行计划生育是适用的。公民有权在适当范围内探讨国家人口发展战略和生育政策，通过一定途径表达个人意见，但是不应公开发表同宪法和法律相抵触的言论。建议在一些人口大省及中心城市组建卫生健康和计划生育委员会，以便加强和改进计划生育工作。②

2. "先控后减"的人口调控政策

根据中国特色社会主义建设事业及 2050 年步入中等发达国家行列的远景规划，我国人口规模收缩并控制在 5 亿左右为宜。在实现这一基本目标之前，必须积极地推行以"城乡一胎、特殊无胎、严禁三胎、奖励无胎"为核心内容的严格一胎化主导政策。同时，全国范围内实施免费的婚前体检政策，并防止性别检测技术的滥用。

3. 有差别的社会保障配套措施

在传统的男孩偏好生育观念没有改变之前，"实行一种有差别的变罚为奖的社会保障配套措施，对于不生育的家庭实行高保，生一个女孩的家庭实行中保，生一个男孩的家庭实行低保或基保，违纪超生的家庭自保"。③ 国家还要通过计划生育节省下来的经费投入社会老年事业中，对家庭成员因从事高风险行业身亡或是失能的家庭给予补贴和保障。

4. 构建"三型社会"体系

程恩富教授进一步提出，"人口控减提质型社会"将与"（经济）资源节约增效型社会""（生态）环境保护改善型社会"协调匹配，形成新型的社会系统。"三型社会"体系设计体现了可持续发展的基本思路，有利于落实科学发展观，对转变国民经济发展方式具有重要的理论意义和实际应用价值。

---

① 郑志国、程恩富：《依照宪法规定坚持推行计划生育》，《海派经济学》，2020 年第 1 期，第 40 页。
② 《中华人民共和国宪法》第二十五条规定："国家推行计划生育，使人口的增长同经济和社会发展计划相适应。"见中国人大网，"宪法"。
③ 程恩富：《"先控后减"的新人口政策》，《绿叶》，2010 年第 4 期，第 29 页。

5. 制定同第二个百年目标相适应的长期人口发展战略

建议有针对性地开展对总人口适度缩减的必要性和可行性研究，以便提出确立总人口回归适度区间的顶层设计。在第七次人口普查中有针对性地提出能够反映最新情况的具体措施，争取获得高质量的人口数据，为制定科学的人口发展战略提供可靠依据。充分探讨如何实现经济社会发展与人口适度缩减配套相衔接的具体操作方案。①

（四）程恩富教授对相关质疑的回应

1. 回应人口老龄化说

（1）老龄人口问题不等同于人口老龄化问题，人口老龄化也不等同于人口老龄危机。据预测，我国16岁至64岁人口将于2050年为8.7亿，高于目前发达国家劳动力的总和。② 我国并不存在劳动力短缺危机。（2）虽然经济较发达地区的老龄化指数偏高，但这并不是这些地区可以放开二胎政策的依据，因为存在大量农村富余劳动力向这些地区转移寻求务工就业机会。（3）老龄化导致以代际转移为基础的现收现付制养老保险难以维持，须知在全球长期人口自然增长率放缓的前提下，现收现付制正逐步向基金积累制过渡，完善社会保障政策才是解决养老金短缺的根本途径。（4）"4-2-1"家庭结构问题。这种家庭结构只是一部分，解决它所产生的养老问题的根本途径仍应是完善社会保障制度。

2. 回应性别失衡说

（1）性别比失衡并不意味着婚配比失衡，考虑到人口数量和结构的动态变化，一定时间段出生性别比根本不同于未来相应时间段的婚配比。（2）实施二胎或许在一定程度上解决了性别比失衡，但问题是由此所带来的人口大幅度提高使得代价过于高昂。（3）必须强调的是，出生性别比失衡绝非计划生育政策导致，而是由于养老保障制度的缺陷、重男轻女的落后观念、胎儿性别鉴定技术的泛滥、男女不平等的状态没有根本改变等，必须进行综合治理。③

3. 回应人口密度说

（1）中国幅员辽阔，人口密度不算高，但资源空间分布不均衡，适合居住的土地较少，不能简单地以人口密度高低来讨论人口政策。（2）人口密度与经济增长的关系复杂，

---

① 郑志国、程恩富：《依照宪法规定坚持推行计划生育》，《海派经济学》，2020年第1期，第42页。
② 国家人口计生委：《坚定不移中国特色统筹解决人口问题的道路：改革开放与人口发展论坛专家发言摘登》，《中国妇女报》，2008年10月24日，B2版。
③ 程恩富、王新建：《先控后减的"新人口策论"：回应十点质疑》，《激辩"新人口策论"》，北京：中国社会科学出版社，2010年，第63页。

并没有相关实证研究证实两者之间的正相关关系。(3)人口上的大国并不意味着经济上的强国。

4. 回应生育权利说

"生育权利说是绝对剩余权观念的反映,是一种片面的、抽象的、自私的权利观。"①《中华人民共和国人口与计划生育法》第17条明确规定:"公民有生育的权利,也有依法实行计划生育的义务。"② 在人口基数庞大的事实面前,不考虑中华民族的整体利益,而只是片面强调个体的自由生育权,是对真实自由的危害。

5. 回应"人口人手说"

"人口"不能无条件地变成"人手"。从"时间在先"的意义上讲,人的数量问题首先是"人口"问题,随着年龄的增长,人最终会失去其"人手"属性。伴随社会经济的发展和物价水平的提升,平均总抚养费提高;"人手论"是落后生育观念的反映,它忽略了提高劳动生产率和生活水平的重要性。

6. 回应高质生二说

(1)人人生而平等,"高质生二说"违背了平等原则,若付诸实施必然会加剧社会不同阶层的矛盾。(2)计划生育政策之所以执行难度大正是因为精英阶层的违规行为,这一群体存在严重的超生倾向。(3)大多数人的能力是经过后天教育培养形成的,精英阶层的后代并不是自然地高智商、高素质。

7. 回应头胎较憨说

(1)老大的憨厚并非智力因素,而是作为兄长对小辈的照顾,小辈的"聪明"也并非源于生育次序,而是由于"后发优势",即随着社会经济发展所受教育水平、生活质量提高。(2)我国在制定计划生育政策初期就已经对这一说法进行了充分和慎重的论证。(3)即便确实存在"老大憨"个案,不具有普遍性,决不能据此改变人口政策。

8. 回应独子性格说

(1)认为独生子女性格存在缺陷的相关研究多见于计划生育政策实施的早期,而随着时间的推移这类研究逐渐减少。(2)独生子女性格缺陷属于个案,不能以偏概全。(3)即使部分独生子女确实存在性格缺陷,但也会随其成长逐渐纠正。(4)一些研究成果缺乏科学的分析方法,主观推断较强,对独生子女的评价并未做到客观公正。

---

① 程恩富、王新建:《先控后减的"新人口策论":回应十点质疑》,《激辩"新人口策论"》,北京:中国社会科学出版社,2010年,第53页。

② 《中华人民共和国人口与计划生育法》,北京:中国民主法制出版社,2002年版,第5页。

9. 回应兵源风险说

（1）庞大的人口基数保证我国在 21 世纪不会出现兵源短缺，并且兵力多寡并不决定现代战争的胜负。（2）防范兵源风险的基本途径是建立有效的预备役制度和国防动员体系而不是放开生育政策。

10. 回应大国空巢说

（1）这一观点并未以中国庞大人口数量的现实为出发点。计划生育政策实施 30 余年来人口过快增长的势头得到控制，生育率逐渐降低，但人口规模仍在增长，生育率仍有可能反弹。（2）这一观点的各种推论缺乏科学依据，人口减少绝不至于亡国亡种。（3）这一观点提出为了拉动内需就应该鼓励生育，有违经济学常识，拉动内需的根本途径是提高人民收入，提升人民生活水平。

三、启示

（一）"新人口策论"是对马克思人口理论的继承和发展

"新人口策论"遵循马克思人口理论的基本思路，程恩富教授对当前中国人口数量、人口增长形势及其与我国社会经济发展水平、资源与环境承载水平关系等问题进行分析，指出了我国当前庞大人口基数以及依然较快的人口增长趋势对国民经济可持续发展的负面影响。这继承和发展了马克思人口理论的基本观点，关于实施更为严格的计划生育政策符合马克思人口理论的政策逻辑。

（二）"新人口策论"的政策建议具有创新性

首先，"新人口策论"提出构建三位一体的"三型社会"。这是对人与自然和谐发展理念的继承，是统筹考虑、综合解决我国人口、资源、环境之间的问题，缓解人口数量对资源和环境压力的重要思想。其次，"新人口策论"提倡的有差别的变罚为奖的社会保障配套措施能够有效地激励人们自觉地遵守计划生育政策，将遵守国家法律法规与个人所享受的社会保障程度联系起来。

（三）"新人口策论"符合 2020 年全面建成小康社会的战略部署

要实现人均收入倍增的目标，一方面要提高经济总量，另一方面就要严格控制我国当前庞大的人口规模。因此，计划生育作为基本国策必须长期坚持并认真贯彻执行。可见，程恩富教授所提出的"严格一胎化"学术思想是正确的，它立足现实，并充分汲取了历史经验教训。

产业政策与中国数字经济产业技术创新

余长林　杨国歌　杜明月[①]

（厦门大学；新疆大学；北京工商大学）

一、理论分析与研究假设

产业政策是促进国家产业发展创新的重要手段，数字经济的发展已上升为国家战略，将是下一个拉动中国经济发展的重要动力。根据数字经济产业特征，本文从政府补贴、税收优惠、信用贷款、行业准入制度四个方面分析产业政策如何激励数字经济产业创新。

第一，政府补贴。政府补贴促进数字经济产业创新的具体作用机制是通过提高研发投入实现的。无论哪一种政府补贴形式，都会直接增加企业总收入，使得企业有更多收入用于研发投入，从而增加企业创新。基于以上分析，本文提出如下有待检验的假设1。

假设1：在数字经济中，政府补贴促进了数字经济产业技术创新。

第二，税收优惠（税率机制）。税收优惠的具体作用机制为：当实际税率降低，企业的所得税减少，总利润相对增加，进而拥有更多资金用于科研创新投入、升级设备，有助于提高企业创新水平。基于以上分析，本文提出如下有待检验的假设2。

假设2：数字经济中，实际税率下降有助于提高数字经济产业技术创新。

第三，信用贷款（信贷机制）。信贷机制影响企业创新水平通过贷款增量增加，从而影响到企业创新水平。当贷款利率降低时，企业长期贷款规模增加，提高了企业长期贷款增长率，有助于缓解企业研发投入压力，促进企业创新。基于以上分析，本文提出如下有待检验的假设3。

假设3：数字经济中，信用贷款激励了数字经济产业技术创新。

第四，行业准入制度（竞争机制）。行业准入制度的具体传导机制为：市场竞争程度

---

① 余长林，厦门大学宏观经济研究中心，博士生导师，教授；杨国歌，新疆大学经济学院硕士生。杜明月，北京工商大学经济学院博士生，讲师。

低,不利于企业技术创新投入,同样也会阻碍其他企业进入该行业,不利于该产业技术创新。基于以上分析,本文提出如下有待检验的假设4。

假设4:在数字经济中,放宽行业准入限制有助于促进数字经济产业技术创新。

任何政策都无法做到普适性。因此,需要政府制定针对性的信贷审批、税收支持、政府采购等政策。本文认为,对产业政策激励数字经济技术创新存在行业异质性进行研究是必要的,这有利于提高资源利用效率和数字经济技术创新水平。基于以上分析,本文提出如下有待检验的假设5。

假设5:产业政策对数字经济技术创新的影响存在行业异质性。

二、计量模型和数据

(一)计量模型

1. 基本回归模型

为了探讨我国产业政策对数字经济产业技术创新的影响,构造了如下的计量模型①:

$$\ln patents_{it}(\ln patentf_{it}) = \alpha_0 + \beta_0 sub_{it} + \beta_1 etr_{it} + \beta_2 dlt_{it} + \beta_3 HHI_{it} + i.year + control_{it} + u_i + \xi_t \tag{1}$$

其中,被解释变量 $\ln patents(\ln patentf)$ 为企业的专利申请和专利发明,取自然对数。核心解释变量为四类产业政策变量:政府补贴(sub)、税收优惠(etr)、信用贷款(dlt)、行业准入制度(HHI)。$control$ 表示影响企业创新的控制变量,u_i 表示个体固定效应,ξ_t 表示随机扰动项。

2. 产业政策对数字经济产业创新的作用机制检验模型

根据理论分析及研究假设,本文通过纳入交互项的方法来构建产业政策对数字经济产业创新的作用机制的检验模型。为了避免遗漏变量可能带来的估计偏误,本文将四类产业政策同时纳入模型对四类产业政策的作用机制进行检验,产业政策的作用机制检验模型设定如下:

$$Lpatents_{it}(\ln patentf_{it}) = \alpha + \beta_n \sum_{n=1}^{4} pol_{it}^{n} + \gamma_m mec_{it}^{m} + \varphi_m pol_{it}^{m} \times mec_{it}^{m} + control_{it} + \mu_i + \xi_t \tag{2}$$

---

① 本文同样采取专利代表技术创新,但是专利区分外观简单设计和技术发明两种创新,所以本文对两种情况都做了具体研究分析。同时,因为产业政策或者专利有持续性影响,我们对产业政策变量做了滞后一期处理,研究发现对数字经济没有显著的影响,因此本文未对解释变量做滞后一期处理。

其中，pol^n 为数字经济产业政策变量，mec^m 为作用机制中间变量。当 $n=1,2,3,4$ 时，$pol^{1,2,3,4}$ 依次表示为政府补贴、税收优惠、信用贷款、行业准入制度四类产业政策，当 $m=1,2,3,4$ 时，四类产业政策相对应的四个作用机制变量 $mec^{1,2,3,4}$ 依次为科研投入、净利润总额、科研投入、息税前利润。其中，当 $m=1,2,3,4$ 时，分别是四类产业政策作用机制的检验模型。β_n、γ_m、φ_m 分别是对应的估计系数。$control$ 表示影响企业创新的控制变量，u_i 表示个体固定效应，ξ_i 表示随机扰动项。我们通过构建交互项分析产业政策的具体传导机制，四类产业政策及对应的作用机制变量解释如下：

第一，政府补贴（sub）和科研投入（RD）。根据政府补贴的传导机制本文选取 RD 作为中间变量构建政府补贴作用机制的检验模型。

第二，税收优惠（etr）和净利润（tp）。根据税收优惠的传导机制，本文选取企业净利润（tp）作为中间变量构建税收优惠作用机制的检验模型。

第三，信用贷款（dlt）和科研投入（RD）。根据信用贷款的传导机制，本文选取 RD 作为中间变量构建信用贷款作用机制的检验模型。

第四，行业准入制度（HHI）和息税前利润（pit）。根据行业准入制度的传导机制，本文选择息税前利润（pit）作为中间变量构建行业准入制度作用机制的检验模型。

（二）变量定义

具体变量定义如表1所示。

1. 被解释变量

本文以数字经济产业的专利申请和专利发明衡量企业的技术创新能力。本文利用研发投入作为创新的代理变量进行稳健性检验。根据已有文献表明，专利发明数量会更加稳定，专利申请数量包括企业产品外观设计、改善等。这样分类的目的在于区分产业政策对数字经济技术创新是否存在策略性创新及行业异质性。

2. 核心解释变量

本文定义产业政策变量为政府补贴、税收优惠、信用贷款、行业准入制度。分别使用政府补贴、企业实际税率、长期贷款增量、市场竞争程度来进行测度。

（1）政府补贴：政府给予技术创新企业实际奖励补助，本文用企业获得的政府补贴额表示。

表1 变量及其定义

变量类别	变量名	变量符号简称	变量描述
被解释变量	专利申请	patents	年度申请专利总数（包括专利发明）
	专利发明	patentf	主要指技术含量高的发明专利
解释变量	政府补贴	sub	企业实际获得补贴额
	税收优惠	etr	企业所得税/息税前利润
	信用贷款	dlt	（当期的贷款量减去上一期的贷款量）/总资产
	行业准入	HHI	$HHI = \sum (X_i/X)^2$
控制变量	企业年龄	age	公司从注册之日起到2017年为止经营的时间
	企业规模	size	企业总资产（Total assets）
	资产负债率	alr	公司年末资产负债率（Asset liability ratio）
	全行业总收入	bit	全行业营业收入（Business income totally）
	财务费用	fc	企业财务费用（Financial cost）
	营业收入	bi	企业年营业收入（Business income）
	所得税费用	it	指企业营业所得缴纳的费用（Income tax）

（2）税收优惠：税收优惠采用企业实际税率来替代，企业实际税率（etr）=所得税费用/息税前利润。

（3）信用贷款：用长期贷款增长率衡量信贷机制。长期贷款增长率=（企业当期长期贷款增量−企业上一期长期贷款增量）/企业年末总资产。

（4）行业准入制度：采用赫芬达尔指数 HHI 来测度市场竞争度，以反映行业准入制度和行业管制程度。$HHI = \sum (X_i/X)^2$，市场竞争份额 $mp = X_i/X$，$X = \sum X_i$，其中 X_i 表示数字经济行业中企业 i 的收入。一个市场由一家企业独占，即 $X_i = X, HHI = 1$；所有企业规模相同，即 $X_1 = X_2 = \cdots = X_n = X/n$。

3. 控制变量

检验产业政策对数字经济技术创新的影响时，我们需要同时控制影响企业创新的其他重要因素。具体包括：①企业年龄（age）；②企业规模（size）；③资产负债率（alr）；④全行业收入（bit）；⑤企业财务费用（fc）；⑥企业年营业收入（bi）；⑦所得税费用（it）。

（三）样本选择

本文选取2008—2017年中国深沪A股中数字经济企业为研究样本，样本企业包含三类具体行业：第一类是电信、广播电视和卫星传输服务（行业大类代码63），第二类是互联网和相关服务（行业大类代码64），第三类是软件和信息技术服务（行业大类代码

65)。剔除了公司成立年限小于 5 的公司或者没有任何专利技术的公司,最终得到 2310 个样本观测值。

(四) 变量的描述性统计

变量的描述性统计结果如表 2 所示。表 2 显示,数字经济产业专利申请数均值为 35.0125,标准差为 59.6557,专利发明均值为 23.3978,标准误差为 47.9170。总体而言,数字经济企业之间的专利申请和专利发明差异较大,表明各个企业创新能力差距较大。专利申请均值约为专利发明均值的 1.5 倍,说明目前中国数字经济企业的创新还有很多集中在小发明、低质量创新方面,专利发明技术创新相对缺乏。长此以往,不仅造成资源浪费,也不利于数字经济产业技术创新水平的提高。

表 2 变量的描述性统计

项目	N	mean	Std. Dev.	min	max
$lnpatents$	1194	35.0125	59.6557	1	678.375
$lnpatentf$	1194	23.3978	47.9170	0	558.375
sub	1680	$2.09e+07$	$4.27e+07$	1000	$4.28e+08$
etr	1695	0.1203	0.4792	-4.2700	14.25
dlt	1696	0.0034	0.0318	-0.2800	0.3200
HHI	2310	0.0001	0.0627	0	0.0044
age	2310	17.9393	4.9375	7	32
$size$	1539	$6.16e+09$	$4.13e+10$	$1.90e+07$	$6.16e+11$
alr	2306	0.2239	0.3628	0	8.2564
bit	2310	$1.24e+11$	$8.74e+10$	$7.65e+09$	$3.32e+11$
fc	1538	$2.88e+07$	$2.86e+08$	$-1.68e+08$	$6.49e+09$
bi	1538	$2.95e+09$	$1.97e+10$	63110.53	$3.04e+11$
it	1538	$3.33e+07$	$2.00e+08$	$-1.43e+08$	$3.87e+09$

三、实证结果与分析

(一) 基本估计结果

表 3 展示的是专利申请、专利发明、研发投入三个变量的对数形式作为被解释变量的基本估计结果。$lnpatents$ 作为被解释变量的估计结果显示,政府补贴对专利申请的影响在 1% 的统计水平下存在正向激励效应,表明政府补贴政策与数字经济产业技术创新呈正相关关系。HHI 对专利申请和专利发明的估计系数在 1% 统计水平下显著为负,表明放松行

业准入限制与数字经济产业技术创新呈正相关关系。回归结果还显示,税率机制和信贷机制对于数字经济产业创新的激励效果不显著。

表3 基本估计结果

项目	lnpatents	lnpatentf	lnRD
sub	3.27e-09*** (4.16)	3.65e-09*** (4.70)	4.25e-09*** (3.12)
etr	-0.0501 (-0.65)	-0.0419 (-0.47)	-0.008 (-0.37)
dlt	0.5229 (0.33)	0.7887 (0.49)	-0.2853 (-0.78)
HHI	-4253.55*** (2.87)	-4419.06*** (-3.08)	-3528.32*** (-2.88)
age	0.1026 (1.61)	0.1465** (2.19)	0.1588*** (3.23)
size	-1.44e-11* (-1.86)	-1.50e-11** (-2.01)	2.93e-11 (2.38)
alr	0.5517 (1.53)	-0.0642 (-0.18)	-0.3913 (-1.10)
bit	6.70e-13 (-0.30)	-3.54e-13 (-0.15)	6.10e-13 (0.37)
fc	-1.76e-10 (-0.77)	-1.61e-10 (-0.91)	-1.24e-09*** (-3.37)
bi	1.20e-10*** (2.81)	1.22e-10*** (2.97)	5.68e-11 (1.63)
it	-2.35e-10 (-0.59)	-1.96e-10 (-0.49)	6.11e-10** (2.30)
_cons	0.2359 (-0.38)	-0.4949 (-0.74)	15.1363 (34.87)
R^2	0.0525	0.0735	0.1048
Obs	1176	1063	1268

注:括号内为 t 值,标准差为聚类稳健标准误。***、**、* 分别代表在1%、5%和10%的统计水平下显著。

表3以lnpatentf为被解释变量的估计结果显示,除了系数大小发生一些变动外,政府补贴和行业准入对专利发明的影响与其对专利申请的影响显著性一致,均在1%的统计水平下显著,税收优惠和信用贷款的影响不显著。这进一步说明政府补贴和行业准入制度对数字经济技术创新的影响均较为显著。我们以lnRD作为被解释变量进行稳健性估计,估

计结果如表 3 所示。估计结果显示，政府补贴和行业准入制度对数字经济企业创新的影响都在 1% 的统计水平下显著，税率机制和信贷机制对企业技术创新的影响不显著，表明政府补贴和行业准入制度依然是激励数字经济创新的有效政策。

此外，表 3 中的控制变量回归结果显示，总体上企业年限（age）对技术创新发明存在显著的正向影响。企业规模（$size$）对企业创新的影响显著为负。企业营业收入（bi）对专利申请和专利发明的影响显著为正。其他控制变量对专利申请和专利发明的影响不显著。

由于市场竞争与企业创新之间存在双向因果关系，市场竞争变量或行业准入存在内生性问题。为了识别 HHI 与技术创新的双向因果关系，解决模型中市场竞争变量存在的内生性问题，我们选择市场竞争程度变量的滞后一期 $LHHI$ 作为市场竞争程度的工具变量，进行两阶段最小二乘法估计（2SLS）。估计结果如表 4 所示。

表 4 内生性估计结果

项目	$Lnpatents$		$Lnpatentf$	
	2SLS	First-stage	2SLS	First-stage
HHI	−3010.04 ** (−2.50)	−	−4369.14 *** (−3.06)	−
sub	3.62e−09 *** (4.30)	−1.01e−14 (−0.28)	4.26e−09 *** (5.05)	−5.30e−15 (−0.14)
etr	−0.0550 (−0.73)	4.84e−07 (1.05)	−0.0435 (−0.50)	6.37e−07 (1.29)
dlt	0.4089 (0.25)	−2.50e−06 (−0.06)	0.523 (−0.31)	−7.27e−07 (−0.02)
age	0.1492 ** (2.17)	−4.76e−06 (−1.25)	0.1940 *** (2.73)	−4.84e−06 (−1.14)
$size$	−8.89e−12 (−0.69)	−5.18e−15 *** (−3.53)	−1.85e−11 (−1.56)	−5.22e−15 *** (−3.30)
alr	0.4419 (1.16)	−0.0001 (−1.40)	−0.2635 (−0.67)	−0.0001 * (1.88)
bit	−5.59e−14 (−0.03)	9.25e−17 (1.13)	−1.25e−12 (−0.54)	9.36e−17 (1.00)
fc	−3.71e−10 (−0.69)	4.33e−14 (1.24)	−9.81e−11 (−0.19)	4.46e−14 (1.24)
bi	9.08e−11 *** (2.93)	1.99e−14 *** (8.52)	1.22e−10 *** (3.91)	2.01e−14 *** (9.10)
it	−1.46e−10 (−0.42)	−5.26e−14 ** (−2.18)	−2.16e−10 (−0.70)	−5.31e−14 ** (−2.10)

续表

项目	Lnpatents		Lnpatentf	
	2SLS	First-stage	2SLS	First-stage
LHHI	—	0.3146** (2.27)	—	0.3095** (2.26)
cons	−0.3554 (−0.50)	0.0001 (1.42)	−1.0467 (−1.44)	0.0001 (1.31)
第一阶段F值		14.0325		13.352
N	1144	1144	1034	1034
R^2	0.0551	0.9842	0.0754	0.9845

注：括号内为 t 值，标准差为聚类稳健标准误。﹡﹡﹡、﹡﹡、﹡分别代表在1%、5%和10%的统计水平下显著。

从表4的估计结果可以看出，2SLS估计结果与前文估计结果基本一致。回归结果表明，政府补贴对专利申请和专利发明的影响都在1%的统计水平下显著；行业准入制度对专利申请和专利发明的影响分别在5%和1%的统计水平下显著为负，行业准入机制的显著性水平虽然有所下降，但政府补贴与行业准入制度依然是激励创新的有效政策。

无论是 lnpatents 还是 lnpatentf 作为被解释变量，从第一阶段回归结果看出，LHHI 估计值均在5%的统计水平下显著，表明 HHI 与 LHHI 有很好的相关性。且 lnpatents 作为被解释变量的第一阶段回归的F值为14.0325，lnpatentf 作为被解释变量的第一阶段回归的F值为13.352，都大于临界值10，因而本文选取的工具变量具有很强的外生性。

（二）产业政策对数字经济产业创新激励的作用机制检验

基于上文分析，政府补贴和信用贷款是通过提高企业研发投入而作用于数字经济企业创新的，而税收优惠和行业准入制度是通过提高企业利润而作用于数字经济企业创新的，所以本文接着深入分析政府补贴、企业实际税率、长期贷款增长率和市场竞争度对数字经济产业创新的影响机制。

1. 政府补贴的作用机制检验

我们构造政府补贴率与研发投入的交互项，sub 对技术创新的边际效应为 $\beta_1 + \varphi_1 \times RD$，重点关注系数 φ_1 的符号。如果 φ_1 的符号显著为正，说明政府补贴能够通过提高企业研发投入而促进企业创新。

表5显示政府补贴作用机制的检验结果。估计结果表明，当被解释变量为专利申请时，交互项 $sub \times RD$ 的系数 φ_1 在5%的统计水平下显著为正，表明政府补贴通过作用于企业研发投入激励了企业创新，这验证了理论假设1。

表5 政府补贴的作用机制检验

项目	lnpatents	lnpatentf
sub	0.0463 (1.33)	0.0772 (1.30)
RD	1.75e−09 *** (4.71)	1.85e−09 *** (4.76)
sub × RD	3.15e−10 ** (2.47)	2.23e−10 (1.31)
etr	−0.1386 (−1.56)	−0.149 (−1.33)
dlt	0.877 (0.46)	0.6212 (0.32)
HHI	−453.1 (−0.43)	−488.2 (−0.45)
age	0.0469 *** (3.19)	0.0486 *** (3.32)
size	5.09e−12 (0.55)	8.69e−13 (0.11)
alr	0.6609 * (1.77)	0.0362 (0.10)
bit	5.51e−13 (0.89)	1.33e−12 ** (2.13)
fc	−7.62e−10 (−1.37)	−5.86e−10 (−1.23)
bi	6.66e−12 (0.26)	1.43e−11 (0.60)
it	2.59e−10 (0.77)	1.95e−10 (0.61)
constant	1.0243 *** (4.70)	0.6099 *** (2.83)
R^2	0.1652	0.2187
N	1056	962

注：括号内为 t 值，标准差为聚类稳健标准误。***、**、*分别代表在1%、5%和10%的统计水平下显著。

2. 税收优惠的作用机制检验。

我们使用企业净利润作为中间变量构造交互项，进行作用机制分析。根据理论分析，重点关注交互项 $etr × tp$ 系数 φ_2 的符号，如果符号为负，说明降低实际税率是通过影响企业利润促进了企业创新。

表6 税收优惠的作用机制检验

项目	lnpatents	lnpatentf
etr	-0.1487** (-2.23)	-0.1645** (-2.33)
tp	2.24e-10*** (7.36)	2.12e-10*** (9.76)
etr×tp	-1.29e-09* (-2.07)	-1.54e-09** (-2.14)
sub	3.50e-09*** (4.64)	3.68e-09*** (5.00)
dlt	-0.875 (-0.74)	-0.571 (-0.49)
HHI	-3683.7** (-2.30)	-3817.8** (-2.36)
age	0.1359*** (3.40)	0.1488*** (3.72)
size	-6.49e-12 (0.59)	-4.15e-12 (-0.38)
alr	0.8223** (2.02)	0.2288 (0.59)
bit	-9.12e-13 (-0.69)	-6.83e-13 (-0.50)
fc	-3.90e-10 (-0.99)	-5.05e-10 (-1.32)
bi	1.02e-10** (2.54)	1.02e-10** (2.53)
it	2.04e-10 (0.26)	5.16e-10 (0.65)
constant	-0.0508 (-0.11)	-0.5654 (-1.21)
R^2	0.0517	0.0644
N	1176	1063

注：括号内为 t 值，标准差为聚类稳健标准误。***、**、*分别代表在1%、5%和10%的统计水平上显著。

表6显示了税收优惠作用机制检验结果。估计结果表明，实际税率对专利发明和专利申请数量的影响均显著，且模型中交互项 $etr \times tp$ 系数 φ_2 分别在10%和5%的统计水平下

显著为负,这验证了理论假设 2。

3. 信用贷款的作用机制检验

根据模型我们重点关注交互项 $dlt \times RD$ 系数 φ_3 的符号,dlt 对技术创新的边际效应为 $\beta_3 + \varphi_3 \times RD$,如果 φ_3 的符号显著为正,说明信贷机制能通过提高企业研发投入而促进企业创新。

表 7 信用贷款的作用机制检验

项目	lnpatents	lnpatentf
dlt	-3.4291**	-3.4228***
	(-2.46)	(-2.70)
RD	9.47e-10**	8.12e-10*
	(2.22)	(1.67)
$dlt \times RD$	2.22e-08***	2.12e-08***
	(8.40)	(9.41)
sub	4.14e-09***	4.60e-09***
	(3.68)	(5.02)
etr	-0.0246	0.0130
	(-0.32)	(0.16)
HHI	-1121.4	-1685.3
	(-0.89)	(-1.32)
age	0.1169***	0.1405***
	(2.62)	(3.55)
$size$	1.53e-11	6.94e-12
	(0.91)	(0.44)
alr	0.6842	-0.1904
	(1.52)	(0.39)
bit	-5.91e-13	-3.06e-13
	(-0.44)	(-0.24)
fc	-1.37e-09	-1.12e-09
	(-1.65)	(-1.49)
bi	-1.98e-11	-8.90e-13
	(-0.43)	(-0.02)
it	7.39e-10**	6.05e-10*
	(2.25)	(1.95)
constant	0.3471	-0.2523
	(0.73)	(-0.6)
R^2	0.0873	0.0832
N	1047	953

注:括号内为 t 值,标准差为聚类稳健标准误。***、**、*分别代表在1%、5%和10%的统计水平下显著。

表 7 显示了信用贷款作用机制检验结果。估计结果表明,$dlt \times RD$ 系数均在 1% 的水平下显著为正,假设 3 得以验证。

4. 行业准入制度的作用机制检验

本文选取息税前利润作为中间变量构造交互项,分析行业准入的作用机制。我们主要关注交互项 $HHI \times pit$ 的系数 φ_4 的符号。如果符号为负,前文的理论假设 4 得以验证。

表 8 显示了行业准入制度作用机制检验结果。估计结果表明,$HHI \times pit$ 的系数均在 5% 统计水平下显著为负,说明行业准入制度与企业创新呈现正向变动关系,理论假设 4 得以验证。

表 8 行业准入制度的作用机制检验

项目	lnpatents	lnpatentf
HHI	555.49 (0.36)	63.032 (0.04)
pit	$1.59e-10$ ** (2.09)	$-1.07e-07$ ** (2.00)
$HHI \times pit$	$-1.10e-07$ ** (-2.30)	$-1.07e-07$ ** (-2.28)
sub	$4.63e-09$ *** (4.55)	$4.89e-09$ *** (4.08)
etr	-0.0535 (-0.68)	-0.0468 (-0.51)
dlt	0.2830 (0.22)	0.3958 (0.31)
age	0.0642 *** (4.31)	0.0628 *** (4.17)
$size$	$-2.11e-11$ (-1.51)	$-2.24e-11$ * (-1.68)
alr	0.7211 ** (2.11)	0.2142 (0.65)
bit	$1.42e-12$ ** (2.44)	$2.11e-12$ *** (3.58)
fc	$2.76e-10$ (0.67)	$2.94e-10$ (0.76)
bi	$4.38e-11$ (0.95)	$5.31e-11$ (1.20)

续表

项目	ln*patents*	ln*patentf*
it	5.18e−10 (0.79)	5.41e−10 (0.84)
constant	0.6490*** (3.09)	0.2684 (1.30)
R^2	0.0885	0.1124
N	1176	1063

注：括号内为 t 值，标准差为聚类稳健标准误。***、**、*分别代表在1%、5%和10%的统计水平下显著。

（三）数字经济细分行业的异质性检验结果

1. 分组检验

为提高产业政策资源配置效率，本文针对策略性创新问题对数字经济行业类别进行细分，分析产业政策激励数字经济产业技术创新是否存在行业异质性，以便针对不同产业给予不同政策支持。根据前文提到的国家对数字经济产业类别的划分，本文对三类产业分别进行研究，考察四类产业政策对不同数字经济行业创新影响的异质性。

根据数字经济分类，我们把电信、广播电视和卫星传输服务定义为传媒行业（media）、互联网和相关服务（internet）、软件和信息技术服务（technology）。首先对三类产业进行 OLS 估计。

混合 OLS 的估计结果如表9所示。结果显示，对于行业Ⅱ和行业Ⅲ，行业准入制度对技术创新的影响均在1%的统计水平下显著。而政府补贴对行业Ⅲ技术创新的影响在1%的统计水平下显著，对行业Ⅱ的专利申请和专利发明影响分别在10%和5%的统计水平下显著。表明政府补贴和行业准入制度是最有效的激励政策。四类产业政策对行业Ⅰ技术创新的影响均不显著，这可能是由于行业Ⅰ的企业样本数量不足等造成的。

表9 细分行业的混合 OLS 回归结果

项目	media（Ⅰ）		internet（Ⅱ）		technology（Ⅲ）	
	ln*patents*	ln*patentf*	ln*patents*	ln*patentf*	ln*patents*	ln*patentf*
sub	4.04e−10 (0.45)	−5.90e−10 (−0.81)	8.93e−09* (1.85)	1.28e−08** (2.58)	8.22e−09*** (4.08)	8.98e−09*** (4.46)
etr	2.9792 (1.42)	2.4239 (1.26)	−0.3126 (−1.60)	−0.1927 (−1.43)	−0.0820 (−1.02)	−0.0856 (−0.84)
dlt	0.5401 (0.19)	−0.6703 (−0.26)	−0.3994 (−0.71)	−0.9634 (−0.35)	−1.5413 (−0.70)	−2.5180 (−1.25)

续表

项目	media（Ⅰ）		internet（Ⅱ）		technology（Ⅲ）	
	ln*patents*	ln*patentf*	ln*patents*	ln*patentf*	ln*patents*	ln*patentf*
HHI	-243.456 (0.99)	-234.063 (-1.05)	--3625.5*** (-3.15)	-2302.12*** (-2.84)	-19878.0*** (-2.90)	-20634.7*** (-2.80)
Control	控制	控制	控制	控制	控制	控制
R^2	0.3890	0.5483	0.2838	0.2991	0.3097	0.3097
N	88	78	239	198	849	787
F 检验	2.56***	1.93**	5.69***	5.49***	6.06***	6.06***

注：括号内为 t 值，标准差为聚类稳健标准误。＊＊＊、＊＊、＊分别代表在 1%、5% 和 10% 的统计水平上显著。

为了检验模型的可靠性，对混合 OLS 进行了检验，表 9 中最后一行 F 检验结果在 1% 的统计水平下显著。为确认 F 检验的有效性，本文进一步采用了 LSDV 方法进行模型稳健性检验，估计结果如表 10 所示。

表 10 的估计结果显示，绝大多数个体虚拟变量在 1% 的统计水平下显著，因而固定效应模型优于混合 OLS 回归。本文通过 LSDV 检验存在个体固定效应，需要进一步运用固定效应模型检验分析。

表 10 细分行业的 LSDV 回归结果

项目	media（Ⅰ）		internet（Ⅱ）		technology（Ⅲ）	
	ln*patents*	ln*patentf*	ln*patents*	ln*patentf*	ln*patents*	ln*patentf*
sub	2.62e-09 (1.18)	2.39e-09** (2.54)	3.38e-09 (0.80)	1.34e-09 (-0.28)	3.10e-099* (1.77)	4.05e-09** (2.52)
etr	0.2842 (-0.17)	-0.4990 (-0.23)	-0.1973 (-0.95)	-0.1296 (-0.70)	-0.0287 (-0.32)	-0.0214 (-0.20)
dlt	0.0939 (0.03)	-0.8792 (-0.25)	-1.0203 (-0.45)	0.0539 (-0.03)	-1.5919 (-0.96)	-1.1707 (-0.61)
HHI	-372.92 (-0.84)	-265.784 (-0.58)	-872.727 (-0.44)	-30.900 (-0.01)	-10306.33* (-1.86)	-3805.67 (-0.63)
2	-0.3369 (-1.36)	-0.0132 (-0.04)	-0.5406 (-1.49)	—	0.6491 (1.51)	0.0766 (-0.17)
3	-1.0245** (-2.64)	-.1821 (-0.56)	2.0248*** (3.37)	0.7627 (1.07)	-0.2614 (-0.52)	-0.8867* (-1.98)
4	1.5131** (2.25)	0.4881 (0.76)	0.9517 (1.27)	0.2157 (0.28)	1.8140*** (4.79)	0.6133 (1.41)
5	1.4222*** (3.13)	1.5428*** (4.71)	3.6561*** (3.98)	1.4565 (1.49)	—	—

续表

项目	media（Ⅰ）		internet（Ⅱ）		technology（Ⅲ）	
	ln*patents*	ln*patentf*	ln*patents*	ln*patentf*	ln*patents*	ln*patentf*
6	0.7289 (1.23)	0.6307 (1.25)	2.1071*** (3.69)	0.5225 (0.98)	3.6590*** (7.80)	2.7442*** (4.97)
7	-0.8801 (-1.14)	-0.9941** (-2.51)	0.6648 (1.52)	0.1991 (0.43)	2.9722*** (5.78)	2.3776 (4.32)
8	0.4064 (0.14)	1.7505 (0.51)	1.9031** (2.34)	0.6887 (0.78)	1.5175** (2.84)	0.9145 (1.45)
9	-1.1121 (-1.03)	-1.3906 (-1.51)	0.9421* (1.80)	0.17069 (0.28)	0.6663 (1.56)	0.2738 (0.61)
10	-0.7222 (-1.01)	-1.3191* (-1.95)	3.3842*** (4.52)	1.3829* (1.75)	3.4094*** (6.87)	2.4412*** (4.32)
11	-0.2938 (-0.85)	-0.4409 (-1.12)	2.0900*** (5.16)	2.1217*** (5.02)	1.6769*** (3.25)	1.201** (2.24)
12	0.1126 (0.21)	-0.7544 (-1.51)	0.476** (2.61)	—	1.7659*** (2.96)	0.988 (1.42)
13	1.0680** (2.43)	0.4236 (0.96)	2.6097*** (5.61)	2.7936*** (5.57)	-0.4420 (-0.94)	-0.5407* (-1.33)
14	0.2242 (0.48)	0.0778 (0.20)	1.9369*** (11.13)	1.3384*** (6.63)	3.8713*** (6.69)	3.1708*** (4.90)
Control	控制	控制	控制	控制	控制	控制
R^2	0.6004	0.6935	0.7071	0.7355	0.7471	0.7322
N	88	78	239	198	849	787

注：括号内的数值为聚类稳健标准误的 t 统计量。***、**、*分别代表在1%、5%和10%的统计水平下显著。

2. 固定效应模型的再检验

基于稳健性和异质性检验，文章对三类行业分别采用聚类稳健标准误的固定效应模型进行估计，估计结果如表11所示。

表11的估计结果显示，针对 media（Ⅰ）产业的技术创新激励政策，只有政府补贴较为显著。税收优惠、信用贷款、行业准入制度对 media（Ⅰ）产业技术创新的影响都不显著。

从 Technology（Ⅲ）产业的估计结果可以看出，政府补贴对该产业专利申请和专利发明的影响分别在5%和1%的统计水平下显著，表明政府补助对 Technology（Ⅲ）产业技术创新具有正向激励效应。行业准入制度对该产业创新的影响在5%的统计水平下显著，市场竞争程度与企业技术创新呈正相关关系，说明放宽市场准入有助于激励产业技术创新。

表11 细分行业的固定效应模型估计结果

项目	media（Ⅰ）		Internet（Ⅱ）		Technology（Ⅲ）	
	lnpatents	lnpatentf	lnpatents	lnpatentf	lnpatents	lnpatentf
sub	2.62e−09 (1.30)	2.39e−09** (2.83)	3.38e−09 (0.89)	1.34e−09 (0.32)	3.10e−09** (1.97)	4.05e−09*** (2.83)
etr	0.2842 (0.19)	−0.4990 (−0.25)	−0.1973 (−1.06)	−0.1296 (−0.80)	−0.0287 (−0.36)	−0.0214 (−0.22)
dlt	0.0939 (0.03)	−0.8792 (−0.28)	−1.0203 (−0.51)	0.0539 (−0.03)	1.5919 (−1.07)	−1.1707 (−0.69)
HHI	−372.923 (−0.91)	−265.784 (−0.65)	−872.727 (−0.50)	−30.900 (−0.02)	−10306.33** (−2.08)	−3805.67 (−0.70)
Control	控制	控制	控制	控制	控制	控制
R^2	0.1757	0.1394	0.1046	0.0575	0.1517	0.1587
N	88	78	239	198	849	787

注：括号内的数值为聚类稳健标准误的 t 统计量。***、**、*分别代表在1%、5%和10%的统计水平下显著。

基于以上分析表明，产业政策促进数字经济技术创新存在行业异质性，理论假设5得以验证。

四、结论与启示

本文通过2008—2017年数字经济产业样本公司的专利和财务数据，实证检验了产业政策对数字经济技术创新的影响及其作用机制。研究表明，产业政策对数字经济专利申请和专利发明数量有显著促进作用，其中，政府补贴、行业准入制度对数字经济产业技术创新的影响较为显著。政府补贴和信用贷款均能通过提高企业研发投入来提升企业创新能力，行业准入制度和税收优惠均能通过提高企业利润而提升企业创新能力。此外，本文还发现，产业政策对数字经济技术创新的影响存在行业异质性。具体来说，政府补贴对media（Ⅰ）产业和Technology（Ⅲ）产业创新的影响较为显著；行业准入制度对Technology（Ⅲ）产业创新具有显著影响。因此，政府在适当加大政府补助力度和提高市场竞争程度的同时应根据产业特征制定差异化的数字经济产业创新激励政策。

/第四部分/

国际经济问题研究

美国金融资本的寄生性积累、结构性危机及其对中国经济的启示

宋朝龙　张习康[①]

（北京大学　马克思主义学院）

一、美国金融资本寄生性积累的形式创新

第一，金融资本通过知识产权垄断和科技垄断获得超额垄断利润。正如程恩富教授所指出的："作为20世纪90年代以来的经济全球化阶段的输出，其突出特征是知识产权的输出，垄断也不是一般的垄断，而是知识产权的垄断。知识产权的垄断导致南北差距比过去更大。它是靠商标、专利，靠核心技术、技术标准、技术许可证转让手段，来拉大发达国家和发展中国家的差距。"[②] 当他国的贸易威胁到美国的切身利益时，美国会利用知识产权壁垒对他国发动贸易战。

第二，金融资本通过金融化操作获得巨额收入。在帝国主义时代，金融资本因为垄断着全社会的货币财富，因而也就垄断着信用，垄断着股票等虚拟资本的发行权。信用和虚拟资本出现本来是为了解决实体经济的融资问题，对实体经济的发展具有重要作用，"假如必须等待积累使某些单个资本增长到能够修建铁路的程度，那么恐怕直到今天世界上还没有铁路。但是，集中通过股份公司转瞬之间就把这件事完成了"。[③] 但是随着资本主义的发展，信用和虚拟资本发生了异化，成为剥夺社会的工具。信用制度"把资本主义生产的动力发展成为最纯粹最巨大的赌博欺诈制度，并且使剥削社会财富的少数人的人数越来越减少"。[④] 20世纪70年代后，虚拟经济迅速发展起来。随着金融技术的发展，金融资本家们将不同的金融产品打包到一起，然后再通过证券化的方式，做成各种金融衍生品，将其投放到金融市场上去，吸引投资者去投资。

[①] 宋朝龙：北京大学马克思主义学院副院长、研究员、博士生导师；张习康：北京大学马克思主义学院博士生。
[②] 程恩富、谢长安：《当代垄断资本主义经济金融化的特征和影响及中国对策》，《社会科学辑刊》，2016年第6期。
[③] 《马克思恩格斯文集》第5卷，北京：人民出版社，2012年，第724页。
[④] 《马克思恩格斯文集》第5卷，北京：人民出版社，2009年，第630页。

第三,金融资本通过利用和转嫁危机来掠夺社会财富。在危机中,受益最大的往往是少数金融资本家,而中小资本家往往是损害最大的。当危机爆发后,金融资本会通过各种形式转嫁危机。2008年金融危机爆发后,美元面临着大幅度贬值的风险。美国的金融财团有意加速引爆迪拜、希腊等国的债务泡沫危机,促使其为了避险恐慌而大量购买美元,导致美元反弹从而缓解美元危机①。很多第三世界国家不得不通过私有化方式出售廉价资源,最终使部分第三世界国家不得不陷入依附半依附的状况②。

第四,金融资本把公共权力作为积累的工具。马克思指出,资产阶级"发展的每一个阶段,都伴随着相应的政治上的进展"③。当今世界,少数的金融寡头和金融家族控制着本国乃至整个世界的经济命脉。欧美国家的150家跨国公司占据全球财富的40%以上,而在150家跨国公司背后控制全局的,是华尔街和伦敦金融业屈指可数的一些人。④ 经济上的变化必然反映到政治上来,金融资本操纵国家政权。以高盛公司为例,高盛公司与美国政府的相互渗透,已经远远超过了传统的大财团。2012年出任希腊、意大利的新总理,也都曾为高盛公司效力⑤。

第五,美国金融资本通过美元霸权实现寄生性积累。美国依靠其强大的经济和军事实力维持着美元的霸权位置。依靠美元的霸权位置,美国可以轻易地掠夺他国的财富。美国可以向全世界征收美元通货膨胀税。其他货币滥发所造成的通货膨胀和货币贬值,需要发行该货币的国家自己承担。货币贬值虽然某种程度上有利于出口,但是进口的成本以及偿还外债的成本会增加。美元则不然,美元的贬值会刺激美国的出口,而美国偿还外债的成本却不会增加。美国通过美元的霸权位置可以获得外币风险规避的成本节约。其他国家需要将本国货币换成美元才可能够进行国际贸易,而美国直接用美元进行交易,因而也就规避了汇率变动的风险,节省了相应的成本⑥。

美国金融资本通过以上诸多机制创新建立了一整套寄生性积累机制。马克思指出:"一切资本主义生产方式的国家,都周期性地患上了一种狂想病,企图不用生产过程做媒介而赚到钱。"⑦针对金融资本的寄生性积累,列宁指出:"人类历尽艰辛所达到的生产社会化这一巨大进步,却造福于……投机者。"⑧ 随着金融资本越来越走向寄生性的一面,

---

① 程恩富、杨斌:《国际金融危机对资本主义生存与发展的影响》,《红旗文稿》,2010年第11期。
② 程恩富、谢长安:《当代垄断资本主义经济金融化的特征和影响及中国对策》,《社会科学辑刊》,2016年第6期。
③ 《马克思恩格斯文集》第2卷,北京:人民出版社,2009年,第33页。
④ 威廉·恩道尔:《目标中国:华盛顿的"屠龙"战略》,戴健等译,北京:中国民主法制出版社,2013年版前言,第Ⅱ、Ⅲ页。
⑤ 程恩富、杨斌:《当前美国金融垄断资本主义的若干新变化》,《当代世界与社会主义》,2014年第1期。
⑥ 程恩富、夏晖:《美元霸权:美国掠夺他国财富的重要手段》,《马克思主义研究》,2007年第12期。
⑦ 《马克思恩格斯文集》第6卷,北京:人民出版社,2004年,第67页。
⑧ 《列宁专题文集》(论资本主义),北京:人民出版社,2009年,第117页。

金融资本日益同社会相对立。

二、美国金融资本寄生性积累的结构性危机

第一，金融资本的寄生性积累造成了经济体系的赌博化趋势。在金融资本统治时期，虚拟经济已经成为金融资本实现资本积累的重要手段。据国际货币基金组织估计，全球金融资产价值1980年只有12万亿美元，与当年全球GDP规模基本相当；1993年达到53万亿美元，为当年全球GDP的2倍；2003年增长到124万亿美元，超过当年全球GDP的3倍；2007年达到230万亿美元，为当年全球GDP的4.21倍[1]。美国虚拟经济的泡沫已经相当严重，2007年美国金融衍生品市值高达340万亿美元，是美国GDP的25倍，形成了大量的"有毒资产"[2]。金融寡头们以金融衍生品炒作投资概念，通过金融市场向全球集资，大量的"有毒资产"被销往世界各地，全球资金涌入美国，金融寡头们从中套取巨额资金[3]。

第二，金融资本寄生性积累加剧了美国的贫富分化，家庭债务更加严重。资本主义社会必然会出现贫富分化，而金融资本的统治，使本来就已很严重的贫富分化变得更加严重。从1980年到2005年，最富有的1‰的人口的收入占社会总收入的份额翻了番[4]。"债务经济模式"不能从根本上解决消费不足问题，只不过是创造了虚假的需求泡沫，一旦债务链条断裂，将很可能造成更加严重的经济危机。[5]

第三，金融资本的寄生性积累使社会再生产的物质代谢过程发生断裂，使社会再生产的条件遭到破坏。资本主义社会的基本矛盾是生产资料的资本主义私人占有同生产的社会化之间的矛盾。金融资本统治时期，资本主义社会的基本矛盾从以下四种具体矛盾展开：私有制及其股权分散化的管理方式容易形成高级管理人为追求个人巨额收入而追求利润最大化；私有制条件下更容易造成虚拟经济和实体经济的对立；资产阶级国家为金融资本家服务容易导致市场和国家调解双失灵；资本主义社会私有制所造成的贫富分化限制了群众的购买力[6]。金融资本的寄生性积累激化了这四种矛盾，使资本主义社会深陷结构性危机而不能自拔。

第四，金融资本的寄生性积累造成了诸多卫星国的贫困和危机。金融资本不仅剥削本

---

[1] 程恩富、胡乐明：《西方国家金融和经济危机原因的政治经济学分析》，《转变经济发展方式与经济规律》，2010年第9期。

[2] 程恩富、侯为民：《西方金融危机的根源在于资本主义基本矛盾的激化》，《红旗文稿》，2018年第4期。

[3] 程恩富、谢长安：《当代垄断资本主义经济金融化的特征和影响及中国对策》，《社会科学辑刊》，2016年第6期。

[4] 程恩富：《当前西方金融和经济危机与全球治理》，《管理学刊》，2009年第1期。

[5] 程恩富、侯为民：《西方金融危机的根源在于资本主义基本矛盾的激化》，《红旗文稿》，2018年第4期。

[6] 程恩富、侯为民：《西方金融危机的根源在于资本主义基本矛盾的激化》，《红旗文稿》，2018年第4期。

国人民,而且造成全世界的财富分配失衡。金融资本控制着高科技和知识产权,因而在国际分工体系中能够获得大量的利润。金融资本在全球范围内推行"华盛顿共识",结果给第三世界国家带来了严重的危机,南北分化越来越严重。2006年,全球最富有的10%的人拥有世界财富的85%,世界底层的半数人口仅拥有世界财富的1%。世界上的财富主要集中在北美、欧洲和亚太地区部分经济发达的国家和地区,这些国家和地区的人拥有了世界上近90%的财富①。在金融资本的支配下,不仅南北分化严重,世界局势也更加动荡。例如,美国对伊拉克和叙利亚发动战争就是因为萨达姆和卡扎菲主张石油结算的非美元化,损害了美国金融寡头的利益。金融资本的统治使世界乱局更加严重②。

第五,金融资本的寄生性积累必然反过来破坏金融资本自身的积累条件。尽管美国会让全世界和它共同分担美元滥发所引发的通货膨胀,但美国需要将美元贬值所引发的通货膨胀控制在一定范围内,否则就会引发美元的信用危机。虽然美国通过美元的环流机制,限制了美元在世界范围内的流通,某种程度上保证了美元币值的稳定性,但其实只要金融资本支配着美国,美元的贬值就带有必然性。2008年次贷危机爆发,美联储推行量化宽松政策,往金融市场里投入了大量的资金,确保了美元在金融市场的流动性,挽救了美国的经济。美联储所投入的资金,其规模甚至已经超过了历次战争经费的总额③。美国政府要么继续负债,要么滥发美元。而滥发美元必然会造成美元的信用危机。在美国金融资本寄生性逻辑的支配下,美国的经济危机带有必然性,美元的信用危机也带有必然性。

三、美国金融资本寄生性积累危机对中国经济道路的启示

第一,必须坚持以公有制为主体的基本经济制度。只有坚持公有制为主体,才能有效遏制金融资本对整个国民经济的控制。才能够保证关乎国计民生的经济命脉、经济资源掌握在国家和人民手中,才能够保证国家对国民经济进行有效的宏观调控,确保国民经济持续健康发展。我国是社会主义国家,国有经济应当服务于整个社会。在中国,国有企业的独特优势在于国有企业内部建有党组织,党的意志会对国有企业的决策产生重要影响。这样,国有企业就不是简单追求自我利益最大化,而是要兼顾国家和社会的利益。

第二,在公有制主体地位的前提下才能真正发挥市场机制的积极调节作用,避免市场机制的异化。要在社会主义公有制占主导地位的前提下发挥社会主义市场经济的优越性,防止金融资本通过利用和控制市场的方式掠夺国民财富。我国坚持社会主义制度与市场经济的结合,不仅可以充分发挥市场有效配置资源的作用,而且可以有效克服市场弊端。社

---

① 程恩富:《世界财富分配失衡与未来全球民主治理》,《绿叶》,2010年第1期及第2期。
② 程恩富、谢长安:《当代垄断资本主义经济金融化的特征和影响及中国对策》,《社会科学辑刊》,2016年第6期。
③ 程恩富、杨斌:《当前美国金融垄断资本主义的若干新变化》,《当代世界与社会主义》,2014年第1期。

会主义公有制能够有效克服市场经济所造成的分配不公的弊端，有利于克服市场配置资源的自发性和盲目性，有利于克服市场经济的拜金主义和利己主义的弊端①。

第三，推动科技创新和知识产权保护。金融资本凭借着对科技的垄断和对知识产权的垄断，剥削和掠夺其他国家，获得了大量的超额垄断利润。程恩富教授指出："美国企业凭借知识产权优势，不仅依靠基础专利占据市场，而且将后续改进技术和外围相关技术都申请专利，形成专利池，使竞争对手难以突破。"② 中国要想摆脱美国金融资本寄生性积累的影响，必须大力推进自主创新，发展高科技，从根本上摆脱在某些方面核心技术受制于美国的状况。推进科技创新，依靠"知识产权优势"，不仅是摆脱金融资本寄生性积累支配的重要举措，也是转变我国经济发展方式，实现由经济大国向经济强国转变的必然举措。

第四，深化金融体制改革，使社会主义的金融制度更好地推动经济社会和谐发展。现代金融具有高度的逐利性、高度的变动性和高度的虚拟性。③ 现代金融的这些特点决定了金融很容易成为人们投机的对象。在金融资本的统治下，金融业必然会成为金融资本剥削和掠夺他国的手段。美国金融寡头"仅仅动用几万亿美元就把苏联人民积攒 70 年的财富赚到手了"，同样的手法在泰国、马来西亚和日本等国家也上演过④。金融对我国经济的发展至关重要，在深化金融体制改革的过程中，必须要坚持党对金融工作的集中统一领导，完善金融体制机制，确保金融改革发展的正确方向，确保国家金融安全，必须要保证金融为实体经济服务的天职，这是"防范化解金融风险的根本举措"⑤。

第五，推动人民币的区域化和国际化。在金融资本的统治下，美国的金融寡头必然会利用美元的霸权位置剥削和掠夺他国的财富。当美元遭遇信用危机时，美国金融寡头又企图发行"超主权的世界货币"⑥ 来以此继续控制世界。美国金融寡头利用美元霸权给世界各国带来了深重的灾难。推动人民币的区域化和国际化，不仅对中国有很重要的意义，对世界也同样有很重要的意义。中国的社会主义制度决定了人民币从根本上不会成为中国掠夺和剥削他国的手段。人民币的区域化和国际化能够从某种程度上减缓美元霸权对世界人民的掠夺和剥削。改革开放以来，中国经济发展已经为人民币逐步走向区域化和国际化创

---

① 程恩富、谭劲松：《社会主义比资本主义能更好地运用市场经济》，《当代经济研究》，2015 年第 3 期。
② 程恩富、李萍：《中美贸易中的知识产权壁垒——以美国 337 调查为例》，《知识产权专家评论》，2011 年第 4 期。
③ 程恩富、胡乐明：《西方国家金融和经济危机原因的政治经济学分析》，《转变经济发展方式与经济规律》，2010 年第 9 期。
④ 程恩富、谢长安：《当代垄断资本主义经济金融化的特征和影响及中国对策》，《社会科学辑刊》，2016 年第 6 期。
⑤ 习近平：深化金融改革促进经济和金融良性循环健康发展，http://www.xinhuanet.com/fortune/2017-07/15/c_1121324747.htm，2017 年 7 月 15 日。
⑥ 程恩富、杨斌：《当前西方资本主义危机引发的困境及其出路》，《当代世界》，2012 年第 5 期。

造了日趋良好的条件。但人民币的国际化还有很多艰难险阻，其中最大的阻挠因素是来自美国金融寡头的阻挠，但这正好反过来证明了推动人民币区域化和国际化的必要性。

第六，在思想上保持清醒和独立，不能用金融资本的意识形态即新自由主义来设计中国改革的路线图。新自由主义主张私有制、自由放任，认为"经济人"或"理性人"基于自我利益的最大化的考虑，会自发造成经济的自动均衡和社会利益的最大化。新自由主义虽然包括了不同的流派，但他们基本上都是主张私有化，反对国家对市场的干预。从短期个别年份来看，新自由主义给拉美的部分国家带来了短暂的繁荣。但从长远来看，新自由主义给拉美大多数国家和人民带来了深重的灾难。

四、小结

依据程恩富教授及其学术团队的研究，在金融资本寄生性积累逻辑的支配下，整个世界必然会出现各种混乱。"二战"以后，美国金融资本在其寄生性积累形式上做了诸多创新，但这并未改变金融资本寄生性积累的本质。在新自由主义意识形态的遮蔽下，美国金融资本寄生性积累机制在全世界范围内蔓延、发展和膨胀，造成了结构性的社会矛盾和危机。只要整个世界还受金融资本的支配，这些问题就不但不能解决，反而会继续深入发展下去。我国应防止金融资本寄生性积累的陷阱，在公有制占主导地位的基础上利用市场机制，防止市场机制的异化，防止市场机制成为金融资本支配社会的权力体系。

贸易与要素价格均等化：基于劳动价值论的再考察

王智强　丁堡骏[①]

（首都师范大学 马克思主义学院；浙江大学 马克思主义学院）

一、要素价格均等化理论及其基础的内在缺陷

（一）要素价格均等化理论的简要阐明

要素禀赋论认为，一国应"进口那些含有较大比例生产要素昂贵的商品，而出口那些含有较大比例生产要素便宜的商品"[②]，贸易的结果是商品价格均等化，生产要素价格也有均等化的趋势。[③] 简单起见，我们以 A、B 两国利用资本 K、劳动 L 两种要素生产 C、F 两种商品为例进行说明。[④] 分工与贸易前两国生产的两种商品的价格由如下模型决定：

$$p_j^i = a_{jK} r^i + a_{jL} w^i \tag{1}$$

其中，p 表示单位商品的价格，i 代表 A、B 两国（下同），j 代表 C、F 两种商品（下同），a 表示两国相同的生产技术系数，即生产单位 C 或 F 商品所消耗的 K 或 L 要素的数量，r 表示要素 K 的价格，w 表示要素 L 的价格。

假定：（a）F 商品的生产为 K 要素密集型，C 商品的生产为 L 要素密集型，即 $a_{FK}/a_{FL} > a_{CK}/a_{CL}$；（b）A 国的 L 相对丰裕，B 国的 K 相对丰裕。由式（1）和假设条件（a）可得，p_F^i/p_C^i 是 r^i/w^i 的单调增函数，由假设条件（b）可得 $r^A/w^A > r^B/w^B$，于是

[①] 王智强，经济学博士，首都师范大学马克思主义学院，副教授，硕士生导师，中国社会科学院马克思主义研究院访问学者，研究方向为马克思经济理论及其应用。丁堡骏，经济学博士，浙江大学文科领军人才，马克思主义学院教授，博士生导师，吉林财经大学全国中国特色社会主义政治经济学研究中心主任，研究方向为理论经济学。
[②] 奥林：《地区间贸易和国际贸易》，北京：商务印书馆，1986 年，第 23 页。
[③] 奥林：《地区间贸易和国际贸易》，北京：商务印书馆，1986 年，第 41 页。
[④] 西方经济学认为生产要素包括土地、资本与劳动三大基本范畴，但一般只考虑资本与劳动，为了便于分析，本文仅在评析成本函数与新古典生产函数时考虑这三种要素。一般性的数学说明可参见：奥林：《地区间贸易和国际贸易》，北京：商务印书馆，1986 年，第 324 – 331 页。

$p_F^A/p_C^A > p_F^B/p_C^B$。按照奥林的观点，A 国在商品 C 生产方面具有比较价格优势，因而应该出口 C，同理，B 国应生产并出口 F。这样，对于 A 国，贸易能够增加相对丰裕要素 L 的需求，从而提高 L 的价格，同时，能够减少相对稀缺要素 K 的需求，从而降低 K 的价格，对于 B 国则正好相反。这意味着，r^A 与 r^B、w^A 与 w^B、r^A/w^A 与 r^B/w^B 趋于均等。

奥林强调要素价格均等化不能完全实现，然而这一论断受到了萨缪尔森的质疑。萨缪尔森证明，如果不存在贸易壁垒与运输成本，两个国家同种要素同质，且生产技术系数相同，那么贸易必然导致要素价格的完全均等化（Samuelson，1949）。由生产者一般均衡条件可知：

$$\frac{MP_{FK}^i}{MP_{FL}^i} = \frac{MP_{CK}^i}{MP_{CL}^i} = \frac{r^i}{w^i} \tag{2}$$

其中，MP 表示要素的边际生产力。在完全竞争市场，实现帕累托最优的条件为：

$$\frac{p_F^i}{p_C^i} = \frac{MC_F^i}{MC_C^i} = \frac{MP_{CK}^i}{MP_{FK}^i} = \frac{MP_{CL}^i}{MP_{FL}^i} \tag{3}$$

其中，MC 表示边际成本。由于 MP 大于零，MP 的一阶导数小于零，因此，由式（2）、式（3）可以确定出 r^i/w^i 与 L_j^i/K_j^i、p_F^i/p_C^i 与 L_j^i/K_j^i 的唯一对应关系。进一步可得，如果 $p_F^A/p_C^A = p_F^B/p_C^B$，那么 $r^A/w^A = r^B/w^B$。①②

（二）要素价格均等化理论的基础

受前期西方经济学家的影响，奥林放弃了劳动价值论，利用西方经济学理论分析国际贸易问题。③ 根据西方经济学理论，在完全竞争市场，厂商获取的最大利润为零，即 $pq = c(q)$，其中，c 表示成本，q 表示产量，而成本又等于利息加上工资，即 $c(q) = rK(q) + wL(q)$，因此 $pq = rK + wL$，两边同除以 q 可得式（1）。根据前文的分析，式（1）是奥林阐明要素禀赋论的重要基础。在分析国际贸易问题上萨缪尔森将西方经济学理论运用得淋漓尽致，他曾指出，"当我们的学科能在国际贸易问题上侃侃而谈时，就能给人留下好的印象。"④ 萨缪尔森对要素价格完全均等化的证明充分反映了这一点。结合新古典生产函数 $q = q(K,L)$ 与成本预算线，利用边际分析法与均衡分析法可得：无论生产何种商品，生产者为实现成本既定时产量最大，必须保证资本与劳动的边际生产力之比等于利息与工资之比，也

---

① 具体证明过程可参见 Samuelson（1949,1967）。
② 事实上，根据式（1）和假设条件（a）也可推出此结论，因为 $V_j^{(t)}$ 是 $M_j^{(t)}$ 的单调增函数，所以，如果商品的相对价格相等，那么要素的相对价格相等。
③ 奥林在《地区间贸易和国际贸易》第一版序言中指出，"为这样的权威如瓦尔拉、门格尔、杰文斯、马歇尔、克拉克、费希尔、帕累托、卡塞尔所发展的相互依赖理论来取代古典的劳动价值论，那么就有理由放弃劳动价值论分析国际贸易问题。"参见：奥林：《地区间贸易和国际贸易》，北京：商务印书馆，1986 年，第 2 页。
④ 阿普尔亚德、菲尔德：《国际经济学》（国际贸易分册），北京：机械工业出版社，2014 年，第 118 页。

就是式（2）。根据利润函数 $\pi = pq - c(q) = pq(K,L) - (rK + wL)$ 与完全竞争市场的利润最大化条件可推出式（3）。利用新古典生产函数一阶导数大于零、二阶导数小于零的性质，由式（2）、式（3）可确定 r^i/w^i 与 L_j^i/K_j^i、p_F^i/p_C^i 与 L_j^i/K_j^i 的唯一对应关系。根据以上分析，奥林和萨缪尔森以成本函数与新古典生产函数为基础，利用边际分析法与均衡分析法证明了要素价格均等化，然而，他们未意识到成本函数与新古典生产函数具有难以克服的内在缺陷。

二、贸易、剩余价值国际转移与国家间工资差距

（一）国别价值转形与剩余价值国际转移

为了便于进一步考察贸易对国家间劳动力要素价格差距的影响以及下一步的定量分析，我们利用模型对国际生产价格形成与剩余价值国际转移进行表述。假定不存在垄断，两国的同种要素同质，生产同种商品的技术系数相同，并沿用前面的两个假设条件（a）和（b）。分工与贸易前，i 国生产的单位 j 商品的国别价值可表示为：

$$V_j^i = \sum_{h=1}^{n} a_{jh} V_h^i + a_{jL} V_L^i + m_j^i \tag{4}$$

其中，i 代表 A、B 两国（下同），j 代表 C、F 两种商品（下同），a_{jh} 表示生产单位 j 商品所消耗的 h 生产资料数量，a_{jL} 表示生产单位 j 商品所消耗的劳动力商品数量，V_h^i 为 i 国 h 生产资料的价值，V_L^i 为 i 国劳动力商品的价值，m_j^i 表示 i 国生产单位 j 商品创造的剩余价值。按照要素禀赋论的观点，A 国生产并出口商品 C，B 国生产并出口商品 F。这样，在使用价值层面 A、B 两国都能获利，也就是说，在生产要素投入不变的情况下，两国获取的使用价值比分工与贸易前多，或者，获取相同的使用价值，分工与贸易后两国需要投入的生产要素减少。然而，分工与贸易后在价值层面资本有机构成低的 A 国总是吃亏。

资本在国际范围内充分流动，等量资本获取等量利润的竞争在国际范围内展开，使得国别价值转化为国际生产价格。结合式（4），国别价值向国际生产价格转化、世界平均利润率形成可表述为：

$$\begin{cases} p_C^{AG} = (\sum_{h=1}^{n} a_{Ch} V_h^A + a_{CL} V_L^A)(1 + \gamma^G) = \dfrac{(\sum_{h=1}^{n} a_{Ch} V_h^A + a_{CL} V_L^A)(V_C^A + V_F^B)}{(\sum a_{Ch} V_h^A + a_{CL} V_L^A) + (\sum a_{Fh} V_h^B + a_{FL} V_L^B)} \\[2mm] p_F^{BG} = (\sum_{h=1}^{n} a_{Fh} V_h^B + a_{FL} V_L^B)(1 + \gamma^G) = \dfrac{(\sum_{h=1}^{n} a_{Fh} V_h^B + a_{FL} V_L^B)(V_C^A + V_F^B)}{(\sum a_{Ch} V_h^A + a_{CL} V_L^A) + (\sum a_{Fh} V_h^B + a_{FL} V_L^B)} \\[2mm] \gamma^G = \dfrac{m_C^A + m_F^B}{(\sum a_{Ch} V_h^A + a_{CL} V_L^A) + (\sum a_{Fh} V_h^B + a_{FL} V_L^B)} \end{cases} \tag{5}$$

其中，p_C^{AG} 表示 A 国生产单位 C 商品的国际生产价格，p_F^{BG} 表示 B 国生产单位 F 商品的国际生产价格，γ^G 表示世界平均利润率。p_F^{BG}/p_C^{AG} 介于 V_F^A/V_C^A 与 V_F^B/V_C^B 之间，否则分工与贸易将不会在 A、B 两国开展。由于 C 商品为劳动密集型，F 商品为资本密集型，因此，$a_{CL} > a_{FL}$，$\sum_{h=1}^n a_{Ch} V_h^A / a_{CL} V_L^A < \sum_{h=1}^n a_{Fh} V_h^B / a_{FL} V_L^B$，结合式（4）与式（5）可得 $p_C^{AG} < V_C^A$。同理，$p_F^{BG} > V_F^B$。此外还可以得到，在等量资本获取等量利润的情况下，投入等量劳动力要素，发展中国家实现的附加值小于发达国家，即 $V_L^A + \pi^A / a_{CL} < V_L^B + \pi^B / a_{FL}$，其中，$\pi^A = (\sum_{h=1}^n a_{Ch} V_h^A + a_{CL} V_L^A) \gamma^G$，$\pi^B = (\sum_{h=1}^n a_{Fh} V_h^B + a_{FL} V_L^B) \gamma^G$。

为了便于阐明剩余价值国际转移，假设存在一种特殊商品 S 具有在世界范围内充当一般等价物的职能，单位 S 商品的内在价值或代表的价值为 1。如果不存在国际生产价格形成的外部力量，从而 C、F 两种商品按照国别价值进行交换，那么，1 单位 C 商品能够交换到 V_C^A 单位 S，1 单位 F 能够交换到 V_F^B 单位 S。一旦 A、B 两国之间的竞争充分展开，C、F 两种商品按照国际生产价格进行交换，那么，1 单位 C 商品能够交换到 p_C^{AG} 单位 S，1 单位 F 能够交换到 p_F^{BG} 单位 S。通过比较可以看出，资本有机构成高的 B 国多交换到（$p_F^{BG} - V_F^B$）单位 S，而资本有机构成低的 A 国少交换到 $-(p_C^{AG} - V_C^A)$ 单位 S。由式（4）与式（5）可知，$-(p_C^{AG} - V_C^A) = p_F^{BG} - V_F^B$，$-(\pi^A - m_C^A) = \pi^B - m_F^B$。B 国多交换到的在数值上等于 A 国少交换到的，B 国多交换到的 $-(p_F^{BG} - V_F^B)$ 单位 S 与 A 国少交换到的 $-(p_C^{AG} - V_C^A)$ 单位 S 彼此联系，互为前提。这表明，两国资本之间为追求平均利润而展开的竞争，使得与 $-(p_C^{AG} - V_C^A)$ 单位或（$p_F^{BG} - V_F^B$）单位 S 等值的 $-(\pi^A - m_C^A)$ 单位或 $\pi^B - m_F^B$ 单位剩余价值，从资本有机构成低的 A 国转移到资本有机构成高的 B 国。[①]

用 ϕ 表示剩余价值国际转移量，A 国为剩余价值转出国，$\phi^A < 0$，B 国为剩余价值转入国，$\phi^B > 0$。A 国与 B 国之间交换的商品数量越多，ϕ^A 越小，ϕ^B 越大，也就是说，A 国转出的剩余价值与 B 国转入的剩余价值越多。对于资本有机构成高的国家，剩余价值国际

---

① 需要说明两点。第一，国别价值转化为国际价值，国际价值转化为国际生产价格，在两次转形中，A、B 两国之间发生两次剩余价值转移。具体到本文，依照要素禀赋论的观点，A、B 两国生产并出口各自具有相对优势的商品。在这种情况下，国别价值为国际价值，在 A、B 两国贸易中存在的是第二次转形引起的剩余价值国际转移。关于第一次转形引起的剩余价值国际转移的讨论可参见王智强（2018）。第二，以上阐述的是在投入要素按价值计算的国别价值向国际生产价格转化过程中存在的剩余价值国际转移，未对投入要素生产价格化的国别价值转形与剩余价值国际转移进行探讨。一方面，投入要素生产价格化将涉及争论百余年的转形问题，目前这一问题还未得到很好的解决。鲍特凯维兹（1988，中译本）、Seton（1957）、Samuelson（1971）、森岛通夫（2017，中译本）、斯蒂德曼（1991，中译本）、Kliman 和 McGlone（1999）、丁堡骏（1999）、白暴力（2006）、冯金华（2008）、荣兆梓和陈旸（2014）、余斌（2016）、孟捷（2018）、王艺明和赵建（2019）等学者对此进行了研究，这些学者的理论观点存在差异。另一方面，投入要素生产价格化可能使分析出现误差，但这个误差是无关紧要的。A、B 两国生产剩余价值，剩余价值总额按照世界平均利润率在两国之间进行再分配，剩余价值从资本有机构成低的 A 国向资本有机构成高的 B 国转移，这些不会因投入要素生产价格化而发生改变。

转移量与商品贸易额成正比，对于资本有机构成低的国家则成反比。

（二）贸易对国家间工资差距的影响机制

工资 w 与劳动力需求 D、剩余价值国际转移量 φ 之间的关系，劳动力需求 D、剩余价值国际转移量 φ 与商品贸易额 τ 之间的关系，可用复合函数 $w = w(D(\tau), \varphi(\tau))$ 表示。由前文分析可知，对于资本密集型的发达国家 B，$\partial w^B/\partial D^B > 0$，$\partial D^B/\partial \tau^B < 0$，$\partial w^B/\partial \varphi^B > 0$，$\partial \varphi^B/\partial \tau^B > 0$；对于劳动密集型的发展中国家 A，$\partial w^A/\partial D^A > 0$，$\partial D^A/\partial \tau^A > 0$，$\partial w^A/\partial \varphi^A > 0$，$\partial \varphi^A/\partial \tau^A < 0$。求 $w^B - w^A$ 关于 τ 的全导数可得：

$$\frac{dw^B}{d\tau^B} - \frac{dw^A}{d\tau^A} = \left(\frac{\partial w^B}{\partial D^B}\frac{\partial D^B}{\partial \tau^B} - \frac{\partial w^A}{\partial D^A}\frac{\partial D^A}{\partial \tau^A}\right) + \left(\frac{\partial w^B}{\partial \varphi^B}\frac{\partial \varphi^B}{\partial \tau^B} - \frac{\partial w^A}{\partial \varphi^A}\frac{\partial \varphi^A}{\partial \tau^A}\right) \tag{6}$$

式（6）等号右边第一项小于零，表示贸易通过劳动力需求对工资差距的影响为负，即贸易有缩小两国工资差距的效应。式（6）等号右边第二项大于零，表示即贸易通过剩余价值国际转移量对工资差距的影响为正，即贸易有扩大两国工资差距的效应。在 A、B 两国贸易增量相同的情况下，如果式（6）等号右边第一项的绝对值大于第二项的绝对值，那么两国的工资趋向均等化；如果相等，那么两国的工资差距保持不变；如果小于，那么两国的工资差距扩大。因此，即使贸易能够通过影响劳动力需求，增加劳动力相对丰裕国家的工资，降低劳动力相对稀缺国家的工资，两种国家的工资能否趋向均等还要取决于劳动力需求与剩余价值国际转移量对工资差距的综合效应。

三、贸易影响国家间工资差距的经验分析

（一）模型的构建

借鉴温忠麟等（2004）的研究，为考察发展中国家与发达国家的剩余价值国际转移量对工资的直接影响、贸易对剩余价值国际转移量的直接影响、贸易通过劳动力需求与剩余价值国际转移量对工资的总影响，[①] 本文构建如下基准估计模型：

$$w_{it} = \alpha_1 + \beta_1 \varphi_{it} + \gamma_1 \tau_{it} + \varphi_1 U_{it} + \mu_i + \lambda_t + \kappa_{ig} + \varepsilon_{it} \tag{7}$$

$$\varphi_{it} = \alpha_2 + \beta_2 \tau_{it} + \varphi_2 U_{it} + \mu_i + \lambda_t + \kappa_{ig} + \varepsilon_{it} \tag{8}$$

$$w_{it} = \alpha_3 + \beta_3 \tau_{it} + \varphi_3 U_{it} + \mu_i + \lambda_t + \kappa_{ig} + \varepsilon_{it} \tag{9}$$

其中，α_1、α_2、α_3 为常数项，β_1、γ_1、β_2、β_3 为解释变量的回归系数，φ_1、φ_2、φ_3 为

[①] 受篇幅所限，本文不再考察国际贸易对发达国家与发展中国家劳动力需求的影响，关于这方面的研究可参见 Greenaway 等（1999）、杨玉华（2007）、Spilerman（2009）、盛斌和牛蕊（2009）、Helpman 等（2011）、魏浩等（2013）。

控制变量回归系数向量，U_{it} 为控制变量向量，μ_i 为国家固定效应，λ_t 为年份固定效应，κ_{ig} 为收入等级固定效应，ε_{it} 为扰动项，i 表示国家，t 表示年份。式（8）的控制变量为 PPP 转换因子与市场汇率之比、高科技出口占制成品出口比、贸易条件指数。式（7）与式（9）中的控制变量为通货膨胀率、失业率、GDP 增长率、固定资本形成总额占 GDP 比、外国直接投资占 GDP 比、劳动参与率的男女比例，对于这些控制变量，缺失值相对较少，彼此之间以及与关键解释变量之间不存在严重的多重共线性。当然，还有一些变量也可能与工资存在相互关系，如大学入学率、教育支出占政府支出比、科研投入占 GDP 比、贫困人口占总人口比、城镇化率、储蓄率等，考虑到这些变量数据缺失严重而且引入控制变量过多会带来比较严重的多重共线性，我们未对这些变量进行控制。

（二）数据的选取与说明

本文的数据来自 1996—2015 年联合国数据中心与世界银行数据库，其统计对象涵盖 94 个国家。2015 年，这些国家的 GDP 总额占世界总额的 90% 以上。在这 94 个国家中，发展中国家（地区）53 个，发达国家（地区）41 个，[①] 关键变量数据完整的国家 56 个，其他国家数据缺失的年数均小于 10。为保证样本量，本文未进行平衡性处理。如何度量资本有机构成差异引起的剩余价值国际转移是本文的关键。在研究价值转移理论时马克思假定一个国家不同部门的剩余价值率相同，本文将该假定拓展到国际层面，假定世界范围内不同部门的剩余价值率相同，从而各国的剩余价值率相同。根据上面的分析，i 国的剩余价值国际转移率即转移的剩余价值同创造的剩余价值之比为：

$$\eta_i = \frac{m_i^t - m_i^d}{m_i^d} = \frac{\dfrac{c_i + v_i}{\sum_{i=1}(c_i + v_i)} \sum_{i=1} m_i^d - m_i^d}{m_i^d} = \frac{c_i/v_i - \sum c/\sum v}{1 + \sum c/\sum v} \tag{10}$$

其中，c 为不变资本，v 为可变资本，m^d 为一国创造的剩余价值，m^t 为一国实现的剩余价值，即转移的剩余价值与创造的剩余价值之和。由式（10）可知，测量剩余价值国际转移率，需要各国的资本有机构成数据和资本存量数据，根据估算一国资本存量的相关文献（张军和章元，2003；单豪杰，2008；李宾，2011；李帮喜等，2019），估算 94 个国家

---

① 41 个发达国家(地区)分别为:澳大利亚、奥地利、比利时、加拿大、塞浦路斯、捷克、丹麦、芬兰、法国、德国、希腊、冰岛、爱尔兰、以色列、意大利、日本、韩国、卢森堡、马耳他、荷兰、新西兰、挪威、葡萄牙、斯洛伐克、斯洛文尼亚、西班牙、瑞典、瑞士、英国、美国、中国香港(这 31 个世界银行高收入经济体同时属于联合国开发计划署人类发展指数极高的国家和地区、国际货币基金组织发达经济体以及中央情报局《世界概况》发达经济体)，以及爱沙尼亚、拉脱维亚、立陶宛、波兰、匈牙利、智利、巴林、科威特、卡塔尔、克罗地亚(这 10 个世界银行高收入经济体人类发展指数很高，但不同时属于国际货币基金组织发达经济体以及中央情报局《世界概况》发达经济体)。

的资本存量所必需的数据尚无法获取。不过，可以将劳动生产率国际差异引起的剩余价值国际转移率 $\varpi_i = (f_i - \bar{f})/(1 + \bar{f})$ 作为资本有机构成差异引起的剩余价值国际转移率 η_i 的代理变量，[①] 将 $\psi_i = m_i^t \varpi_i/(1 + \varpi_i)$ 作为剩余价值国际转移量 φ_i 的代理变量。原因有如下两点。第一，马克思在《资本论》第一卷、第三卷指出，"劳动生产率的增长，表现为劳动的量比它所推动的生产资料的量相对减少"；[②] "社会劳动生产力的发展，表现为可变资本同总资本相比相对减少"；[③] "随着劳动的社会生产力的发展，为了推动同量的劳动力……所需要的总资本量越来越大"。[④] 第二，在计量分析中我们关注的是剩余价值国际转移量与贸易及国家间工资差距之间的关系，至于引起剩余价值国际转移的原因是无关紧要的，ψ_i 与贸易及国家间工资差距的关系和 ϕ_i 与两者的关系相同。本文对关键变量的分位数99%以上或1%以下的极端值进行了截尾处理，表1为变量的经济含义与描述性统计。

表1 变量的含义与描述性统计

变量名	经济含义	单位	观测值	均值	标准误	最小值	最大值
ϕ	剩余价值国际转移量	百亿美元	1685	3.309	20.303	-172.156	148.475
τ	商品贸易额	百亿美元	1643	14.020	22.399	0.011	107.002
w	人均工资	千美元	1720	14.833	17.763	0.041	86.988
inf	通货膨胀率	%	1714	6.298	9.200	-35.837	61.135
une	失业率	%	1741	8.616	5.842	0.164	32.000
ggp	GDP增长率	%	1734	3.747	3.766	-7.300	17.291
gog	固定资本形成总额占GDP比	%	1691	23.466	6.643	8.779	43.738
fog	外国直接投资占GDP比	%	1691	5.090	8.178	-58.323	53.191
mvw	劳动参与率的男女比例	—	1741	70.649	15.605	24.509	99.271
por	PPP转换因子与市场汇率之比	—	1721	0.626	0.333	0.124	1.678
htr	高科技出口占制成品出口比	%	1593	12.072	11.969	0.000	61.687
ctr	贸易条件指数	—	1519	109.134	29.372	43.878	223.100

（三）计量结果及分析

1. 剩余价值国际转移量对工资的影响

表2的（1）列与（2）列为发展中国家和发达国家的剩余价值国际转移量与工资之间关系的基准估计结果，从中可以看出，两种国家的剩余价值国际转移量与工资的回归系数均为

[①] f_i 为 i 国的社会劳动生产率，用不变价购买力平价计价的 GDP 除以就业人口度量，$h_j = \sum(\text{GDP})/\sum(\text{就业人口})$，为世界平均劳动生产率，详见王智强（2018）。$i$ 国实现的剩余价值用以美元计价的营业利润总额度量，它等于以本币计价的营业利润总额/以本币计价的GDP×以美元计价的GDP。

[②] 马克思：《资本论》第1卷，北京：人民出版社，2004年，第718页。

[③] 马克思：《资本论》第3卷，北京：人民出版社，2004年，第244页。

[④] 马克思：《资本论》第3卷，北京：人民出版社，2004年，第247页。

正且在1%的水平上显著,这表明:资本有机构成高的发达国家转入的剩余价值多,工资相对较高,资本有机构成低的发展中国家则相反;发达国家转入的剩余价值增加,或者发展中国家转出的剩余价值减少,这些国家的工资就会提高,反之则降低。需要指出,(1)列中发展中国家的剩余价值国际转移量与贸易额的方差膨胀因子分别为22.19、6.57,发达国家的分别为54.54、22.03,(2)列为未控制国家固定效应的估计结果,方差膨胀因子相应地减小为1.84、2.05与3.05、3.29。严重的多重共线性对回归系数的大小产生了较大影响。

表2 剩余价值国际转移量影响工资的估计结果

项目	(1)	(2)	(3)	(4)	(5)	(6)	(7)	(8)
	发展中国家							全样本
ϕ	0.058***	0.022***	0.020***	0.020***	0.020***	0.019***	0.012***	0.183***
	(0.008)	(0.003)	(0.003)	(0.004)	(0.004)	(0.002)	(0.002)	(0.022)
τ	0.057***	0.037***	0.035***	0.029***	0.046***	0.028***	0.016***	0.075***
	(0.010)	(0.008)	(0.007)	(0.008)	(0.010)	(0.007)	(0.005)	(0.010)
控制变量	是	是	是	是	是	是	是	是
国家固定效应	是	否	否	否	否	否	否	是
年份固定效应	是	是	是	是	是	是	是	是
收入等级固定效应	是	是	是	是	是	是	是	是
R^2	0.895	0.679	0.688	0.654	0.675	0.681	0.701	0.952
观测值	806	806	761	490	316	759	796	1580
	发达国家							全样本
ϕ	0.285***	0.054***	0.056***	0.047*	0.158**	0.061***	0.037***	0.183***
	(0.070)	(0.019)	(0.019)	(0.024)	(0.064)	(0.019)	(0.012)	(0.022)
τ	−0.033*	0.031**	0.027*	0.0380	−0.0180	0.0190	0.020**	0.075***
	(0.018)	(0.014)	(0.014)	(0.024)	(0.022)	(0.014)	(0.010)	(0.010)
控制变量	是	是	是	是	是	是	是	是
国家固定效应	是	否	否	否	否	否	否	是
年份固定效应	是	是	是	是	是	是	是	是
收入等级固定效应	是	是	是	是	是	是	是	是
R^2	0.941	0.610	0.602	0.601	0.623	0.488	0.488	0.952
观测值	774	774	738	466	308	596	775	1580

说明:*、**、***分别对应10%、5%、1%的显著水平,括号里为稳健性标准误,(3)列为将被解释变量滞后一期的估计结果,(4)列为1996—2007年段的估计结果,(5)列为2008—2015年段的估计结果,(6)列为剔除阿根廷、南非、俄罗斯等三个人均工资接近于发达国家的发展中国家以及剔除克罗地亚、斯洛伐克、爱沙尼亚、拉脱维亚、立陶宛、波兰、匈牙利、智利、巴林九个人均工资接近于发展中国家的发达国家的估计结果,(7)列为按2011年不变价购买力平价法评价人均工资、剩余价值国际转移量与贸易额的估计结果,为避免严重的多重共线性对回归系数大小的影响,(2)~(7)列未对国家固定效应进行控制,限于篇幅未报告控制变量及常数项的估计结果,备索。下表同。

为了处理内生性问题，同时进行稳健性检验，我们采取五种方法。第一，将人均工资变量的滞后一期作为解释变量进行估计，结果如表2的（3）列所示。第二，自20世纪末至2008年金融危机爆发，经济全球化快速发展，受2008年金融危机影响，世界经济增长乏力，贸易保护主义抬头，逆全球化浪潮兴起。这对国际贸易产生不同的影响，贸易对剩余价值国际转移量以及工资的影响也会有所不同。因此，本文将2008年作为分界点进行分段估计。估计结果如表2的（4）列与（5）列所示。第三，剔除阿根廷、南非、俄罗斯三个人均工资接近于发达国家的发展中国家，剔除克罗地亚、斯洛伐克、爱沙尼亚、拉脱维亚、立陶宛、波兰、匈牙利、智利、巴林九个人均工资接近发展中国家的发达国家，这样处理使国家发展程度差异更为明显，估计结果如表2的（6）列所示。第四，以2011年不变价购买力平价法计算人均工资、剩余价值国际转移量与贸易额，估计结果如表2的（7）列所示。第五，在全样本下，将发达国家与发展中国家混合在一起进行估计，结果如表2的（8）列所示。

从表2不难看出：第一，滞后一期的估计结果基本没有变化；第二，将2008年作为分界点进行分段估计，发达国家的估计结果有所变化但依然显著；第三，人均工资与剩余价值国际转移量按不变价购买力平价计算后，回归系数仍高度显著；第四，无论按国家发展程度分类与否，还是剔除部分国家与否，剩余价值国际转移量与工资均显著正相关。这表明剩余价值国际转移量与工资的内生性问题并不严重，剩余价值国际转移量对工资具有稳健的正效应。计量结果验证了前文分析的 $\partial w^A / \partial \varphi^A > 0$、$\partial w^B / \partial \varphi^B > 0$。

2. 贸易额对剩余价值国际转移量的影响

从表3可以看出，基准估计结果与采用将被解释变量滞后一期、以2008年为界点分段、剔除部分国家、替换关键变量的度量单位五种方法进行估计得到的结果显示，发展中国家的贸易额与剩余价值国际转移量的回归系数为负，发达国家的回归系数为正，并且两者均在1%的水平上显著。这表明，随着贸易额的增加，发展中国家的剩余价值国际转移量减少，即发展中国家创造的被转移到发达国家的剩余价值增加；发达国家的剩余价值国际转移量增加，即发达国家从发展中国家转移的剩余价值增加。计量结果验证了前文分析的 $\partial \varphi^A / \partial \tau^A < 0$、$\partial \varphi^B / \partial \tau^B > 0$。

表3　贸易额影响剩余价值国际转移量的估计结果

项目	（1）	（2）	（3）	（4）	（5）	（6）	（7）
	发展中国家						
τ	-0.475***	-0.968***	-0.934***	-1.196***	-0.758***	-1.159***	-1.139***
	(0.080)	(0.135)	(0.134)	(0.126)	(0.230)	(0.137)	(0.119)
控制变量	是	是	是	是	是	是	是

续表

项目	(1)	(2)	(3)	(4)	(5)	(6)	(7)
国家固定效应	是	否	否	否	否	否	否
年份固定效应	是	是	是	是	是	是	是
收入等级固定效应	是	是	是	是	是	是	是
R^2	0.948	0.394	0.403	0.510	0.333	0.468	0.398
观测值	719	719	689	423	296	668	711
发达国家							
τ	0.250*** (0.029)	0.474*** (0.043)	0.494*** (0.045)	0.684*** (0.065)	0.317*** (0.022)	0.478*** (0.043)	0.519*** (0.048)
控制变量	是	是	是	是	是	是	是
国家固定效应	是	否	否	否	否	否	否
年份固定效应	是	是	是	是	是	是	是
收入等级固定效应	是	是	是	是	是	是	是
R^2	0.985	0.680	0.692	0.780	0.715	0.668	0.674
观测值	650	650	646	341	309	506	651

说明：(1) 列中发展中国家与发达国家的最大方差膨胀因子分别为 6.88、15.83，(2) 列中分别为 1.72、2.16。

3. 贸易额对国家间工资差距的影响

通过对比表2、表3、表4的(2)~(7)列不难看出，对于发展中国家，控制剩余价值国际转移量前的贸易额与工资的回归系数小于控制剩余价值国际转移量后的回归系数，这也说明贸易通过剩余价值国际转移量对工资具有负效应。发达国家的情况正好相反，由于还存在如垄断、汇率等其他因素引起的剩余价值国际转移，因而控制剩余价值国际转移量 ψ 后发达国家的贸易额与工资未呈现稳健的负向关系。[①] 从表4可以看出，基准估计结果与采用将被解释变量滞后一期、以2008年为界点分段、剔除部分国家、替换贸易额与人均工资的度量单位五种方法进行估计得到的结果显示：对于发达国家，贸易额与工资的回归系数为正且在1%的水平上显著；对于发展中国家，贸易额与工资的回归系数虽然为正，但并不稳健，剔除部分国家、替换关键变量的度量单位、选取1996—2007年段的数据进行估计得到的回归系数不显著。这表明：对于发达国家，贸易通过剩余价值国际转移量对工资的正效应大于通过劳动力需求对工资的负效应，工资随着贸易额的增加而增加；对于发展中国家，贸易通过剩余价值国际转移量对工资的负效应，可能小于也可能

---

① 感谢匿名审稿人的建设性意见。由表2、表3、表4的(2)~(7)列可知，剩余价值国际转移量的中介效应加上贸易额对工资的直接效应与贸易额对工资的总效应略存在差异，这可能是因为表3与表2、表4的控制变量和样本观测值不同。

等于通过劳动力需求对工资的正效应，随着贸易额的增加，工资可能增加也可能不变。从表4还可以看出，发达国家的贸易额与工资的回归系数大于发展中国家的，即 $dw^B/d\tau^B - dw^A/d\tau^A > 0$。依据式（6），贸易通过剩余价值国际转移量对工资差距产生的正效应大于通过劳动力需求产生的负效应，在贸易额增量相同的情况下，两种国家的工资差距随着贸易额的增加而扩大。

表4 贸易额影响工资的估计结果

项目	（1）	（2）	（3）	（4）	（5）	（6）	（7）
	发展中国家						
τ	0.025*** (0.008)	0.014** (0.006)	0.014** (0.006)	0.008 (0.006)	0.024*** (0.009)	0.006 (0.005)	-0.001 (0.003)
控制变量	是	是	是	是	是	是	是
国家固定效应	是	否	否	否	否	否	否
年份固定效应	是	是	是	是	是	是	是
收入等级固定效应	是	是	是	是	是	是	是
R^2	0.878	0.650	0.664	0.623	0.652	0.655	0.682
观测值	807	807	763	490	317	760	805
	发达国家						
τ	0.038*** (0.009)	0.056*** (0.008)	0.053*** (0.008)	0.069*** (0.011)	0.032*** (0.012)	0.048*** (0.008)	0.040*** (0.006)
控制变量	是	是	是	是	是	是	是
国家固定效应	是	否	否	否	否	否	否
年份固定效应	是	是	是	是	是	是	是
收入等级固定效应	是	是	是	是	是	是	是
R^2	0.938	0.610	0.602	0.602	0.616	0.486	0.487
观测值	776	776	740	467	309	598	776

说明：（1）列中发展中国家与发达国家的最大方差膨胀因子分别为50.45、28.42，（2）列中分别为1.50、2.00。

四、结论与启示

要素价格均等化理论由于以具有内在缺陷的成本函数与新古典生产函数为基础，因而未能从反映人与人之间关系的价值层面说明贸易中存在的剩余价值国际转移。按照国际生产价格进行交换，剩余价值从资本有机构成低的发展中国家向资本有机构成高的发达国家转移。随着贸易程度的提高，发达国家转入的剩余价值增加，这对工资上涨有正效应，发展中国家则相反，基于94个国家1996—2015年面板数据的经验分析证实了这一点。在发展中国家与发达国家贸易增量相同的情况下，如果贸易通过剩余价值国际转移量对工资差距产生的正效应大于通过劳动力需求产生的负效应，那么两种国家的工资差距扩大，反之则缩小。经验分析表明，在贸易增量相同的情况下，两种国家的工资差距扩大。

主权国际货币的新职能:国际制裁手段

陶士贵[①]

(南京师范大学 商学院)

在现代经济中,货币一般被认为具有五大职能:交易媒介、价值尺度、贮藏手段、支付手段和世界货币。当货币超出一国(地区)的范围,在世界市场上发挥一般等价物的作用时,就执行着世界货币的职能。而真正能够行使世界货币职能的除了金银外,美元等主权国际货币实际上获得了世界货币的地位。当代社会,一个被"善意忽视"的问题是,主权国际货币一直在发挥着新的职能——国际制裁手段,即国际货币发行国通过国际货币这种国际交易媒介,将全球的经济金融活动纳入国内的制裁和管辖范畴,国内法凌驾于国际法之上,最终谋取霸权利益。因而,从制裁手段角度拓展货币职能理论的外延,研究国际货币制裁职能的现实内涵、内在机理与产生的影响,具有极为重要的理论和现实意义。

一、主权国际货币新职能的内涵和现实体现

(一) 国际货币的内涵及其层级

国际货币就是在全球范围内发挥交易媒介、价值尺度、贮藏手段等职能的货币。国际货币基金组织将国际货币的特性概括为三个方面:自由兑换性、普遍接受性和相对稳定性。可以认为,货币国际化是一种过程,而国际货币是货币国际化的结果。

1971年,英国著名学者苏珊·斯特兰奇首次对世界上使用最广泛的货币进行了系统的分类,将货币分为四种类型:宗主国货币、协调货币、中性货币及顶级货币,并对货币层级做出解释。本杰明·J.科恩为全面刻画世界货币的等级,绘制了货币金字塔图,按货币竞争力从高到低排列,分为顶级货币、贵族货币、精英货币、平民货币、被渗透货币、准货币和伪货币。涂菲根据货币国际化程度不同,将国际货币分为四个层次,即一般国际货

[①] 陶士贵,南京师范大学商学院教授、博士生导师。

币、载体货币、关键货币和世界货币。姚大庆借鉴涂菲的方法，根据用于贸易计价结算、资产计价结算、官方国际储备三个方面各自所占的比重，将国际货币按国际化程度从高到低分为五个层级：第1级世界货币（美元）；第2级关键货币（欧元）；第3级工具货币（日元、英镑）；第4级一般国际货币（瑞士法郎、加拿大元等）；第5级初级国际货币（人民币等）。本文所研究的主要是顶级国际货币或称为世界货币，即主要是美元。

（二）国际货币的传统职能

本杰明·J.科恩将国际货币职能按官方和私人两个分析层面分为交易媒介、计价单位和价值储藏三种职能（见表1）。Chinn和Frankel运用1973—1998年从布雷顿森林体系崩溃到欧元进入流通时期的数据，论证了货币的官方储备职能是国际货币的核心职能，并受诸多因素的影响。Eichengree认为金融市场创新可以促使几种货币分享国际储备货币地位，尽管网络外部性增强并不足以带来单一的储备货币体系。孙业霞认为，从马克思国际货币职能来看，由于"特里芬难题"和货币价值尺度二重性的存在，主权货币发挥世界货币职能具有天生的缺陷。

表1 国际货币职能

分析层面	功能		
	交易媒介	计价单位	价值储藏
官方	外汇市场干预工具	"货币锚"	国际储备
私人	外汇买卖、贸易结算	贸易和金融交易计价	国际投资

资料来源：本杰明·J.科恩《货币强权：从货币读懂未来世界格局》，做了相应修改和补充。

（三）国际货币的新职能——国际制裁手段职能的内涵

随着国际贸易、国际资本流动的飞速增长和科技大发展，主权国际货币地位得到前所未有的提升。作为国际货币的发行国，钞票可以作为国际间债权债务的清偿手段，而非国际货币发行国便享受不到这一待遇，要承受所谓的"原罪"和货币错配风险。正是由于货币权力的非对称性，国际货币与非国际货币的权力"缺口"越拉越大，特别是顶级国际货币便衍生出新的职能——国际制裁手段。

主权国际货币的国际制裁手段职能，是指国际货币发行国利用国际货币的特殊地位和权力，通过掌控货币发行量、货币流通渠道、汇率和利率水平、国际大宗商品定价权等方式，将国际货币作为对制裁目标进行国际制裁的一种工具和手段，以达到其经济和政治目的。

（四）国际货币发挥国际制裁手段职能的现实依据

实际上，自 20 世纪初以来，作为非武力强制性经济限制措施，经济货币制裁手段被广泛运用于解决国际争端、谋求国家利益、维护地区稳定及明确传递不满信号等各类目的。

美国就是利用美元这种顶级或第 1 等级国际货币地位，实施国际制裁，进而对全球经济金融产生重大影响。美国是发起经济制裁最多的国家。在整整一个世纪的经济制裁史中，由美国发起并参与的制裁行动数量约占全球经济制裁总数的 2/3，且这一纪录仍在被刷新，至今仍有超过 30 个国家和地区被美国列入制裁名单中。若按个人和企业作为被制裁对象，则数量更多。图 1 列出了 1979 年以来美国实施规模和影响较大的金融制裁的对象及手段。表 2 则列出近几年由美国发起的全球反洗钱制裁大案，罚款金额高达约 134.57 亿美元。

自 1992 年欧盟成立至 2015 年 9 月这 23 年里，欧盟已实施数十起经济制裁行动，目前仍生效的制度高达 37 个。

2019 年 7 月 4 日，日本政府启动针对韩国半导体材料的出口管制措施，这可能是在"二战"以后的日本历史上都是未曾有过的，也是日本效仿美国发起经济制裁的结果。

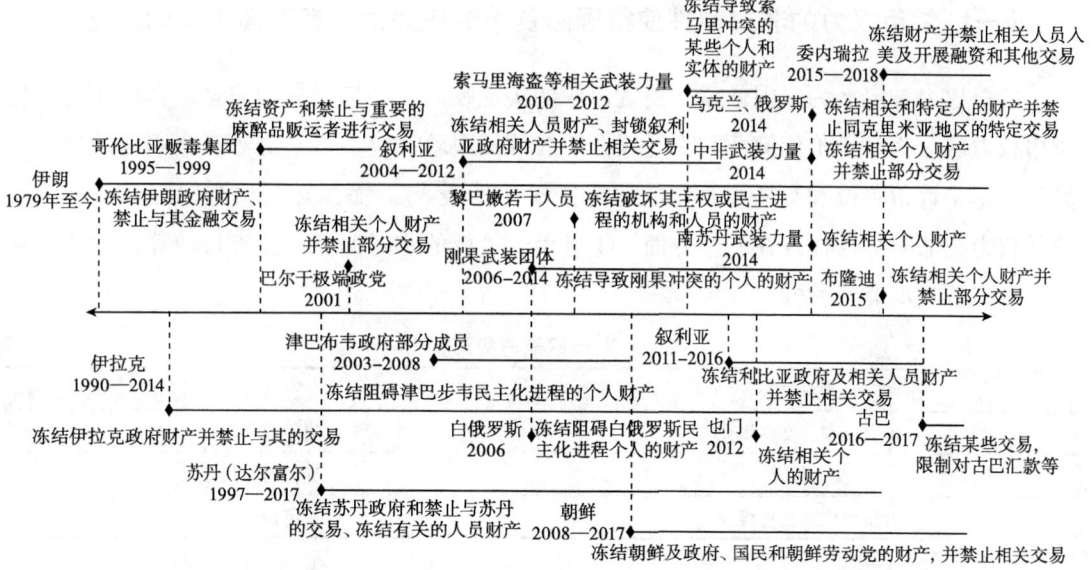

图 1　1979 年以来美国实施规模和影响较大的金融制裁的对象及手段

资料来源：treasury.gov，平安证券研究所。

表 2　近几年全球反洗钱制裁大案

被罚机构	宣布日期	监管地区	罚金（亿美元）
汇丰银行	2012 年	美国	19.2
渣打银行	2012 年	美国	3.4
法国巴黎银行	2014 年	美国	89.7
渣打银行	2014 年	美国	3
德意志银行	2017 年	美国	4.25
美国合众银行	2018 年	美国	6.13
澳大利亚联邦银行	2018 年	美国	约 5.2
荷兰合作银行	2018 年	美国	3.69
合计			约 134.57

资料来源：彭骏骏：《反洗钱求突破》，《财新周刊》，2018 年第 32 期。

以上事实和数据表明，百年来的经济金融制裁史中大多是由国际货币的发行国发起并实施的。可以断言，国际货币在新的历史时期已拥有新的职能：国际制裁手段职能。这一新职能已充当国际货币发行国最重要的经济外交手段，甚至仅次于战争，边界在扩展，发挥的作用也越来越大。

二、国际货币发挥国际制裁手段职能的机理分析

（一）货币权力的非对称性使得国际货币的权力边界远远高于非国际性货币

货币权力被定义为一国依靠行使货币职能实现政治、经济目标的力量。具体而言，将货币权力区分为基于价值储藏和交易媒介职能的货币政策权、基于交易媒介职能的支付清算权、基于计价单位和交易媒介职能的定价权（见表3）。而国际货币与非国际货币之间货币权力的非对称性体现在三个方面：①货币政策权的非对称性；②支付清算权的非对称性；③定价权的非对称性。

表 3　货币职能与货币权力

货币职能	货币权力
价值储藏、交易媒介	货币政策权
交易媒介	支付清算权
计价单位、交易媒介	定价权

（二）发达国家主导的不平等的国际货币体系催生的国际性货币自身带有不平等基因

在布雷顿森林体系下，美元取得了与黄金同等的地位，解决了"美元危机"的问题。

其后的牙买加货币体系更助长了美元的权力。通过马歇尔计划（又名欧洲复兴计划）和"石油美元"体系，美元的国际地位和职能得以牢固确立。而现行的国际货币体系已逐步演变成"二元"本位的双寡头结构，允许美元和欧元"竞相滥发"，导致国际货币体系陷入"滥币陷阱"的困境，加剧国际宏观经济波动。

（三）主权国际货币实际上替代行使了"世界货币"职能，便利其国际制裁手段的发挥

美国财政部长助理哈里·怀特曾提出"国际稳定基金方案"，英国著名经济学家凯恩斯也提出"国际清算联盟方案"，提议设立国际性清算联盟的世界性中央银行，但布雷顿森林体系中并未建立全球性货币和全球性中央银行。正是由于超国家主权的"世界货币"的缺位，美元等国际性主权货币事实上行使世界货币的职能，其国际制裁手段职能得以充分实施。

（四）主权国际货币"超主权"运行，使国际制裁手段成为主权货币维持其地位并获取暴利的利器

美国颁布的《反海外腐败法》一出台便自带域外管辖权，即无论在哪里发生的案件，只要涉事企业或其旗下任一分支机构与美国产生某种联系，美国司法部门即可对其展开调查或实施制裁。美国通过美元这种主权国际货币的"超主权"运作，将全球大部分的国际经济贸易、国际资金流动都纳入美国法律的管辖范围内，通过美元的国际制裁手段攫取暴利。

（五）国际组织对主权国际货币管辖的"真空"状态，极大纵容了其国际制裁手段的实施和滥用

联合国在1946年颁布的《联合国宪章》中关于金融制裁的第41条条文赋予了联合国安理会对特定的主权国家或实体实施全方位制裁的权力，但没有明确规定联合国会员国之间实施制裁的条文。这实际上使得美国等发达国家利用国际货币的权力和职能对他国实施制裁而不受国际组织的规约。同时，受到美国制裁后，受制裁的个人、企业或国家基本没有申诉及国际法律的救济渠道和机制。另外，国际金融组织对国际货币发行国的货币发行也没有任何约束条款。

（六）主权国际货币的制裁职能从理论到实践被"善意忽视"，无形中助推了这一职能的发挥

美国将国际经济金融制裁上升到经济金融外交的最重要手段，只是最近几年才引起学

界和政界的关注,但研究并不全面和深入。而且许多对货币战、金融战、金融制裁、金融攻击等方面的研究可能会被冠以"阴谋论"。经济学、金融学教科书上的理论大都是美欧发达国家学者所著,根本没有货币权力、金融制裁、金融攻击等方面的理论和分析,与发展中国家在国际金融方面面临的诸多矛盾和困境相脱节。

三、国际货币发挥国际制裁手段职能的影响分析

短期来看,国际货币的国际制裁手段职能确实为国际货币的发行国带来了诸多优势和暴利,如铸币税收益、汇率操控收益、不公平贸易收益、国际通货膨胀税收益等。但长期来看,国际制裁手段职能的过度滥用,会对国际货币发行国带来负面效应,甚至会带来其国际货币地位的崩溃。

(一)主权国际货币的制裁职能具有"反噬效应",将不断损耗国际货币的权力和地位

一国货币之所以成为国际性货币,能够执行国际间交易媒介、价值尺度、国际储备职能,是因为这种货币的信用被全球大部分经济体认可。而一旦该货币成为国际货币,若其制裁手段常态化,必须带来反噬效应,会削弱其信用,形成对该种货币的弃用。如图2所示,美元实施制裁职能后,其信用受到严重削弱,许多国家积极"去美元化"。

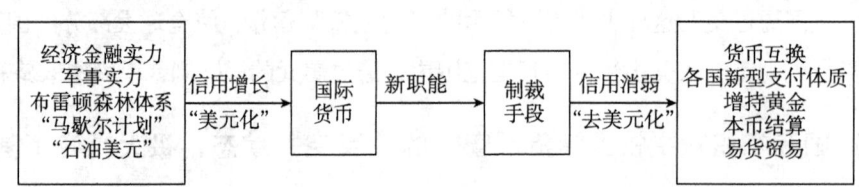

图2 美元实施制裁手段职能的反噬效应

(二)主权国际货币发挥国际制裁手段形成的"替代效应",导致国际金融机构被边缘化

美国等国际货币发行国通过投票权掌控国际货币基金组织、世界银行等国际金融组织,对国际货币地位的巩固和发展起到了极为重要的作用。而一旦主权国际货币行使国际制裁手段职能,获得了巨大的霸权收益,便会产生替代效应(见图3),不愿受到国际金融组织相关条款的约束,进而用国内的制裁法律和框架替代多边国际机构的管辖框架,使国际金融机构被边缘化,应有的职能和作用难以充分发挥。

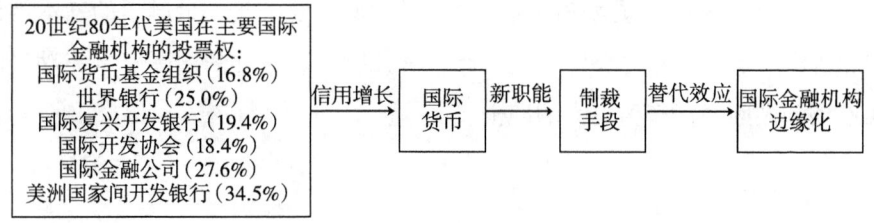

图 3　美元实施制裁手段职能的"替代效应"

（三）国际货币的制裁职能的常态化，将带来国际货币发行国的衰落

以美元为例，美国利用美元的国际制裁手段职能，获取巨额的制裁"红利"，其 GDP 的 52.38% 是通过霸权获得的，但同时也带来负效应，即经济"金融化"、产业"空洞化"、国家"债务化"和法律"无赖化"（见图4）。

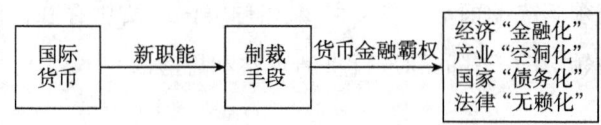

图 4　美元实施制裁手段职能导致实力衰落的机制

（四）主权数字货币的兴起是对国际货币的国际制裁手段职能的一种现实对抗

以比特币为代表的主权数字货币作为主权货币在货币性能和货币运行机制上的创新和变革，是在全球许多国家去美元化过程中对于其制裁风险的规避和制裁职能的对抗，也为国际货币滥用国际制裁手段职能敲响了警钟（见图5）。

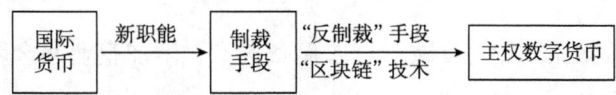

图 5　美元的制裁手段职能可能成为引发主权数字货币浪潮的原因之一

（五）主权国际货币的国际制裁手段职能对现行的国际经济金融理论产生较大冲击

现行的经济学、金融学理论基本上建立在"价值中立"或"道德无涉"的分析基础上，但随着主权国际货币国际制裁手段的滥用，现实世界中国际贸易、国际投资、国际金融交易、国际资本流动等需要更多地考虑国与国之间的政治、政策、意识形态等方面的关

系，甚至国际经济金融制裁案例中的有些做法已背离了经济学、金融学的基本常识，这要求现有的经济学、金融学理论要随之进行修正和完善。若正常的国际资本流动受阻，将对国际金融市场和国际经济产生巨大的冲击。

四、对策建议

（一）加强对货币国际制裁职能的理论研究，重新审视我国国际金融的现实问题

国际货币的国际制裁手段职能长期以来一直在发挥其独特的作用，但并没有得到金融理论界的充分关注，也少有研究。金融学理论基本上都是由美欧等发达国家学者提出的，国际货币的制裁职能、非对称货币权力等均被"善意"忽视。而对于发展中国家而言，这些都是需要直面并亟须解决的前沿问题。认识和理解国际货币存在国际制裁手段的职能，可以对我国国际金融领域的一些问题进行重新观察和思考。

（二）提升人民币的资产安全性和货币权力，将人民币国际化上升为国家战略

货币，同领土、领海、领空一样，属于国家神圣不可侵犯的主权，国家必须明确宣示自己的货币主权，并予以有力抗击。逐步推进人民币成为国际性货币，研究人民币国际化的条件、步骤及时机选择等重大问题。充分利用"一带一路"建设等多重有利时机，将人民币国际化上升为国家战略，稳步推进和实施。

（三）实施反制裁措施，构建中国特色的金融制裁法律体系和运行机制

主动构筑反制裁体系。①适度减少官方储备资产，增加企业和金融机构的外汇资产，优化国际流动性的结构，分散风险；②推动国际储备多元化，增持黄金等非主权货币资产；③增加国家主权财富基金并提高盈利水平；④将一部分外汇储备通过国家外汇管理局委托外汇贷款办公室，经由国家开发银行等政策性银行向高科技型国有企业发放外汇贷款，视同外债管理；⑤扩大国际上货币互换协议的范围和数额，增强人民币的影响力，推动国际贸易投资结算的多元化。

同时，切实推动中国特色的金融制裁法律体系和运行机制的建立和完善。加强重要领域立法，加快我国法域外适用的法律体系建设。另外，作为安理会常任理事国，我国应反对将国际制裁常态化及过度滥用，从而影响国际间正常经贸往来的做法。

（四）构建国际债权人保护共同体，推动多方力量"去美元化"

美国政府的债务负担继续扩大，美国双赤字（经常账户赤字和财政赤字）政策难以为继，而且双赤字"悬崖"反过来会加剧美国扩大和滥用对外制裁。债权被稀释以及被金融制裁和金融攻击的双重风险要求美国的债权人去保全债权，联合更多的经济体，主动"去美元化"。

（五）完善国际货币体系，进一步发挥中国在组织架构和规则完善中的主导作用

应国际经济金融发展潮流，中国应不失时机地参与和推进国际货币体系多元化，有效规避国际金融市场波动带来的风险，对削弱美元的国际制裁手段和"货币陷阱"有着重要的现实意义。有两条路径可以选择：一是修补，二是重构。修补，是对现行的国际货币体系进行修正完善；重构，是建立新的国际货币机制和平台。通过修补和重构，让国际货币体系尽快发挥应有的职能和作用，改变当前混乱无序的状态。

建设更高水平开放型经济新体制的国际环境与中国选择

王春丽　宣　凯[①]

（福建社会科学院；美国加州大学洛杉矶分校）

一、前言

早在2013年，党的十八届三中全会就明确提出了构建开放型经济新体制的目标。从历史逻辑来看，自2001年，我国正式加入WTO之后，我国对外开放的体制机制走的就是国际经贸规则主导下的制度创新之路。20世纪90年代以来，特别是2001年我国正式加入WTO之后，我国加快融入全球经贸体系，发展格局以参与国际大循环为主体，依靠扩大出口、招商引资，发展了市场经济、外向型经济和工业经济，我国的对外开放也逐渐形成由沿海、沿江、沿边到内地全方位、多层次、宽领域的对外开放格局。直到2008年，国际金融危机的爆发给世界经济发展带来挑战，发达国家相对于新兴市场经济体表现出复苏乏力的整体态势，为了转移压力，发达国家开始重新审视原有的国际经贸规则体系，并从自身利益出发，强势推动新一轮的国际经贸规则重构。正是在此背景下，我国提出了加快构建以国内大循环为主体、国内国际双循环相互促进的新发展格局，培育新形势下参与国际合作竞争新优势，加快推动外向型经济模式走向开放型大国模式。

当前世界正经历百年未有之大变局，一方面，国际环境日趋复杂，不稳定性不确定性明显增加，新冠肺炎疫情影响广泛深远，经济全球化遭遇逆流，全球投资贸易格局、科技创新格局、金融货币格局以及多元治理体系等都面临前所未有的挑战，世界进入动荡变革期，单边主义、保护主义、霸权主义对世界和平与发展构成威胁，世界经济和贸易增速同步趋缓，地缘政治不稳定和经济运行风险加大。另一方面，新一轮科技革命和产业变革深入发展，国际力量对比深刻调整，和平与发展仍然是时代主题，人类命运共同体理念深入人心，多极化趋势不断深入，新兴经济体成为全球贸易自由化的主要推动力，伴随"一带

[①] 王春丽，福建社会科学院，研究员，经济学博士；宣凯，美国加州大学洛杉矶分校经济学专业学生。

一路"建设的加快推进，中国参与国际经贸合作的版图不断扩大。对于我国对外开放来说，一方面，经济全球化的整体趋势不会发生太大的改变，尤其是在全球最大的自贸协定RCEP正式达成的背景下，如何在国际分工和全球价值链中占据一席之地依然是我国未来发展需要把握的关键；另一方面，国际力量对比与经贸规则重构正在给我国对外开放形成压力和挑战，这直接影响中国对外开放的进程和成效。对此，中国应该正视国际经贸规则重构现状，掌握新一轮国际经贸规则变革趋势，应对挑战，寻求机遇，主动参与国际经贸规则谈判，积极对标新一轮国际经贸规则，用好"一带一路"合作平台，加快构建更高水平开放型经济新体制，努力将有关全球经济领域的非合作态势降到最低，探索与其他贸易伙伴进行有效互动的最佳方式，顺应当今国际贸易体系的大变革与大调整，从而实现合作共赢的发展目标。

二、更高水平开放型经济新体制的理论内涵

追溯来看，早在18世纪、19世纪亚当·斯密和李嘉图在提出自由贸易论和比较利益论时，开放型经济就具备了一定的理论基础。而到了20世纪末，受国际经贸大环境的影响，西方学者开始更加规范地对开放型经济进行内涵界定，如格林沃尔德（1981）认为，开放型经济是"进口、出口或生产要素越过边境的活动都没有限制"的经济。[1] 昆曼（2001）认为，开放型经济是一个与世界其他经济自由交易的经济，主要指商品、劳务和资本的国际流动。[2] 萨克斯（2004）认为，开放经济是商品和某种生产要素可以在国际上流动的经济，而开放程度则取决于一国的经济在多大程度上参与国际市场、依赖国际市场。[3] 我国学术界对开放型经济新体制问题的探讨主要受政策界的影响，自党的十八届三中全会之后，开放型经济及其体制建设问题日益成为我国学术界研究的热点问题。我国学者主要从理论和实践两个维度对开放型经济及其新体制的理论基础、内涵特征、目标任务和实现路径进行了研究探索。如易行健（2014）认为，开放型经济是能有序促进国际国内要素自由流动、资源高效配置、市场深度融合的一种经济形态。[4] 张二震和戴翔（2014）认为，开放型经济新体制是实施和实现互利共赢、多元平衡、安全高效的开放型经济体系新战略设想的具体化，它的意义在于以新的规则和制度对接全球经济新规则。[5] 裴长洪和郑文（2014）认为，开放型经济新体制应该具有促进服务业开放潜力、促进"外在型经

---

[1] 孙敬水、林晓炜：《开放型经济的评价体系研究进展》，《国际经贸探索》，2016年2月。
[2] 昆曼：《经济学原理》（第3版英文版），北京：清华大学出版社，2001年。
[3] 杰费里·萨克斯，菲利普·拉雷恩：《全球视角的宏观经济学》，上海：上海人民出版社，2004年。
[4] 易行健：《国内外要素自由流动:构建开放型经济体制关键》，《南方日报》，2014年2月10日。
[5] 张二震、戴翔：《关于构建开放型经济新体制的探讨》，《南京社会科学》，2014年第7期。

济"成长、适应全球贸易投资自由化新趋势、接近和适应国际经贸新规则、拓展开放型经济战略空间五大重要特征。[1] 韩文秀（2019）认为，建设更高水平开放型经济新体制的基本思路是实施更大范围、更宽领域、更深层次的全面开放，重点任务是推动产业扩大开放、拓展对外贸易多元化、健全促进对外投资政策和服务体系、推动制度型开放、完善涉外经贸法律和规则体系。[2] 全毅（2019）认为，根据开放型经济的基本特征与制度要求，开放型经济新体制应当包括贸易自由化与便利化的制度安排、投资自由化与便利化的制度安排、金融国际化与资本账户开放、生产要素的跨境有序自由流动的制度安排、安全高效的监管制度与监管能力建设五个方面的基本内容。[3]

总体来看，构建开放型经济新体制即构建一种能促进国际国内要素有序自由流动、资源高效配置、市场深度融合的具体方式或制度模式。这种制度模式主要具有以下特征：一是更大程度上发挥市场在资源配置中起决定性作用，给予贸易、投资、金融、人员往来、航运等更加自由和方便的程度；二是以更高程度上参与国际市场和国际分工为目标，明确了经济主体对外经营的自主权以及直接参与国际市场竞争的机会和权利。构建开放型经济新体制的内容主要涵盖对外贸易体制、外资管理体制、对外投资管理体制、涉外金融体制以及行政管理体制等多个方面的改革与创新。其中，对外贸易体制方面，着力于推进投资贸易便利化。主要通过改革市场准入、海关监管、检验检疫等内容，将进出口商品的定价权交由国际市场供求关系，营造更加公平的市场竞争环境，以此促进我国贸易体制与国际经贸规则接轨。外资管理体制方面，主要是放宽对外资的准入限制。通过建立公平开放透明的市场规则、探索"国民待遇加负面清单"的管理模式、推进服务业领域对外开放等，营造适应各类投资者平等准入的市场环境，以此扩大对外开放的力度和广度。对外投资管理体制方面，以确立投资主体地位为重点。通过放宽对外投资的各种限制、增强投资主体权利、推进对外投资服务体系建设等安排，为企业更好地"走出去"提供制度保障，以此适应对外投资加快发展的新形势。涉外金融体制方面，重点是提高投融资便利化水平。在加强金融监管的前提下，通过外汇管理改革、加快推进利率市场化、统一内外资企业外债政策、支持企业开展各类境外融资活动、鼓励金融创新等措施和手段，构建适应进一步对外开放的金融服务支持体系。行政管理体制方面，主要目的在于优化投资软环境。具体通过简政放权、法治建设、深化服务等，推动政府职能的转变，为企业创造一个稳定、透明、可预期的营商环境，以此激发各类市场主体的投资动力和活力。

当前，国内外形势日益复杂，我国对开放型经济新体制的建设要求和目标也上升到更

---

[1] 裴长洪、郑文:《中国开放型经济新体制的基本目标和主要特征》,《经济学动态》,2014年第4期。
[2] 韩文秀:《建设更高水平开放型经济新体制》,《经济日报》,2019年12月11日。
[3] 全毅:《新时代我国对外开放的理论与实践探索》,北京:中国商务出版社,2019年12月第1版。

高水平层面,对此,我们认为,更高水平开放型经济新体制是以开放型经济新体制的理论内涵为基础,在内容、目标和实现方式上有一定的新理念、新标准、新要求的新阶段。

三、建设更高水平开放型经济新体制的国际环境

新一轮国际经贸规则重构是发达国家为了维护自身利益而推动的一场规则之争,为了占据规则制定的主导权,发达国家一开始就坚持高标准严要求的设计理念,意图将发展中国家排除在国际分工体系之外,许多标准甚至超出了发展中国家的承受水平。以目前影响较大的 CPTTP 和 USMCA 为例,CPTTP 的前身是 TPP,TPP 曾被视为标准规格最高的一项自由贸易协定,也正是由于 TPP 的标准设定过高,超过了许多成员国的承受能力,协定一直未能达成,在美国退出 TPP 之后,为了确保协定的尽快达成,CPTPP 搁置或修改了原 TPP 中的部分条款,但即便如此,CPTPP 仍然代表新一代贸易协定的最高标准,特别是在原产地标准、劳工标准和环保标准等方面。而 USMCA 是在 NAFTA 基础上演变而成的现代化版本,它继承了 NAFTA 的核心章节和关键要素,同时也纳入了一些标准更高的新章节,包括劳动章节、宏观经济政策和汇率事项等,这也凸显了 USMCA 的高标准设定原则。在 CPTTP 和 USMCA 中,原产地标准的设计更为严密,不仅在认定标准上有了新的变化,对敏感产品也设定了新的要求,例如,CPTTP 针对纺织服装产品设定了"从纱开始"的原产地标准;USMCA 针对乘用车、轻型卡车提出了逐步提高区域价值比例(即使用来自成员国的原料、人工以及制造等的比例)等要求。在劳工事务和环境保护领域,CPTTP 和 USMCA 的要求也十分严苛,在分别被单独设置成章的条件下,加入了许多高标准新的条款,例如,针对劳工标准,CPTPP 和 USMCA 均要求成员国通过国内法律来保证履行《国际劳工组织关于工作中基本原则和权利宣言》核心标准的义务,包括结社自由和集体谈判、废除强制或强迫劳动、废除童工、消除雇佣歧视等,以此加强劳动权利的可执行性(这就将国际贸易与劳工标准相挂钩,从而引导自由贸易劳工标准的发展);针对环保标准,CPTPP 和 USMCA 均制定了严格的环境保护条款,对环境法的实施、信息公开与公众参与、环境影响评价、环境合作、磋商和争端解决机制等方面进行了规定,并对环境保护的范围和责任做出了必要的解释。

当前,国际经贸规则与传统国际经贸规则所遵循的逻辑有所不同,传统国际经贸规则是以市场规模为导向,要解决的是国家边界所带来的交易成本和规模问题,而此轮国际经贸规则重构突出的是国家利益,所追求的也是各自在国际分工中的地位和利益最大化。[①] 这种背后逻辑的变化必将带来规则理念上的变化,原本追求贸易自由的规则理念逐步向贸

---

① 竺彩华:《市场、国家与国际经贸规则体系重构》,《外交评论》,2019 年第 5 期。

易公平演进,① 主要表现在投资政策、竞争政策等方面。就投资政策的公平性而言,此轮国际经贸规则重构主要突出的是"公平竞争"原则。发达国家对外投资起步较早,但由于受到许多国家特别是一些发展中国家投资政策的限制,无论在投资领域还是投资待遇上都遇到相当多的阻力,为了进一步打开别国市场并从中获利,发达国家在此轮国际经贸规则重构中就力求在投资政策上遵循"公平竞争"原则,以此来为它们的跨国企业争取更多的发展空间,"负面清单和准入前国民待遇"就是此类投资政策的具体体现,目前 CPTPP、USMCA 和 EPA 在投资领域均采用了负面清单模式,并在服务业部门实行准入前国民待遇,以此为跨国服务机构和跨境服务贸易提供公平竞争环境等方面的承诺。就竞争政策而言,此轮国际经贸规则重构主要突出的是"竞争中立"原则。传统国际经贸规则长期坚持所有制中立原则,即不因企业不同所有制而设置限制措施和差别歧视,随着新兴经济体在海外市场并购和投资活动的日益繁盛,发达国家从自身利益出发,在新一轮国际经贸规则中开始设定专门针对国有企业和垄断企业的限制性条款,要求国有企业和垄断企业在国际经贸活动中遵循"竞争中立"原则,不得因其所有权和垄断地位而享受私营企业竞争者所不能享受的竞争优势,以此来确保市场竞争主体的公平地位。对此,CPTPP、USMCA 和 EPA 都在竞争政策方面做了相关规定,主要是反垄断法律与措施方面的规定,并对国有企业和垄断企业获取政府补贴做出了限制,承诺对任何企业无歧视地执行竞争法,遵守执法程序公正原则,确保程序透明。

四、我国建设更高水平开放型经济新体制的路径选择

中国正处于全面深化改革和进一步推进对外开放的关键阶段,当前区域经贸协定或双边自贸协定呈现出的许多新特点或新趋势,都有可能引领未来国际经贸规则的整体变革,这无疑也给中国构建开放型经济体制指引了新的发展方向。一是随着新一代信息技术的蓬勃兴起,以金融、电信、跨境电商等为代表的服务贸易和数字贸易发展迅猛,以推动服务业开放和规范数字贸易的规则制定已经成为此轮国际经贸规则重构的竞争焦点,如 CPT-PP、USMCA 均把服务贸易和数字贸易的内容单独设章,而 EPA 也对服务贸易和数字贸易做出了具体设定,这就对我国构建开放型经济体制要与服务贸易和数字贸易等对接提出了新要求,为拓宽我国对外开放领域指引了发展方向;二是虽然当前国际经贸规则呈现自由化、便利化与保护主义并行发展态势,但随着全球经济一体化通过产业链、供应链、价值链等向纵深推进,以促进要素自由流动、降低交易成本为核心的投资贸易自由化和便利化措施仍是当前国际经贸规则的主流,如取消关税、破除非关税壁垒、开放服务市场等,这

---

① 尹政平:《国际金融危机以来国际经贸规则演变新趋势与我国对策》,《经济纵横》,2015 年第 11 期。

为提高我国对外开放水平指引了发展方向；三是随着国际经贸合作的多元化发展，区域和双边自贸协定（FTA）正在成为新一轮国际经贸规则制定的主导力量，而我国不仅把推进自贸区建设作为构建开放型经济体制探索路径之一，而且还通过推进"一带一路"建设不断加强与沿线国家的双边合作，这为优化我国对外开放的格局指引了发展方向；四是随着中国全面深化改革开放的推进，国际经贸规则重构中的一些新规则和新标准会逐步成为发展动力，为创新我国对外开放体制指引了发展方向。近年来，我国正在全面实行准入前国民待遇加负面清单管理制度，以放宽市场准入推动形成对外开放新格局，而CPTPP、USMCA和EPA在服务贸易和投资领域均提出了负面清单模式，并对服务业部门实行准入前国民待遇，这与我国目前正在营造公平竞争的投资环境相吻合。为此，我国构建更高水平开放型经济新体制，可以从三个方面着手进行：

一是通过多边或双边贸易谈判，继续推进区域经济一体化。从构建开放型新体制的内涵来看，投资贸易自由化是其重要特征之一。根据国际经验，各种形式的投资贸易自由化又是以双边、多边、区域次区域开放合作为前提和基础。为此，我国构建开放型经济新体制必然要以坚持双边、多边、区域次区域开放合作为突破口，通过投资贸易自由化等制度安排，助力实施区域经济一体化战略。

二是以建设更高水平开放型经济新体制为指导，继续深化对外贸易体制、外资管理体制、对外投资管理体制、涉外金融体制以及行政管理体制等多个方面的改革与创新。对此，要继续在我国一些具备条件的省、市、地区探索设立自由贸易试验区，以此来促进政府职能转变、积极探索管理模式创新、促进贸易和投资便利化，为全面深化改革和扩大开放探索新途径、积累新经验。通过改革市场准入、海关监管、检验检疫等内容，以及建立公平开放透明的市场规则，营造适应各类投资者平等准入的市场环境，以此扩大对外开放的力度和广度。

三是支持内陆城市增开国际客货运航线，发展多式联运，形成横贯东中西、联结南北方对外经济走廊。从全球产业布局规律来看，扩大内陆沿边开放，可以借助于从沿海到内陆的梯度产业转移，推动内陆贸易、投资、技术创新协调发展，为产品间接进入发达国家市场提供便利。为此，支持内陆开放就不可避免地成为我国构建开放型经济新体制的主要路径之一。

全球新冠肺炎疫情下代际公平问题研究

白瑞雪　胡佳璨　邢菀祯

（北京师范大学）

新冠肺炎疫情影响着世界的发展和人类的生存。这两年时间里，人们意识到，唯"成本效益"的不可持续性经济形式导致全球生态资源过量消耗、流行病暴发及金融危机，不但威胁着人类当代的生存与发展，而且威胁着人类后代的延续。代际公平被再一次提出来，成为必须正视的问题。

代际公平是人类在面对生存危机时，为了其自身物种在地球上能够尽力延续存在而进行的研究，旨在保护整体性的地球环境，从而把生态良好的地球传递给未来世代。

代际公平理论牵涉甚广，本文主要对新冠肺炎疫情下代际公平理论的逻辑起点、财富分配与归属和义务承担三个核心论题进行探讨。

一、代际公平理论的逻辑起点

代际公平理论的逻辑起点是"世代间公平问题"，这是代际公平研究的基础，同时也是代际公平理论所要解决和应对的核心问题。代际公平的逻辑起点包含着两个层面的公平，即人与自然的公平和当代与后代的公平。

（一）人与自然的公平

人类是物质的人，是自然世界的一部分，并在自然世界中创造自己的社会世界。人与自然之间应当是明白而合理的关系，人与自然界中其他物种的区别在于人具有主观能动性，人可以能动地认识自然和改造自然，人通过他所做出的改变而使自然界为自己的目的服务，来支配自然界。这便是人同其他动物的最终的本质的差别。正因为如此，人类有义务和能力使地球的生命维持体系得以持续，使人类生存所必要的生态学流程、环境质量等得以持续，使健全舒适的人类环境得以持续。这些地球权利是直接与地球义务相对应的。地球义务指向的也是整体性的地球环境，主要包括"生态系统的状况和那些对地球的持续健康以及地球生态系统的持续性至关重要的资源"。

（二）当代与后代的公平

代际公平涉及的世代，包括当代人和后代人。与当代人比较，后代人具有以下主要特点：需求的不确定性，缺乏生产方式和生活方式水平的信息，没有生产方式和生活方式的具体标准；公平后代主体的缺位，平等的内容存在争议；时间延续的无限性。由于后代主体的缺位性，其发展就有可能会被当代人剥夺。

因此，保护后代人的权利和财富就是代际公平理论最根本的出发点。

世代间公平的概念及理论涉及多学科的研究。不同学科的学者，从功利主义、情感主义、共同体主义和罗尔斯的契约论等角度，已经证明了世代间公平存在的理由和意义。

二、财富合理分配与归属

代际公平中的财富分配与归属，是代际内及代际间人类经济活动的重要内容。

代际公平中的财富分配与归属，不仅包含富有国家的代际财富分配与归属，也包含不同水平的发展中国家代际财富分配与归属。

在代际公平理论中，在理解和核算当代人与后代人之间的"财富分配"时会使用价格标示生态系统服务，一些学者认为，这种"拥有"是将"地球环境"视为财产而占有的，表达的是地球环境资源财产化的思想。这是一种狭义的理解，实际上，"拥有"的含义是广泛的，包含着尊重与并存的内涵，而并不仅仅是自上而下的占有。从经济学角度来说，价格并不仅仅是商品价值的货币表现，更是社会生产关系在社会财富分配上的反映，因此，对代际财富的货币估算及分配是可以成立的。这种估算及分配是为了在经济指标上直观地反映代际问题的重要性。

三、义务承担

代际公平的义务承担，是代际内及代际间人类工作的分配，是人类生存和延续的基础保障。从宏观角度看，地球生态系统作为人类赖以生存繁衍的必要客观条件，体现的是人类整体的利益。人类要想尽可能长久地在地球上生存下去，就必须使地球的生态环境保持良好状态。在具体实施的微观过程中，人类对地球环境无论是进行破坏还是加以保护，都是要通过人类的个体去实现的。

对于每个人都应承担代际公平的义务，学界主要观点是：在地球上，每一个人要承担地球义务的直接原因是其后代人享有地球权利。那么，如果某个个体没有后代，是否该个体就可以不承担地球义务？从人类物种整体的角度分析，即使某个人类个体没有后代人，该人类个体也必须承担保护地球环境的义务。没有后代的人类个体是在向其他人类个体的后代承担地球义务。这样的义务承担，是否削弱后代人及其权利的重要性，并与代际公平理论相悖？实际上，这种义务是人类个体对人类整体所负的义务。此时的"其他人类个体的后代"是一个没有明确个体指代的称谓，其实质就是指将要延续到下一个时期的人类整体。

学界还有一种声音，认为生态系统的保护重在当代人。以后代人的权利作为生态系统保护的根据是不合理也不必要的。他们认为，代际公平理论的基础是权利时代造成的路径依赖。他们还认为权利本位已经成为代际公平理论研究者思考问题的思维定式。实际上，对于地球上的物种，保证其后代的生存是一种本能。这是无论哪种形态的社会都会面临和考虑的问题。各物种对后代生存的保障体现在其生活史的各个方面，例如，r&K策略、对其食物种子或花粉的传播等。人类也不例外。而且由于人类具有主观能动性，可以主动思考、干涉并解决问题。这种能力正是代际公平理论产生和研究的根本缘由。

四、全球新冠肺炎疫情下代际公平实现的破坏

代际公平问题是一个全球的需要，其影响具有长期性和不可逆转性。代际公平理论从全人类的视角，对人类从当代到后代所肩负的责任与义务进行研究。对代际公平理论的研究，是人类在面对生存危机时，为了其自身物种在地球上能够尽力延续自身存在而提出的警示和对解决方案的研究，体现了人类的主观能动性和保护自身的本能。

（一）对逻辑起点的破坏

20世纪末21世纪初，资本市场的全球化扩大了世界资本和金融中心的利益，实质上是资本主义制度的扩张过程。在此过程中，资本主义市场对全球劳动力进行套利，并对全球发展中国家的劳动力和生态环境资源进行了大力度的剥削。

2019年，美国的出口目的地遍布全球229个国家和地区。2019年，美国出口的前20类（按4位HS码分类）商品出口额为5942.48亿美元，同比增长2.31%，约占美国出口总额的36.12%。排在前3位的产品是：机电产品、运输设备、矿产品，这些都是最终产品生产的中间产品。这种情况下，国际资本积累体系在运输和信息产业的发展下，等级日益严格，全球所有地区都处于同一个体系之中，在新冠肺炎疫情大流行的情况下，这种体系性显露出了对全球稳定和安全破坏的迹象。

同时，即使在疫情的威胁下，斯蒂芬·罗奇所代表的美国学者提出："企业的财务总部想要的是低成本商品，而不考虑这些成本效益会给公共卫生带来什么，或者我也可以说，不理会为环境保护和气候质量带来的负面影响。"这充分代表了发达资本主义国家共

同认同的观念和本质。

这种为本质所驱使的行为，严重地破坏了代际公平的逻辑起点，为人类和地球的安全发展埋下了巨大的隐患。

（二）对代际财富合理分配和归属的破坏

截至 2021 年 3 月 19 日，全球新冠肺炎确诊病例已逾 12 亿例，死亡病例已逾 270 万例，每 8 秒就有一人死于新冠肺炎。世卫组织卫生紧急项目负责人迈克尔·瑞安日前表示，考虑到病毒传播动态，2021 年的疫情形势可能会比 2020 年更加严峻。在这种情况下，多国的多个地区为了恢复经济，进行了全面解封。这种对疫情应对不利的策略严重侵害了当代人和后代的利益，严重违反了代际公平原则。

全球化的过程中，发展中国家创造的巨大经济盈余被作为增值计入了发达资本主义国家的国内生产总值中。这主要是利用了全球发展中国家中较贫穷国家较低的劳动力成本。例如，2019 年牛津研究院公布了一组数据，从 2003 年至 2016 年，美国雇佣劳动力的成本是印度的两倍还多。然而，面对疫情的时候，Ahmed Mushfiq Mobarakr 等认为，在高收入社会中实行社交疏离干预，采取积极措施控制疫情是极其合理的。他们同时认为，对贫穷国家而言，鉴于这些国家的贫困、大量失业和就业不足问题，人们最好不要实施措施控制疫情，而是要致力于经济生产，这样可以保持全球供应链的完整顺畅。为确保全球经济的增长，数百万人因此而死亡是可以接受的。这种观点既是对代际公平逻辑起点的否定，也是对代际财富合理分配和归属的破坏。

（三）对义务承担的破坏

当试图解决代际公平这样的长期问题时，相关的外部性就不仅局限于目前的人口，更会涉及子孙后代。人类在开发和利用自然资源的过程中应恪守生态公正的准则。一方面，当代人之间要公平合理地开发利用自然资源；另一方面，当代人也不可以过度预支自然资源，不得损害后代人享受良好生态环境的权利。马克思指出，在代内关系中，资本主义不公正不仅表现在财富占有方面，还表现在生态资源使用方面，自然生产要素的大量占有，使基本的生态权益都不能获得保障；在代际关系中，资本主义为了追求超额利润而肆意破坏土地等自然生产要素，剥夺了后代人合理开发利用自然资源的权利，严重违背了生态公正的准则。马克思极力倡导当代人应按照代际生态公正的原则，促进人类社会的可持续发展，"他们只是土地的占有者、土地的受益者，并且他们应当作为好家长把经过改良的土地传给后代"。

综上所述，新冠肺炎疫情在全球的大流行对于人类来说，不仅是外部力量作用的结果，还是具有内因的推动。现今，全球财富的不平等已经影响到人类的代际公平。

这种不平等破坏了人与生态系统的公平，破坏了国与国之间、代际与代际之间的公平。全球劳动力套利式的经济增长与人类生态环境的恶化、疾病的蔓延等之间的关系使得裂痕达到了全球范围，资本主义自己成为这次流行性疾病在全球传播的主要媒介。因此，想要使人类和地球能够获得代际公平、长远的延续和发展，不仅需要更先进的技术和理论，更需要对人类未来发展方向的思考。只有这样，才能真正实现代际公平，实现人与自然的真正和解。

货币政策与汇率传递中的滞后超调[1]

方 兴 邵雯雯[2]

(首都经济贸易大学 金融学院)

一、引言

近年来,国际形势复杂多变,比如英国退出欧盟和美国新的利率变动信号,都会造成汇率波动并给中国经济带来冲击。尽管现行的有管理的浮动汇率制度较之之前更加有效,但是一旦国际经济出现大的波动,仍然无法避免民众产生严重的信心不足和大量抛售货币的行为。这就涉及行为学领域的内容,Rötheli (2015) 提出了一个新的领域,称为行为货币经济学,该领域讨论了情绪波动在货币经济学机制中的影响,特别是信心或商界的信任对经济的影响。因此,在实证分析外,本文还将运用行为理论来解释汇率波动,并从行为学的角度给政府一些政策建议。

本文根据 Forbes 等 (2018) 的论文,选择了以下变量:国内供给(GDP)、国内需求(CPI)、货币政策(利率)、汇率(实际有效汇率指数)、全球供应(进口总值)和全球需求(出口总值)。通过这些变量,本文要研究汇率波动对它们的影响,并分析在短期和中期这种影响是否会有所不同。文中建立的两个模型的实证结果表明,在短期和中期,这六个变量受到的影响略微不同,且它们分别发挥着不同的作用。在中期的 VAR 模型中,这六个变量的残差经过一些数据处理后可以通过自回归 LM 检验,但在短期内残差是无法通过自回归检验的,文章发现这是由利率和 GDP 造成的,当它们被拒绝的时候且被设置为外生变量时,该模型变得稳定并通过了格兰杰因果检验和自回归 LM 检验。这可以看出,货币政策和经济增长只有在中期和长期才可以很好地发挥作用,笔者推测这是因为两者都需要一定时间来产生影响。这也符合中国通过货币政策和不定期地调整利率来实现我国经济长期调控的政策目标。

---

[1] 本论文由北京市教委科研计划项目"后金融危机时代人民币汇率变化趋势和对策研究"支持,项目号:SM2011101038008。

[2] 方兴,首都经济贸易大学金融学院教授;邵雯雯,首都经济贸易大学金融学院研究生。

二、方法和数据

（一）VAR 模型

对于货币政策制定者来说，准确评估汇率对经济活动和价格的影响是非常重要的，而 VAR 模型为评估国内外冲击的影响提供了一个实用的工具。本文按照以下步骤构造了 VAR 模型。首先，y_t 表示一个在时间 t 下、包含了 n 个变量的（$n \times 1$）向量。之后可以据此定义一个通用的 VAR 模型：

$$\Phi(L)y_t = c + B(L)x_t + \varepsilon_t \tag{1}$$

在方程（1）中，c 代表包含 n 个常数的（$n \times 1$）向量，x_t 代表包含 m 个外生变量的（$m \times 1$）向量，ε_t 是包含 n 个白噪声残差的（$n \times 1$）向量：

$$E(\varepsilon_t) = 0 \tag{2}$$

$$E(\varepsilon_t \varepsilon_\tau') = \begin{cases} \Omega & \text{for } t = \tau \\ 0 & \text{otherwise.} \end{cases} \tag{3}$$

Ω 为（$n \times n$）的对称正定矩阵。$\Phi(L)$ 和 $B(L)$ 是 $n \times n$ 和 $n \times m$ 的多项式矩阵，它们的滞后算子是 L，$\Phi(L)$ 的第 i 行、第 j 列元素是 L 的标量多项式：

$$\Phi^{ij}(L) = \delta_{ij} - \Phi_{ij}^{(1)}L - \Phi_{ij}^{(2)}L^2 - \cdots - \Phi_{ij}^{(p)}L^p, \tag{4}$$

当 $i = j$ 时，$\delta_{ij} = 1$；当 $i \neq j$ 时，$\delta_{ij} = 0$。利用这个公式和最小二乘法，可以得到 $\Phi(L)$ 和 B 矩阵的一致估计。

为了估计汇率的传导程度，方程（1）中定义的 VAR 模型可以表示为 MA（∞）过程。

$$y_t = \mu + \varepsilon_t + \Psi_1 \varepsilon_{t-1} + \Psi_2 \varepsilon_{t-2} + \cdots + \Psi_n \varepsilon_{t-n} + \cdots = \mu + \Psi(L)\varepsilon_t + \Psi(L)Bx_t \tag{5}$$

$\Psi(L)$ 与 $\Phi(L)$ 可以由等式 $\Psi(L) = [\Phi(L)]^{-1}$ 相互转换。

之后要计算的是脉冲响应函数（impulse response functions）。脉冲响应可以追踪 VAR 中因变量对误差项冲击的响应。因为模型已经转化为 MA（∞）序列，因此可以采用识别策略来精确定位结构冲击。本文对 VAR 模型（1）中的残差使用 Cholesky 分解法进行正交化以识别结构冲击，之后使用 u_t 来表示模型中的冲击。

$$Pu_t = \varepsilon_t \tag{6}$$

P 是方差—协方差矩阵 Ω 的乔尔斯基分解。这种识别结构的变换策略对方程（1）中变量顺序有强烈依赖性。对于方程（1）中的第一个变量，正交变换公式为 $u_{1t} = \varepsilon_{1t}/P_{11}$，对于每个 $j > 1$ 的变量，都可以通过以下方程式定义相应的冲击。

$$u_{jt} = \varepsilon_{jt} - P_{j1}u_{1t} - P_{j2}u_{2t} - \cdots - P_{jj-1}u_{j-1\,t} \tag{7}$$

基于 Ca'Zorzi 等（2007）的文章，本文参考 Cholesky 顺序，结合文中选取变量得到如下序列：

GDP → interest rate → reer → CPI → Total Export → Total Import

有了这一 Cholesky 顺序，t 时期的通胀可以用以下变量的预期来解释：国内供应、货币政策、汇率冲击、国内需求、国外供应和国外需求。

在本文中，GDP 代表国内供给，CPI 代表国内需求。在现实经济生活中，供给冲击会对需求产生很大的影响，短期内不会受到其他变量的影响，但会对其他变量产生影响，所以本文将国内供给放在第一位。需求冲击是在控制了利率、汇率等外部冲击的影响后，从经济活动的动态中获得的，因此活期存款利率排在第二。汇率的排序是在利率之后，因为政策利率和供求冲击对汇率都会产生很大的影响。之后的顺序是 CPI、国内出口总量和进口总量。

（二）数据描述

文章利用 1999 年 1 月至 2018 年 12 月的季度数据和月度数据构建了上述的 VAR 模型，主要选取了六个变量：GDP、CPI、利率、实际有效汇率指数、进口总量和出口总量，分别代表国内供给、国内需求、国内货币政策、外生汇率冲击、全球供给和全球需求。通过阅读相关文献发现变量的种类有很多，每个不同的变量都可能是汇率变动的重要决定因素。例如，石油价格的变化可被视为全球供应冲击，国内生产率的提高可被视为国内供应冲击，国内风险厌恶的突然增加可被视为外部汇率冲击。不同的变量将决定文章观察和测量的传递特性，所以本文主要参考 Forbes 等（2018）的论文，选择相应的变量。

本文中 GDP 是使用中国实际 GDP；CPI 是使用消费者价格指数，可以衡量通货膨胀。本文选择活期存款利率来代表货币政策，实际有效汇率指数不仅考虑了所有双边名义汇率的相对变化，也排除了通货膨胀对货币本身价值变化的影响，可以全面反映本国货币的外部价值和相对购买力。以上数据均来自 Wind 数据库。除了实际 GDP 外，所有变量都是月度数据，当使用月度数据来构建 VAR 模型时，笔者使用 Eviews 里面的功能将它们转化为季度数据。至于 GDP，当需要月度数据时，笔者也会使用同样的方法。进口总额和出口总额均为月度数据，来自国家统计局。

三、实证检验

（一）数据处理和构建季度模型

在本节中，笔者使用 arima – x12 方法来消除 GDP、进口总额和出口总额明显的季节性波动。为了消除时间序列数据中可能存在的波动性和异方差,对消费物价指数、实际有效汇率指数、进出口总额进行了对数化处理。经过处理后,笔者分别用 reer1、gp1_sa、RR、cpi1、ip1_sa 和 ep1_sa 表示实际有效汇率指数、GDP、活期存款利率、CPI、进口总额和出口总额数据。

表1 ADF 检验

Augmented Dickey – Fuller test statistic			
	t – Statistic	Prob. *	steady or not
reer1	1.292045	0.9493	否
d(reer1)	-6.85538	0.0000	是
cpi1	0.649743	0.8542	否
d(cpi1)	-7.538052	0.0000	是
0gp1	2.66407	0.998	否
d(gp1_sa)	-5.918571	0.0000	是
RR	-2.922659	0.0039	是
ep1	2.305665	0.9947	否
d(ep1_sa)	-5.536067	0.0000	是
ip1	2.26394	0.9941	否
d(ip1_sa)	-6.913567	0.0000	是

在构造 VAR 模型前,必须对所有的变量进行平稳性检验以保证模型中使用的时间序列是平稳的。如果测试结果表明时间序列是平稳的,那么这些数据可以直接用于计算。如果是非平稳的,需要对数据进行进一步处理,例如对非平稳时间序列数据进行差分以得到平稳的数据列,之后再进行建模操作。这一步是必要的,因为非平稳的时间序列数据会导致虚假的回归。为了获得稳健的平稳性检验结果,本文将分别采用单变量和多元单位根测试。ADF 单位根检验的原假设是时间序列且具有单位根。本文使用 ADF 检验来实现这一点,季度数据的平稳性检验结果见表1。

本文对各变量的平稳度进行了5%的显著性检验。结果表明,除利率外,其他五个时间序列数据都是非平稳的。因此,对这五个时间序列数据进行了一阶差分,结果表明五个时间序列数据的一阶差分是平稳的。现在它们满足了协整关系检验的前提条件,可以进行下一步的协整检验。本文运用约翰森协整方法分析了通货膨胀与汇率的关系。约翰森协整方法也称为协整 VAR(CVAR)方法,其要求该系统中的所有内生变量都具有相同的阶数。

因为协整检验的结果对滞后阶数非常敏感,所以本文需要先构造一个滞后两个周期的 VAR 模型来找到最优滞后阶数。有很多方法选择时间序列模型的滞后阶数,如在图1可以

Lag	LogL	LR	FPE	AIC	SC	HQ
0	857.6430	NA	1.54e-18	-23.98994	-23.79873	-23.91391
1	1013.093	280.2476	5.33e-20	-27.35473	-26.01624*	-26.82245*
2	1045.201	52.45851	6.08e-20	-27.24510	-24.75934	-26.25659
3	1077.752	47.68084	7.08e-20	-27.14796	-23.51492	-25.70321
4	1142.213	83.52644*	3.54e-20*	-27.94966*	-23.16935	-26.04869
5	1172.918	34.59766	4.96e-20	-27.80052	-21.87294	-25.44331

图 1　滞后阶数检验

看到 Eviews 提供了六种方法，并推荐研究人员选择 1 或 4 作为滞后数。考虑到残差的自相关性，本文不接受 VAR（1）的假设。但一系列测试表明，VAR（4）无法通过残差的自相关测试。通过与 VAR（3）和 VAR（5）对比，笔者发现 VAR（5）更好，检验结果表现得也更好，所以最后选择 5 作为季度数据模型的滞后阶数。

Unrestricted Cointegration Rank Test (Trace)

Hypothesized No. of CE(s)	Eigenvalue	Trace Statistic	0.05 Critical Value	Prob.**
None *	0.496375	132.7490	95.75366	0.0000
At most 1 *	0.373833	84.04855	69.81889	0.0024
At most 2 *	0.261134	50.81075	47.85613	0.0257
At most 3	0.208751	29.32341	29.79707	0.0566
At most 4	0.110158	12.69928	15.49471	0.1263
At most 5 *	0.060260	4.412780	3.841466	0.0357

Trace test indicates 3 cointegrating eqn(s) at the 0.05 level
* denotes rejection of the hypothesis at the 0.05 level
**MacKinnon-Haug-Michelis (1999) p-values

图 2　协整阶数检验

在确定了滞后阶数后，本文选择了约翰森协整法来测试这六个内生变量。如图 2 所示，这六个时间序列数据通过了协整检验，结果表明它们之间存在三个协整关系。基于 CVAR 方法的多变量单位根检验是通过对确定性组件施加不同的限制来测试协整系统作为一个整体的平稳性。通过 ADF 单位根检验和协整检验这两个检验，可以确定这六个变量是平稳的。之后就可以构建 VAR（5）模型，图 3 证实了单位圆之外并没有根，这意味着 VAR（5）满足稳定性条件。基于这一结果，脉冲响应和方差分解分析可用于下一步的实证分析。

向量自回归模型可以反映这六个变量之间的定量关系，但不能反映它们之间的因果关系。因此，本文进一步进行了格兰杰因果关系检验，以检验二者之间的因果关系。实验结果见图 4。为了得到更好的因果关系，本文采取了一些处理方法，包括改变季节性调整和

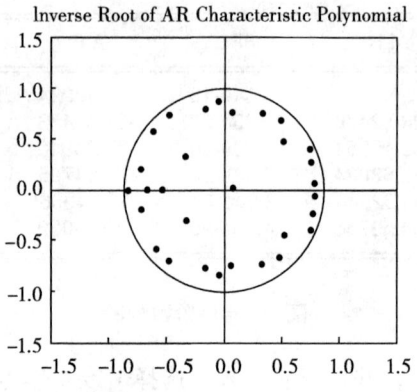

图3 单位根检验

对单个变量进行一些滞后的等级调整。最后用季度数据构造 VAR（5）模型，显示 CPI 滞后于 REER 4 个周期时，模型的性能最优。在这种条件下，虽然不是每个变量都是彼此的格兰杰因果，但这些变量可以通过格兰杰因果的整体关系检验。

Dependent variable: D(GP1_SA)

Excluded	Chi-sq	df	Prob.
RR	6.844085	5	0.2325
D(REER1)	3.405146	5	0.6378
D(CPI1(-4))	4.636849	5	0.4618
D(EP1_SA)	9.482577	5	0.0913
D(IP1_SA)	7.393030	5	0.1930
All	75.17826	25	0.0000

Dependent variable: D(CPI1(-4))

Excluded	Chi-sq	df	Prob.
D(GP1_SA)	4.241363	5	0.5152
RR	7.580585	5	0.1809
D(REER1)	1.197626	5	0.9451
D(EP1_SA)	4.494991	5	0.4806
D(IP1_SA)	9.689334	5	0.0845
All	51.62320	25	0.0013

Dependent variable: RR

Excluded	Chi-sq	df	Prob.
D(GP1_SA)	6.904812	5	0.2278
D(REER1)	9.175279	5	0.1023
D(CPI1(-4))	25.49900	5	0.0001
D(EP1_SA)	9.800727	5	0.0811
D(IP1_SA)	8.604930	5	0.1259
All	63.26331	25	0.0000

Dependent variable: D(EP1_SA)

Excluded	Chi-sq	df	Prob.
D(GP1_SA)	5.218251	5	0.3898
RR	8.404530	5	0.1353
D(REER1)	8.584488	5	0.1268
D(CPI1(-4))	16.63959	5	0.0052
D(IP1_SA)	7.202029	5	0.2060
All	57.24162	25	0.0002

Dependent variable: D(REER1)

Excluded	Chi-sq	df	Prob.
D(GP1_SA)	7.093703	5	0.2138
RR	16.14748	5	0.0064
D(CPI1(-4))	7.409065	5	0.1920
D(EP1_SA)	9.698042	5	0.0843
D(IP1_SA)	5.477278	5	0.3604
All	39.40726	25	0.0335

Dependent variable: D(IP1_SA)

Excluded	Chi-sq	df	Prob.
D(GP1_SA)	7.523232	5	0.1845
RR	8.942795	5	0.1114
D(REER1)	12.76851	5	0.0256
D(CPI1(-4))	15.74701	5	0.0076
D(EP1_SA)	4.553027	5	0.4728
All	48.15416	25	0.0036

图4 格兰杰因果检验

为了对 VAR 模型滞后阶数稳定性进行检验，本文对模型进行了残差自回归 LM 检验，以确定构建的 VAR（5）不是虚假回归的结果。以下使用 Eviews 软件中的自回归 LM 检验来测试 VAR（5）的残差。原假设是假设残差的每个滞后阶数都不存在序列相关性。图 5 中所有测试结果都大于 0.05，因此没有理由拒绝原假设。据此可以认为每个滞后阶数的残差都不是自回归的，这个模型有效。

Lags	LM-Stat	Prob
1	38.28578	0.3661
2	28.48105	0.8096
3	41.71840	0.2361
4	41.87801	0.2309
5	27.60696	0.8409
6	38.41362	0.3607
7	43.48837	0.1827
8	37.92558	0.3816
9	24.51840	0.9266
10	28.17720	0.8208
11	36.26340	0.4564
12	37.06104	0.4198

图 5　残差自回归检验

脉冲响应图可以显示六个变量之间的动态关系。本文通过脉冲响应图来识别汇率波动对消费者价格指数的影响。因为这个模型中的所有变量，除利率外都经历对数变换，如果结构影响标准化为 1，那么在遭受影响后其他变量的变化可以近似地视为弹性值。从图 6 可以看出，一个百分点的汇率波动（汇率升值）在第一时期立即导致 CPI 的下降，数字为 -0.0015%。这个趋势在第 2 期会上升变为零，然后产生正效应并在持续 3 个时期左右后迅速下降至负，这一过程中波动幅度在 -0.0014% 至 -0.0021%。在第 8 期达到 -0.0021% 的最低点后会反弹，并且在第 12 期达到最大值。然后是第二个下降趋势，相比第一个下降趋势，第二个下降趋势更为温和，逐渐在第 17 期为零，然后数字稳定在 0 附近。从数字上看，汇率对通胀造成的冲击很小，因此汇率传递给 CPI 的影响是不完整的。

通过与第二行的 CPI 对比，出口和进口的汇率传导程度比 CPI 大得多。这两个变量最初对汇率升值的信号都有负面反应，并在第 2 期分别达到出口和进口的最低点 -0.013% 和 -0.019%。然后开始反弹，并在第 5 期变为零，之后一直在零值附近振荡。具体来讲，汇率波动对进口的影响比出口的影响要更大、持续时间更长。在图 6 中，虽然 CPI 最初给出了一个负信号，但它不久就变成了正信号，并持续了一段时间，然后达到最低点。这意味着 CPI 是明显存在滞后反应的。很明显，在前四个时期，汇率的升值并不能很好地抑制通货膨胀。它在第5期之后才正式发挥功效,这与CPI的滞后时间相同。这是由价格刚性和工资粘性造成的,这使得价格和工资的调整速度变缓。汇率波动对进出口产生影响,随着价格调整影响逐渐消失后,开始慢慢转化为通货膨胀。所以这也可以说明,汇率波动对通货膨胀的部分影响是通过进口和出口转移的。

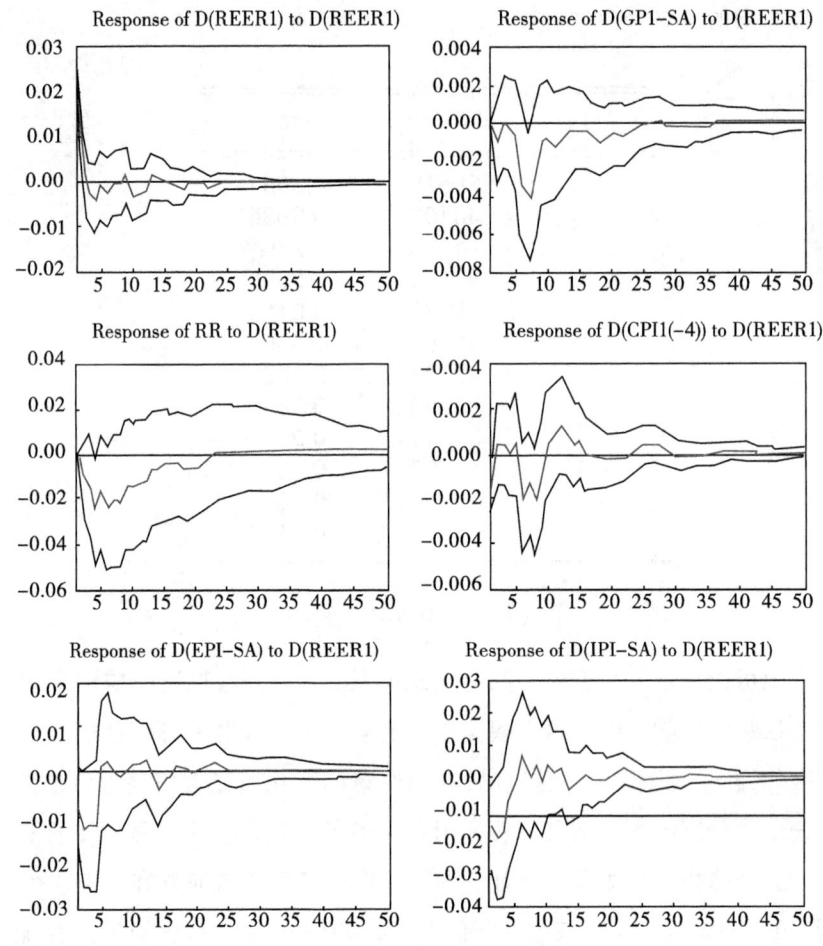

图6 季度数据脉冲响应图结果

(二) 月度数据与季度数据对比

随着时间的推移,汇率会产生变动,这将对宏观经济产生一定的影响。因此,使用不同的时间段将得到不同的结果和模型,那么对于使用不同的频率数据会产生怎样的影响,以下将验证这一点。本文依然使用1999—2018年的数据构建模型,但以月度为频率来构建另一个VAR模型。通过与上述构建模型相同的步骤,本文发现VAR(3)模型拟合最好。具体检验结果不做太多解释。在这一部分,本文更关注的是两个模型脉冲响应图之间的差异。

两个模型中变量的滞后阶数明显是不同的,在短期内,使用 CPI 月度数据构建模型时并没有时间滞后。当在短期模型中使 CPI 滞后于 REER 1 到 2 个时期时,该模型的拟合程度反而非常差。因为从短期来看,这个模型只反映了商品市场,只有当模型中存在两个市场即资本市场和商品市场,如 VAR(5)(中期月度数据模型),才会因为两个市场的调整速度不同从而导致变量之间存在滞后期。商品市场的价格水平是粘性的,调整是缓慢滞后的,但资本市场对汇率的变化是极其敏感的,利率会迅速调整达到新的均衡值。因此 CPI 的滞后阶数可以表示两个市场之间调整速度的差值。通过这一方法,证明了汇率滞后超调现象的存在,但对于汇率滞后超调的具体时间,本文没有进行进一步的检验和定量研究,仅是通过上述检验选取最优值。

另一个重要的区别是,在使用月度数据时,利率和 GDP 的数据无法通过文中上面展示的一系列测试,所以本文将它们看作是外生变量,并用其他四个变量构建了短期模型。短期模型能较好地描述国际贸易、国际收支和汇率之间的关系,而货币政策和经济增长则对中期模型的贡献更大。国内生产总值的增长需要时间,而且在我国与国内生产总值有关的数据总是以季度或年度数据形式向公众通报。这一事实会导致 GDP 和通货膨胀之间的时间不一致。至于利率,央行会不定期调整利率,每一次调整都将持续几个月,这同样会产生时间不一致。虽然货币政策和经济增长的信号会影响汇率和通货膨胀,但这种影响在月度数据模型中并不明显,在中期模型中这一点却变得很重要。

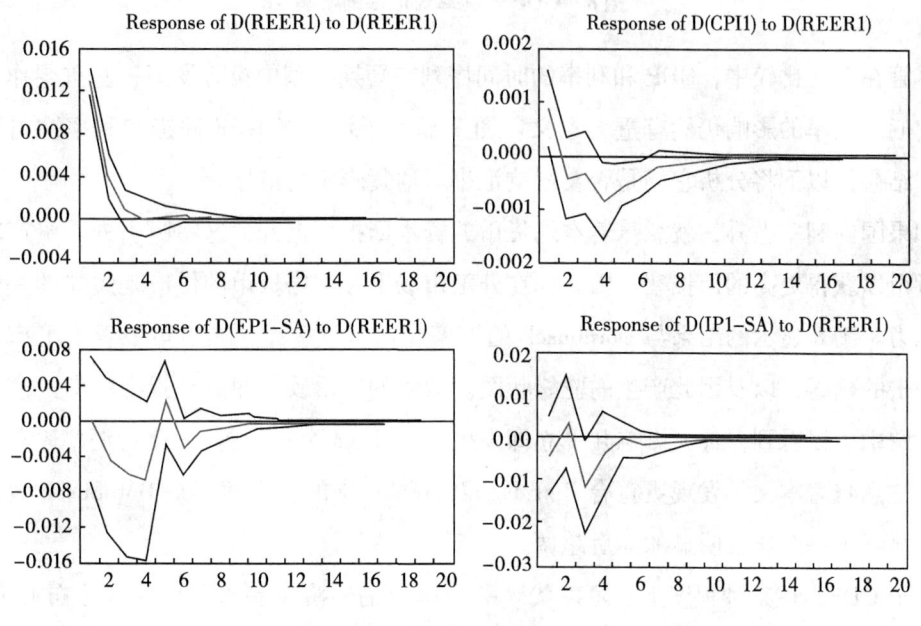

图 7　月度数据脉冲响应图结果

图 7 显示一个百分点的汇率波动（汇率升值）将引起与图 6 类似的变化。CPI 在当期给出的冲击反应与图 6 基本相同，但其最大值 0.0009% 略低于季度数据峰值的 0.0012%。在没有任何缓冲期的情况下，CPI 在第 2 期降至负数，并在第 4 期达到最低点 -0.0009%。然后需要大概 8 个周期才能慢慢变成零并保持稳定。将图 6 和图 7 相比可以发现，使用月度数据将获得更平缓的波动和更短的波动期，其数值仅是季度结果的一半。

这一发现也适用于出口总量和进口总量。在图 7 中，这两个变量都在大约 12 期内迅速收敛到 0，这比图 6 中的 30 期要小得多。在图 7 中，出口对汇率的反应不像季度数据那样迅速，在第二阶段开始时才出现负反应。至于进口方面，一个百分点的汇率波动（汇率升值）则在当期造成负反应，但在下一时期即转为正数，并又迅速反弹至负数，最后慢慢收敛至 0。在短期和中期，汇率对进口的影响略大于出口，这是因为我国是主要出口大国，但大部分出口产品是农产品和基本原材料，对汇率波动不敏感。而我国进口的产品是对汇率比较敏感的稀有原材料和高科技产品，这使进口的脉冲响应图的波动较大。

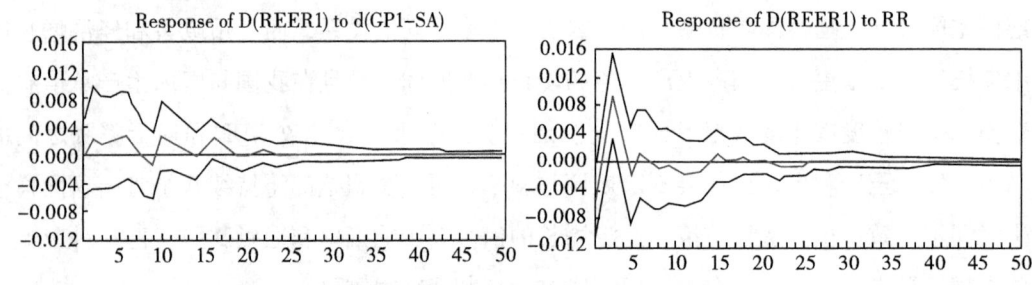

图 8　GDP 与利率对汇率的影响

尽管在上文比较中，GDP 和利率的时间序列在短期模型中没有发挥一些重要作用，但分析它们对汇率的影响仍然有重大意义。图 8 显示了汇率对 GDP 冲击和利率冲击的脉冲响应图结果，以下将分析它们是否会影响汇率对通货膨胀的传导。

如果国内利率上升，就意味着本地货币的资本回报率上升，这将吸引外币资产转换为本地货币以获得更高的回报率。因此，在外汇市场上，国内货币的供应是短缺的并会有升值的压力。图 8 显示的结果与 Dornbusch 的汇率超调假设一致，明显可以看出汇率对货币政策冲击的延迟，以及因此产生的驼峰状图。紧缩的货币政策冲击（提高利率）使汇率升值，从图中可以看到，最大影响几乎立即发生（在 2~3 个季度内），此后汇率逐渐回落至基线。这意味着本文的发现更符合 Bjørnland（2009）中的发现而不是 Dornbusch 效应，因为结果显示了一个非常明显的滞后超调。

至于 GDP，在某种程度上它可以代表一个国家的经济发展水平。一旦公布 GDP 持续增长的消息，就会提高货币当局的威信，因为外来的信任冲击是扩张性的，增加的信任通常使公众更有信心。有了对政府的信心，公众将更有信心持有本国货币，这将使人民币有升值预期。这也可以在图8中看到，一个百分点的GDP冲击会在某种程度上对汇率产生积极的影响。如前文所描述的，利率将使汇率在均衡价值的基础上波动，而GDP将推高汇率，这两种效应共同作用，使得汇率对通货膨胀的影响更加复杂，特别是在利率和GDP之间可能仍存在一些文中未提及的潜在联系。所有这些因素加在一起，使季度模型中汇率对通胀的影响更加持久，波幅更大。

（三）方差分解和稳定性检验

通过相关分析发现，在短期内，CPI在它自身的波动中起着至关重要的作用，尽管它自身的贡献会随着时间的推移而减少，但仍然可以保持在85.31%。在中期，CPI自身的影响在第8期已经降至39.41%，最终稳定在40.79%左右。这意味着在中期，CPI将受到更多的外部变量的影响。从短期来看，与进出口总额相比，汇率对CPI影响更大。在中期，货币升值的影响增大了，但利率和经济增长的增幅更为明显。利率的影响程度最终达到了汇率的两倍。这意味着货币政策可以很好地发挥作用，并且对抑制通货膨胀有更强大的影响力。这也符合Smets和Wouters（2002）的观点，即当汇率不能完全稳定通货膨胀，利率是一个很好的替代工具。

由于Cholesky顺序对脉冲响应函数有非常重大的影响，本文还为季度数据准备了另外两种替代的Cholesky顺序，以考察从上述基本分解顺序得到的结果是否是稳健的。对于月度数据，该部分也准备了另一顺序。本文检验了季度数据VAR（5）模型的稳健性。汇率波动主要是由资产市场价格波动引起的，货币都与美元挂钩会间接影响人民币和其他国家的汇率波动。其中，资产市场因素比较明显，因此本文考虑将Rr放在第三顺序，再将reer放在第二顺序，所以替代的顺序1是：

GDP →REER→ Rr → CPI → Total Export → Total Import

考虑到CPI可能受到同一时期其他变量的影响，如总出口和总进口，CPI被放在总出口和总进口之后，然后本文得到替代顺序2：

GDP → Rr → REER → Total Export → Total Import→ CPI

月度数据模型中变量较少，所以可以调整的位置有限，本文替代顺序3为：

GDP → Total Export → Total Import→ CPI

四、结论

本文使用1999—2018年相同变量的月度数据和季度数据进行建模比较分析，以检验不同频率的数据是否会对汇率传导的程度产生影响。本文主要发现了两个要点：一是在短期和中期，汇率传导所受的重要影响来自不同变量；二是汇率滞后超调在中期模型中确实存在。在短期内，汇率的传递是不充分的，进口总额和出口总额对汇率冲击的敏感度高于 CPI，它们是传递汇率对通货膨胀影响的媒介之一。从中期来看，宏观调控的力度越来越大，汇率、国内生产总值和利率之间复杂的潜在关系使汇率对 CPI 的影响更大，大约是短期的两倍。通过对这两个模型的比较，发现中期模型包含两个市场，资本市场的调整速度要快于商品市场，因此汇率的传导出现滞后，在本文中 CPI 将会滞后 4 个季度。同时，本文也证实了 Dornbusch 的汇率超调假设，即紧缩的货币政策冲击（提高利率）对汇率有强烈的影响，会使汇率升值。在方差分解中，利率为 CPI 变动贡献了总值的 21%，是同模型中汇率的两倍，这表明调整利率是影响汇率和干预通货膨胀的有效途径。

中美贸易战影响探析

申米玲

(西北政法大学)

自美国贸易代表莱特希泽在 2017 年 8 月宣布美国对中国发起"301 调查"以来,中美贸易关系就开始变得紧张。尽管 2018 年 6 月初,中美双方达成不打贸易战的共识,但随着美国的毁约,现如今中美贸易战已不可避免。这次中美贸易战背后的深层次原因、对中美双方长远的影响以及对未来中美贸易关系的展望值得深思。

一、中美贸易战产生的原因

(一) 美国对中国贸易长期逆差与实现"美国第一"的碰撞

美国对中国长期的贸易逆差是不争的事实,也是这次中美贸易战产生的根源。根据恒大研究院统计的数据显示,自 1985 年以来,美国对中国货物贸易逆差占美国总体货物贸易逆差份额逐年攀升,2017 年已接近 50%。然而,中国对美国货物贸易顺差额也在逐年攀升。据中国商务部统计 2017 年中国对美国货物贸易顺差额已达到 2758 亿美元,占中国货物贸易总顺差额的 65.3%。美国对中国长期的贸易逆差,致使美国生产的同类型商品的比较优势低于中国,在其国内和国外销售困难,直接导致美国国内失业等一系列社会问题的发生。这些问题让号称"美国第一"的特朗普政府不能接受,并且特朗普在竞选伊始针对中美贸易问题曾宣称要让中国接受"惩罚"。与此同时,特朗普为实现让"美国第一"的理想,要对基础设施建设、军费开支等方面加强必要的投入,但这些方面的投入消耗巨大。面对美国常年累积的高额财政赤字,以及美国经济增长速度的放缓,美国特朗普政府倍感焦虑。特朗普作为一个商界领袖出身的美国总统,为保证美国这个巨大的"企业"持续盈利经营,从对中国贸易上开源节流便成为特朗普政府的首选目标。

(二) 中国的崛起与"修斯底德陷阱"之忧

近年来,中国在各领域的实力不断提高,国际影响力不断加强。中国与美国之间各领域的实力差距在逐渐缩小,这让美国以及世界担忧"修斯底德陷阱"的到来,即正在崛起的中国与当前作为"世界霸主"的美国之间产生不可避免的战争冲突。由美国先挑起的中美贸易战,不仅加剧了美国的"修斯底德陷阱"之忧,更显露出美国对中国崛起的焦虑。美国一直以来在高科技产业处于比较优势地位,长期盘踞价值链的上游。面对当前以人工智能为代表的新一轮技术创新,德国、美国、中国、欧盟都纷纷发布相关战略计划,争取获得对新技术的主导地位。这一主导地位对于全球经济影响巨大。对于中国这一正在崛起的强劲对手,美国为防止中国在新技术引领下"弯道超车",就必须限制中国新技术领域的发展。由此可见,此次中美贸易战根本原因是美国遏制中国的崛起。

(三) 中国问题与美国两党政治博弈

2018年美国中期选举攸关2020年美国总统大选,而中国问题往往成为中期大选的热门议题。从美国历次中期选举来看,执政党多表现不佳。与此同时,特朗普经历了强行要求对俄制裁、税改法案波折和迫使其政府关门的事件后,对美国国会有了更深入的认知。为保障获得立法支持、达成本届政府的政治目标,特朗普就必须在2018年的中期选举中获得胜利。处理好对中国的问题,则是特朗普中期选举获胜的关键。特朗普政府为了迎合中下层选民支持,尤其要满足他们就业的诉求,就必须拿出对中国强硬的态度。即通过限制中国对美国的贸易,来发展美国相关产业,给美国创造就业机会。然而,这种做法对于美国农产品生产和销售企业却适得其反。中国面对美国在高科技产品的诸多出口限制,针对美国主要对华出口的农产品也提高了出口关税和条件。对于多年以中国作为主要出口国的美国农产品生产和销售企业来说,特朗普的这种激化中美贸易摩擦的做法并不受欢迎。

二、中美贸易战对中美双方的影响

贸易战在某种程度上对中国和美国带来一定的、局部的积极影响。比如,中国通过经历"中兴"制裁事件之后,更加注重核心技术的研发,决心走自力更生的道路。特朗普政府给美国带来了更多的就业机会。然而,特朗普政府这种逆贸易自由化大趋势的举措,必然会造成损人不利己的后果。

（一）对中国的影响

1. 给中国经济转型增添压力

20 世纪 80 年代的美日贸易战与当前中美贸易战有些许相似。1985 年美日曾在日本大藏省签订广场协议，在协议签订后日元大幅升值，日本经济泡沫急剧扩大，最终房地产泡沫的破灭造成了日本经济长期停滞。在这场美日贸易战后，日本失去了科技优势和增长的动力，日本在全球经济中的地位直线下降。中国当前正经历经济转型的关键时期，国内社会经济存在诸多问题，如一线城市房价飙升且难以回落、新旧产能转换导致失业问题以及资本市场不景气。中美贸易战使中国社会已存在的问题更加严峻，给中国经济转型增添更多压力。

2. 高科技领域发展受到一定负面影响

中国高科技领域发展受到一定的冲击，是这次中美贸易战对中国最直接的影响。尽管近年来中国在高科技领域取得了很多骄人的成绩，但中国并不能因此而盲目自信，与美国相比，中国在很多高精尖领域还相去甚远，且多数专利产权仍在美国。此次中美贸易战中，美国的《出口管制法》管制范围涉及较广，出口产品只要含有美国的芯片、软件以及由美国机器生产出来的零部件，就被列入管制范围，这给予特朗普政府巨大的管制空间，使美国对中国相关企业的制裁变得非常容易。对中兴的制裁事件给中国极大的教训。其事件背后反映中国在自主研发和创新方面仍有所不足，一味模仿和跟随并非长远之举，在这种突发贸易战爆发时只会陷入任人宰割的悲惨境地。然而，自主创新能力的培养并非一朝一夕，面对当前中美贸易战的冲击，中国高科技产业的发展受到极大的负面影响，不排除有部分企业砥砺前行不断攻克技术难关，对中国特定领域的技术发展起到了助推作用。然而，不少高科技企业面对来自美国的贸易限制很可能会就此终结，这对于中国日后高科技领域的发展十分不利。

3. 中国式量化宽松政策叠加使出口企业经营更加困难

2018 年 6 月末，中国人民银行为维护银行体系流动性，对金融机构开展中期借贷便利操作，共计 6630 亿元。这种中国式的量化宽松政策的实施使资本市场货币借贷更加便利，这使生产部门扩大了生产需求，更扩大了产品出口需求。在中美贸易摩擦不断加剧的背景下，企业出口变得更加困难，会进一步影响资本市场。

（二）对美国的影响

1. 国家信誉受损

特朗普上台伊始就承诺要让美国再次强大起来，做真正的第一。对于一个国家最为宝贵的财富不是 GDP 数字，也不是军备规模，而是国家的信誉。商人出身的特朗普对于这一点应该十分清楚，企业间业务的达成依靠的是信誉，国家间的贸易合作依靠的也是信誉。然而，特朗普政府公然违反了中美贸易共识，这种举措不仅是对我国的不尊重，更是将其本国的信誉置之脑后。合作和共赢是当今国际社会的主题，同时这一主题也得到多数国家的认可。特朗普政府这种急功近利的举措，即便短时期内达到了政治目标，但从长远来看输掉了整个国际社会的信任。种失道寡助的做法势必不利于特朗普政府达成"美国第一"的目标，反而对美国日后长远发展更加不利。

2. 美国不能够依靠保守主义"再次伟大"

从经济上看，当前美国 86% 的就业集中在服务业，其采掘行业等制造业工人平均时薪几乎仅次于金融业等专业服务业人员。因此，即使工作职位能够"回流"，美国也不具备相当数量的从业人员，并且会显著增加成本。从政治上看，底层民众对于民族主义狂欢一时，但转嫁矛盾不会解决自身真正的问题。抢夺一个中国工人的工作所获收益，相对于被金融精英在资本市场中对无资产民众的收益挤压而言，实在微不足道。根据美国 2018 年 4 月发布的"301 调查清单"，尽管该清单去掉了 500 多项与消费关系密切的商品，其余均为机电、航空航天等大类，但不可避免的是美国对中国加收关税和贸易限制在一定程度上会带来输入型通货膨胀。美国这种单边主义和保守主义的做法很难使美国"再次伟大"。

3. 美国与他国贸易摩擦同样加大并削弱自身增长潜力

经济全球化和贸易自由化是历史发展不可阻挡的趋势，特朗普政府推行的贸易保护主义不仅使中美贸易战不断升级，同时也加大了与相关国家的贸易摩擦，对全球经济造成重创。据彭博社的研究报告显示，特朗普政府如果挑起全球范围内的贸易摩擦，将会使全球关税水平提高 10%，到 2020 年全球贸易额将缩减 3.7%，全球经济规模将因此缩小 0.5%。与此同时，还会使全球技术领域交流和合作受阻，从长期来看将导致美国以及全球劳动生产率下降，削弱美国以及全球的经济增长潜力。

三、展望

对于这场中美贸易战，未来的走势仍不明朗。特朗普上台后施政的导向性和持续性不符合常规逻辑，使中美贸易战的未来走向和最终结果难以预料。不管特朗普政府挑起这场中美贸易战是蓄谋已久之举，还是为赢得中期选举的暂时之举，对于特朗普一贯的实用主义作风而言，与中国合作有极大的利益可图之时，他就会选择合作而非敌对，这一点通过其参加 2017 年"一带一路"峰会就可以看出。虽然中国不希望打贸易战，也不愿意轻易打贸易战，但面对特朗普已经挑起的对华贸易战的严峻态势，中国既不能怕也不能躲，而是要做到有策略的应对。所谓有策略的应对，主要指一方面要采取必要的措施维护好中国自身的利益，另一方面要避免贸易战事态的扩大化和升级化。毕竟，打贸易战从来没有赢家，结果一定是两败俱伤。从目前中美经济实力以及两国各自对对方的依赖程度来看，中国受损会更加严重。因此，面对特朗普挑起的对华贸易战，中国要保持一定的战略定力，冷静应对贸易战，切勿反应过激，将贸易战控制在一定范围内，这不仅是维护自身利益需要，也是避免引发全球经济秩序混乱的需要。

区域金融高质量发展研究
——以江苏"强富美高"建设为例

成春林 陶 珊 李 琼[①]

(南京师范大学 商学院)

一、引言

党的十九大报告首次提出"高质量发展"的表述,金融高质量发展是指金融领域的高质量发展,既是经济建设的重要保障,也是未来金融改革发展的基本导向。由于区域发展存在异质性,因此研究金融高质量发展需要注意区域特征,以更好助推区域高质量发展。以江苏省为例,2014年习近平总书记描绘了江苏发展的宏伟蓝图:"建设经济强、百姓富、环境美、社会文明程度高的新江苏",即建设"强富美高"新江苏。因此,在当前背景下,结合江苏实情,探讨如何在"强富美高"要求下实现金融高质量发展有重要的现实意义。

二、江苏省"强富美高"建设的成就

党中央对江苏省的一贯要求是"为全国发展探路","强富美高"不仅是这一要求在各方面的分解和细化,也是建设新江苏、促进高质量发展的奋斗方向。江苏省以"强富美高"为前进标杆,全面协调各方力量,五年多来江苏省"强富美高"建设取得了重要成就。

(一) 经济强

江苏省不断实现经济转型升级并进一步朝着高质量发展前进,是中国经济最为活跃的省份之一。自"强富美高"要求提出以来,江苏省经济发展势头越发强劲,主要表现在三

---

① 成春林,南京师范大学商学院副教授,硕士生导师。陶珊,南京师范大学商学院硕士研究生。李琼,南京师范大学商学院硕士研究生。

个方面：第一，经济总量稳定增长。第二，产业结构完善。第三，经济动力充足。

（二）百姓富

"百姓富"是一个综合的概念，不仅指物质上的富裕，更是精神富裕和生活幸福。促进实现"百姓富"，要在财富总量、就业水平提高的基础上，关注民生问题、公共服务和人的自我发展，江苏省"百姓富"主要表现在三个方面：第一，居民收入水平提高。第二，消费结构改善。第三，金融服务需求提高。

（三）环境美

为加快经济转型，实现经济可持续发展，环境治理和生态建设显得越发重要。江苏省在过去的五年贯彻保护环境和新发展理念，极大改善了环境质量，提高人民对生态环境的满意度，江苏省"环境美"主要体现在三个方面：第一，环境治理成效显著。第二，能源开发投入积极。第三，居民环保参与度提高。

（四）社会文明程度高

社会文明程度是社会发展的精神道德水平，物质财富增加，还需要社会文明的协同提高，江苏省"社会文明程度高"主要体现在三个方面：第一，违法犯罪减少。第二，法律援助增加。第三，诚信文明建设稳步推进。

三、金融服务"强富美高"建设的问题分析

江苏省在建设"强富美高"的过程中取得了不俗的成绩，金融在提供有力支撑的同时也存在着一些值得关注的问题，如金融服务经济发展的协调性不足、金融服务民生发展的平衡性不足、金融服务生态环境建设的实践性不足以及社会信用体系的完备性不足等。

（一）金融服务经济发展的协调性不足

虽然江苏经济发展质量呈现逐年上升的趋势，但是金融服务仍有较大的提升空间，主要包括四个方面：一是金融支持科技创新力度不够，且忽视区域发展差异。二是金融机构精准服务不到位。三是金融部门服务效率有待提高。

（二）金融服务民生发展的平衡性不足

由于信息不对称现象的存在，金融机构为避免逆向选择问题，更倾向于为城镇而不是乡村、为成熟型行业而不是初创型行业服务，金融服务民生的对象方面存在着不平衡的

特征。

(三) 金融服务生态环境建设的实践性不足

环境治理进程存在较多障碍,经济发展和生态环境保护的矛盾仍然突出,环境治理的社会成本较高,运用金融解决生态环境建设的问题主要体现在绿色金融的发展,但目前绿色金融更多停留在理论层面,实践性有待提高。

(四) 社会信用体系的完备性不足

近年来,恶性犯罪案件不断下降,法律援助次数不断上升,表明江苏省一直致力于加强社会精神文明建设。但金融环境中信用缺失的问题依然存在,由此可见,当前社会法治体系有待加强,社会征信制度不够完善。

四、"强富美高"新江苏金融高质量发展路径细化与分解

(一)"经济强"背景下金融高质量发展路径:四力推动

习近平总书记在谈到金融安全时说:"金融活,经济活;金融稳,经济稳。"金融推动经济的高质量发展主要表现在"四力"上,即金融对科技创新的推力、金融对产业结构优化升级的助力、金融服务实体经济的活力以及金融推动经济开放的引力。

1. 形成金融与科技创新的推力

一方面,科技创新离不开金融的支持。首先,高水平人才是创新的核心影响因素,如何留住人才、调动科研人员的积极性是我们面临的一大难题。金融应当为实现科技成果落地的技术人员提供强有力的有奖激励政策,始终把尊重创新、支持原创摆在首要地位。其次,为了让江苏高校的科研成果更接地气,理论更好地与实际相结合,金融应建立完善的风险投资机制,促使那些无法通过种子基金、天使基金等社会资本推动的实验室阶段成果走向成熟化和产业化。最后,对于省内各地区申报承担国家重大科技创新项目的高校院所,综合性国家科学中心的建设,国家重大科技基础设施、国家实验室和科技创新中心的建设,金融都应提供充足的资金和政策支持,把江苏省打造成具有标志性意义的创新高地。另一方面,金融也需要科技创新的驱动。金融科技创新是创新驱动发展战略、科技创新实践与金融服务深度整合的体现。江苏要发挥其拥有的坚实的技术基础、丰富的产业项目、良好的技术支撑和充足的人才储备等优势,推动省内金融机构将云计算、人工智能、大数据、区块链等新型信息技术与金融经济有效融合,给新江苏的发展带来全新的生产

力、全新的展业模式、全新的用户体验和全新的普惠金融效能。

2. 提高金融对产业结构优化升级的助力

增强金融支持产业转型升级的精准性是金融供给侧结构性改革的重要落脚点。在当前产业转型升级的攻坚阶段，金融仍存在发展机制不完善、组织推进缺合力、精准服务不够强等问题。针对以上问题，江苏省需要采取有力措施加以解决。一方面，服务机制要理顺，在"破""立""降"上下功夫。对于过剩的产业，信贷部门要通过合理展期、降低利息、风险补偿、加快资金的短期流动来化解过剩产能；对于需淘汰的产业，积极发挥市场在资源配置中的决定性作用，加速产业的自我更新；对于亟须技术升级的产业，这类产业对资金需求的期限长、投资风险大，在制定定向降准、免税债券、融资担保、风险投资、补偿基金等政策时，必须减少瞄准性误差。另一方面，各方共识要凝聚，增强金融服务组织的系统性。完善各部门间的协调联动机制，充分发挥技术平台的核心作用，共享互通市场信息、技术信息、资金信息，积极培育专业化的第三方机构，切实发挥其在信息咨询、风险评估、技术研发等方面的优势。

3. 增强金融服务实体经济的活力

服务实体经济是金融业发展和改革的出发点和落脚点，金融各行各业要积极把社会资金引导到实体经济上去，持续向振兴实体经济发力、聚力，提升金融业服务实体经济的质量和效率。制造业作为江苏省经济的命脉，是现代化经济体"稳"的根本、"进"的基础。江苏的发展，既要有高原，也要有高峰。金融把钱用在"刀刃"上，企业才能有获得感，实体经济才能获得更多的源头活水。第一，要拓宽金融进入实体经济的渠道。加强信贷政策的指引，加大对先进制造业的资金支持，降低实体经济成本，降低制度性交易成本，切实帮助企业减负。第二，要扩大实体经济的融资渠道。银行在提供间接融资时，应以市场需求为导向，给予中小金融机构合理的政策倾斜。企业在进行直接融资时，金融应提供具有高度适配性的产品和服务。让金融活水更多、更好地流入实体经济，在促进经济茁壮成长的同时，也帮助金融回归本源，有效防控风险，确保行业平稳健康发展。

4. 加深金融对推动经济开放的引力

发挥金融对经济开放的引力作用，实现经济的高质量发展，必须全方位对外开放，突出重点、制度先行、找准节奏，紧紧把握"一带一路"带来的机遇。第一，金融要抓住对外开放的关键和重点。金融服务行业开放的重点是用公开透明平等的国际惯例和监管要求对待中外资机构；而金融市场开放的重点是要积极引进国外丰富的经验、资金、机构投资者为江苏省实体经济助力。第二，对外开放要求金融实现制度先行。金融要健全和完善制度体系，加强资本市场基础设施建设，树立公平开放透明的市场规则，为各类市场主体营造自主经营、公平竞争的良好环境,有效降低各类企业生产经营成本,为增强省内企业的竞争力提供强有力的制度和资金支持。第三,金融要把握好开放的节奏和力度。对外开放,不但要"跑得快",还要"走得稳"。一方面,对于"走出去"的项目审慎管理、加强金融监管,适时适度地推进项目,成熟一项推广一项;另一方面,金融开放的同时也增加了金融风险进入的可能性。

(二)"百姓富"背景下金融高质量发展路径:四个促进

1. 金融理财促进财富升值

随着收入和财富增加,百姓对财富的保值、增值需求也越发强烈,这在很大程度上依靠金融业的发展,但传统金融机构以资金存贷为主要业务,无法满足居民日益增长的财富增值需求。因此,需要进行金融供给侧改革,以满足各收入层次居民对金融的不同需求,提供个性化服务,解决结构性问题。第一,创新金融工具,丰富理财渠道。金融工具应当增加风险和投资收益适中的产品,形成风险层次全面的金融产品体系,满足不同消费者的风险偏好,如商业保险在产品设计上应更注重保障和收益的融合,居民的财产保险意识不断提高,保险产品除了基本的财产保障功能外,还可以兼具投资功能,向基金方向发展,这在打破刚性兑付后更有操作性。金融工具的创新还需要注意交易、操作的便捷性,只有降低操作的时间成本、操作门槛,金融市场消费者才会倾向于放弃原来形成的、固定的交易习惯而尝试创新的金融产品。第二,加强金融业务监管,保障居民财产安全。

2. 民生金融促进民生发展

民生金融是指基础类新金融在民生领域的运用,主要包括保障房金融、医疗金融、交通金融、旅游金融、教育金融等消费金融。民生金融充分体现了发展以人民为中心的思想,兼具金融和民生两个特性,是金融高质量发展服务于"百姓富"建设的直接途径。首先,完善风投机制,促进大众创业。其次,创业时根据创业主体人的意见,风投公司、政府部门可对项目予以一定的指导,主要集中在项目运作和资金运用指导方面。最后,创业项目开始后,项目主体对资金的运用也是非常重要的,资金投向、规模、构成及使用效果都需要进行科学管理,可以充分发挥大数据互联网资源,对资金运用效果实时跟踪,发挥供应链金融的作用,为企业提供授信、结算、理财等综合性金融产品及服务,从而促进"物流""资金流""信息流""商流"的融合,实现企业价值最大化。

3. 普惠金融促进共同富裕

普惠金融能有效解决信息不对称问题,促进共同富裕。第一,在城乡差距方面,农村金融存在供需不匹配的问题,缺乏有效的信息传导机制,金融需求无法得到满足,借助普惠金融的手段，对创业村，要坚持开发扶贫的理念，不是以转移支付的方式给予资金，要通过资金形成产业；对现代化新农村，要推动金融租赁的接口精准对接农业机械，提高农村机械耕种的占比，提高农业效率；对产业升级村，要发挥已有特色农产品的优势，借助互联网金融、电商金融，促进产业间的跨界合作，带动产品销售和产业升级。第二，在企业差距方面，大企业信用程度较高，融资成本和额度较高，而中小企业受困于信息不对称和信用担保困境，资金需求难以得到满足，成为制约中小企业发展的重要因素。通过普惠金融，放宽对中小企业的财税政策，实施差异化监管，提高对小微企业贷款的风险容忍度，并从制度上允许信贷技术创新，开发更多适合中小企业特点的贷款品种，将有助于改善中小企业的融资困境（邢乐成、王延江，2013）。第三，在居民收入差异方面，弱势群体由于自身条件限制，收入水平有限，对于弱势群体的支持，普惠金融更应强调区别对待，利用数字技术，实现资金等支持手段的精准到位，以提升弱势群体的经济能力和社会地位，促进经济和社会的协调发展。

4. 健康金融促进健康安全

作为扶持和服务健康产业的投资和融资活动，健康金融是可持续金融暨绿色金融的重要组成部分。首先，加大对健康产业的风险投资。其次，创新健康产业担保方式。最后，完善健康产业风险补偿机制。提高商业保险对医疗健康的覆盖率，尤其是人身保险类的风险补偿是提高人民健康水平的必然选择。因此，为防控新冠肺炎疫情，金融必须加大对疫情的资金支持，提供金融服务保障。

（三）"环境美"背景下金融高质量发展路径：四个加强

1. 加强绿色金融体系建设

规范绿色金融标准体系，完善绿色金融政策框架，有助于把政策和资金聚焦到对推动绿色发展最重要、最关键、最紧迫的产业上。

2. 加强绿色金融服务

为了应对不同市场主体对于绿色金融产品和服务的多样化需求，创新绿色产品，提升绿色服务是现阶段的重点需求。第一，创新绿色信贷方式。第二，发展绿色保险。第三，发行绿色债券。第四，设立绿色基金。

3. 加强绿色信息披露

强化信息披露，加强绿色金融发展的透明度。一方面，江苏要建立健全统一的环境信息披露标准，探索建立绿色金融全链条的环境信息披露机制，便于投资者和金融机构有效识别绿色项目和融资主体并对绿色项目进行合理定价。另一方面，环保部门要加大监管力度，可以适时引入权威的第三方机构对项目进行监督。

4. 加强绿色协调合作

发展绿色金融现已成为全球共识，我们不仅要把有价值的国际化成果"引进来"，更要推动省内优秀的绿色项目"走出去"，加深国内国际协同合作。一方面，要积极引进国外的绿色金融机构，学习借鉴赤道原则（EP）、绿色债券原则（GBP）等绿色金融领域国际通行的原则来推动江苏省绿色发展。另一方面，充分发挥省内金融机构的作用，积极参与到推介绿色产品、发行绿色债券等吸引外资的项目中。

（四）"社会文明程度高"背景下金融高质量发展路径："两完善"和"一支持"

1. 完善金融法律

法律制度决定了一国的金融水平（LLSV，1998），因此法律制度体系的健全对社会经济的进步和发展具有强大的推动力量。一方面，江苏省要建立健全相关的法律制度来保证市场经济的稳定运行。尤其是有关小微企业处理办法和机制、金融消费者权益保护等法律制度的空缺应进一步完善，做到有法可依。另一方面，市场监督管理部门加大执法力度，加强市场监管，要做到有法必依、执法必严。在处理小微企业金融维权以及企业相关案件时，必须提高执法效率，对于这类案件必须重点关注，对于违法违规行为，做到严惩不贷。

2. 完善社会征信体系

信用建设作为金融发展的必然要求，完善社会征信体系，重视互联网技术，如区块链技术的运用，在很大程度上提高了数据收集的准确性与发布的及时性。因此，江苏省应尽快完善征信体系，强化居民的征信意识，广泛向大中型企业、小微企业、公安、金融、税务、保险等机构征集信用资料，形成一个多维度，跨越企业信用、个人信用的多层次立体化社会信用体系，实现信息资源的共享。

3. 金融支持文化产业发展

弘扬社会主义核心价值观，实施文化精品战略离不开金融的支持。在健全现代文化产业体系和现代市场体系的过程中，金融要加大对文化产业的支持力度，鼓励银行持续加大对江苏优秀文化企业，特别是中小文化企业的信贷投放，帮助符合条件的文化企业上市融资，推动文化事业和产业更好地结合在一起，以达到融合发展、创新发展、开放发展、特色发展的目的，加快培育新型文化业态。同时，金融也要为省内的文化传播、文化贸易、文化交流搭建好平台，推动优秀文化迈向国际舞台，讲好新时代江苏故事，增强江苏国际影响力。金融支持文化产业的发展不仅满足了人民对美好生活的需求，还推动了文化繁荣发展和社会文明程度稳步提升。

数字经济及其相关福利问题

王艳萍　李沭东　卢　冰[①]

（河南财经政法大学 经济学院）

一、数字经济的界定和测度

"数字经济"最早是由美国商业策略咨询专家唐·泰普斯科特[②]在《数字经济：网络智能时代的希望和危险》（1996）一书中提出的。随着科技进步和互联网的普及，数字经济的含义和范围在持续不断地完善和扩展。国际组织、各国政府以及学者从不同角度阐释数字经济。从地理上看，数字经济的发展极不均衡，始终由美国和中国两个国家领导。虽然中美两国处于数字经济的全球领先地位，但两国在对数字经济的定义和测度方面存在一定的差异。

（一）美国数字经济的定义和测度

美国商务部经济分析局（BEA）是从数字经济的构成角度进行定义的，并在此基础上对数字经济进行测度。数字经济包括三种主要类型的商品和服务：①计算机网络存在和运行所必需的数字化基础设施；②使用该系统进行的电子商务交易；③数字媒体，即数字经济用户创造和获取的内容。此定义既包括商品又包括服务，如计算机硬件和软件、电信服务、电子商务交易的利润率以及在线流媒体服务订阅等。

（二）中国数字经济的定义和测度

中国学术界以及相关组织机构、各省市政府统计部门等使用多种方法定义和测度数字

[①] 王艳萍,河南财经政法大学经济学院教授;李沭东,河南财经政法大学经济学院硕士研究生;卢冰,河南财经政法大学经济学院硕士研究生。

[②] 唐·泰普斯科特,全球著名的新经济学家和商业策略大师,被誉为"数字经济之父"。其撰写或与人共同撰写了15本全世界广泛阅读的书籍,其中包括与他的儿子 Alex Tapscott 合著的国际畅销书《区块链革命》。2015年,Thinkers50将其命名为世界第四大商业思想家。2017年,他成立了世界领先的智囊团区块链研究所。

经济，但目前尚无官方的数字经济测度指标。

中国信息通信研究院《中国数字经济发展白皮书（2020）》[①]（以下简称《白皮书》）从经济形态角度定义数字经济并进行测度，即把数字经济看成农业经济和工业经济之外的一种经济形态。"数字经济是以数字化的知识和信息作为关键生产要素，以数字技术为核心驱动力，以现代信息网络为重要载体，通过数字技术与实体经济深度融合，不断提高数字化、网络化、智能化水平，加速重构经济发展与治理模式的新型经济形态。"将数字经济看作农业经济和工业经济之外的第三种经济形态。在数字经济中，数字成为关键生产要素；新的技术经济范式正在形成。2019年，在延续以往研究的基础上，《白皮书》体现了数字经济由"两化"扩展到"三化"的发展过程；2020年，《白皮书》将"三化"扩展为"四化"。鉴于数据可得性、核算方法的局限性等，数字经济增加值规模核算仅包括数字产业化和产业数字化两部分，而没有包括数据价值化和数字化治理。

二、经济福利的概念界定以及福利经济学的简单回顾

不同的学者对于福利有不同的理解，一些学者将福利视为"主观幸福感"，一些学者认为福利是"客观满足"。而真正把福利作为一个经济概念来深入研究的是庇古。无论是以庇古为代表的旧福利经济学还是后来的新福利经济学，其哲学基础主要是边沁的功利主义。边沁的功利主义包括两个基本原理：一个是功利原理或最大幸福原理，另一个是自利选择原理。无论是新福利经济学还是旧福利经济学，其研究对象都是效用。但其后的经济学家又针对福利经济学的对象加以丰富，提出了"快乐""幸福""能力"等。幸福和生活满意度也越来越被各国政府视为重要的政策目标。现代福利经济学综合运用经济学、心理学和社会学的研究方法，扩展了传统经济学的效用和福利概念，强调除收入以外能给人们带来快乐的其他因素，进而对政府公共政策制定给出了不同以往的建议主张。

三、数字经济所涉及的相关福利问题

（一）现有测度不能全面反映数字经济所带来的消费者福利

从消费者角度来说，数字经济的测度无法衡量与数字经济商品和服务消费相关的消费者剩余的变化。GDP衡量的是一个国家经济在某一时期内生产的商品、服务和结构的市场价值。也就是说，它衡量的是家庭、企业和政府在最终商品和服务上的支出。这些账户并

[①] 中国信息通信研究院已连续六年发布数字经济白皮书，测算方法被纳入G20（阿根廷）《数字经济测算工具箱》，测算结果被广泛引用。

不衡量消费者剩余，也就是消费者愿意并能够为某种商品或服务支付的价格与他们支付的价格之间的差额。在数字经济中，过去购买的许多服务现在可以在互联网上免费获得。探索测量消费者剩余也是衡量数字经济对消费者福利影响的一种方法。

（二）数字经济发展的地理不平衡和产业不平衡造成的福利影响

数字经济发展的地理不平衡和产业不平衡影响一部分人的福利水平。从联合国数字经济报告（2019）可以发现，从地理上看，数字经济的发展极不均衡。当前世界的特点是网络连接不足的国家和超数字化国家之间的差距越来越大。例如，在最不发达国家，只有五分之一的人使用互联网，而在发达国家有 4/5 的人使用互联网。这只是数字鸿沟的一个方面。在其他领域，比如利用数字数据和前沿技术的能力，差距要大得多。我们需要制定政策，让数字经济造福于多数人，而不是少数人。

（三）数字经济影响收入分配和就业进而影响一部分人的福利水平

数字经济对收入和就业的影响是两方面的。一方面，数字技术和数字产业的兴起，势必要对传统产业和原有的就业岗位造成冲击；另一方面，数字技术及其相互融合也会催生出许多新产业、新业态和新模式，继而创造大量的就业机会。

具体来说，从世界范围来看，因为数字化具有支持发展的潜力，任何已实现的价值都不可能公平地分配。即使个人、企业和国家不参与或只是部分参与数字经济，也会受到间接的不利影响。拥有有限数字技能的工人会发现，与那些更能适应数字经济的工人相比，他们处于劣势，现有的本土企业将面临来自国内外数字化企业的激烈竞争，各种工作岗位将被自动化取代。但同时，数字经济将会为就业市场带来新变化，在数字技能成为基本就业技能的同时，使就业方式越来越弹性化，并催生出许多新产业、新业态和新模式，创造大量的就业机会，产业就业结构和区域就业结构也将受到影响。即便如此，从全球范围来看，劳动者的数字技能普遍不足，个人、产业、区域之间的数字技能差异也扩大了劳动者的收入差距，带来了巨大的数字鸿沟。

（四）数据隐私和数据安全影响消费者福利

在数字经济时代，我们一边享受着便利，一边冒着被"窥视"的风险，因为网络安全一旦不到位，大家的个人信息都呈现"半透明"状态。企业通过各种各样的方法来了解消费者的偏好和消费者行为。尽管这些信息可以帮助企业提供更好的产品，然而，企业收集的消费者信息也可能损害消费者权益，原因至少有三个：首先，企业可能会利用消费者购买历史来进行价格歧视，从而降低消费者福利；其次，消费者本身可能对隐私存在偏好，这样会受到企业数据收集的侵犯;最后,如今频繁发生的数据泄露会对消费者造成经济福利的损失和其他伤害。

(五) 平台垄断和市场集中影响消费者福利

数字经济广泛存在高集中度现象,如何确保在促进数字经济发展的同时,消除高集中度对消费者福利的负面影响,是理论界和政策制定者需要关注的课题。数字经济市场具有增加集中度的特性,包括规模经济、范围经济、数据垄断、网络效应、切换和多平台接入的障碍、融资渠道和无形资本等,以及这些因素的累积效应的自我强化。高集中度会直接影响消费者获取服务的价格及质量,也会间接影响第三方提供的产品和服务,并最终影响消费者从这些企业获得产品和服务的价格及质量。

四、提高数字经济时代经济福利的对策建议

(一) 进一步完善数字经济的测度方法

从国际上来说,目前为止仍然没有标准的数字经济测度方法。如何对数字经济规模进行准确的统计测量,是相关国际组织和各国政府比较关注的问题,也是一个挑战。将数字经济的统计数据扩展为一个完善的测量体系,以更全面地反映数字经济对经济增长的贡献。作为现有数字经济测度的补充和完善,西方学者通过大量的实验,探索出了一种新的指标,被称为 GDP-B,用于衡量新产品和免费商品(及服务)存在时的福利变化和实际 GDP 增长。新的指标 GDP-B 可以判断数字经济所创造的价值以及幸福感。

从国内来看,统计方法不一致导致数字经济发展评价结果有差别。一是不同机构的数字经济指标不一致;二是没有合理的数字经济统计方法;三是没有统一的权威的统计体系。与国际上的情况相同,各地各机构的测度也无法衡量免费数字产品或劳务的价值及其带来的福利。为了深入分析数字经济对不同实体行业的影响力以及对 GDP 的影响,首先,应当以国家统计局为牵头单位加快制定全国统一的数字经济的统计方法,明确数字经济的统计口径,使得数字经济统计工作有据可循。其次,构建数字经济统计指标体系。将数字经济相关指标和结果列入各级政府的统计年鉴,定期对外公布,并配发详细的统计方法、相关指标解释等。最后,加强数字经济核算支撑。加快建立反映数字经济的统计制度;建立数字经济统计调查和监测分析制度;完善有利于数字经济发展的监管体系,为数字经济发展创造良好的市场环境。

(二) 深化数字经济开放合作,共享发展机遇

从世界方位来看,政策制定者需要做出能够帮助扭转当前数字经济造成的不平等和权

力失衡加剧的趋势的选择，通过政策让数字经济造福于多数人而不是少数人。加强各国数字经济领域政策协调，推进数字经济技术、标准、园区和人才培养等领域合作的试点示范，培育支持若干个具有示范性、引领性和标志性的国际合作项目。深度参与全球数字经济创新合作，加强与联合国、G20和金砖国家等数字经济多边机制、论坛的对接，加强与相关国际组织、产业联盟和科研机构的战略合作，推广数字经济相关技术、产品、标准、服务、规则和共识，深化国际互利共赢。创造公平公正、创新包容、非歧视的市场环境，全面实施准入前国民待遇加负面清单管理制度，让各国企业平等参与中国数字经济创新发展进程，共享发展机遇。

（三）进一步发展数字经济以开拓就业渠道

如前所述，数字经济会导致一部分人失业，但同时也会创造新的就业机会。首先，降低数字化门槛以提升劳动者收入。由于中国的区域发展不平衡，劳动者受教育水平和互联网使用能力差异巨大，应当在国家层面降低数字化门槛，提升低技能劳动者对于互联网的基本使用能力，开展大量的互联网技能培训课程，降低不同群体间的"数字鸿沟"。其次，扩大高等教育规模和创新能力以提升劳动力技能。随着人口出生率增速减缓，人口老龄化增速加快，只有进一步扩大高等教育规模，才能改善劳动力市场人才技能结构。同时，随着技术进步速度的加快和互联网普及程度的提升，中国高等教育应当更加重视培养创新能力，培育更多具有创新精神的高等本科教育人才和具有工匠精神的高等职业教育人才。最后，大力实施传统行业失业者的数字技能培训再就业工程，针对数字经济发展过程中传统从业人员面临失业或择业等诸多问题，对适龄劳动者提供新思维、新技能、新技术等方面的数字技能培训，帮助其再就业。积极探索"互联网+"就业创业培训新模式，开展开放式在线培训。针对特定重点人群，如城市失业人群、农村劳动力、弱势群体等，加强有针对性的数字技能培训。创新数字技能职业培训和补助方式，适应市场需要实施订单式培训，更好地满足数字经济发展需要和从业人员数字技能提升需要。

（四）完善相关法律和法规

1. 高度重视数据安全和网络安全，加大监管力度

网络已全面渗透到社会经济中，需高度重视信息安全，特别是在社会信用体系尚不健全的背景下，如何真正有效地利用网络将是巨大挑战。为了防止蓄意滥用数据，各种安全安排是很重要的。我们需要制定法律和法规来打击个人数据盗窃，制定相应规则，并确保数据驱动的商业模式为整个社会带来收益。

2. 构建竞争性政策，完善反垄断规则

考虑到网络效应和数字经济中市场集中化的趋势，构建竞争性政策将在创造和获取价值方面发挥更重要的作用。现有框架需要加以调整，以在数字时代提供具有竞争力和可竞争的市场。目前在反垄断法规中占主导地位的是高价对消费者造成的损害。应扩大反垄断法涉及的范围，如消费者隐私、个人资料保护、消费者选择、市场结构、转换成本和锁定效应等。此外，应在区域或全球框架内制定和执行适当的竞争政策。在数字经济时代，由技术创新引起的生产函数和消费函数不断变化，使传统的反垄断规则在规制数字经济时将面临巨大挑战，因此，需要重新研究反垄断规则，提高社会福利水平。

腾讯研究院首席经济学顾问吴绪亮曾提出数字福利经济学（Digital Welfare Economics）的概念。他认为，随着数字经济的发展，需要加强对这一重要新兴学科领域的研究，应重点关注两方面内容：其一，如何通过有效的机制设计，来释放各方主体的积极性，最大化地促进数字福利水平的整体提升。其二，如何通过精准的制度设计，让数字福利增长在数字化平台、第三方开发者、个人用户、平台商家、传统企业、公共服务提供者以及监管者等不同群体之间进行最优的分配。这是一个巨大的挑战，需要调整现有的政策、法律和条例，以及在许多领域采用新的政策、法律和条例。对大多数国家来说，数字经济及其长期影响仍是未知领域，政策和法规未能跟上经济和社会正在发生的快速数字转型。即使在发达国家，也很少有方法被尝试和测试。

杰出马克思主义经济学家吴易风、丁冰学术思想研讨会综述

程恩富　颜鹏飞　王振中　刘凤良　张　衔　余　斌　车卉淳　徐则荣

2021年4月29日，"吴易风丁冰学术思想研讨会"在中国社会科学院马克思主义研究院举行。会议由中华外国经济学说研究会主办。中华外国经济学说研究会会长、中国社科院大学首席教授程恩富学部委员致辞并主持会议，学会部分新老负责人和常务理事参加研讨会。

程恩富会长在致辞中说，吴易风先生、丁冰先生是学会的老领导、我国杰出的马克思主义经济学家，长期从事西方经济学、外国经济思想史、马克思主义经济理论和中外现实经济问题的研究，为我国理论经济学的发展做出了卓越贡献。我们应当切实把二老的学术思想研究好、阐释好、继承好，学习二老的科学精神、创新精神、批判精神和斗争精神，推动我国理论经济学的发展，为实现中华民族伟大复兴的中国梦贡献我们应有的学术力量！

与会者在热烈的气氛中畅谈了二老在马克思主义经济理论、经济学说史、现代西方经济学、当代资本主义经济和当代社会主义经济等方面的学术思想和学术贡献。现综述如下：

一、关于马克思主义经济理论的研究

武汉大学颜鹏飞教授、首都经济贸易大学徐则荣教授指出，马克思主义之所以具有生命力，就在于马克思主义经济学家们根据实践不断地对之进行创新和发展。吴易风先生、丁冰先生是我国杰出的马克思主义经济学家，他们坚持马克思主义的基本原理和方法，从经典原著中整体掌握马克思主义的理论体系和理论精髓，从中国实践中发展和创新马克思主义，为马克思主义的中国化做出了卓越贡献。

在政治经济学研究对象问题上，吴先生反驳了"马克思经济学不研究资源配置"的流行论断，指出长期以来在我国学术界存在两种截然相反的学说，一是资源配置说，二是生

产方式以及和它相适应的生产关系说,这两种观点的根本分歧实际上是马克思经济学与西方经济学在研究对象上的根本分歧。澄清政治经济学研究对象的关键在于正确理解马克思的生产力—生产方式—生产关系原理。该原理告诉我们,生产力决定生产方式,生产方式决定生产关系,生产方式和生产关系具有历史暂时性。政治经济学的研究对象是生产力—生产方式—生产关系原理中的生产方式以及和它相适应的生产关系。生产力不属于政治经济学的研究对象。把生产方式以及和它相适应的生产关系作为研究对象,不仅不排除对资源配置的研究,而且为生产一般的资源配置和特定生产方式的资源配置的区分和研究提供了科学的理论基础。相反,西方经济学以稀缺资源的配置为研究对象,满足于对抽象的和所谓超制度的资源配置的考察,不仅排除了对特定生产方式以及和它相适应的生产关系的研究,而且也排除了正确理解和认识特定生产方式的资源配置的前提。吴先生的这一科学论断为马克思主义政治经济学的健康发展做出了重要贡献。

在马克思产权理论方面,吴先生反驳了"科斯有产权理论而马克思没有产权理论"的流行论断,充分证明了马克思是社会科学史上第一位有产权理论的社会科学家,提出、论证并阐明了马克思产权理论的一系列原理,指出资本主义财产关系和产权制度必将为社会主义财产关系和产权制度所代替。社会主义运动的起点是为生产资料公有化创造条件。这填补了产权理论研究领域的空白。

在马克思经济学的分析方法方面,吴先生反驳了"马克思《资本论》没有数学"的流行论断,经过深入研究出版了《马克思经济学数学模型研究》一书(与白暴力教授合作),建立了马克思经济理论的数学模型,填补了马克思经济学中的一大空白。这也说明马克思是重视在经济学上运用数学分析方法的,这更好地捍卫和发展了马克思主义经济学。同时,吴先生也指出,经济学研究中要重视数学,但不能滥用数学,因为"数学本身不能创造任何经济理论,不能创造任何经济范畴和规律"。这对当前经济学的数学化倾向是一个警醒。

在马克思主义经济学中国化方面,吴先生在国内最早发表系列创新性论文《毛泽东论中国社会主义政治经济学》《毛泽东论社会主义商品生产和价值规律》《从社会主义商品生产到社会主义市场经济的理论发展轨迹》《历史性理论难题和邓小平"社会主义的市场经济"理论》《陈云的综合平衡理论及其现实意义》《综合平衡理论没有过时》《关于开展综合平衡理论与实践研究的几点建议》等,大力推介并高度评价马克思主义经济学中国化的巨大成就,充分地证明毛泽东、邓小平、陈云是20世纪50年代至90年代初中国化马克思主义经济学杰出代表。

在马克思理论研究方面,丁先生早在20世纪80年代就撰写了《马克思主义政治经济学简史》《圣西门、傅里叶与欧文》《政治经济学原理的历史考察》等著作,这些著作对我国政治经济学说史研究做出了重要贡献，对今天学习马克思理论仍具有重要的指导意义。不仅如此，丁先生还撰写了大量论文驳斥任何反对和歪曲马克思理论的奇谈怪论。例如，在马克思的劳动力商品学说方面，丁先生反驳了"马克思劳动力商品说过时论"的流行论断，论述了马克思劳动力商品学说的提出、创立的重要意义和现实生命力；在所有制理论方面，丁先生反驳了"公有制不是社会主义的本质特征"的论断，深刻剖析了马克思的所有制理论，对我们坚持公有制为主体的社会主义市场经济具有重要的指导意义；在劳动价值理论方面，丁先生反驳了"劳动价值论过时论"的论断，指出虽然战后各国名义国内生产总值的增长速度比劳动投入量增长速度快得多，但社会总价值增长的速度与劳动投入量增长的速度实际依然是完全一致的或者相适应的，劳动仍然是创造价值的唯一源泉。

在马克思主义经济学中国化方面，丁先生发表系列论文《谈谈毛泽东同志对马克思主义政治经济学的伟大贡献》《应如何坚持持续、稳定、协调发展经济的方针》《巨大成就：坚持基本路线的胜利》《试论社会主义市场经济与资本主义市场经济的本质区别》《坚持走中国特色社会主义道路的伟大胜利》《喜看马克思主义经济理论体系的新发展——学习习近平同志2015年11月23日学习会上的讲话》《论马克思政治经济学体系中国化的形成与发展》，他指出，马克思主义经济学理论体系中国化的形成过程，大体可以分为两个阶段，并取得相应两大理论成果。第一阶段形成了毛泽东经济思想；第二阶段形成了中国特色社会主义经济理论，从而大大丰富和发展了马克思主义政治经济学理论体系宝库。在努力探索如何建设社会主义建设道路过程中，毛泽东同志提出了一系列独创性的社会主义政治经济学的重要论点。主要表现在：第一，准确提出"政治经济学研究的对象主要是生产关系，但是要研究生产关系，就必须一方面联系研究生产力，另一方面联系研究上层建筑对生产关系的积极作用和消极作用"；第二，最先提出社会主义基本矛盾的理论；第三，十分重视社会主义宏观经济发展要按比例实现综合平衡；第四，在产业结构上，从我国国情出发，明确提出应实行以工业为主导、农业为基础的方针，要按农、轻、重的次序安排国民经济计划；第五，强调社会主义经济发展必须重视商品生产和价值规律的积极作用；第六，提出管理也是生产关系的著名论点。邓小平同志在1982年党的十二大上明确提出要"建设有中国特色的社会主义"的新概念。自那以来，我国人民在积极从事中国特色社会主义建设的实践和理论研究中又使马克思主义经济理论体系的中国化得到新的进一步发展。诸如关于发展社会主义市场经济的理论；关于推动新型工业化、信息化、城镇化、农业现代化相互协调的理论；关于树立和落实创新、协调、绿色、开放、共享的发展理念的理论等。丁先生高度评价了马克思主义经济学中国化的巨大成就，充分地证明毛泽东同志、邓小平同志、习近平同志是中国化马克思主义经济学杰出代表。

二、关于经济学说史的研究

四川大学张衔教授指出,吴先生、丁先生是坚定的马克思主义者,在经济学说史的研究中,他们始终坚持运用马克思主义的立场、观点和方法,对经济思想采取科学分析的态度,并提出自己的见解。

吴先生在经济学说史方面的代表性研究及其贡献,包括但不限于以下三个方面:①在1965年完成了35万字的《空想社会主义》一书,将空想社会主义划分为四个阶段,全面探讨了它的产生、发展和渐趋没落的历史,并对四个阶段中的16位代表人物的学说进行了比较全面的考察和分析,探索了科学社会主义对空想社会主义的批判和继承关系,阐明了社会主义从空想发展为科学是资本主义生产状况和阶级状况成熟的结果。②经过连续六年的刻苦写作,于1988年完成了近50万字的书稿《英国古典经济理论》。与只研究威廉·配第、亚当·斯密、大卫·李嘉图三位代表人物的相关著作不同,此书把英国古典政治经济学分为产生、发展和完成三个时期,研究了各个时期15位代表人物的经济理论和政策主张。此书还发现,古典学派有其特殊形式的剩余价值理论;斯密既有绝对优势理论,也有相对优势理论;李嘉图的比较优势概念既指绝对优势中的最大优势,又指绝对劣势中的最小劣势。③1998年,吴易风教授和王健、方松英合著的《市场经济和政府干预——新古典宏观经济学和新凯恩斯主义经济学研究》一书,在国内首次对西方宏观经济学两大学派的理论背景、发展轨迹、主要理论和政策主张进行了深入系统的介绍、分析和评论,填补了该研究领域的空白。

吴先生在经济学说史方面的研究,具有以下特点:第一,始终坚持马克思主义的立场、观点和方法。他强调指出,在学习和借鉴西方经济理论过程中,要坚持实事求是的态度,特别是青年一代要努力学习马克思主义经济理论,用这一理论去分析、批判、借鉴西方的经济理论,以提高自己的鉴别能力,而不是一味地迷恋西方经济理论。第二,研究精深。以吴先生对英国古典经济学的研究为例。他从重读英国古典经济学家的原著,充分发掘、仔细梳理他们的经济思想资料,重新研读马克思《资本论》和《剩余价值理论》,阅读和研究《马克思恩格斯全集》各卷关于英国古典经济学的全部论述,力求融会贯通,研究国内学者有关英国古典经济学的论著,研究苏联学者有关英国古典经济学的论著,研究西方学者有关英国古典经济学的论著等五个方面展开深入研究。经过反复研究和深入思考,在连续紧张和疲劳了六年之后,将近50万字的《英国古典经济理论》于1988年问世。这项研究使我国在英国古典经济学的研究领域达到了新的高度。第三,研究国内经济学说史论著很少涉及或没有涉及的问题,既分析经济理论的历史价值,又注重其现实意义。例如,吴先生对英国古典经济学家关于纸币流通规律、财政、国际贸易等理论的分析，既注重其历史价值，又注重其现实意义，使读者既能把握英国古典经济理论发展的历史脉络，又能从中获得认识现实经济问题的启示。第四，注重教材建设。1959年，吴先生毕业留校在中国人民大学经济系经济学说史教研室任教，讲授经济学说史，并参与了新中国第一部统编教材《经济学说史》的编写，主要负责研究和编写空想社会主义部分。1998年，与顾海良、张雷声、黄泰岩合作编写了《马克思主义经济理论的形成和发展》，这本书已成为经济类各专业硕士研究生学习马克思主义经济思想史的教材。2005年主编出版《当代西方经济学流派与思潮》，这本书是国内高校和科研院所等单位的34位作者通力协作完成的，可以看作外国经济思想史教材的继续和延伸。该书被评为北京市精品教材。

丁冰教授作为5位主笔之一，参加了新中国第一部以马克思主义为指导的经济史著作——《外国国民经济史讲稿》（1959）的撰稿工作，撰写了经济学说断代史著作《资产阶级古典政治经济学》（1984）、《圣西门、傅立叶和欧文》（1986）、《当代西方经济学流派》（1993）、《瑞典学派》（1996）、《原凯恩斯主义经济学》（2006）以及大量经济学说研究论文，这些论文对古典经济学到当代西方经济学流派进行了深入研究。

20世纪80—90年代，面对国内《资本论》过时论流行、政治经济学被边缘化、照搬西方经济学之风盛行，以及当代西方经济学流派对我国学术界的影响远超过凯恩斯以前的西方经济学说的严重现实，如何正确看待当代西方经济学流派的经济思想，是丁先生深入思考的重大问题。在《当代西方经济学流派》一书中，丁先生在对当代西方经济学各流派的理论给予客观的、深入浅出的、通俗易懂的介绍的基础上，肯定这些理论有某些可借鉴之处的同时，对这些理论的根本错误和辩护性质给予了恰如其分、切中要害的批判和揭露。

为了澄清前述混乱和各种流行的错误思潮，丁先生在长期研究的基础上，对马克思主义经济学与西方经济学两大体系从研究对象、研究方法、研究目的和体系结构进行了科学、深入、全面的比较分析，得出明确结论：马克思主义经济学理论体系与西方经济学理论体系有着原则区别，各自反映和代表了不同阶级的利益和要求，前者反映了无产阶级和广大劳动人民的利益，是为无产阶级进行革命和建设，最终实现社会主义和共产主义伟大理想和前途服务的、完整科学的理论体系，它的阶级性和科学性是统一的；后者反映了资产阶级利益，并为维护其资本主义私有制永恒的统治服务，是具有辩护性的、非科学的理论体系。因此，在资本主义国家占据主导或统治地位的经济学，只能是资产阶级经济学；在社会主义国家占据主导或统治地位的经济学只能是马克思主义经济学。

丁先生旗帜鲜明地反对新自由主义，尽到了一个马克思主义学者的责任。在《论新自由主义对我国的影响》一文中，他从思想理论和经济实践上全面论述了新自由主义对我国的负面影响和可能出现的严重后果。近年我国被卷入国际金融危机和经济危机的困境的事实使该文的预言不幸言中。在《科斯产权理论与我国国企改革》和《评"国有企业低效率"论》文中有理有据深刻地揭露了科斯产权理论私有化的实质和我国国企所谓产权不明晰与效率低下的谎言,明确指出"我国国有企业绝不是在本质上就效率低下,也不是从来就效率低下。在20世纪90年代出现的经济效率低,甚至亏损破产的情况,除个别因资源枯竭等特殊原因外,一般说,主要都是由于一些历史的和人为的非本质的因素引起的,特别是因受新自由主义冲击和影响的结果"。在《我国应该走瑞典民主社会主义道路吗?》一文中,他率先旗帜鲜明地着重从经济角度批判了谢韬等的民主社会主义道路的谬论,明确指出"所谓瑞典模式只不过是一种改良的资本主义经济模式","瑞典经济模式不仅没有丝毫改变资本主义经济制度的性质,也不能达到使社会经济健康、稳定、快速发展的目的;相反还反复出现经济停滞、失业、通货膨胀等一系列资本主义固有的弊端。更不用说这些弊端往往会引起政治上的动荡"。"因此,瑞典模式绝不能成为我国经济改革所追求的目标"。

丁先生治学严谨,在经济学说史领域长期耕耘,形成了自己的学术风格和学术见解。以他对资产阶级古典政治经济学说的研究为例,在完整理解马克思对资产阶级古典政治经济学分析和评价的基础上,丁先生在他所著的经济学说断代史《资产阶级古典政治经济学》一书中,将重商主义学说作为资产阶级最初的经济学说放在第一章。在《政治经济学原理的历史考察》绪论一文中,丁先生将斯威特、巴顿、拉姆赛和琼斯等也作为英国古典政治经济学的完成者。这与通行的经济学说史论著中关于资产阶级古典政治经济学的范围界定有所不同,但符合马克思对资产阶级古典政治经济学实质的分析和论述。

三、关于现代西方经济学的研究

中国社会科学院王振中研究员指出,在1995年的理论风云中,吴先生和丁先生展现了在西方经济学研究中坚持马克思主义经济学的特质。

1995年陈岱孙先生为丁冰先生主编的《现代西方经济学说》一书写了序言,先后由《经济学动态》《高校理论战线》《求是》等全文或摘要发表,在海内外引起强烈反响。序言称道,作者的研究在某种程度上弥补了我国近年来对西方经济学研究工作的不足。同时序言对新自由主义思潮进行了深刻揭露,尖锐指出:"西方国家在国内甚至在国际经济生活中厉行国家干预主义政策,但要求广大发展中国家,特别是社会主义国家推行新自由主义改革模式和经济政策,取消国有企业,取消国家对经济生活的管理,洞开国内市场,与西方牢牢控制的世界经济接轨,其目的无非是要在发展中国家恢复殖民主义统治,在社会主义国家搞和平演变,演变为资本主义,或外围资本主义。我们的某些学者十分卖力地在国内贩卖这一套新自由主义货色,而且非常顽固地加以坚持,实际上扮演一个可恶的角色。"这篇序言在经济学界引起了轰动效应。但某些人散布说序言不是作者其本意的谣言,也给有关人员带来了极大压力。1996 年 4 月 28 日,陈岱孙先生给丁冰先生写了一封亲笔信:"其实,说是由我所引起的对西方经济学的意见,乃是当时相当一部分对西方经济学有过涉猎者的共同意见。"这封信不仅肯定了序言的真实性,也鼓舞了经济学界坚持批判新自由主义的立场和信心。

1995 年 9 月,吴先生应俄罗斯科学院的邀请,前往莫斯科和圣彼得堡进行了为期一个月的学术访问,在此期间与俄罗斯经济学界讨论了俄罗斯经济问题和中国经济问题。吴先生回国后写了一篇访俄报告,题目是《俄罗斯经济学家谈俄罗斯经济和中国经济问题》,报告共分 10 个问题,分别为:①从苏联到今日俄罗斯的演变过程;②私有化及其后果;③恶性通货膨胀的原因、对策和后果;④两极分化和新资产阶级形成;⑤改革已经失败;⑥俄罗斯的前景;⑦俄罗斯的新经济思潮;⑧西方新自由主义经济学给俄罗斯带来一场空前的大灾难;⑨各种政治力量在进行激烈的较量;⑩莫斯科是北京的一面镜子。这篇报告 1995 年 11—12 月发表在《高校理论战线》,引起了更强烈反响。有作者说这个报告产生了"触目惊心的效果"。原因何在?就在于访俄报告非常尖锐地指出,西方新自由主义经济学给俄罗斯带来了一场空前的大灾难,其推行的私有化剥夺了人民公有的生产资料;经济殖民化剥夺了民族资本;造成了俄罗斯 20 世纪 90 年代大萧条。尤其是报告如实转述了俄国经济学家的忠告:"中国过去在十月革命后'以俄为师',那时俄罗斯是胜利者,取得了革命的胜利。现在我建议中国的同志这一次仍'以俄为师',只是我们这次不是胜利者,而是失败者。"这种语重心长的警世,深深震撼着国内学者的心。也由此展开了马克思主义经济学与新自由主义经济学的长期博弈。

中国人民大学刘凤良教授、北京物资学院车卉淳教授指出,吴先生和丁先生长期从事现代西方经济学的教学和研究,在对现代西方经济学进行全面、深入和系统研究的基础上,主张以"一分为二"的科学态度对待西方经济学,取其精华,去其糟粕。首先,二老认为现代西方经济学具有实用性和辩护性,必须进行全面评析。从实用性来说,现代西方经济学作为对西方发达国家市场经济发展的理论概括和经验总结,有许多政策和方法是可以为我们所借鉴的。从辩护性来说,现代西方经济学是资本主义的意识形态,是代表资产阶级利益的,在涉及生产关系的价值理论、分配理论以及经济危机理论、失业理论等方面,都带有一定的辩护性和庸俗性。如果全盘接受,照搬照抄,将会带来思想上的混乱,其结果是令人担忧的。其次,二老坚持以马克思主义经济学为指导,正确对待现代西方经济学。吴先生和丁先生认为,马克思主义经济学与现代西方经济学是两种截然不同的意识形态,作为中国经济学学科建设和改革开放指导思想的理论,只能是马克思主义经济学。马克思主义经济学代表无产阶级的利益和要求,而现代西方经济学代表资产阶级的利益,阶级立场的区别是这二者最本质的区别。阶级性的区别集中体现在二者在价值理论的尖锐对立上。马克思主义经济学是建立在劳动价值论基础上的，而现代西方经济学的理论基础则是要素价值论。要想明确经济学的指导思想，必须在经济学的价值论上树立正确的观点。吴先生和丁先生还认为，尽管马克思主义经济学与现代西方经济学在阶级性、科学性以及研究方法等方面存在一系列区别，但二者都是在研究社会化大生产和市场经济的基础上产生的，因此，它们之间也具有一定的共性。从历史上来看，马克思主义经济学是在批判地继承前人的经济学遗产的基础上才得以发展起来的。从现实经济的发展来看，马克思主义经济学也需要在实践中吸收现代西方经济学中的合理成分来不断完善自己，现代西方经济学所揭示的社会化大生产和市场经济的某些规律和分析方法，也可以供我们参考，这正是我们学习西方经济学的原因所在。但是，现代西方经济学要真正为我所用，必须与中国的具体国情和经济制度相结合，真正植根于中国现实经济的土壤。最后，吴老生和丁先生强调在现代西方经济学的教学中，要注重"述评并重"。在现代西方经济学的教学过程中，吴先生和丁先生认为，同样应该以马克思主义的立场、观点和方法作为指导，培养学生鉴别是非曲直的能力，要注意"述评并重"。所谓"述"就是要原原本本地把现代西方经济学理论介绍给学生，"评"就是要对其做出全面和科学的评价，既要肯定其科学成分，又要批判其辩护性和庸俗性。在"述评结合"的教学过程中，要注意以下两点，"述"的过程要忠实现代西方经济理论的本来面目，既不能断章取义，也不能"为评而述"。"评"的过程要以马克思主义的立场、观点和方法为指导。当然，这也对从事西方经济学教学的一线教师提出了新的要求，就是要加强马克思主义经济学的理论修养，从而加强马克思主义经济学对现代西方经济学教学的指导作用。

四、关于当代资本主义经济的研究

中国社会科学院程恩富研究员指出，"二战"后资本主义发生了许多新变化，吴先生和丁先生从资本主义的基本矛盾出发研究这些新变化，对我们认清资本主义实质，深化对社会主义必然胜利、资本主义必将灭亡的客观历史规律的认识，坚定我们对社会主义的理想信念，认识到资本主义必将被社会主义所取代有着重要意义。

在全球化问题方面，20世纪初，全球范围内关于全球化的争论出现了新的高潮。一方面，支持全球化的呼声越来越高；另一方面，反全球化的呼声也越来越高。吴先生在《经济全球化对发展中国家利大于弊结论过早》和《和青年朋友谈全球化问题》文中对全球化和反全球化运动进行了考察和剖析，指出以美国为首的西方国家所主导的全球化，不仅包括经济全球化、技术全球化，而且还包括民主和人权全球化、法律全球化、文化全球化以及语言全球化，即政治制度、经济制度、思想文化等在内的全面的全球化。资本的增殖、剩余价值的生产和占有，是全球化最深刻的动因，当前现实的全球化实质是资本主义全球化，受益者是美国和其他发达国家。对广大发展中国家来说，全面拒绝全球化，将本国孤立于经济全球化之外，是完全错误的；全面迎合经济全球化，更是错误的。作为社会主义国家，在全球化面前，除了对什么是全球化要有全面的足够的认识、对全球化给本国可能带来的利弊得失要有符合实际的估计、对本国融入全球化要有充分的准备、要有趋利避害的切实措施之外，重要的是：在以社会主义经济建设为中心时，一定要坚持独立自主、自力更生的方针；在深化社会主义经济体制改革时，一定要反对西方国家图谋在社会主义国家推行的私有化；在扩大对外开放时，一定要与广大发展中国家一道为反对仅仅有利于西方发达国家的国际经济秩序、建立平等互利的国际经济秩序而团结一致地进行有效的斗争。以私有化、自由化和非调控化为核心的经济全球化是社会主义国家断然不能接受的。程恩富研究员指出，吴先生对全球化的精辟论断对我们认识百年未有之大变局下的全球化仍有重要的现实意义。

在经济危机问题方面，2008年全球爆发了严重的国际金融危机和经济危机，这引起了吴先生和丁先生的高度关注，他们跟踪危机事态的发展撰写了著作和多篇论文，对我们深入认识和研究这场危机提供了宝贵的学术财富。例如，在《谈当前金融危机和经济危机的根源》一文中，吴先生指出，从金融危机到经济危机的发展轨迹可以看到，美国主导的经济全球化和金融全球化是美国金融危机和经济危机迅速蔓延成全球性金融危机和经济危机的决定性条件。当前这场金融危机和经济危机是美国和其他西方资本主义国家长期推行新自由主义的必然恶果。金融领域实行非调控化（去管制化、解除监管），就是实行金融自由化。金融自由化加剧了单个企业组织性与整个社会无政府状态的严重冲突，激化了资本主义的基本矛盾，为金融危机和经济危机的爆发创造了条件。用凯恩斯主义或新凯恩斯主义取代新自由主义，用国家干预主义取代经济自由主义，有可能改变的是危机的具体形式、持续时间、深度、广度和破坏程度，不可能改变的是危机的周期性爆发。金融危机和经济危机是资本主义经济制度和资本主义市场经济制度的永恒伴侣，只要存在资本主义经济制度和资本主义市场经济制度，就必定会发生金融危机和经济危机。只有用社会主义经济制度取代资本主义经济制度，只有用社会主义市场经济制度取代资本主义市场经济制度，才有可能从根本上预防金融危机和经济危机。在《略谈新自由主义与国际金融危机》一文中，丁先生独创性地提出当前国际金融危机和经济危机的实质是由新自由主义私有化的发展所必然产生的世界性生产过剩，而且是跨国移动的世界性生产过剩。当前国际金融危机和经济危机的爆发，标志着新自由主义的彻底破产。在《简析当前美欧债务危机及其启示》一文中，丁先生指出，近年来震撼全球的美国和欧洲的主权债务危机绝非偶然，而是2008年国际金融经济危机的延续和深入发展，即在本质上仍然是资本主义生产过剩危机新的表现形式。美欧如此严重的债务危机，对于我们梦寐以求的壮丽的科学社会主义、共产主义事业来说的重要意义在于：一是民主社会主义已走进了死胡同；二是资本主义总危机已有了进一步深入的新发展；三是我国加速发展壮大社会主义经济的时机已经到来。我国应努力发展壮大社会主义国有经济；加快产业结构调整；提高利用外资的质量和水平；用好、用活我国大量的外汇储备。在《从欧洲当前债务危机看主权债务与经济衰退的关系》一文中，丁先生指出，欧洲债务危机是欧洲经济一体化框架缺陷在国际金融经济危机冲击下的总爆发，是国际金融危机演变的新阶段、新形式。当前欧洲债务危机虽然已摆脱了欧元解体的厄运，但各国却普遍陷入经济衰退或停滞状态。从欧债危机的演变与治理过程看出，主权债务与经济衰退两大经济祸害是有密切联系的。一方面，二者相生相伴，形影相随。另一方面，若治理起来，二者又会形成此消彼长的负相关关系。在《试析当前世界经济变化中的资本主义新动向》和《略论当前世界经济的温和复苏与深沉隐患》文中，丁先生指出，由 2007 年美国次贷危机引发的国际金融、经济、债务危机，历经 6 年之久，在国际金融经济危机渐趋缓慢复苏之际，以美国为首的各资本主义发达国家主要实施以加强金融监管为特征的国家干预政策和退出量化宽松（QE）的货币金融政策，这预示着当前国际资本主义的两大新动向。美欧的危机隐患尚存，包括金砖国家和其他发展中国家在内的新兴市场经济体日益明显地展现出它在拉动世界经济复苏中起着不可忽视的"引擎"作用，但也不可避免地受着以美国为首的发达国家量化宽松及其退出政策的制约影响。

在美国霸权主义问题上，丁先生在《从奥巴马国情咨文看美国的霸权主义》一文中指出，美国已摆脱危机困境，现依然是强大的。国际间的贸易规则无论是全球的，还是地区的，更不要说是"经济增长最快地区的规则"，都只能一如既往由美国来制定。美国企图通过主导《跨太平洋战略经济伙伴协定》（TPP）来围堵遏制中国，操控亚太地区经济贸易，称霸亚太以至全球。我国只有重振公有经济主体地位，坚定不移地走中国特色社会主义道路，不断增强国家综合实力，团结、争取广大的发展中国家和其他发达经济体，才能摆脱美国的围堵。在《简论现代帝国主义在经济学上的文化霸权》一文中，丁先生指出，20 世纪 70 年代以来，新自由主义不仅成了美国等发达国家的官方经济学，而且成了它们在经济思想战线上称霸世界的工具，特别是成了对我国在经济思想战线上推行文化霸权的锐利思想武器，其主要表现在以"华盛顿共识"为代表的新自由主义的威胁；编造和传播"中等收入陷阱"论；借口经济全球化，要求发展中国家实行与国际"全面接轨"的政策；妄图以西方经济学来取代马克思主义经济学；滥用西方经济学庸俗的理论范畴来挑战马克思主义经济学五个方面。我们当前重要任务之一，就是坚决抵制清除西方强加于我国的包括经济思想在内的思想文化霸权。

在危机后资本主义的前景问题上，丁先生在《简析当前美欧发达国家的经济形势》一文中指出，当前美欧经济虽然已基本摆脱了2008年严重的金融经济债务危机，走进了缓慢复苏阶段，但是，无论是美国还是欧洲，因其资本主义私有制度决定了它们并未能、也不可能从根本上解决和克服产生这危机的根源，而最多只是在表层上采取一些金融财政干预政策；加之，帝国主义者又肆意推行霸权主义政策，动辄干涉他国内政，引发、助长没完没了的战乱和恐怖袭击，酿成"二战"后规模空前的难民危机，至今都难以收拾；即使号称全球区域经济一体化程度最高的欧盟现也濒于矛盾重重，近乎趋于分崩离析的地步。这些都进一步充分说明，帝国主义已处于日趋衰落的境地，代之而起的，必将是以公有制为基础的社会主义、共产主义的伟大、壮丽、光明、幸福的前途。在《"黑天鹅事件"凸显美国资本主义的衰落》一文中，丁先生指出，特朗普当选美国总统的"黑天鹅事件"是在民粹主义思潮获得广泛发展基础上所必然产生的一种社会现象。特朗普宣告的经济政策思想根源于里根的新自由主义供给经济政策。特朗普的当选及其竞选纲领反映了美国资本主义已处于日趋衰落的状态。经济全球化是不可阻挡的历史潮流，旧的经济全球化势必被公正合理的新的经济全球化所取代。

五、关于当代社会主义经济的研究

中国社会科学院余斌研究员指出，吴先生对毛泽东、陈云和邓小平的社会主义经济理论进行了深入的研究，他指出在不同的历史阶段上，毛泽东、陈云和邓小平对计划和市场的理论和实践进行了历史性的探索，提出了一系列崭新的理论，丰富和发展了马克思主义，在科学社会主义史上做出了伟大的贡献。他们的理论不仅在过去指导着中国的社会主义经济的实践，而且今天仍然具有理论和现实的指导意义。吴先生坚持社会主义的基本经济制度，针对我国国有企业产权改革指出，要始终坚持公有制的主体地位和始终坚持走共同富裕的道路，清除西方产权理论的消极影响，以马克思主义产权理论为指导制定我国国有企业产权改革方案，保障国家所有权，落实企业经营权，毫不动摇地巩固和发展公有制经济。同时毫不动摇地鼓励、支持和引导非公有制经济发展。如果听任西方产权理论的误导，就不可能建成社会主义市场经济。

丁先生十分关注国家经济安全，关心我国国家经济独立自主地持续发展的利益不受威胁和侵害，关心中国特色社会主义制度不会被削弱和改变。他认为，对企业只求所在不求所有是错误的，必须明确外资经济只能是我国经济发展的补充，而不能喧宾夺主，危及本国经济安全。在面对外资已控制我国许多产业和领域、严重威胁国家经济安全的情况下，有关部门则应认真研究外资企业的规模和经营活动对我国安全的影响，并进行全面调查评估，加强监管，防止、反对其垄断、操控市场和欺诈等违法经营行为。对严重违法或对行业已形成明显垄断操纵，危及我国国家经济安全者应予严厉惩处、限制，必要时予以取缔或由国企并购，实行外企国有化。

丁先生维护国有经济。他指出，如果说西方资本主义国家的企业在许多场合都离不开国家行政权力机关的干预，或"行政垄断"，那么在我国无疑地就更需要借助"行政垄断"来建立国有企业和国有垄断企业。因为作为中国特色社会主义国家的国有企业，乃是全民所有制性质的企业，是我国社会主义经济基础的最主要组成部分。为了保证国家的经济、政治、国防的安全，为了保证国家的社会主义发展方向，为了保证人民真正获得共同富裕的幸福生活，并使之能不断提高，我们在经济上就不能不首先保证国有企业特别是大型的中央企业的发展，以确保关系国民经济命脉、国家安全的行业以及高科技和支柱产业部门掌控在国家手中，使国有企业占据主导或控制地位。

丁先生高度评价吴先生的学术思想，他指出，吴先生是我国现代少有的学贯中西的坚定的马克思主义者和杰出的马克思主义经济学家，上述学者从五个方面畅谈了吴先生的学术思想和学术贡献，从中可见，吴先生的学术思想体系具有理论的系统性、理论的彻底性、理论的坚定性、理论的实践性、理论的创新性五个鲜明特点。最后，丁先生向会议主办方表达了诚挚的谢意。

中华外国经济学说研究会第 28 届年会学术观点综述

徐则荣

（首都经济贸易大学 经济学院）

由中华外国经济学说研究会和内蒙古师范大学共同主办、内蒙古师范大学经济管理学院和内蒙古师范大学马克思主义学院承办的"中华外国经济学说研究会第 28 届年会"以线上和线下相结合的方式于 2020 年 10 月 17—18 日在内蒙古师范大学召开。程恩富、王志伟、胡乐明、方兴起、张衔、贾根良、孟捷、余斌等来自全国高校、科研院所的 130 多位专家学者出席了会议。中国社会科学院大学首席教授、中华外国经济学说研究会会长程恩富学部委员致开幕辞。年会是在西方资本主义国家新冠肺炎疫情和经济衰退十分严重，美国新帝国主义全面遏制中国经济科技发展，我国实行以国内大循环为主体、国内国际双循环相互促进的新发展格局，中共十九届五中全会即将召开，2020 年顺利完成消除绝对贫困的扶贫目标，全面制定"十四五"经济社会发展规划等国内外背景下召开的。现将会议研讨内容综述如下。

一、以国内大循环为主体、国内国外双循环相互促进的新发展格局研究

本次年会的第一个特点是高度关注"以国内大循环为主体、国内国际双循环相互促进的新发展格局"战略，表现了学会高度的时代责任感。

中国社会科学院程恩富教授指出，要正确认知和高效落实"以国内大循环为主体、国内国际双循环相互促进的新发展格局"，这既是应对美国为首的西方帝国主义国家遏制中国经济科技发展的必要之举，也是纠正和修补过去以有误的"比较优势理论"为基础，实行"研发和销售两头在外的外向型发展战略""以失去国内大片市场换取非关键核心技术"的理论和战略。针对金融等经济开放只有防范系统性风险的流行观点，程恩富教授强调全面扩大开放要坚持三个原则：一是防风险、保安全原则，这是开放的最底线。不仅要防范和平时期的各种风险，而且要提前做好反入侵战争时期各种风险的预案。二是对等开放原则，这是开放的基本线。应该实行 2019 年全国人大通过的《中华人民共和国外商投

资法》的有关条款，不宜美国严厉非法打压华为等中国企业，而我国大力扶植美国在华企业，甚至欢迎控股中方企业和合资企业。作为民营企业的华为，没有上市、合资和混改，但其发展在国内外均领先，这就打破了只有上市、合资和混改才能搞好国企和私企的教条主义。各级政府不宜把国企是否混改作为行政任务和工作指标，而应遵循市场规律和由市场决定，由国企、外企和私企自主决策是否采取混合所有制。三是国民福利原则，这是开放的高层线。我国外汇储备应保持多少？较稳定盈利的国有企业被外资参股或控股是否导致属于全体人民的部分盈利转移到外企手上？通过财政收入和国企推动"一带一路"建设和开展国际援助项目要不要更加稳妥？上述三原则和现实问题均值得我们深入研讨。

中国人民大学贾根良教授指出，为了深入理解"国内大循环为主"的新战略实施的必然性，就必须深刻认识我国在过去三十年占支配地位的国际大循环经济发展战略所存在的弊端。总结过去可以看出，国际大循环经济发展战略的弊端首先表现为价值链分工和核心技术问题。在国际大循环经济发展战略指导下，我国从价值链低端融入发达国家的跨国公司控制的全球价值链，出口价值链低端产品并进口价值链中高端产品和核心技术。在这种发展模式下，由于发达国家将创新率高和附加值高的高质量经济活动留在国内，却把那些惯例化、低附加值、很少有创新机会窗口和进入壁垒很低的价值链低端环节转移到我国，核心技术和关键零部件问题长期得不到解决。其次表现为出口导向型经济发展模式与内需不足互相强化，陷入了结构性陷阱。由于低工资成本的低端产品在国际市场上的激烈竞争和大量过剩，发展中国家的企业不得不通过竞相削价扩大出口，而产品价格的降低反过来又迫使企业通过抑制工人工资的提高来降低成本，其结果是造成内需的萎缩，而内需的萎缩又迫使企业不得不依赖国外市场需求，而对国外市场需求的进一步依赖又造成内需更加萎缩。最后表现为出口导向型经济发展模式对贸易顺差的迷信助长了美元霸权。针对上述弊端，贾根良教授给出了"十四五"期间启动国内大循环的政策建议：每年全国财政赤字率至少在5%以上；实施就业保障计划；实施六亿人收入倍增计划；尽早恢复2007年颁布的有关自主创新产品政府采购的三个文件，将政府采购的自主创新体系作为"构建社会主义市场经济条件下关键核心技术攻关新型举国体制"的一件大事来抓。

上海财经大学伍山林教授在深入研究英国、苏联和美国等全球性大国走过的颇不相同但关乎国运的双循环发展道路的基础上，给出了值得我国镜鉴的10个方面：以内循环为主体；利用超大规模经济优势；充分利用内部竞争；充分利用外循环；以新理念构建外循环；深刻理解自由贸易；以科技创新为引领；充分认识产业空心化的危害性；防止经济过度服务化和金融化；抑制追求主权货币超然权力的冲动。他指出，深刻认识和镜鉴近代全球性大国双循环发展正反两方面历史经验，对我国加快形成双循环新发展格局具有重要意义。

二、马克思主义经济理论新发展

本次年会的第二个特点是高度关注马克思主义经济理论的创新,表现了学会雄厚的马克思主义经济理论底蕴和马克思情结。

关于恩格斯的思想。 河北师范大学刘刚副教授认真梳理了恩格斯关于英国、法国、德国等典型资本主义国家农村经济制度向社会主义农村经济制度过渡的有效路径的论述;关于俄国等落后国家的农村经济制度向社会主义农村经济制度过渡可能性和路径的论述;关于未来社会主义社会及共产主义社会的农村经济制度构想的论述,揭示了当时农村经济制度尤其是土地制度给广大农民造成的苦痛。他指出,农村土地和主要生产资料的所有制与主导的生产经营制度,是农业生产关系的基本方面,是农村经济制度的基本方面。恩格斯的农村经济制度思想在中国特色社会主义农村基本经济制度形成与发展历史进程中起着根本指导作用。对于中国特色社会主义农村基本经济制度的构建,未来要着眼于在农业现代化的进程中要毫不动摇地坚持农村土地集体所有制,要积极稳妥地推进多样化适度规模经营方式,以农民土地权益为中心稳妥推进农村土地"三权"分置,稳妥推进农村基本经营制度现代化进程。

中南民族大学王志林教授从时代和婚制与家庭的历史演进过程、妇女地位的历史性变化、造成妇女地位下降的经济原因、实现妇女解放的经济条件,以及对未来家庭和妇女的展望五个方面对恩格斯关于妇女解放问题进行了政治经济学的分析,认为恩格斯的妇女解放思想对于当前全世界促进妇女解放有重要的启示作用。

东北财经大学丁涛副教授从经济思想史的角度探究了恩格斯的《政治经济学批判大纲》(以下简称《大纲》),认为《大纲》涉及经济思想史上的三个流派和两次大分流。三个流派是以重商主义、古典政治经济学和马克思主义政治经济学为代表。第一次大分流是指重商主义和古典政治经济学作为两种经济研究传统分道扬镳,其中后者发展为今天的正统经济学。第二次大分流发生于马克思主义政治经济学与庸俗经济学之间,作为马克思主义政治经济学的第一部论著,《大纲》是这一次经济思想大分流的先声。《大纲》充分体现了恩格斯深邃的思想境界和宏大的理论视野,阐述了政治经济学的过去和现在,也为其未来发展指明了方向。

关于马克思恩格斯的生态思想。 厦门大学肖斌副教授和李旭娇研究生基于恩格斯经典文本阐释了恩格斯关于人与自然关系思想,指出人与自然关系问题不仅是一个哲学问题,更是一个政治经济学问题。恩格斯在古希腊朴素唯物主义自然观、近代机械唯物主义自然观、现代辩证唯物主义自然观历史演进的基础上,通过对马克思关于人与自然思想合理内核的肯定与继承以及对费尔巴哈、黑格尔、杜林自然哲学观点的批判,以及对资本主义生产方式下人与自然关系异化的所有制基础、阶级对立现状的分析，建构起以"人与自然统一理论""人与自然异化理论""人与自然和解理论"为理论内核的人与自然关系理论，揭示"人与自然和解"背后的"人与人和解"的本质。回归当代，恩格斯关于人与自然关系思想仍然绽放着真理的光芒，为习近平生态文明思想的现实之用提供理论溯源和理论指导。

内蒙古师范大学包秀琴副教授在深入研读马克思恩格斯经典文本的基础上指出，马克思和恩格斯的生态思想包括人与自然和社会的有机统一的生态和谐论、现实生态问题的制度批判论以及人与自然和谐相处的未来社会生态文明思想与社会进步论三个方面。其生态思想揭示了生态危机产生的制度原因。这些思想为当今人类解决所面临的生态问题提供了重要理论指南和实践指引。

关于中国特色社会主义政治经济学。 中共江苏省委党校李炳炎教授研究了中国特色社会主义政治经济学范畴体系问题。他指出，中国特色社会主义政治经济学形成了一个包括自主联合劳动、社本、需要价值三个基本范畴的完整的范畴体系。其始点范畴是"需要一般"，本质范畴是"自主联合劳动"，中心范畴是"需要价值"，基础范畴是"社本"。从雇佣劳动转到自主联合劳动，从资本转到社本，从剩余价值转到需要价值，是一场深刻的理论革命，由此形成了中国特色社会主义政治经济学的三大理论基石。只有筑牢了这三大理论基石，中国特色社会主义政治经济学才能立于不败之地，保持长久的生命力，为中国特色社会主义建设事业提供理论指导和理论自信，并向世界展示中国特色社会主义经济理论的话语体系。

上海市发展改革研究院傅尔基研究员探讨了在大变局下强化五大科学意识的重大意义问题。他指出，科学意识就是从科学的角度理解问题、分析问题和解决问题的思想观念及其行动方略，包括问题意识、时代意识、战略意识、历史眼光和国际视野。强化五大科学意识对于我们推进新时代全面深化改革开放具有十分重要的马克思主义世界观和方法论的理论指导意义和实践价值。

上海财经大学冯金华教授从劳动价值论出发，比较了以人民为中心和以资本为中心的发展道路。他指出，以人民为中心和以资本为中心是两种完全不同的发展道路，分别体现了社会主义市场经济和资本主义市场经济的本质和要求。无论是当代资本主义，还是现阶段中国特色社会主义，实行的都是市场经济，都要受到价值规律的支配和制约。但是，在不同的社会制度下，由于不同的生产资料所有制，同样的价值规律却会导致完全不同的结果。资本主义的市场经济是以资本为中心，其生产目的是尽可能多地榨取剩余价值，其生产的一个重要特征是剩余价值增长率通常总是大于名义国内生产总值的增长率。社会主义的市场经济则是以人民为中心，以人民为中心的生产目的是共同富裕，要求劳动力价值而非剩余价值能够不断地增长。社会主义经济中劳动力价值和劳动者收入按名义国内生产总值的增长而增长的规律为社会主义社会的共同富裕目标提供了依据和保证。

中国农业大学罗玉辉博士对中国特色社会主义经济发展做了理论分析和经验总结。他指出，劳动、土地、资本和技术四大要素的政策体制改革使得中国经济发展中的资本有机构成不断提高、产业结构不断优化、经济发展质量稳步提升，在国际舞台上打造出了中国特色社会主义经济的中国样板。不仅如此，我国还在实践层面摸索出一些具体经验：始终坚持中国共产党的核心领导地位，让党引领先进生产力发展要求；发挥人民群众智慧和创造力，让诱致性制度变迁成为改革的源动力；改革方法的科学推进，采取由简单到复杂、稳扎稳打的改革方法；保持开放包容的国际视角，在国际舞台上逐渐发挥着重要作用；保持国内政治经济体制高度稳定、和谐与统一。

与会学者还探讨了政治经济学术语革命、马克思的国际价值规律、马克思的资本理论、有对外贸易的社会再生产、股份资本的性质、共享经济等。

三、西方经济学理论新进展

本次年会的第三个特点是不仅高度关注如何正确看待西方经济学问题，而且高度关注西方经济学理论和研究方法的适用性问题。

关于应客观评析现代西方经济学的阶级本质和分类问题。 中国社会科学院程恩富教授指出，包括"银行诺奖"得主在内的当代西方经济学家是当代资产阶级尤其是垄断资产阶级的学术代表。西方经济学根植于西方国家，本质上是西方国家统治阶级关于资本主义市场经济的看法的理论表现，其阶级性表现为维护资产阶级利益、维护资本主义制度、维护有利于西方发达国家的国际经济秩序，宣传资本主义的意识形态。现代西方经济学总体上可分为具有一定科学合理成分的各种凯恩斯主义、以美国加尔布雷斯和法国皮凯蒂为代表的小资产阶级经济学，其理论地位和作用相当于马克思说的资产阶级古典经济学；另一派是各种新自由主义经济学派，其理论地位和作用相当于马克思说的资产阶级庸俗经济学，他们的许多基本理论有严重的错误，而对于某些经济表象的分析值得肯定。2020 年"银行诺奖"授予研究"拍卖"这样一个应用性小问题的学者，而没有授予研究当代西方经济频频出现的重大问题的学者。

北京大学王志伟教授指出，西方经济学根植于西方国家，本质上是维护资本主义制度和资本主义国家统治阶级的利益。其有科学价值和有用的东西往往与意识形态的东西、辩护性的东西共生，只有用马克思主义的立场、观点和方法对它进行科学的、全面的分析，才能取其精华、废其糟粕，为我所用。

关于应高度重视西方经济学家的合理观点问题。 程恩富教授指出，斯蒂格利茨对美国政治学家福山"历史终结论"的批判，对所谓"减税、自由化、金融全球化、贸易自由化可促进经济更快增长并增加每个人的福祉"的流行观点的批判，对涓滴经济学在发展中国家盲目使用的批判，对特朗普应对疫情的批评，皮凯蒂关于推动人类社会进步的动力的论述、关于新自由主义使世界进入极端不平等的时代的论述、关于"参与式"社会主义的论述，以及21世纪美国左翼对美国医疗卫生体系的批判研究，对我国新时代扩展马克思主义研究视野、洞悉当代资本主义发展实质、维护世界人民群众健康福祉，具有相当的理论价值和现实意义。

四川大学张衔教授指出，斯蒂格利茨从多个维度较系统地分析了收入不平等是如何损害经济增长的，从而否定了自由主义经济学所谓收入不平等有利于经济增长的论断。张衔教授认为，斯蒂格利茨提出的只有政府采取正确的干预政策才能缩小收入分配不平等的主张，对于我国通过缩小居民收入差距进而促进经济高质量发展具有重要的借鉴意义，但是斯蒂格利茨毕竟是凯恩斯主义经济学家，在认识收入分配不平等的根源上回避了资本主义制度的决定作用，表现出明显的局限性。

关于新结构经济学的适用性问题。华南师范大学方兴起教授从历史唯物主义角度出发，认为新结构经济学是李嘉图静态比较优势理论与马歇尔渐进性分析方法相结合的产物。用马歇尔的研究方法取代唯物辩证法与历史唯物主义组合，所形成的指导思想与研究方法的错配，使新结构经济学完全丧失了继承和发展马克思主义经济学的可能性。由于新结构经济学将技术创新视为发达国家经济发展的内生变量与发展中国家经济发展的外生变量，且没有在理论上反映历史上的英国和美国利用工业革命实现颠覆性创新，从而从传统农业社会进入发达的工业社会的实践，因此，虽然其在中小发展中国家能够起到"立竿见影"的作用，但在抢抓第四次工业革命机遇的中国这样一个社会主义发展中的大国可能难以发挥作用。

中国社会科学院余斌研究员指出，新结构经济学是在旧结构主义和新自由主义的基础上提出的一种所谓发展经济学。它虽然没有放弃政府对经济的干预，但却未有效证明其所看重的干预的正当性；它未能正确识别发达国家与发展中国家间的结构性差异，它所主张的比较优势选择不仅无法消除贫困，还会扩大发展中国家与发达国家收入的差距。

关于现代经济学方法论中的逻辑缺陷问题。山西财经大学武志博士指出，西方经济学由于采用数理模型和计量分析被冠以现代经济学。但经济史上三次大危机的事实表明，经济学在数学运用越精致、越复杂的同时，却越来越脱离实际，走向了形式主义。形式主义的根源在于现代经济学方法论中存在结构性逻辑缺陷。论文通常由问题提出、文献综述、数理模型、计量实证和结论构成，核心是数理模型和计量实证分析。现代经济学认为数理模型和计量实证两大方法在逻辑上是严密的，得出的结论是客观的。然而，第一，由于方法论上采取假定—推论模式，前提假设的正确并未得到证明，因而用数学推导构建的数理模型仍是一个有待证明的理论假说。第二，计量实证无法对数理模型做严格证明。因为计量是验证而不是证明，计量对模型只能证伪而不能证实，计量不能越过必要的中介直接证明模型成立。第三，现代经济学无法对现实经济做出准确测量。因此，学术界需要反思现代经济学方法论逻辑缺陷、正确运用数学和计量工具的同时，鼓励和支持研究范式多元化和论文写作方法多样化，共同推动中国经济学走向繁荣和发展。

关于外国经济思想史研究的演变及其学科发展问题。中国人民大学李黎力副教授通过对我国1998—2019年外国经济思想史的期刊文献数据进行文献计量研究，发现国内外经济思想史领域发文量呈现先上升后下降并波动的趋势；在历年该领域发文中，马克思主义经济思想始终占据主要地位，相关文献量远超其他经济思想内容；主流经济学在经济思想史刚引入中国时有很大贡献，但近年来越来越多的异端经济学思想成为国内经济思想史研究不可分割的一部分；市场全球化、商品交换、产权理论、新制度经济学等是国内经济思想史研究的热点内容，近年来国内经济思想史学界也在探讨供给侧改革、数字劳动等新经济形态的经济思想；经济思想史的研究热点具有与时俱进的演变特征。不仅如此，他还通过对中华外国经济学说研究会的考察，发现中华外国经济学说研究会在吸收、培养青年学者以及为学者提供学术交流平台方面，在外国经济思想史学科在国内的发展方面起到了重要的、无可比拟的作用；在经济学说理论方面，学科对于西方经济学说从批判追踪到大量吸收再到反思回归，关注经济问题的落脚点也从国内到国际再回到国内。

与会学者还探讨了克劳斯·奥菲的福利国家结构性矛盾理论、加尔布雷斯"富裕社会"的贫困问题、福利国家、劳资关系与技能的演化、现代货币理论等。

四、中国现实经济热点问题新探究

本次年会的第四个特点是高度关注中国现实经济热点问题，并试图给出解决问题的建议和对策。

关于高质量发展问题。曲阜师范大学刘刚教授从生产方式角度研究了高质量发展阶段的历史必然性。他把具体层面上广义和狭义的生产方式与抽象层面上的生产方式相并列，形成考察生产方式演进规律的"三维视角"。他指出，就狭义的具体生产方式而言，劳动过程中分工协作方式的转变对应工业的不同发展阶段，高质量发展是新一轮工业革命在规模化生产之外追求质量效益的必然要求；就广义的具体生产方式而言，不同的社会形态具有其各自的生产目的，要求我们在新时代必须坚持以人民为中心的高质量发展；就抽象层面的生产方式而言，将自然环境从生产的条件和手段转变为生产所追求的生活需要，是当前生产理念升级的主导方向，也在客观上要求推进以生态理念为普遍形态的高质量发展。

西安交通大学范玉仙副教授实证分析了混合所有制改革与企业高质量发展问题。她研究发现，当前国有企业改革以经济绩效为首要甚至唯一判断标准，忽略了国有企业引领经济发展质量的功能和定位。国有股比例严重缩水的趋势不利于企业的高质量发展，对此应保持警惕。应鼓励国有资本参股民营企业，这有利于盘活民营企业的低效资产，降低不必要的经营成本。她指出，虽实证分析中保障国有企业 EVA 有效率的国有股比例最低门槛值越来越低，但并不意味着政策应继续降低国有股比例。在进入高质量发展阶段以后，EVA 绩效只是国有经济改革的目标之一，更重要的是提高企业创新能力、可持续发展水平以及促进社会经济公平正义等，这些目标的实现依赖于国有经济的强大。

郑州财经学院徐可研究员沿规划—法治—治理思路研究了黄河滩区的高质量发展。他认为，随着依法治国和黄河流域统筹规划的推进，法治与治理相互融合有望形成"水治文明"，其核心在于价值理念上的"从善如流"与体制机制上的"因势利导"，这能够促进沿岸村镇群众的"重叠共识"，形成法治的"软环境"并启动"诱致性"制度变迁与文明进步，从而提高黄河滩区高质量发展。

关于全面建成小康社会问题。大连理工大学荆蕙兰教授研究了党的系列指导思想与小康社会建设的内在逻辑关系，她指出，小康社会由若干不同发展阶段组成，从"解决温饱"到"总体小康"，到"全面建设"，到"全面建成"，再到"决胜阶段"，小康社会建设成就来源于党的领导，得益于党的系列指导思想。党的系列指导思想是小康社会建设的根本遵循。小康社会建设的发展推动理论不断创新，发展和完善了党的指导思想。二者辩证统一于中国改革开放的实践中。

辽宁大学和军教授构建了全面小康实现程度综合评价体系。他研究发现，全面小康建设存在明显的区域性差异，2018 年全面小康水平由高到低依次为东部、中部、西部和东北；14 年来中部地区全面小康水平增幅最大，其次为西部、东北、东部。只有解决区域发展非平衡性与结构性问题推动高质量发展、完善科技创新体制机制、促进民生共享提升生活质量、推进文化教育建设和加强环境污染治理才能解决区域不协调问题。

关于乡村振兴问题。辽宁大学孙世强教授从政治经济学的角度分析了以新乡贤推动乡村振兴的可行性和必然性，提供了依靠新乡贤振兴乡村的中国方案。他指出，新乡贤源于人民，除具有来源的广泛性和拥有资源要素的"量"的规定性外，更因兼有道德品质的"质"的规定性，从而产生个人或协同努力与百姓福祉提升的强逻辑关联。依靠新乡贤振兴乡村顺应新时代人民需求。掣肘新乡贤功能发挥的要素可概括为利益、环境和基础条件三个方面。提升其功能发挥需要构筑并坚定中国特色乡村振兴的理论体系与实践体系。坚定马克思主义理论与实践指导是真正实现人民福祉提升的必然原则。

中南财经政法大学胡雪萍教授研究了如何构建有利于乡村生态振兴的激励机制。她指出，在乡村生态振兴实施中，通过构建激励相容的激励机制，协调好政府、企业和乡村村民等不同参与主体的利益，生产优质生态产品，才能实现提高乡村村民收入水平这一最终目标。

关于数字经济问题。河南财经政法大学王艳萍教授探讨了数字经济及其相关福利问题。她指出，当今无论从世界范围还是从国内来看，数字经济的度量口径和方法尽管不一致，但其经济福利问题却有着共性，主要表现为免费商品或服务的存在使得数字经济的测度没有完整体现消费者从数字经济中得到的经济福利或满足感；数字经济发展的不平等、数字经济所带来的人工智能对人工的替代、用户隐私泄露、平台垄断等导致消费者福利的损失。为了促进数字经济时代的福利水平的提高，构建完善和统一的测度体系、拓展新的就业渠道、完善相关法律法规等成为必要。

内蒙古财经大学赵秀丽教授研究了数字劳动与平台资本的数字化关系。她指出，平台资本和数字劳动是支撑数字经济发展的基础，二者之间以各种复杂的方式联结起来，形成数字劳动与平台资本的新型数字化关系。数字泰勒主义、算法控制、标准控制、技术监控与追踪、计件工资制等手段成为平台资本整合、利用数字劳动的新方式，并形成结构化数字化关系体系，该体系超越了传统的工资体系和雇佣标准。数字劳动与平台资本数字化关系的核心在于"数据控制权"，当下超大规模的数据源自数字劳动者，但其控制权却掌控在私人平台资本手中。由此形成数字劳动的社会化与平台资本的私有化之间的矛盾。数字劳动的社会化形成网络生产力和一般智力，需要发展数字公共事业，建立公共数字平台，将超大市场规模的数字劳动"一般智力"转化为国家竞争力和技术优势。

厦门大学余长林教授分析了政府补贴、税收优惠、信用贷款、行业准入制度四类产业政策对数字经济产业技术创新的影响。他研究发现，政府补贴和行业准入制度对数字经济产业技术创新的影响显著，税收优惠、信用贷款则相对不明显。产业政策对数字经济产业技术创新的影响存在行业异质性。

关于国企内部治理问题。江苏理工学院李济广教授、中共葫芦岛市委党校刘倬副教授研究了国企治理中董事长权能行使及党的领导的实现机制。他们指出，在权能行使方面，主要涉及董事长与董事会、董事长与（总）经理、董事长与党组织和党组织书记的关系。抑制国有企业董事长权力膨胀、个人专断的关键在于：引导董事长正确地发挥职能，实现董事会集体领导和董事长与经理业务分离原则；公司章程应取消"董事会可以对董事长授予其他职权"的规定；董事会的决议应尽量以匿名表决的方式产生；企业经营责任应由董事会集体承担；党组织书记兼任监事长而不兼任董事长，监事会领导董事会，书记、党组织与董事（长）、经理分离，工作分工保证制衡。

关于农地财产权的"还权赋能"问题。西南财经大学韩文龙副教授探讨了新时代农民市民化过程中保障和实现其农地财产权问题,他指出,在农地"三权分置"改革背景下,要实现农民的土地财产权,"确权颁证"是前提,"还权赋能"是本质要求。实现农民的土地财产权,需要构建以用益物权为主要权属内涵的农地财产权体系,创新以土地承包权和经营权、宅基地资格权和使用权、集体收益分配权为主的农地财产权经济价值的实现路径;需要遵循权利赋予和回归、权利行使和运作、权利救济和保障的逻辑主线,重点把握法律路径、权利路径和市场机制路径三条路径。

与会学者还探讨了中国城镇家庭收入与消费波动、中国消费内需与房价、中国经济维稳发展、制度性摩擦与企业成长、债务融资与企业创新,等等。

五、国际经济问题新探索

本次年会的第五个特点是关注多种国际经济问题。

关于经济全球化的重塑问题。首都经济贸易大学徐则荣教授研究了疫情冲击下经济全球化的重塑和中国路径的选择问题。她指出,始于2020年初的新冠肺炎疫情全球蔓延形势不容乐观,目前已经造成全球产业供应链中断、消费需求严重下降、金融市场跌宕起伏、大宗商品价格持续下跌。在疫情的冲击下经济全球化推进更加举步维艰,全球经济格局势必将会被重塑,集中表现在全球产业链格局、国际贸易格局、金融货币格局三个方面。在这样的趋势下,我国的发展路径应该是继续深化同全球其他国家的各项合作,发挥我国制度优势,推进国家治理体系和治理能力现代化的建设。

关于主权国际货币问题。南京师范大学陶士贵教授探讨了主权国际货币的新职能。他指出,主权国际货币除了发挥国际间的交易媒介、计价单位和价值储藏三种职能外,还存在一种被"善意忽视"的新职能——国际制裁手段。近年来,美国这样的顶级国际货币发行国正是通过国际货币的国际制裁手段,将全球的国际贸易、投资及金融活动几乎完全纳入其国内法管辖范畴,并获得了高额的霸权红利。国际制裁正成为美欧发达国家对外经济金融外交的一种主要方式。对中国而言,应加大对国际货币的国际制裁手段新职能的重视和研究,重新审视我国国际金融的现实问题;提升中国的货币权力,将人民币国际化上升为国家战略;实施反制裁措施,构建中国特色的金融制裁法律体系和运行机制;构建国际债权人保护共同体,推动多方力量"去美元化";健全国际货币体系,进一步发挥中国在组织架构和规则完善中的主导作用。

关于贸易与要素价格均等化问题。浙江大学丁堡骏教授、首都师范大学王智强副教授基于马克思的劳动价值论,利用94个国家1996—2015年的面板数据,对要素价格均等化理论进行了再考察。他们研究发现:成本函数与新古典生产函数具有内在缺陷,以此两种函数为基础的要素价格均等化理论,未考虑国际贸易中存在的剩余价值国际转移。按照国际生产价格进行交换，剩余价值从发展中国家向发达国家转移，发达国家转入的剩余价值随着贸易程度的提高而增加，这对工资上涨具有正效应，发展中国家则相反；贸易通过剩余价值国际转移量对发达国家与发展中国家工资差距产生的正效应大于通过劳动力需求产生的负效应，在贸易增量相同的情况下，两种国家的工资差距扩大。发展中国家只有抑制剩余价值国际转移，才能促进世界经济平衡发展。

关于日本经济"失去的30年"问题。北京大学张杨博士后从马克思经济学的视角出发深入研究了造成日本经济"失去的30年"的原因。他指出，日本的经验教训在于：一是积极从出口导向型经济向循环型经济体制转换。出口导向型经济体制使日本劳动者被剥削程度日益严重，与国民经济的增长、劳动者幸福指数的提升背道而驰，资本的外向型自由流动没有提高国内劳动者的收入与消费水平，一极是日系跨国公司的资本向外流出，一极是本国劳动者的消费能力不断下降。二是积极加强经济低增长下经济结构的调整。

关于"东亚模式"问题。山东大学刘文教授深入探讨了"东亚模式"在动态变化中得到了质的发展与提升。但是，随着老龄人口比重逐年提高，东亚国家和地区发展的负荷进一步加大，如何正确地处理好老龄人口的社会问题，开发利用第二次人口红利，对于东亚国家和地区的持续发展至关重要。

此外，与会学者还探讨了国际视角的教育收益率、人民币国际化、经济全球化、中国全面开放新格局背景下国际贸易的发展机遇，等等。